22 DIAS

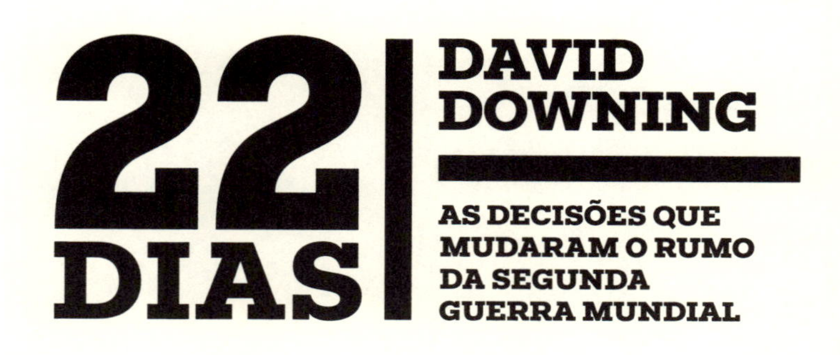

Tradução
Maria Beatriz de Medina

EDITORA OBJETIVA LTDA.
Rua Cosme Velho, 103
Rio de Janeiro – RJ – CEP: 22241-090
Tel.: (21) 2199-7824 – Fax: (21) 2199-7825
www.objetiva.com.br

Título original
Sealing their Fate: the Twenty-two Days that Decided World War II

Capa
Mateus Valadares

Imagem de capa
Getty Images

Revisão
Cristiane Pacanowski
Fatima Fadel
Bruno Fiuza

Editoração eletrônica
Filigrana

CIP-BRASIL. CATALOGAÇÃO NA FONTE
SINDICATO NACIONAL DOS EDITORES DE LIVROS, RJ

D779v

Downing, David

22 dias: as decisões que mudaram o rumo da Segunda Guerra Mundial / David Downing ; tradução Maria Beatriz de Medina. - 1. ed. - Rio de Janeiro: Objetiva, 2014.

Tradução de: *Sealing their fate: the twenty-two days that decided World War II*

397p. ISBN 978-85-390-0547-5

1. Guerra Mundial, 1939-1945. 2. Guerra Mundial, 1939-1945 - Decisões. 3. História. I. Medina, Maria Beatriz de. II. Título.

13-07902 CDD: 940.5421
CDU: 94(100)'1939/1945

SUMÁRIO

A Bill e Betty Gilmore, meus sogros americanos que foram casados por três semanas e depois separados durante quase quatro anos pelo súbito envolvimento do seu país na guerra.

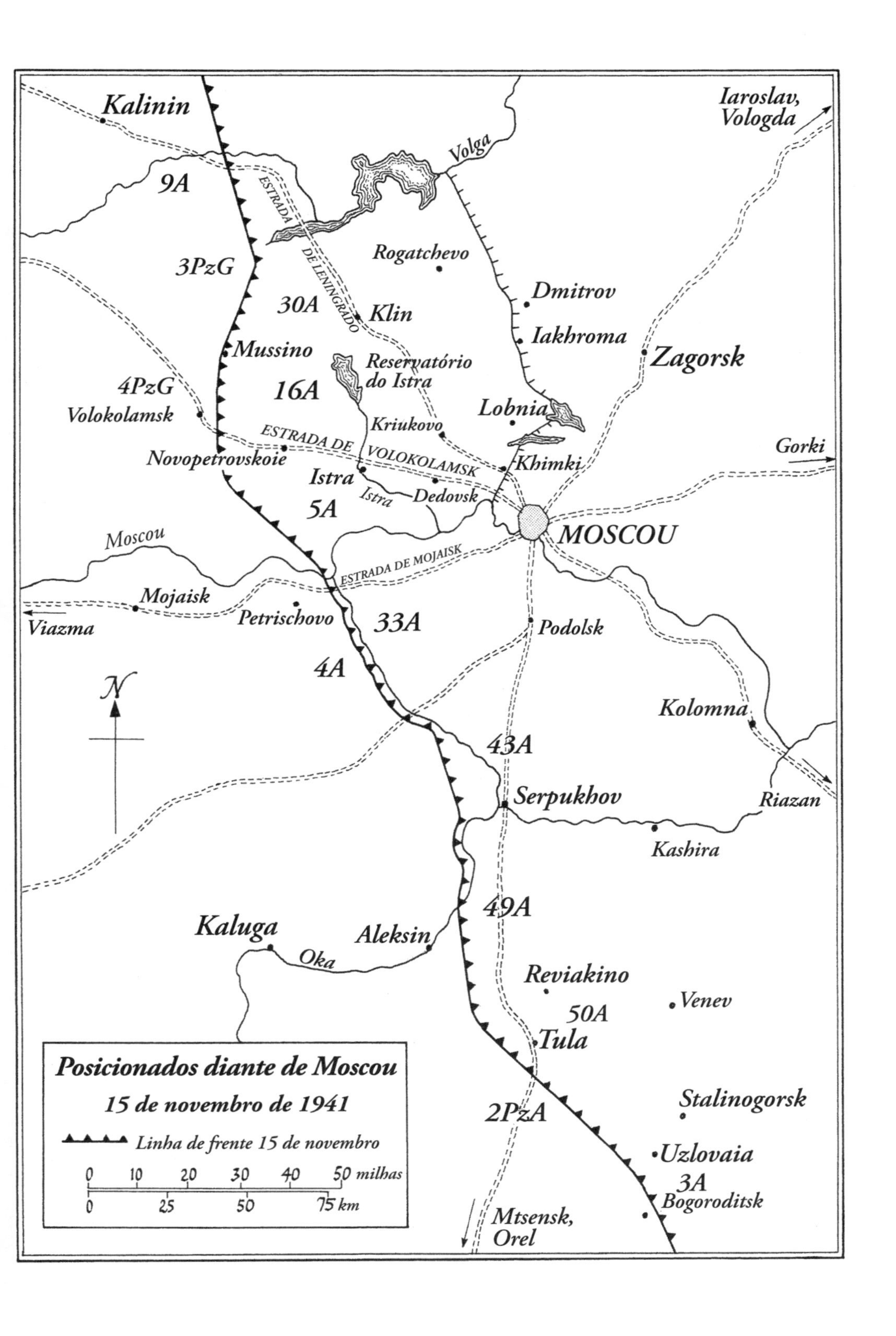
Kalinin
Iaroslav, Vologda
Volga
9A
ESTRADA DE LENINGRADO
Rogatchevo
3PzG
Dmitrov
30A
Klin
Iakhroma
Mussino
Zagorsk
Reservatório do Istra
4PzG
16A
Volokolamsk
Lobnia
Kriukovo
ESTRADA DE VOLOKOLAMSK
Gorki
Novopetrovskoie
Khimki
Istra
Istra
Dedovsk
5A
MOSCOU
Moscou
ESTRADA DE MOJAISK
Mojaisk
Petrischovo
Viazma
33A
Podolsk
4A
N
Kolomna
43A
Serpukhov
Riazan
Kashira
49A
Kaluga
Aleksin
Oka
Reviakino
Venev
50A
Tula
Posicionados diante de Moscou
15 de novembro de 1941
Linha de frente 15 de novembro
0 10 20 30 40 50 milhas
0 25 50 75 km
Stalinogorsk
2PzA
Uzlovaia
3A
Bogoroditsk
Mtsensk, Orel

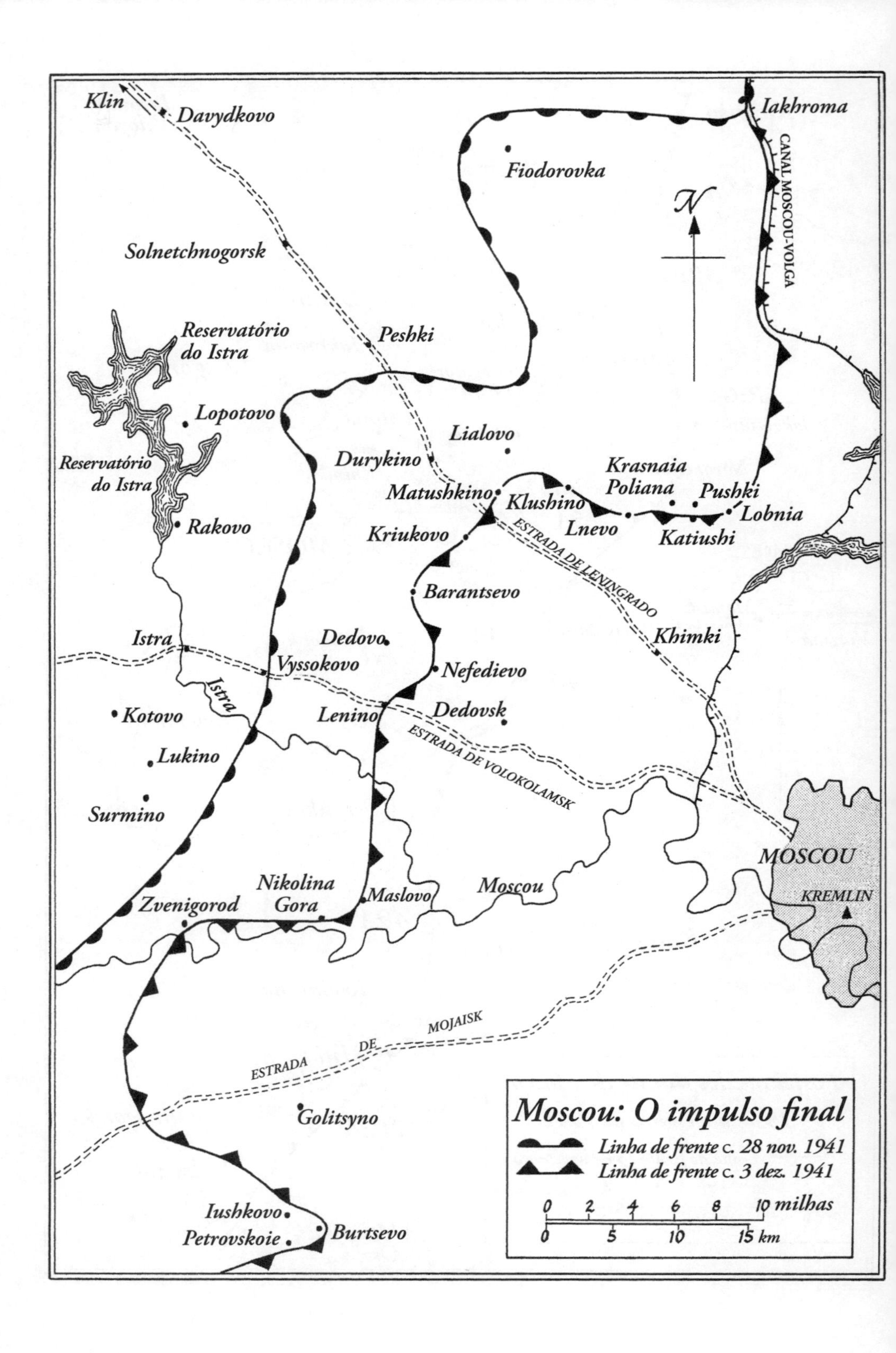

Moscou: O impulso final
Linha de frente c. 28 nov. 1941
Linha de frente c. 3 dez. 1941
0 2 4 6 8 10 milhas
0 5 10 15 km
N
Klin
Davydkovo
Iakhroma
CANAL MOSCOU-VOLGA
Fiodorovka
Solnetchnogorsk
Reservatório do Istra
Peshki
Lopotovo
Lialovo
Reservatório do Istra
Durykino
Krasnaia Poliana
Matushkino
Klushino
Pushki
Lobnia
Rakovo
Kriukovo
Lnevo
Katiushi
ESTRADA DE LENINGRADO
Barantsevo
Istra
Dedovo
Khimki
Vyssokovo
Nefedievo
Istra
Kotovo
Lenino
Dedovsk
ESTRADA DE VOLOKOLAMSK
Lukino
Surmino
MOSCOU
Nikolina Gora
Maslovo
Moscou
KREMLIN
Zvenigorod
ESTRADA DE MOJAISK
Golitsyno
Iushkovo
Burtsevo
Petrovskoie

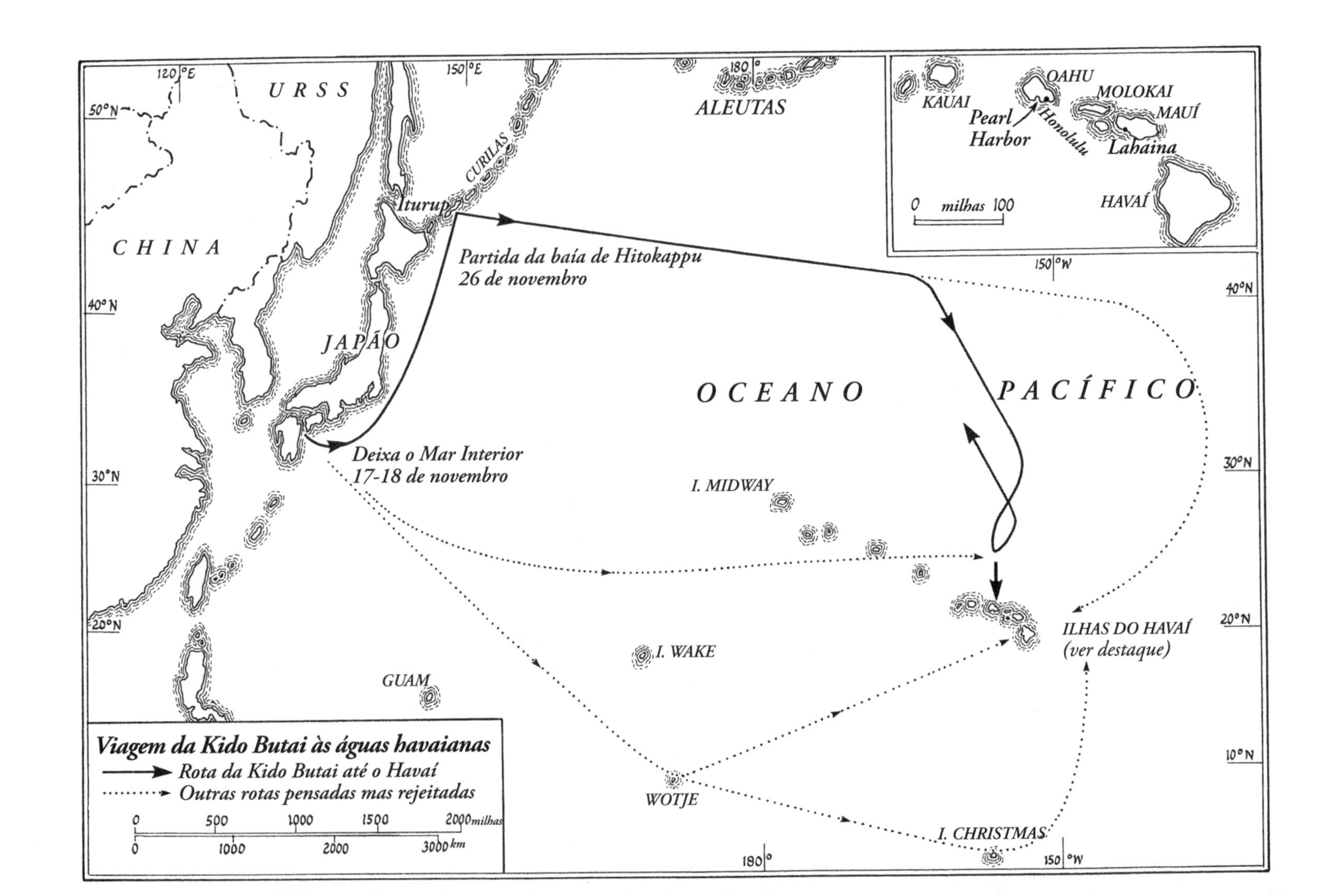
Viagem da Kido Butai às águas havaianas
Rota da Kido Butai até o Havaí
Outras rotas pensadas mas rejeitadas
0 500 1000 1500 2000 milhas
0 1000 2000 3000 km
URSS
CHINA
JAPÃO
Iturup
CURILAS
ALEUTAS
Partida da baía de Hitokappu
26 de novembro
Deixa o Mar Interior
17-18 de novembro
OCEANO
PACÍFICO
I. MIDWAY
I. WAKE
GUAM
WOTJE
I. CHRISTMAS
ILHAS DO HAVAÍ
(ver destaque)
KAUAI
OAHU
MOLOKAI
MAUÍ
Pearl
Harbor
Honolulu
Lahaina
HAVAÍ
0 milhas 100
120°E
150°E
180°
150°W
50°N
40°N
30°N
20°N
10°N

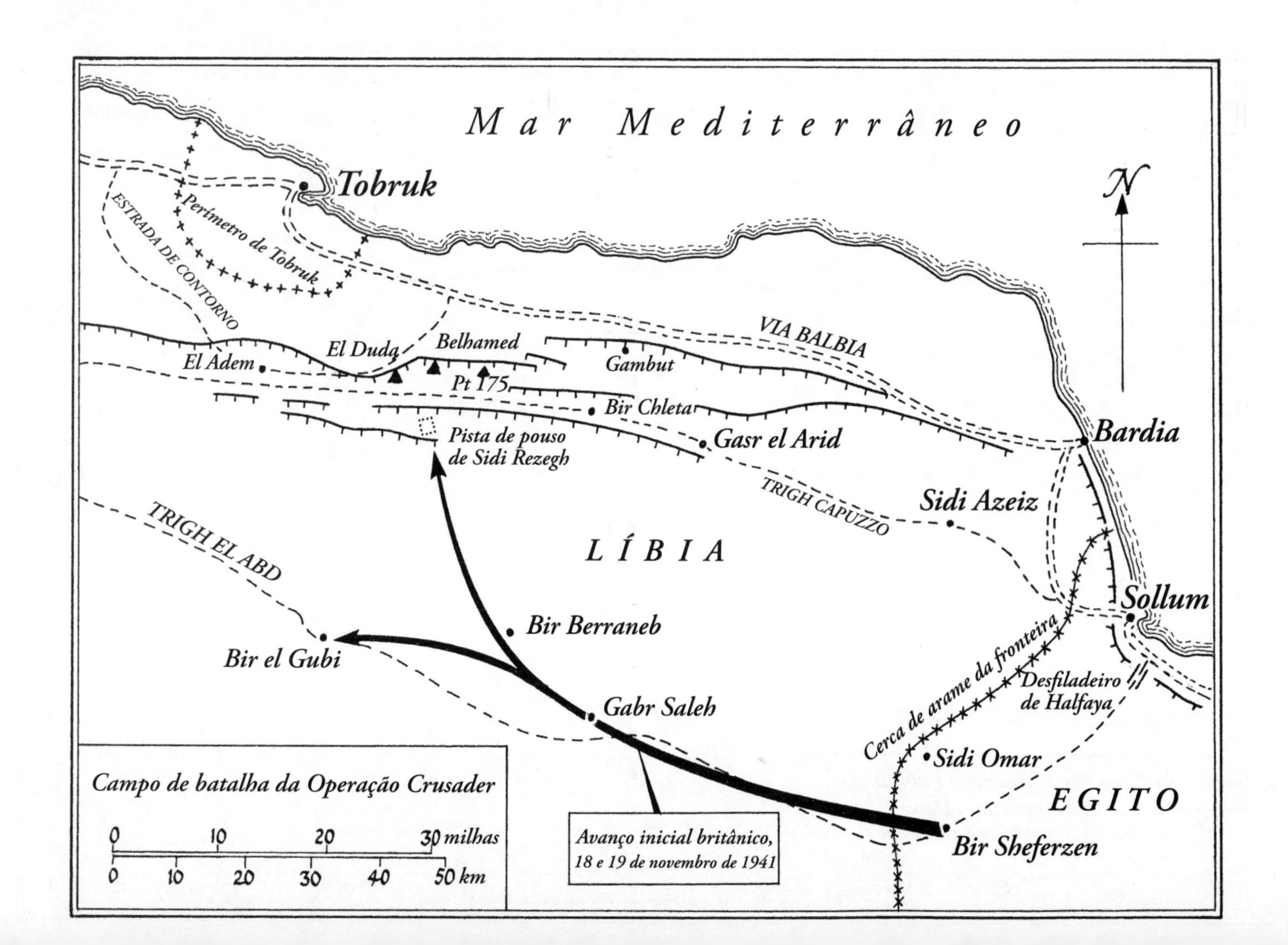

Mar Mediterrâneo
Tobruk
N
Perímetro de Tobruk
ESTRADA DE CONTORNO
VIA BALBIA
El Duda
Belhamed
El Adem
Gambut
Pt 175
Bir Chleta
Pista de pouso
de Sidi Rezegh
Gasr el Arid
Bardia
TRIGH CAPUZZO
Sidi Azeiz
TRIGH EL ABD
LÍBIA
Sollum
Bir Berraneb
Bir el Gubi
Cerca de arame da fronteira
Desfiladeiro
de Halfaya
Gabr Saleh
Sidi Omar
EGITO
Campo de batalha da Operação Crusader
0 10 20 30 milhas
0 10 20 30 40 50 km
Avanço inicial britânico,
18 e 19 de novembro de 1941
Bir Sheferzen

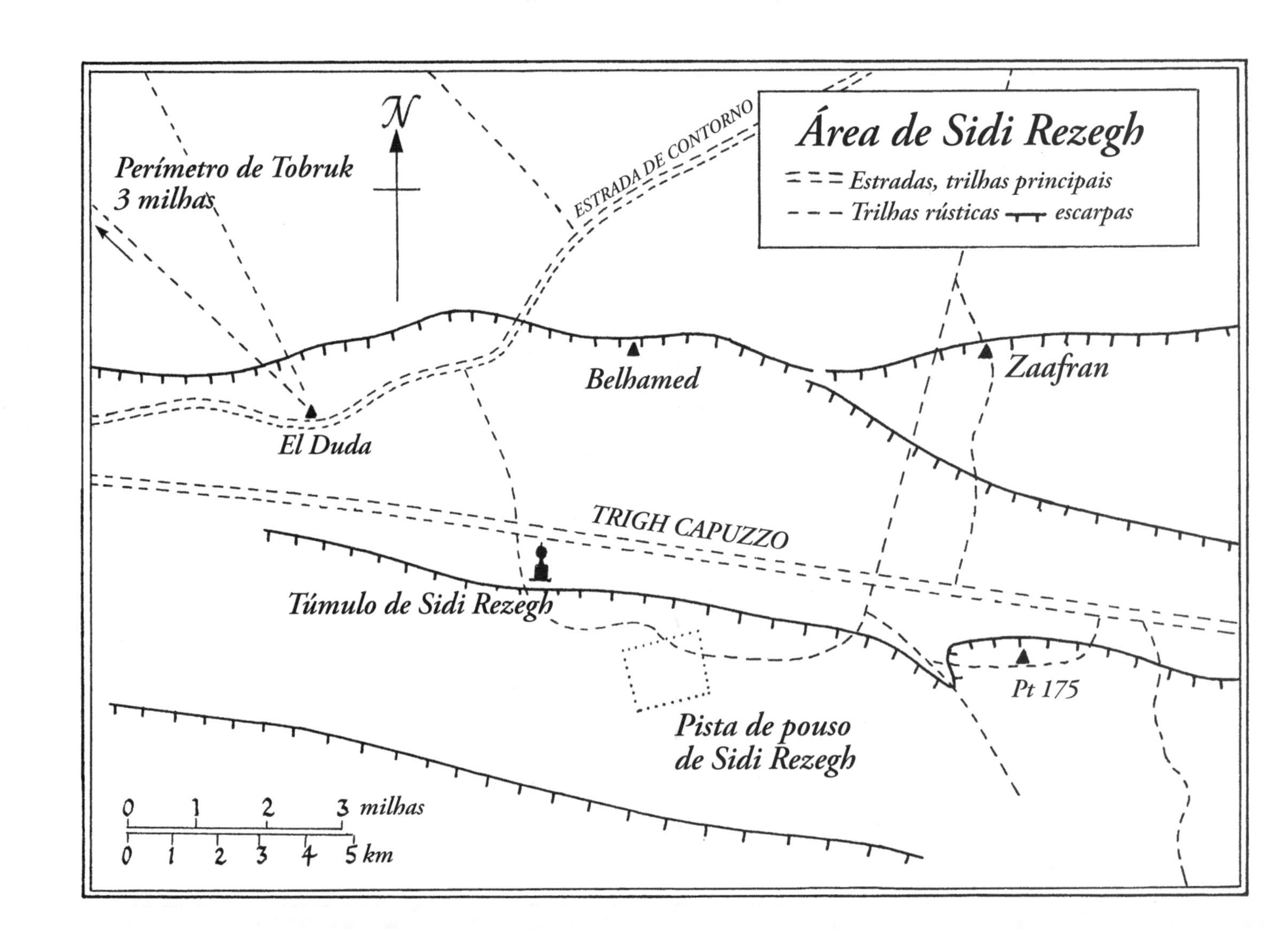
Área de Sidi Rezegh
Estradas, trilhas principais
Trilhas rústicas
escarpas
N
Perímetro de Tobruk
3 milhas
ESTRADA DE CONTORNO
Belhamed
Zaafran
El Duda
TRIGH CAPUZZO
Túmulo de Sidi Rezegh
Pt 175
Pista de pouso
de Sidi Rezegh
0
1
2
3 milhas
0
1
2
3
4
5 km

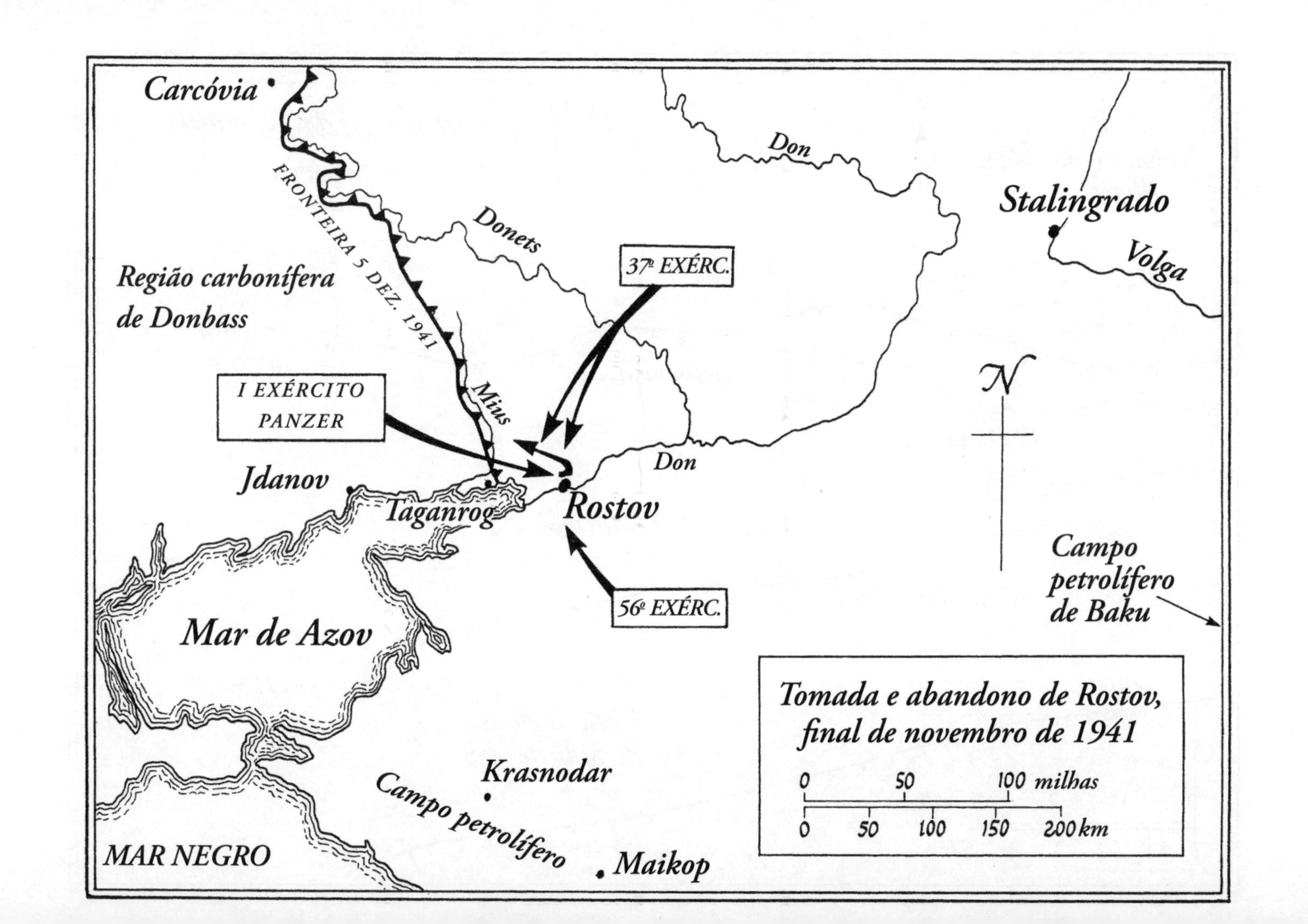
Carcóvia
Don
Stalingrado
Volga
FRONTEIRA 5 DEZ. 1941
Donets
37º EXÉRC.
Região carbonífera
de Donbass
N
I EXÉRCITO
PANZER
Mius
Don
Jdanov
Taganrog
Rostov
Campo
petrolífero
de Baku
56º EXÉRC.
Mar de Azov
Tomada e abandono de Rostov,
final de novembro de 1941
0 50 100 milhas
0 50 100 150 200 km
Krasnodar
Campo petrolífero
MAR NEGRO
Maikop

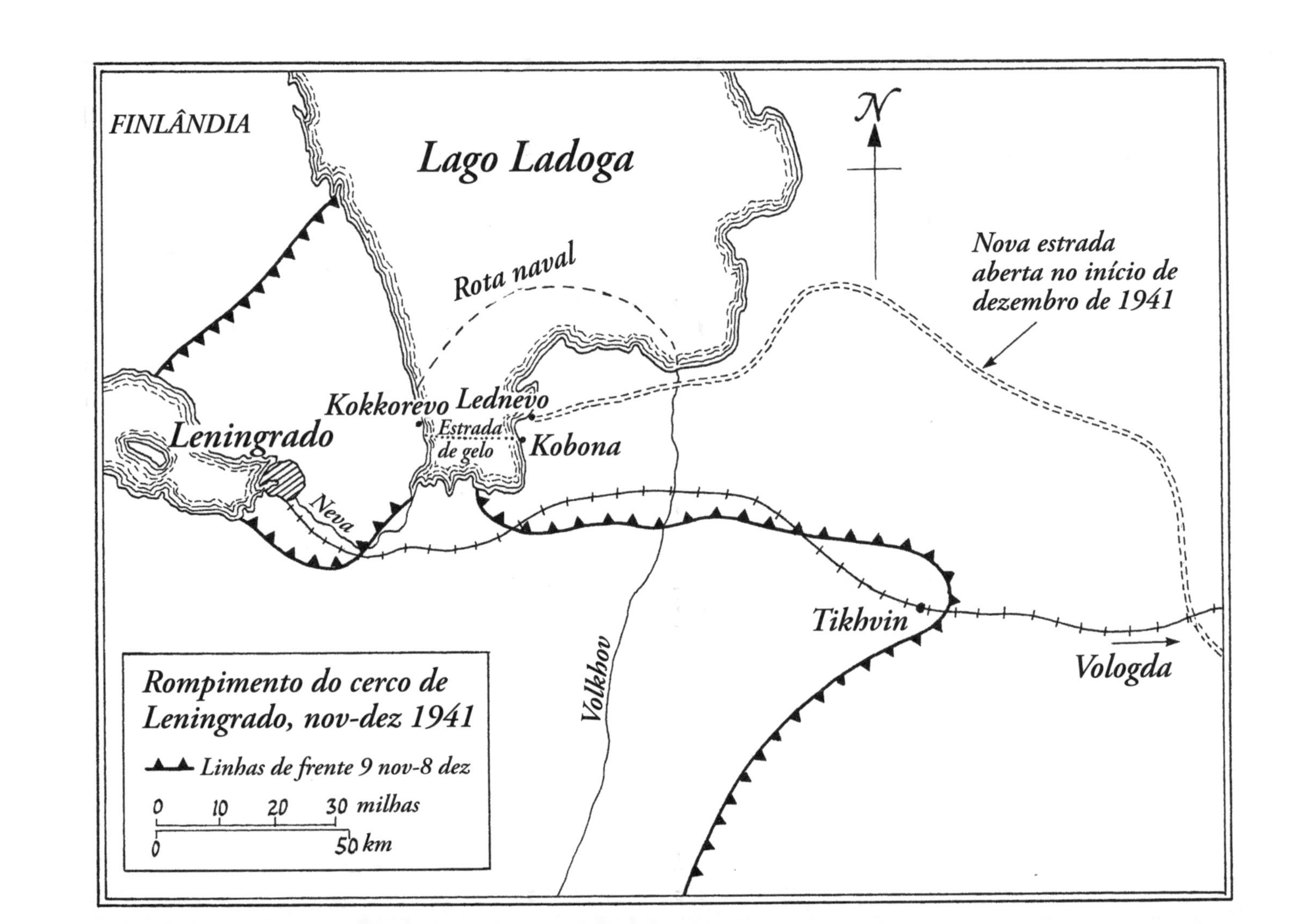
FINLÂNDIA
Lago Ladoga
N
Rota naval
Nova estrada
aberta no início de
dezembro de 1941
Kokkorevo
Lednevo
Leningrado
Estrada
de gelo
Kobona
Neva
Tikhvin
Vologda
Volkhov
Rompimento do cerco de
Leningrado, nov-dez 1941
Linhas de frente 9 nov-8 dez
0 10 20 30 milhas
0 50 km

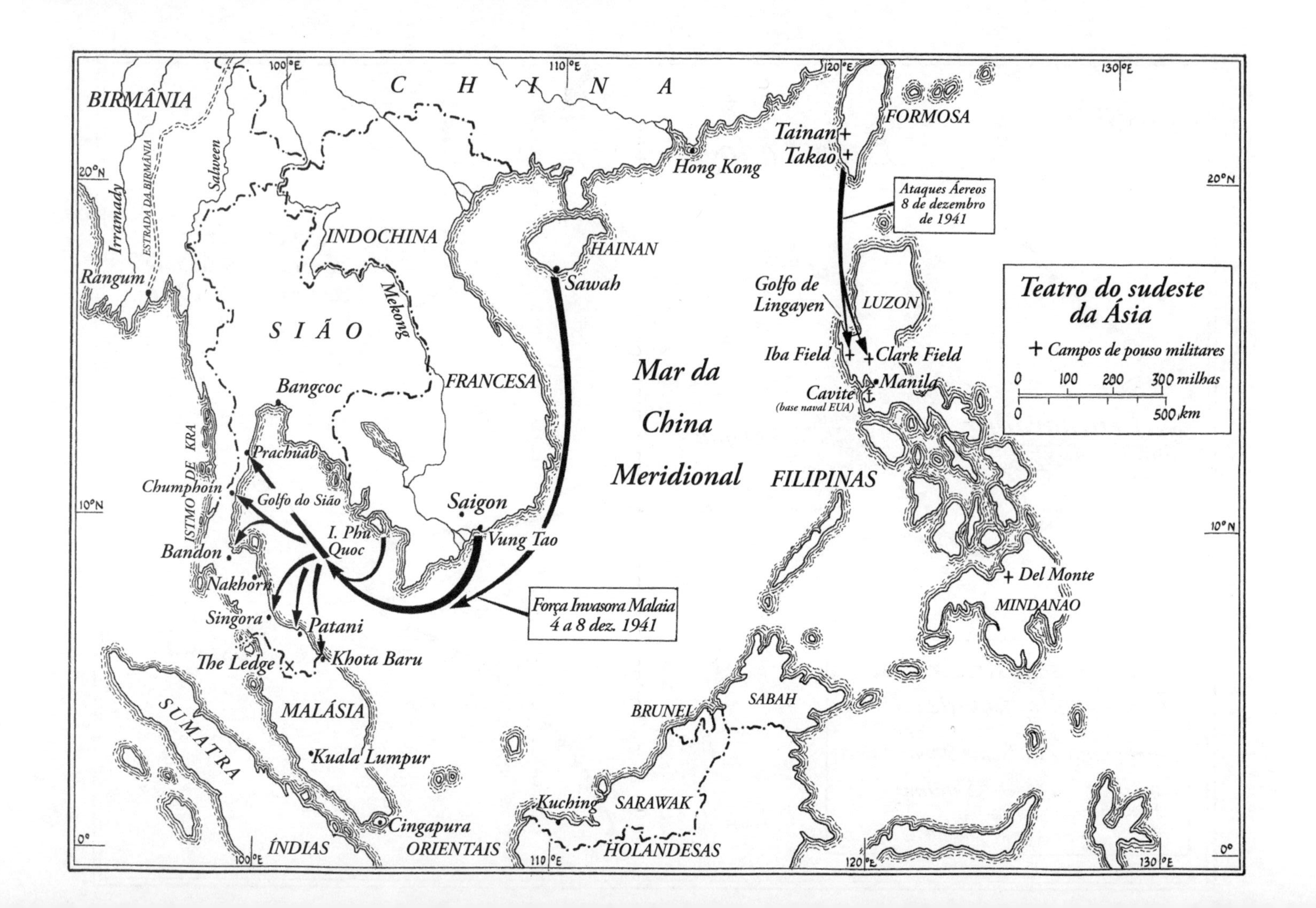
Teatro do sudeste da Ásia
+ Campos de pouso militares
0 100 200 300 milhas
0 500 km
Ataques Aéreos 8 de dezembro de 1941
Força Invasora Malaia 4 a 8 dez. 1941
C H I N A
BIRMÂNIA
ESTRADA DA BIRMÂNIA
Irramady
Salween
Rangum
INDOCHINA
FRANCESA
Mekong
S I Ã O
Bangcoc
Prachuab
Golfo do Sião
ISTMO DE KRA
Chumphoin
Bandon
Nakhorn
Singora
Patani
Khota Baru
The Ledge
I. Phu Quoc
Saigon
Vung Tao
HAINAN
Sawah
Hong Kong
FORMOSA
Tainan
Takao
Golfo de Lingayen
LUZON
Iba Field
Clark Field
Manila
Cavite
(base naval EUA)
FILIPINAS
Del Monte
MINDANAO
Mar da China Meridional
MALÁSIA
Kuala Lumpur
Cingapura
SUMATRA
ÍNDIAS
ORIENTAIS
HOLANDESAS
BRUNEI
SABAH
SARAWAK
Kuching
20°N
10°N
0°
100°E
110°E
120°E
130°E

PRÓLOGO

Novembro de 1941. A guerra na Europa já estava em andamento havia dois anos e dois meses. Nesse período, as forças armadas da Alemanha desmembraram a Polônia antes de se voltarem para oeste contra Dinamarca, Noruega, Holanda, Bélgica, Luxemburgo e França. Todos esses países foram ocupados e os aliados britânicos da França foram forçados a fugir de volta pelo Canal da Mancha. No início do outono de 1940, cogitou-se uma invasão alemã das Ilhas Britânicas, adiada indefinidamente quando a Luftwaffe de Göring não conseguiu assegurar o controle essencial dos ares. Com um impasse a oeste, Adolf Hitler decidiu que a única via para a derrota britânica estava no leste. Se subjugasse a União Soviética de Stalin e assumisse o comando dos seus vastos recursos — principalmente petróleo e cereais —, teria forças para enfrentar a Grã-Bretanha e o seu amigo que se armava rapidamente do outro lado do Atlântico. Em 22 de junho de 1941, depois de uma viagem menos importante aos Bálcãs para punir a insubordinação iugoslava e impedir a intervenção britânica na Grécia, Hitler decidiu se arriscar e invadiu a União Soviética. O sucesso foi rápido: milhões de soldados soviéticos foram mortos ou capturados, milhares de tanques e aviões destruídos. Em meados de julho, os panzers alemães tinham avançado até dois terços do caminho de Moscou.

No entanto, o fim não estava à vista; a brutalidade nazista assegurou que nem os soldados russos individualmente nem o regime de Moscou tivessem incentivo para se render. A indústria soviética foi transferida para leste, além do alcance alemão, e outros milhões de habitantes foram alistados no Exército Vermelho. No final de julho, a Wehrmacht, limitada pela crescente dificuldade logística inerente a uma operação tão distante da base, foi forçada a escolher entre ocupar a Ucrânia e tomar Moscou. Hitler optou pelo trigo da primeira e pela possibilidade de conquistar os campos petrolíferos do Cáucaso, que ficavam além. Seguiu-se outra imensa vitória, mas o tempo decorrido e o desgaste imposto às tropas motorizadas fizeram com que a marcha sobre Moscou só pudesse recomeçar no final de setembro. Os primeiros sucessos foram sufocados pelas chuvas de outono e pelas condições desfavoráveis que criavam para a guerra motorizada. Novos avanços seriam possíveis assim que o solo congelasse em novembro, mas só por algumas semanas, até que as primeiras nevascas fortes voltassem a tornar o deslocamento quase impossível.

Muitos líderes militares alemães duvidavam se seria sábio retomar o avanço, mas nenhum apresentou uma alternativa coerente. O tempo não estava do lado da Alemanha nazista. Enquanto a população alemã e a economia de guerra se esforçavam para acompanhar as necessidades da Wehrmacht, o poderio militar alemão era corroído em termos absolutos e relativos. Se Moscou não fosse tomada nessas poucas semanas, havia grande probabilidade de que nunca seria. E se Moscou não fosse tomada, a guerra estaria efetivamente perdida.

No que dizia respeito à liderança política e militar alemã, a guerra na Rússia reduzia a importância de todos os outros aspectos da luta global. No norte da África e no Mediterrâneo, deixou-se escapar a probabilidade de impor uma derrota importante e talvez decisiva à Grã-Bretanha. Três divisões alemãs, sob o comando de Rommel, foram enviadas para salvar as tropas italianas no norte da África, mas lhes faltavam aviões (necessários na Rússia) e submarinos (necessários no Atlântico) para salvaguardar a linha mediterrânea de suprimentos; sem eles, o máximo que o general poderia esperar era um sucesso limitado (como a captura de Tobruk). Os britânicos, por outro lado, não tinham muitos problemas para suprir o Exército no norte da África e estavam prestes a iniciar uma grande ofensiva. Nas três semanas seguintes, a Operação Crusader demonstraria que a logística era muito mais influente na decisão das batalhas do que o brilho dos generais, o bom projeto das armas ou a competência técnica dos soldados.

Entre a Rússia e o Canal da Mancha, a guerra apenas começava. O bombardeio britânico da Alemanha era esporádico e em boa parte ineficaz, e os movimentos de resistência dos países ocupados, com a notável exceção da Iugoslávia, ainda se reuniam nas sombras. Enquanto os judeus da Rússia eram massacrados às centenas de milhares por pelotões de fuzilamento, o futuro dos judeus da Europa central e ocidental — perseguidos, presos em guetos, mas ainda não mortos em grande número — estava prestes a ser gravado em pedra burocrática.

Mais de 9 mil quilômetros a leste, outra guerra estava em andamento havia quatro anos e quatro meses. Em julho de 1937, um choque armado na ponte Marco Polo, ao sul de Pequim, fora usado pelo Exército japonês para justificar a invasão geral do centro e do sul da China. A maioria das principais cidades caiu rapidamente, mas as novas vitórias se mostravam cada vez mais difíceis. No verão de 1941, mais de 200 mil soldados japoneses deram a vida por uma esperança que parecia estar se perdendo. Com o raciocínio de que a ajuda britânica e americana aos chineses era o maior obstáculo ao seu sucesso, os japoneses tentaram ocupar a Indochina para impedir a chegada de suprimentos. A reação americana — embargos de combustível e sucata de ferro que acabariam por imobilizar as forças armadas do Japão — deixou os japoneses em um buraco ainda mais fundo. Os líderes de Tóquio teriam de optar: sair dele com as mãos para cima ou continuar cavando. A primeira alternativa estava fora de questão.

SEGUNDA-FEIRA, 17 DE NOVEMBRO

Pouco depois do nascer do sol, o encouraçado *Nagato*, nau almirante comandada por Isoroku Yamamoto, levantou âncora ao largo de Iwakuni e zarpou rumo à baía de Saeki, no litoral leste de Kyushu. A viagem pelo mar do Japão levou cerca de cinco horas, e já passava de uma da tarde quando o *Nagato* contornou a barra norte da baía e avistou os navios espalhados da Kido Butai, a Primeira Frota Aérea de porta-aviões japoneses.

Por volta das três horas da tarde, uma pequena embarcação transportou Yamamoto e os oficiais do seu estado-maior para o porta-aviões *Akagi*, capitânia do almirante Chuichi Nagumo, comandante em chefe da Primeira Frota Aérea. Cerca de uma centena de oficiais importantes dos outros navios já aguardava no convés de voo do *Akagi* para escutar o discurso de despedida de Yamamoto. Ao contrário da maioria dos 20 mil homens que comandavam, esses oficiais sabiam aonde ia a Kido Butai e por quê. Muitos, como Nagumo e o seu chefe do estado-maior, contra-almirante Ryunosuke Kusaka, tinham se esforçado muitíssimo para dissuadir Yamamoto de prosseguir com a operação e, embora a hora de declará-las já tivesse passado, dúvidas enormes permaneciam.

Quem esperava de Yamamoto um discurso entusiástico, com ansiedade pela luta e desprezo pelo inimigo, se desapontou. Ao falar às fileiras de homens de farda branca no convés de voo varrido pelo vento, o comandante em chefe se absteve da retórica inebriante e pareceu menos interessado em inspirar os subordinados do que em desfazer qualquer excesso de confiança remanescente. No passado, o Japão derrotara muitos adversários de valor, disse ele, mas os americanos seriam os piores de todos. A frota confiava na surpresa, mas era sempre possível que o inimigo estivesse à espera deles e talvez tivessem de lutar para abrir caminho até o alvo. Isso não deveria impedi-los; afinal de contas, o costume do *bushido* era escolher um adversário igual ou mais forte.

Ao observar o rosto dos ouvintes de Yamamoto, o chefe do seu estado-maior registrou "lealdade inabalável, firmeza resoluta, até certo grau de ferocidade. Mas todos estavam bem compostos. Não podemos senão esperar algum dano nosso, mas rezo pela graça dos céus para que tenham sucesso no seu objetivo".[1]

Todos foram para a sala dos oficiais para um sombrio banquete de despedida. Consumiram-se as tradicionais sibas secas para trazer felicidade e punhados de nozes para trazer a vitória. Houve brindes à glória do imperador. Antes de retornar ao *Nagato*, Yamamoto surpreendeu e agradou os oficiais reunidos com uma expressão espontânea de confiança no resultado.

Cerca de uma hora depois, Nagumo e Kusaka fizeram a necessária visita cortês de retribuição e brindaram pela última vez ao sucesso da Operação Z. No caminho de volta ao *Akagi*, viram os porta-aviões *Soryu* e *Hiryu* já a caminho, seguindo ao escurecer para a embocadura da baía com a escolta de quatro contratorpedeiros. Durante a noite, outros navios os seguiram a intervalos regulares, e, a bordo do *Nagato*, a maior parte da tripulação se encontrou no convés principal para observar e lhes acenar em despedida. Yamamoto era um deles e observou cada navio pelos binóculos até a silhueta sumir no horizonte.

O *Akagi* e a escolta de dois contratorpedeiros foram os últimos a partir e içaram as âncoras pouco antes da meia-noite. Com as luzes apagadas e os rádios desligados para evitar a transmissão acidental de mensagens, esgueiraram-se até o amplo Pacífico, torcendo para ficar longe dos olhos e dos ouvidos do inimigo.

*

1 Ugaki, Matome, *Fading Victory* (University of Pittsburgh Press, 1991).

Mais cedo, naquela mesma segunda-feira, o *Taiyo Maru*, navio de carreira japonês, voltara de Honolulu para Yokohama trazendo três oficiais do serviço secreto e um tesouro de informações sobre as condições do oceano e a preparação militar americana. Uma lancha os buscou antes que o navio atracasse e eles foram levados de carro às pressas para o Ministério da Marinha, em Tóquio, onde integrantes de alto escalão do estado-maior geral naval, do setor de operações e do serviço secreto aguardavam ansiosos o seu relatório.

O capitão de corveta Suguru Suzuki foi quem mais falou. Depois de partir de Yokohama em 22 de outubro, ostensivamente em uma viagem com um único propósito comercial, o navio seguira nos primeiros dias uma rota pouco comum a nordeste e depois percorrera a rota designada para a Kido Butai por trechos normalmente vazios do norte do Pacífico. Durante a viagem, um dos três agentes fora ao convés de hora em hora para anotar as condições do mar e do clima e examinar constantemente o horizonte atrás de outras embarcações. A única tempestade fora breve, e o *Taiyo Maru* estava a pouco mais de 300 quilômetros de Oahu quando o primeiro avião americano surgiu no céu.

Durante os cinco dias ancorados em Honolulu, os agentes ficaram a bordo do navio. Nagao Kita, o cônsul geral japonês, os visitara na primeira manhã e levara a bordo a lista do Ministério da Marinha com mais de cem perguntas sobre tudo, da rotina da frota americana nos fins de semana à localização exata de cada uma das instalações militares nas ilhas. Nos dias que se seguiram, Kita passou pelos guardas de segurança americanos para contrabandear as respostas com uma facilidade que parecia indecente: os vários órgãos policiais e militares estavam ocupados demais verificando passageiros que chegavam e partiam para se preocupar com autoridades japonesas. Quando o navio partiu em 5 de novembro, a maioria das perguntas fora respondida. O *Taiyo Maru* seguira a rota de retorno prevista para a Kido Butai, dessa vez mais ao sul, perto do posto avançado americano no atol de Midway. O mar estivera igualmente vazio, o clima e as condições ainda melhores do que na viagem de ida.

Sem dúvida a missão fora um sucesso, mas os membros mais ardorosos da plateia de Suzuki não ficaram muito entusiasmados. Várias questões importantes continuavam sem resposta. Aparentemente, um único navio de carreira conseguiria atravessar o norte do Pacífico sem ser observado, mas uma frota com mais de trinta belonaves? Não havia informações definidas sobre varreduras de reconhecimento americanas, nenhuma garantia de que a frota não seria traída por um encontro ocasional com um submarino ou navio mercante. Não havia certeza de que os porta-aviões americanos — ou qualquer um dos outros navios importantes do inimigo, os encouraçados e cruzadores pesados — estariam no porto quando o ataque começasse. Como muitos deles viviam insistindo, o jogo ainda era terrivelmente arriscado.

Ainda assim, tinham sido obtidas muitas informações úteis para a força-tarefa, e mandaram Suzuki se preparar para outra viagem. No dia seguinte ele iria para o norte, no encouraçado *Hiei*, rumo ao ponto de encontro final da Kido Butai na baía de Hitokappu, em Iturup, para levar as informações a Nagumo e aos comandantes de esquadrilhas.

O ataque da Kido Butai a Pearl Harbor foi uma das três principais ofensivas japonesas marcadas provisoriamente para as mesmas vinte e quatro horas. Seria 7 de dezembro no Havaí, mas a oeste, do outro lado da Linha Internacional de Data, já seria 8 de dezembro quando as forças japonesas atacassem a Tailândia e o norte da Malásia, de um lado, e, do outro, as Filipinas.

Dizer que as autoridades britânicas e americanas na Malásia e nas Filipinas esperavam esses ataques seria certo exagero. Elas esperavam que os japoneses tentassem uma coisa ou outra em um futuro indeterminado, mas em todos os outros aspectos o pensamento otimista estava na ordem do dia. Nem os britânicos nem os americanos estavam preparados e ambos conseguiram se convencer de que os japoneses esperariam até que estivessem. Nas Filipinas, Douglas MacArthur, comandante em chefe americano, dissera recentemente ao general Lewis H. Brereton, recém-nomeado comandante da sua força aérea, que era improvável um ataque japonês antes de abril. A primeira impressão de Brereton sobre o preparo do seu novo comando não fora nada empolgante, mas ele mal começara a arrumar a casa quando MacArthur o mandou verificar as instalações para enviar futuros reforços para o sudoeste do Pacífico.

Em 17 de novembro, Brereton estava na Austrália, bem longe do exercício matutino realizado nos céus de Luzon. Os B-17 do 93º

Esquadrão de Bombardeiros realizou um ataque simulado à base aérea de Clark Field, pouco menos de 100 quilômetros ao norte de Manila, e os caças P-40B do 20º Esquadrão de Perseguição decolaram para interceptá-los. Estes últimos encontraram os primeiros, mas os seus motores se mostraram tão fracos que os B-17 simplesmente os deixaram para trás. "Os nossos aviões", escreveu um piloto de caça à irmã em casa, "não são bons para lutar".[2]

Mais cinco fusos horários a oeste, o tenente Kurt Gruman, da 87ª Divisão de Infantaria alemã, aproveitava outro claro dia de sol no campo a noroeste de Moscou. A miríade de arbustos e árvores cobertos de gelo e neve cintilante era "quase um conto de fadas", subvertido apenas pelo "amargo troar dos canhões" a distância.[3] Durante o dia, ele e os camaradas conseguiam aguentar, mas à noite o frio começava a torturá-los.

A temperatura na região de Moscou caíra repentinamente por volta de 7 de novembro e parecia provável que sofresse mais quedas acentuadas de tantos em tantos dias. Agora o movimento de veículos era possível na estrada e fora dela, mas só por um período limitado; a neve pesada de dezembro se mostraria uma desvantagem tão grande para a mobilidade quanto a lama do final do outono. E, em todos os outros aspectos, a chegada do inverno era má notícia para os alemães. O Exército deles não fora equipado para operar naquelas temperaturas. Armas, tanques e caminhões e até os trens, todos se esforçavam para funcionar, enquanto os soldados ainda vestiam gandolas de brim e botas de sola de aço que deixavam o frio passar. O fardamento de inverno estava supostamente a caminho, mas ninguém parecia saber quando chegaria. As geladuras rapidamente se tornaram comuns e começaram a circular histórias de sentinelas noturnas alemãs encontradas congeladas com a chegada da manhã.

O frio era quase o mesmo na sombria floresta da Prússia Oriental, quase mil quilômetros a oeste, mas os dois complexos especialmente construídos e ocupados pelo Führer, pelo seu séquito imediato e pelos

---

2 Citado em Bartsch, William, *December 8, 1941* (Texas A&M University Press, 2003).

3 Citado em Rzhevskaya, Elena, "Roads and Days: The Memoirs of a Red Army Translator", *Journal of Slavonic Military Studies*, vol. 14, março de 2001.

que supostamente comandavam a campanha russa estavam bem aquecidos, e uma avaliação fiel das condições no campo de batalha exigiria imaginação ou boa vontade para escutar. Nenhuma das duas qualidades era muito visível em meados de novembro de 1941, quer no Wolfsschanze, quer no quartel-general do vizinho OKH (*Oberkommando des Heeres*, o Alto-Comando do Exército). Nos mapas na parede e na mesa, Moscou parecia irresistivelmente próxima, a apenas 80 quilômetros da linha de frente alemã, um tipo de distância que os panzers devorariam em dois ou três dias alguns meses antes. Percebia-se que as condições de novembro eram mais difíceis do que as de julho, mas o ímpeto da Operação Tufão em outubro rumo a Moscou fora retardado por problemas de suprimento e pela lama, não pelos russos. Agora que o terreno estava firme outra vez, sem dúvida seria possível um avanço de 80 quilômetros.

Hitler tomara a sua decisão e o OKH a transformara em um plano operacional. Em 12 de novembro, o general Franz Halder, chefe do estado-maior geral, embarcara no seu trem pessoal em Angerburg e viajara durante a noite até Orsha, onde o marechal de campo Fedor von Bock, comandante do Grupo de Exércitos Centro, mantinha o seu quartel-general. Os chefes de estado-maior de todos os exércitos e grupos de exércitos alemães na frente oriental tinham sido convocados para a conferência, realizada naquele dia em um desvio ao lado da estação da cidade. Muitos foram com esperança de debater a sensatez de uma nova ofensiva em 1941, mas se desapontaram. Os comentários e as perguntas foram bem-vindos, mas a decisão já fora tomada.

A apresentação de Halder foi pouco convincente. Ele enfatizou os pontos fracos do inimigo e supôs a falta de reservas, mas ele e a plateia sabiam, infelizmente, que as informações reais que tinham sobre os movimentos de tropas soviéticas a leste não iam muito além de Moscou. Halder também ignorou ou encobriu as dificuldades de suprimento e a falta de reservas do seu Exército. Quando o oficial de comando da Intendência protestou que os exércitos de Von Bock não poderiam ser providos a uma distância tão grande quanto a de Moscou, Halder aceitou os cálculos, mas insistiu que o OKH não gostaria "de ficar no caminho caso Bock ache que pode ter sucesso".[4]

---

4 Citado em Burdick, C., e Jacobsen, H.-A., *The Halder War Diary* (Greenhill, 1988).

Acontece que Von Bock era o único aliado poderoso de Halder naquela reunião. Os chefes de estado-maior escutaram com incredulidade os avanços mínimo e máximo que Hitler e o OKH exigiam agora nas esperadas seis semanas da janela de oportunidade que haveria entre a lama e a neve funda. A linha máxima ia de Vologda a Stalingrado e passava por Gorki, 400 quilômetros além de Moscou; a mínima, menos ambiciosa mas ainda impressionante, ficava 170 quilômetros além da capital soviética.

Os chefes deram a sua opinião. Os Grupos de Exércitos Norte e Sul se opunham a qualquer nova ofensiva. O general Hans von Greiffenberg, chefe do estado-maior de Von Bock, recusou-se lealmente a excluir a possibilidade de avanço, mas foi veemente ao destacar as dificuldades. Os chefes de estado-maior dos três exércitos de infantaria e dos três grupos panzer que compunham o Grupo de Exércitos Centro despejaram o seu desdém pelos objetivos propostos. O mês não era maio e eles não combatiam na França, disse a Halder um oficial exasperado.

Não fez diferença. Halder distribuiu as ordens por escrito e a conferência terminou. Em 15 de novembro, a ala esquerda do Grupo de Exércitos Centro começaria o seu avanço, com a infantaria do 9º Exército do general Adolf Strauss se dirigindo para o leste para proteger o flanco esquerdo do 3º Grupo Panzer do general Georg-Hans Reinhardt que avançaria rumo a Klin e ao reservatório do Volga. Mais ao sul, o 4º Grupo Panzer do general Erich Hoepner atacaria o 30º Exército do general Konstantin Rokossovski nos dois lados da estrada de Volokolamsk que ia para Moscou. Na ala direita, as tropas alemãs precisavam de mais tempo de preparação, mas o 2º Exército e o 2º Exército Panzer estariam em movimento até 17 de novembro, o primeiro protegendo o flanco direito do segundo para dar a volta por trás de Moscou até o pretendido encontro com Reinhardt. Quase exatamente a oeste da capital soviética, o 4º Exército manteria a posição, imobilizando as tropas soviéticas que o enfrentavam enquanto os grupos panzer causassem o caos na sua retaguarda. Antes dera certo, e Halder e Von Bock se agarraram aos precedentes — talvez não por acreditarem que daria certo de novo, mas por ser horrível demais pensar nas alternativas.

Naquela manhã de 17 de novembro, as pontas de lança blindadas do 3º e do 4º Grupos Panzer abriram várias brechas nas linhas defensivas confiadas aos 30º e 16º Exércitos soviéticos. O general Gueorgui Jukov, no comando geral dos exércitos que defendiam Moscou, ordenara aos subordinados que fizessem ataques de sondagem às divisões de infantaria alemãs que os panzers tinham ultrapassado, na esperança de encontrar algum ponto vulnerável, qualquer coisa que retardasse a maré alemã que se acumulava. Uma dessas missões foi atribuída à 44ª Divisão de Cavalaria Mongol, que acabara de chegar de Tashkent, na Ásia Central.

O ponto escolhido para o ataque de sondagem foi um setor da frente cerca de 25 quilômetros ao norte de Volokolamsk, mantido pela 116ª Divisão de Infantaria alemã, com unidades de vanguarda espalhadas pela leve elevação que se estendia a leste das aldeias de Mussino e Partenkovo. Três baterias de artilharia estavam desdobradas entre elas.

O amanhecer estava bem enevoado, mas o sol logo dissipou a neblina e, às nove da manhã, os soldados alemães tinham visão clara do quilômetro e meio de campo polvilhado de neve que jazia à frente deles. Por volta das dez horas, um observador avançado avistou cavaleiros do Exército Vermelho na floresta mais adiante, e as unidades de infantaria e artilharia alemãs ficaram alertas. Uma hora e meia depois, quatro tanques leves T-26 surgiram das árvores e avançaram lentamente pelo campo. Os alemães, acreditando que era apenas sondagem, não atiraram. Depois de mais vinte minutos, uma grande tropa de cavalaria começou a sair da floresta, formando longas fileiras do outro lado do campo.

"Foi uma vista indescritivelmente bela", recordou mais tarde um soldado alemão, "aquela paisagem clara e ensolarada de inverno, estribo com estribo, curvados sobre o corpo dos cavalos e com sabres faiscantes nas mãos, o regimento de cavalaria veio em carga total pelo campo. Foi como se a era dos ataques mongóis tivesse voltado".[5] Outros alemães ficaram mais espantados do que extasiados: "Não dava para acreditar que o inimigo pretendia nos atacar através daquele terreno amplo que jazia aberto como um campo de parada diante de nós."[6]

Mas atacou. Os artilheiros abriram fogo com os seus obuseiros de 105 milímetros e logo encontraram o alvo. Homens e cavalos

5 Citado em Haupt, Werner, *Assault on Moscow 1941* (Schiffer, 1996).

6 Citado em Braithwaite, Rodric, *Moscow 1941* (Profile, 2006).

explodiram em pedaços, espalhando sangue e carne rompida por sobre a neve branca. Cavalos em pânico corriam enlouquecidos pelo campo coberto de fumaça, os cavaleiros descartados eram presas fáceis das metralhadoras alemãs. Os que puderam deram meia-volta e fugiram.

De acordo com o segundo soldado alemão "era impossível imaginar que, depois da aniquilação dos primeiros esquadrões, aquela visão de pesadelo se repetiria".[7] Mas se repetiu. A cavalaria soviética voltou a se formar para um segundo ataque, dessa vez apoiado por dois obuseiros de 76,2 milímetros com tração animal. Não fez diferença. Trezentas e cinquenta granadas de 105 milímetros caíram rasgando sobre armas e cavaleiros, forçando os sobreviventes a voltar ao abrigo das árvores. Centenas de soldados do Exército Vermelho morreram e nenhum alemão sofreu um arranhão sequer. Poucas vitórias, nessa ou em qualquer outra guerra, foram tão completas.

Ainda assim, naquela noite, amontoados para se aquecerem em qualquer abrigo que encontrassem, os soldados alemães perto de Mussino devem ter feito uns aos outros algumas perguntas profundamente incômodas. Que tipo de inimigo atacava em campo aberto brandindo espadas contra metralhadoras e obuseiros? Estúpidos? Ou dispostos a sacrificar vidas e mais vidas de um suprimento que parecia inexaurível? E se assim fosse, como vencer um inimigo desses? E o que aconteceria se chegasse o dia em que *ele* é que tivesse as melhores armas?

Naquela noite, outra divisão alemã descobriu. Pela manhã, 300 quilômetros a sudeste, o 2º Exército Panzer do general Heinz Guderian lançara a sua ofensiva. Os ataques principais aconteceram ao sul da cidade de Tula, defendida com teimosia, e se dirigiram para o norte e o noroeste, com as metas gêmeas de avançar sobre Moscou e cercar Tula pela retaguarda. A 112ª Divisão de Infantaria avançou pela retaguarda do flanco direito do 24º Corpo Panzer e, ao anoitecer, estava perto da cidade de Uzlovaia. Os soldados montaram o bivaque e se aqueceram como puderam, com a expectativa de um avanço semelhante no dia seguinte.

O reconhecimento alemão não percebera a presença de uma divisão siberiana recém-desembarcada na área, acompanhada de uma

7 *Ibid.*

brigada blindada com um plantel completo dos relativamente novos e extremamente manobráveis T-34. A 112ª Divisão, com o pressuposto de que todas as unidades do Exército Vermelho na área tinham sido totalmente dispersadas pelo avanço dos panzers, levaria um choque. Pouco antes da meia-noite, as sentinelas avançadas ouviram motores assomarem na noite e logo avistaram as sombras inclinadas de aproximadamente vinte T-34. Foi dado o alarme, mas a capacidade de combate da divisão era muito limitada. Por um lado, os canhões anticarro alemães de 37 milímetros só conseguiriam destruir um T-34 em um tiro direto; por outro, os artilheiros descobriram que as granadas estavam com a graxa de proteção congelada e tinham de ser raspadas antes de carregadas na culatra. E tudo isso na escuridão, com dedos gelados e zonzos de sono, com granadas explodindo em volta e no meio deles.

A infantaria regular não teve melhor resultado: as armas automáticas se recusaram a dar mais de um tiro. Quando avistaram as ondas de infantaria siberiana que assomavam atrás dos tanques, insultuosamente aconchegadas em fardas brancas acolchoadas e botas forradas de feltro, correndo e disparando armas que realmente funcionavam como deviam, os alemães vestidos de brim não aguentaram e fugiram.

O pânico, escreveu Guderian, "chegou até Bogorodisk", vários quilômetros na retaguarda. Naquela mesma noite, antes de saber do ataque, o general escrevera uma carta elogiando os seus "corajosos soldados" que vinham "aproveitando todas as vantagens e lutando com resistência maravilhosa apesar de todos os obstáculos". Mas agora talvez tivessem chegado ao limite. A derrota da 112ª Divisão foi "um aviso de que a capacidade de combate da nossa infantaria estava no fim e que não se devia mais esperar que realizasse tarefas difíceis".[8]

Cerca de 800 quilômetros ao sul de Tula — as tropas alemãs na União Soviética agora se estendiam em uma frente com mais de 1.500 quilômetros —, o 1º Exército Panzer do Grupo de Exércitos Sul iniciara um ataque naquela manhã cruzando o rio Mius. Rostov, com a sua ponte sobre o largo rio Don, ficava a apenas 65 quilômetros.

---

8 Guderian, Heinz, *Panzer Leader* (Futura, 1974).

Tanto o marechal de campo Gerd von Rundstedt, que comandava o Grupo de Exércitos Sul, quanto o general Ewald von Kleist, que comandava o 1º Exército Panzer, tinham sido contrários a essa ofensiva. A piora da situação de suprimento, as condições do inverno, o desgaste geral de soldados e veículos, tudo sugeria fracasso. Rostov podia ser tomada, mas mantê-la provavelmente ficaria além da sua capacidade. E como a cidade só importava como zona de passagem a caminho do Cáucaso e do seu precioso petróleo, a ocupação temporária seria inútil.

Na Prússia Oriental, a situação era vista de outro modo. Os campos petrolíferos pareciam estar ali ao alcance das mãos, e as zonas de passagem serviam para passar. A Alemanha nazista tinha apenas duas grandes fontes do precioso fluido que movia os seus tanques e aviões — os campos romenos perto de Ploesti e as fábricas nacionais de combustível sintético —, e a produção não era suficiente. Assim como o Japão, seu futuro aliado, a Alemanha nazista estava condenada a conviver com o medo permanente da escassez. O petróleo do Cáucaso, que dissolveria esse medo em um só golpe, valia praticamente qualquer risco.

No primeiro dia, a ofensiva alemã teve bastante sucesso. Ao anoitecer, as duas divisões panzer de Von Kleist, com a SS Leibstandarte (guarda pessoal de Hitler) à direita, estavam quase a meio caminho de Rostov e tinham deixado unidades substanciais do Exército Vermelho dispersas atrás de si. Até então tudo parecia como antes, até chegar a notícia de um ataque soviético naquele mesmo dia. O marechal Timoshenko, comandante da Frente Sudoeste soviética, viera reunindo reservas para esse momento e, naquela manhã, os 9º, 18º e 37º Exércitos, com o apoio de brigadas blindadas, iniciaram um ataque na direção sudoeste, em uma diagonal que cortava a linha do pretendido avanço alemão. Os soviéticos avançaram 15 quilômetros naquele dia e reduziram a brecha pela qual os alemães supriam agora o ataque rumo a Rostov. Se a cidade fosse tomada, os ocupantes ficariam isolados.

Na extremidade norte da frente oriental, Leningrado passava pelo terceiro mês de cerco. Os alemães do Grupo de Exércitos Norte cortaram a última ligação ferroviária da cidade com o resto da Rússia em 30 de agosto e a última ligação rodoviária em 9 de setembro. Isso deixou os soviéticos com apenas duas maneiras de levar alimentos e outros suprimentos muito necessários à cidade: pelo ar ou pelo trem que passava por Tikhvin e Lednevo, para depois atravessar o vizinho lago Ladoga.

Os soldados do Grupo de Exércitos Norte chegaram a apenas 11 quilômetros do Palácio de Inverno na segunda semana de setembro, mas, privados do 4º Grupo Panzer de Hoepner, transferido para o Grupo de Exércitos Centro para o assalto da Operação Tufão a Moscou, não podiam mais avançar. Hitler não se preocupou. O impiedoso bombardeio aéreo e de artilharia reduziria a cidade a escombros; a fome e o frio cuidariam dos habitantes. Decidido a fechar todos os buracos, ele ordenou que o marechal de campo Wilhelm von Leeb usasse os blindados remanescentes para tomar Tikhvin, 150 quilômetros mais a leste. Em 8 de novembro aquela cidade caiu e, com ela, a última tábua de salvação de Leningrado.

Dentro da cidade, as condições de vida se deterioraram rapidamente. Com a queda de temperatura, o combustível acabou, silenciando as fábricas e imobilizando o transporte público. A ração de pão já fora reduzida três vezes e, em 13 de novembro, diminuiu de novo para 300 gramas por dia — cerca de quatro fatias de pão de forma — para os que ainda trabalhavam e 150 gramas para aqueles cuja única ocupação era se manter aquecido. E mesmo esses gramas agora continham 25% de celulose "comestível". O consumo diário de farinha na cidade caíra em mais de dois terços em dois meses. Sem uma nova tábua de salvação, Hitler realizaria o seu desejo e 3 milhões de pessoas morreriam de fome.

O lago Ladoga congelava todo inverno e a ideia de substituir a rota naval por uma estrada sobre o gelo fora discutida em outubro. A queda de Tikhvin e a consequente perda da ligação ferroviária acrescentaram outra tarefa gigantesca à lista soviética: a construção, no inverno, de uma estrada de 350 quilômetros por pântanos e mata fechada para chegar ao setor da ferrovia ainda em suas mãos. Enquanto milhares eram convocados para realizar esse projeto, outros se puseram a trabalhar na construção de depósitos nos dois lados da estrada projetada, e os cientistas de Leningrado estudaram os detalhes do deslocamento sobre o gelo. Com que velocidade e espessura a água congelava e em que temperaturas? Quantos centímetros de gelo seriam necessários para suportar um caminhão de uma tonelada com carga total?

No final da segunda semana de novembro, o lago começou a congelar e, uma hora antes do amanhecer de 17 de novembro, o tenente Leonid Sokolov partiu da cidade de Kokkorevo, à beira do lago, e levou pelo gelo os integrantes do 88º Batalhão de Construção, uns amarrados aos outros. O destino era Kobona, a 30 quilômetros do outro lado da baía, na extremidade leste da futura "estrada". Todos usavam cinto salva-vidas e farda branca camuflada e levavam armas e ferramentas para gelo.

Era um dia de sol, mas o vento estava muito frígido. Os homens se aventuraram pelo lago que rangia para deixar estacas com bandeirolas de 100 em 100 metros, com paradas frequentes para verificar a espessura do gelo. Na maioria dos lugares, era de 10 centímetros, o suficiente, ou pelo menos assim diziam os cientistas, para suportar um cavalo sem cavaleiro, mas quando se aproximaram do meio do caminho o gelo afinou e, finalmente, desapareceu em um grande círculo de água. Eles chapinharam pela borda até que um homem caiu no perímetro quebradiço e teve de ser puxado. Eles tinham levado roupas secas para essa eventualidade, e a fila logo continuou avançando com cautela, primeiro até a ilha de Zelenets e depois até a outra margem, alcançada várias horas depois do escurecer.

Pelo rádio, Sokolov enviou a notícia da chegada ao major Mojaiev, seu superior em Kokkorevo. Mojaiev passou a boa nova à sede do partido em Leningrado e depois, em um ataque de otimismo glorioso, montou a cavalo e seguiu a linha de bandeirolas pelo lago congelado. Quatro horas depois, ele também estava em Kobona.

Nos trens disponíveis que iam para leste, talvez não houvesse espaço suficiente para o combustível, a munição e as roupas de inverno de que os soldados alemães precisavam com tanto desespero, mas sempre se achava lugar para a leitura favorita do regime. O quinzenário *Das Reich* era considerado, ao menos pelos seus autores, essencial para a manutenção do moral. De que outra maneira os soldados saberiam pelo que matavam e morriam?

A edição de 16 de novembro, agora a caminho, trazia uma explicação detalhada de Joseph Goebbels da responsabilidade dos judeus na guerra. O ministro da Propaganda começou recordando aos leitores a profecia de Hitler de janeiro de 1939: se os judeus começassem outra guerra, o resultado seria "a destruição da raça judia na Europa". E acrescentou: "Estamos vendo o cumprimento da profecia. Os judeus recebem uma pena que, sem dúvida, é dura, porém mais do que merecida." Exatamente qual era essa pena ele se furtou a dizer. A única punição mencionada foi a recente imposição do uso compulsório de estrelas amarelas pelos judeus que ainda vivessem no Reich.

Goebbels admitia que o grande número dessas estrelas fora surpreendente para os cidadãos não judeus de Berlim; os judeus sempre foram bons para esconder a sua presença. "Ele se escondeu, imitou os arredores, adotou a cor do fundo, ajustou-se ao ambiente, para esperar o momento certo. Quem dentre nós fazia ideia de que o inimigo estava ao lado, que um ouvinte calado ou esperto escutava conversas na rua, no metrô ou nas filas diante das charutarias? Há judeus que não é possível reconhecer pelos sinais exteriores. Esses são os mais perigosos. Sempre acontece que, quando tomamos alguma providência contra os judeus, os jornais ingleses ou americanos a noticiam no dia seguinte. Ainda hoje os judeus têm ligações secretas com os nossos inimigos no exterior e as usam não só em defesa própria, mas também em todas as questões militares do Reich. O inimigo está em nosso meio."

Por enquanto, havia pouco com que se preocupar. Mas o que aconteceria se a Alemanha perdesse a guerra? Esses "sujeitos judeus de aparência inofensiva se tornariam de repente lobos enraivecidos. Atacariam as nossas mulheres e crianças para se vingar".

O povo alemão precisava se recordar sempre de que isso podia acontecer. Porque, "se nós, alemães, temos uma falha funesta em nosso caráter nacional, é a capacidade de esquecer. Essa falha revela a nossa generosidade e decência humana, mas nem sempre a nossa inteligência ou sabedoria política. Pensamos que todos têm caráter tão bom quanto nós. Os franceses ameaçaram desmembrar o Reich no inverno de 1939/1940, dizendo que nós e as nossas famílias teríamos de fazer fila diante das suas cozinhas de campanha para conseguir algo quente para comer. O nosso Exército derrotou a França em seis semanas e, depois disso, vimos soldados alemães darem pão e linguiça a mulheres e crianças francesas famintas e gasolina a refugiados de Paris para que voltassem para casa o mais cedo possível, para espalhar por lá ao menos parte do seu ódio ao Reich. É assim que nós, alemães, somos. A nossa virtude nacional é a nossa fraqueza nacional".

Era hora de ser duro e não de ser "bondoso demais, já que os nossos inimigos não são nobres a ponto de fazer vista grossa para os nossos erros". Muito melhor "uma dureza fria e inflexível contra os destruidores do nosso povo, contra os instigadores da guerra". Os judeus eram culpados de cada soldado alemão que caísse. "Eles o têm na sua consciência e também devem pagar por isso."[9]

O pagamento estava sendo exigido. Meio milhão de judeus poloneses tinham sido aprisionados no gueto de Varsóvia em pouco mais de um ano e a chegada de um segundo inverno cobrava o seu preço nos corpos doentes e desnutridos. "A coisa mais assustadora de se ver são as crianças geladas", observou Emmanuel Ringelblum em meados de novembro. "Criancinhas descalças, de joelhos nus e roupas rasgadas, em pé na rua, em silêncio, chorando."[10]

Na noite de 16 para 17 de novembro, oito judeus — dois homens e seis mulheres — foram pegos fora do gueto sem permissão e condenados à morte. Duas mulheres tinham menos de 18 anos, outra tinha três filhos. De manhã cedo, foram todos arrastados das celas, as mulheres amarradas e vendadas por policiais judeus, um dos quais "se distinguiu pelo seu zelo".[11] Uma das jovens implorou para que dissessem à família que ela fora simplesmente mandada para um campo de concentração; a outra pediu a Deus que a aceitasse em sacrifício pelo seu povo.

Um pequeno grupo de oficiais sorridentes da SS, que "fumavam cigarros calmamente e se comportavam com cinismo", assistiu o pelotão de fuzilamento de policiais poloneses convocados realizar a execução.[12]

Nesse mesmo dia, 942 judeus de Berlim receberam ordens de ir para um pátio de manobras da ferrovia em um subúrbio no sudeste da cidade e foram forçados a embarcar em um trem de vagões de carga fechados.

---

9 *Das Reich,* 16 de novembro de 1941.

10 Citado em Gilbert, Martin, *The Holocaust* (Fontana, 1987).

11 *Ibid.*

12 *Ibid.*

Usar estrelas amarelas era punição inadequada para tamanhos inimigos do Reich. Esse trem específico, um dos cerca de trinta do mesmo tipo que partiram da Alemanha para o leste entre outubro e janeiro, rumava para Riga, na Letônia de hoje. Muitos passageiros, depois de receber instruções escritas para se prepararem para um inverno difícil, levavam pequenos fogareiros para aquecimento.

No outro lado da cidade, o general de Exército Ernst Udet estava ao telefone do quarto de hotel, muito bêbado e angustiado. "Eles" o perseguiam, disse à ex-namorada Inge. Anunciou a intenção de se suicidar e, quase na mesma hora, se matou, erguendo o aparelho para que ela ouvisse o tiro. Alguém chamou a polícia, que encontrou mensagens rabiscadas na parede e um bilhete de despedida.

Durante quase trinta anos, Udet fora um dos filhos diletos da Alemanha. Famoso ás dos caças da Primeira Guerra Mundial, passara a década de 1920 como piloto autônomo: trabalhara em filmes, testara novos aviões para os fabricantes e empolgara multidões pelo mundo com o seu circo voador. Ganhou muito dinheiro, divertiu-se muito e realmente merecia a imagem de playboy. Entrou para o Partido Nazista em 1933, mas não por convicção ideológica. Era patriota, gostava da ideia de desenvolver uma nova força aérea alemã e achou difícil dizer não ao velho camarada Göring.

No começo, ajudou a promover o bombardeiro de mergulho Ju-87, que complementava tão bem os panzers e a tática que Heinz Guderian defendia na mesma época. Em 1936, foi encarregado da ala de desenvolvimento do Ministério da Aviação do Reich e, três anos depois, tornou-se responsável pelas encomendas de armamentos da Luftwaffe. Era uma tarefa importantíssima e quase impossível de cumprir bem, dada a maneira feudal como se organizava a Alemanha nazista e a tendência dos seus barões de se entregar a devaneios otimistas e ignorância deliberada. Enquanto a guerra correu bem, a inadequação de Udet ao cargo não foi notada, mas assim que a situação começou a desandar — como aconteceu na Batalha da Grã-Bretanha — ele se tornou o bode expiatório ideal para o rival Erhard Milch e o geralmente preguiçoso Hermann Göring.

No verão de 1941, as deficiências da Luftwaffe em quantidade e qualidade começaram a ser atribuídas a Udet, com apenas parcial razão. Ele tentou se demitir, mas Göring, que sabia muito bem como isso seria visto, não aceitou. Para compensar, Udet passou a beber, fumar e comer mais e a se queixar de insônia e depressão. A deserção de Inge Bleyle deve ter sido a última gota, mas Udet sabia de quem era a culpa: Göring, o "Homem de Ferro", foi amargamente repreendido no bilhete de despedida e nas frases escritas em vermelho na cabeceira da cama do suicida.

O "Homem de Ferro" recebeu a notícia por volta do meio-dia e ordenou que o Ministério da Aviação divulgasse um comunicado. "Enquanto testava uma nova arma em 17 de novembro de 1941", dizia o texto, "o diretor de armamento aéreo, coronel-general Udet, sofreu um grave acidente e não resistiu aos ferimentos".[13]

O número mais recente da revista de propaganda nazista *Das Europa-Kabel*, publicada em Amsterdã, trazia uma nova ideia para resolver a escassez crônica de recursos do Reich. Se aquelas empresas ex-soviéticas agora "pertencentes" aos seus conquistadores fossem vendidas a empresas privadas alemãs, todos sairiam ganhando. Os compradores dificilmente conseguiriam um ambiente mais favorável aos negócios — tanto a mão de obra quanto os recursos, afinal de contas, lá estavam para serem explorados —, e os vendedores poderiam financiar futuras conquistas com a fortuna inesperada.

Claramente, os proponentes da ideia não tinham visitado a União Soviética ocidental nos últimos meses nem sido informados da destruição em massa das indústrias não selecionadas para remoção. Ainda se passariam cinquenta anos antes que a sua política fosse posta em prática, embora em circunstâncias levemente menos punitivas.

Desde a invasão alemã do seu país em abril de 1940, muitos noruegueses tentaram fugir para a Grã-Bretanha. Em agosto de 1941, os alemães montaram postos de controle em todos os portos e, no final de outubro, impôs-se a pena de morte a quem deixasse o país sem permissão. Mas barcos continuaram a sumir e, nessa segunda-feira, as autoridades de

13 Citado em Irving, David, *Hitler's War* (Hodder & Stoughton, 1977).

ocupação anunciaram que daquele dia em diante todas as embarcações de pesca ficariam confinadas ao porto entre o pôr do sol e a aurora.

Dois dias antes, os submarinos britânicos *Torbay* e *Talisman* tentaram desembarcar 53 soldados de operações especiais no litoral da Cirenaica, no norte da África, aproximadamente 320 quilômetros atrás das linhas do Eixo. Uma tempestade transformou o desembarque em pesadelo, com dois afogados e mais 23 forçados a voltar ao *Talisman*. O plano original exigia que metade dos soldados desorganizasse as linhas de comunicação inimigas, mas esse elemento foi então abandonado. Três homens ficaram para trás para cobrir o reembarque, restando 28 para cumprir o objetivo primário da missão: o assassinato do general Erwin Rommel, comandante do Panzergruppe Afrika alemão. Eles seguiram rumo ao interior para o encontro planejado com o tenente-coronel John Haselden, integrante do Grupo de Longo Alcance no Deserto que vivia disfarçado entre os árabes locais. Haselden lhes conseguiu três guias e sumiu no deserto como um Lawrence da Arábia clandestino. Trinta e seis horas depois, os 28 soldados formavam uma fila na crista de uma duna que dava para Beda Littoria e espiavam, pela escuridão varrida por outra tempestade, o prédio de pedra mal iluminado que, supostamente, abrigava Rommel e o seu quartel-general.

A missão fora planejada na sala do almirante Sir Roger Keyes, diretor de Operações Conjuntas, e era comandada pelo seu filho mais velho, tenente-coronel Geoffrey Keyes. Muitas informações tinham sido coletadas em várias fontes, mas, como se viu mais tarde, o processo de coleta fora gravemente comprometido pela recusa em divulgar o propósito da busca daquelas informações. O bom-senso também andava escasso; depois de combater o enérgico Rommel durante dois anos na França e no norte da África, os britânicos não deviam esperar que o seu quartel-general ficasse mais de 300 quilômetros atrás da linha de frente.

Na verdade, o prédio de pedra em Beda Littoria era o quartel-general de Schleusener, intendente-geral do Afrikakorps. Naquele momento, ele e o seu vice estavam no hospital de Apollonia, alguns quilômetros ao norte, e tinham deixado o capitão Weitz no comando da equipe de 25 homens. Todos, com exceção de dois, tinham se recolhido às suas camas de campanha em vários quartos do primeiro andar e do térreo, deixando uma sentinela no corredor do andar de baixo, armado apenas com uma baioneta.

O plano de Keyes era levar dez homens pela entrada da frente enquanto outros três forçavam o caminho pela porta dos fundos. O resto do grupo foi encarregado da demolição do gerador elétrico dos alemães. Quando faltava um minuto para a meia-noite, enquanto o trovão ribombava pelo deserto, eles começaram a descer a duna.

Erwin Rommel dormia em Atenas. Acabara de passar duas alegres semanas em Roma com a esposa Lucie no Hotel Eden, com vista para a basílica de São Pedro. Em 16 de novembro, uma tempestade desviara o seu avião para Belgrado; depois, problemas no motor provocaram a pausa de uma noite na capital grega. Nunca paciente, Rommel estava mais irritado do que de costume pelos atrasos. Em 21 de novembro, o seu tão planejado ataque ao enclave britânico de Tobruk estava marcado para começar, e ele queria tempo para verificar pessoalmente cada um dos últimos detalhes da operação.

Keyes e o seu grupo de operações especiais não eram os únicos soldados britânicos a entrar em ação. Mais de 300 quilômetros a leste de Beda Littoria, a maior parte do 8º Exército estava em movimento. Desde o fracasso da ofensiva "Battleaxe" do general Wavell, em junho anterior, Churchill vinha insistindo com o general Auchinleck, sucessor de Wavell, para montar outra. Era intolerável, pensava o primeiro-ministro britânico, que seus soldados ficassem sentados enquanto a Rússia sangrava, e o norte da África era o único teatro em que podiam se atracar com um Exército inimigo substancial. Sabiamente, Auchinleck não permitira que o apressassem, mas, com a maré alemã subindo novamente rumo a Moscou, aceitara a necessidade de iniciar o seu ataque com preparação imperfeita. A nova ofensiva, com o codinome Crusader, estava marcada para começar naquela noite.

O movimento de tropas e suprimentos por trás das linhas britânicas acontecia havia tempo, na estrada do litoral à luz do dia, mais para o interior, onde se pretendia o rompimento, sob a cobertura da escuridão. "Para-sóis" de tubos metálicos e aniagem foram presos à traseira de mais de seiscentos tanques britânicos, na esperança de que assim se confundissem, pelo menos vistos de cima, com caminhões de três toneladas. O tráfego radiofônico foi estritamente limitado e as mensagens que tinham de ser enviadas foram identificadas com fontes falsas.

O principal serviço dos pilotos da RAF (Real Força Aérea) era manter os céus limpos de olhos alemães curiosos, mas o mau tempo fez isso por eles. As tempestades que varreram a Cirenaica entre 16 e 18 de novembro tiveram intensidade atordoante. A chuva caía como uma cortina e reduzia drasticamente a visibilidade. Enchentes instantâneas arrastaram pontes e inundaram todos os campos de pouso do Eixo. Os alemães ficaram presos ao chão.

No lado britânico da linha, o tempo estava melhor. Robert Crisp foi um dos comandantes de tanque a se deslocar rumo à linha de frente na noite de 17 de novembro. Logo ficou "tão escuro que os motoristas mal conseguiam discernir os contornos do tanque ou caminhão a meio metro de distância", e alguém na vanguarda teve de desembarcar e conduzi-los a pé. "Assim prosseguimos lentamente pela noite, focinho de um no rabo do outro, o deserto cheio com o rugido dos motores radiais em marcha de força e os rangidos de protesto de centenas de molas e rodas de truques. Ao norte e ao sul de nós, o silêncio das areias vazias era estilhaçado por serpentes igualmente compridas e letais a avançar sinuosas para o golpe."[14] Como a Kido Butai, como a Wehrmacht na frente oriental, o 8º Exército britânico estava a caminho.

Na outra extremidade da África, o encouraçado britânico *Prince of Wales* estava ancorado no porto da Cidade do Cabo. Ia para Cingapura servir de nau capitânia da nova Força Z. Churchill marcara uma reunião entre o comandante da Força, o diminuto vice-almirante Sir Tom Phillips, e o premier sul-africano Jan Smuts; o primeiro estava em um avião a caminho de Pretória. O objetivo de Churchill ao marcar essa reunião não era claro, mas parece provável que quisesse a bênção influente de Smuts para uma missão que muitos consideravam extremamente discutível.

A Força Z fora concebida em Cingapura. Preocupado com as rixas constantes entre as várias autoridades políticas e militares da colônia,

14 Crisp, Robert, *Brazen Chariots* (Corgi, 1960).

Churchill mandara Duff Cooper, um subministro, intermediar algum tipo de consenso. Todas as várias partes envolvidas — os comandantes das três armas, o governador, os embaixadores britânicos na Tailândia e na China e um representante especial australiano — tinham se reunido em 29 de setembro e decidido, entre outras coisas, que o envio de uma pequena flotilha com uma ou duas belonaves grandes daria coragem aos moradores locais e desestimularia os japoneses.

Churchill pensou que assim também mostraria aos Estados Unidos que a Grã-Bretanha estava disposta a cumprir o seu papel nas águas do Extremo Oriente. Uma "unidade móvel" com um encouraçado e um porta-aviões seria o ideal.

O Almirantado ficou estarrecido. Não havia belonaves grandes de sobra; nas águas nacionais, por exemplo, apenas duas estavam disponíveis e não se sabia quando o poderoso encouraçado alemão *Tirpitz* conseguiria abrir uma brecha até o norte do Atlântico. O alto escalão da Marinha também temia que a "unidade móvel" proposta por Churchill não cumprisse seu papel de nenhum lado — pequena demais para assustar, grande demais para se perder.

No entanto, a palavra final era do primeiro-ministro. Ele decretou que o *Prince of Wales*, um dos dois encouraçados da frota doméstica, fosse para leste com o recém-adquirido porta-aviões *Indomitable*.

Para os japoneses, sem dúvida essa força seria mais irretorquível do que a que acabou chegando lá. Infelizmente para Phillips, agora escolhido para comandar a Força Z, a viagem de teste do *Indomitable* na travessia do Atlântico terminou de forma inglória, com o porta-aviões encalhado ao largo da Jamaica. E, antes que se pensasse em usá-lo, o *Ark Royal* foi afundado por um submarino no Mediterrâneo. O *Prince of Wales* teria como companhia apenas o cruzador de batalha *Repulse*.

Na volta da reunião com Smuts, Phillips disse ao chefe do seu estado-maior que o premier sul-africano era totalmente favorável à missão e estava disposto a lhe dar a máxima publicidade. Mas, no dia seguinte, Smuts telegrafaria a Churchill com uma posição bem diferente. Disse temer a divisão de poderio naval no Extremo Oriente e no Pacífico. A Força Z em Cingapura e a frota americana em Pearl Harbor estavam muito distantes uma da outra e, "afastadas, inferiores à Marinha japonesa [...]. Se os japoneses forem mesmo ligeiros", acrescentou, havia muita probabilidade de "um desastre de alto nível".[15]

Na Grã-Bretanha, o general Alan Brooke acabara de concordar em assumir o posto de chefe do estado-maior geral imperial. Churchill lhe oferecera o posto em Chequers, a casa de campo dos primeiros-ministros britânicos, e "ninguém poderia ter sido mais gentil do que ele". Depois de levar Brooke até a porta do quarto de dormir às duas da manhã, o primeiro-ministro pegara a mão do novo chefe, fitara-o nos olhos e lhe desejara a melhor das sortes. Brooke sentiu que precisaria. "Estávamos diante de uma possível invasão pelo canal, com dificuldades crescentes no Oriente Médio, o Mediterrâneo fechado, nuvens negras se amontoando no Extremo Oriente e a Rússia enfraquecida e empurrada para trás bem nos portões de Moscou. O horizonte estava negro de ponta a ponta." Embora não fosse uma "pessoa excepcionalmente religiosa", Brooke decidiu que rezar seria uma reação apropriada.[16]

A maioria dos 48 milhões de súditos de Sua Majestade não estava tão bem informada. Naquela manhã, o *Times* não publicou sequer sugestões da ofensiva já em andamento no norte da África e pouco divulgou que substanciasse as notícias vindas de Cingapura de que a situação "se encaminhava para uma crise" no Extremo Oriente.[17] Falar em impasse na frente oriental era estar vários dias desatualizado, e um bom exemplo do clima geral de complacência que impregnava a cobertura é a charge de outro jornal, o *Daily Mirror*: um soldado alemão tremia na neve, acima da legenda "outro patrimônio congelado".[18]

Viam-se razões melhores para otimismo nas letrinhas miúdas do *Times* — os reveses alemães noticiados perto de Tikhvin e Tula, por exemplo — e, paradoxalmente, em uma reportagem importante com a manchete CIDADES RUSSAS EM RUÍNAS. Ela citava jornalistas neutros que os alemães tinham levado para dar uma volta no leste ocupado. Um sueco fizera aos anfitriões uma pergunta sobre o futuro da Ucrânia e lhe

---

15 Citado em Allen, Louis, *Singapore* (Davis-Poynter, 1977).

16 Citado em Bryant, Arthur, *The Turn of the Tide* (Fontana, 1965).

17 *The Times,* 17 de novembro de 1941.

18 *Daily Mirror,* 17 de novembro de 1941.

responderam que "um certo grau de governo autônomo" talvez fosse oferecido, mas que um Estado independente claramente não era do interesse alemão. Na prática, ou assim pareceu aos visitantes estrangeiros, os alemães se esforçavam ao máximo para antagonizar todos os que pudessem ajudá-los. As fazendas coletivas não foram divididas como desejavam os camponeses e foram simplesmente entregues a "comissários" alemães muito bem pagos que tratavam os novos empregados como escravos de grandes plantações. As cidades realmente estavam quase em ruínas, mas isso não impedira que os alemães batizassem as ruas com o nome de Hitler e Göring. As lojas estavam vazias e muitos moradores só conseguiam se alimentar fazendo longas viagens para procurar comida no campo. Apesar de tudo isso, a população soviética parecia longe de estar "esmagada pelo destino". Mantinham "a cabeça erguida" e davam "olhares destemidos" aos visitantes estrangeiros. Havia resistência em seus olhos.[19]

Os Estados Unidos ainda não estavam oficialmente na guerra, mas os seus jornais eram dominados pela cobertura do conflito global. As manchetes da primeira página do *New York Times* se dividiam entre ela e uma greve iminente de mineiros, mas as sete primeiras páginas só traziam notícias da guerra. Dava-se destaque ao discurso de Tojo, primeiro-ministro japonês, no parlamento naquele mesmo dia e aos "três pontos" para a paz nele contidos. "Terceiras potências" — querendo dizer os Estados Unidos — eram aconselhadas a: (a) abster-se de obstruir a conclusão da "questão da China"; (b) dar fim à ameaça militar e ao bloqueio econômico do Japão; e (c) envidar o máximo esforço para impedir a disseminação da guerra da Europa para a Ásia. O comportamento do Japão, aparentemente, não necessitava de ajustes.[20]

O *New York Times* não tinha notícias novas sobre o importante diplomata japonês que viera recentemente de Tóquio. Saburo Kurusu chegara a Washington no sábado anterior com instruções de ajudar o embaixador Nomura a encontrar, até 25 de novembro, uma saída pacífica para a crise crescente entre os dois países. Nenhum dos diplomatas

19 *The Times*, 17 de novembro de 1941.

20 *New York Times*, 17 de novembro de 1941.

sabia a razão exata da pressa dos seus superiores. Nenhum deles sabia que a Primeira Frota Aérea já se posicionava para o ataque que o seu provável fracasso provocaria.

Às 10h30 daquela manhã, o secretário de Estado Cordell Hull recebeu Nomura e Kurusu em seu gabinete. Mais tarde, Hull afirmou ter sentido antipatia instantânea por Kurusu — "nem a aparência nem a atitude inspiravam confiança ou respeito" — e considerado inconcebível que o recém-chegado "não conhecesse os planos do seu governo e o papel que deveria desempenhar".[21] Esse papel, na opinião de Hull, era duplo: Kurusu fora mandado para selar um acordo unilateral ou, caso não conseguisse, para distrair os líderes americanos da verdadeira ameaça em seu caminho. Entretanto, naquela manhã o secretário de Estado foi muito mais diplomático. Cumprimentou Kurusu pelo modo como se comportara desde a chegada e lhe disse que todos gostavam do seu novo colega Nomura e o admiravam. Depois de aproximadamente vinte minutos, os três saíram para a reunião às onze horas com o presidente Roosevelt, que serviria de boas-vindas informais a Kurusu. Embora conversassem durante uma hora e quinze minutos, os quatro se limitaram a tratar de generalidades.

O que pensavam os dois lados? A iniciativa diplomática mais recente era a chamada Proposta A, de Tóquio, apresentada a Hull em 7 de novembro. Oferecia a saída japonesa da China dali a 25 anos e pouquíssima coisa mais. Os soldados japoneses ficariam na Indochina e o Japão continuaria a ser membro do Pacto Tripartite com a Alemanha e a Itália. Em caso de rejeição, Nomura foi instruído a oferecer a Proposta B, levemente mais moderada, que prometia algumas retiradas japonesas da Indochina. Os americanos não aceitaram a Proposta A, mas, para certa surpresa de Nomura, não a rejeitaram terminantemente. Parecia cada vez mais provável que estivessem simplesmente ganhando tempo, e o tempo, como os superiores de Nomura em Tóquio não paravam de lhe dizer, não estava do lado do Japão.

O que os japoneses não sabiam era que os americanos tinham decifrado o seu código diplomático em agosto de 1940 e obtido acesso total à sua correspondência. Roosevelt e Hull já sabiam que a Proposta

---

21 Hull, Cordell, *Memoirs* (Hodder & Stoughton, 1948).

B aguardava nos bastidores e que era tão inaceitável quanto a Proposta A. Na verdade, aquela iniciativa diplomática era um beco sem saída. Mas os americanos também sabiam que suas forças armadas precisavam de pelo menos três meses de preparação para um ataque japonês e que só a diplomacia preencheria a lacuna. Assim como os japoneses estavam diante deles do outro lado do tapete da Casa Branca, os líderes americanos abrigavam uma leve esperança residual de que a guerra entre os dois países poderia ser evitada — "não há última palavra entre amigos", disse Roosevelt aos hóspedes, citando Williams Jennings Bryan.[22] Mas dessa vez tanto ele quanto Hull estavam convencidos da perfídia japonesa e preocupados principalmente com onde, quando e em que circunstâncias começaria a esperada guerra.

Mais tarde seria claramente melhor, e naquela tarde Roosevelt esboçou um possível acordo de seis meses para Hull considerar. Os japoneses receberiam "um pouco de petróleo e arroz agora e mais depois" em troca de uma moratória da expansão militar e o abandono de fato do Pacto Tripartite.[23] Se, no final de seis meses, os dois lados ainda não conseguissem chegar a um acordo duradouro, nada se perderia e as forças armadas americanas estariam em condições muito melhores para travar uma guerra.

---

22 Citado em Prange, Gordon, *At Dawn We Slept* (Penguin, 2001).

23 Citado em Heinrichs, Waldo, *Threshold of War* (Oxford University Press, 1988).

TERÇA-FEIRA, 18 DE NOVEMBRO

Alguns contratorpedeiros e um porta-aviões ainda estavam no Mar Interior, mas a maior parte dos 33 navios da Primeira Frota Aérea avançava agora pelo litoral de Honshu, espalhada por várias centenas de quilômetros, em fila indiana ou dupla, além do alcance de olhos em terra. Os milhares de latas e tambores de combustível extra que ocupavam cada espaço livre revelavam à sua tripulação que a viagem seria longa, mas poucos faziam ideia de para onde os levaria. Em ocasiões anteriores, o destino fora o sul ou o sudoeste, e era verdade que o costumeiro suprimento de roupas tropicais fora embarcado. Mas como explicar as roupas para mau tempo e as lonas impermeáveis que cobriam os canhões? Ou os flapes e lemes dos aviões cobertos de graxa anticongelante? Uma coisa era certa: não parecia uma viagem de treinamento. Marinheiros e pilotos tinham recebido ordem de deixar para trás todos os objetos pessoais, e os navios foram privados de todos os itens inflamáveis desnecessários em combate.

Três submarinos classe I para reconhecimento avançado foram recebidos pela Kido Butai, mas outros 27 fariam a rota mais curta ao sul. Esses, os maiores submarinos do mundo, podiam levar combustível suficiente para uma viagem de ida e volta de Tóquio a São Francisco. O primeiro grupo de três deixara a base de Kure uma semana antes e outros 19 tinham partido de Kure e Yokosuka nos dias decorridos desde então. Os cinco que ficaram tinham uma função especial a cumprir.

Saíram de Kure de manhã cedo e partiram para Kamekakubi, que ficava perto, para buscar a carga: cinco submarinos-anões e dez tripulantes da Unidade Especial de Ataque Naval.

A Marinha japonesa brincara com a ideia de uma unidade dessas desde o final da década de 1920, quando o capitão Noriyoshi Yokou percebeu que conseguiria aumentar a precisão dos torpedos dando-lhes pilotos humanos. Naquela época, a instituição naval ainda não se dispunha a pensar em armas suicidas, mas o potencial dos submarinos-anões foi reconhecido e pesquisas futuras se dedicaram a desenvolver uma embarcação pequena que pudesse disparar torpedos não tripulados. Até 1941, foram construídos mais de vinte desses anões. Tinham 12,5 metros de comprimento, baterias com oito horas de vida e podiam pegar carona em um submarino classe I.

Naquele mesmo ano, dois tenentes entusiasmados defenderam a ideia de usá-los em um ataque de surpresa na deflagração de uma guerra futura. Ao saber do plano havaiano, elaboraram um modo de utilizar os submarinos-anões dentro de Pearl Harbor. A princípio, Yamamoto rejeitou a ideia. Como os anões não poderiam ser recuperados, argumentou, seria uma missão suicida. Os dois tenentes não se dissuadiram facilmente. Se pudessem aumentar o alcance e a probabilidade de recuperação, Yamamoto reconsideraria? Ele concordou que sim. No início daquele outono, os dois anunciaram o sucesso, e os submarinos-anões receberam um papel no ataque a Pearl Harbor.

O plano original era se infiltrarem na base americana antes do ataque aéreo ao amanhecer para permanecer submersos durante o dia e lançar os torpedos quando o inimigo achasse que o perigo já passara. Mas os dez tripulantes voluntários fizeram objeções à longa espera envolvida; a sua impaciência, afirmaram, os derrotaria. "Alguns de nós podem ficar tão empolgados que entregaremos o jogo", admitiu o comandante, tenente Iwasa.[1] De forma um tanto espantosa, esse argumento foi aceito e os comandantes dos submarinos-anões receberam permissão de atacar quando achassem adequado.

A aversão de Yamamoto a missões suicidas não era compartilhada por esses homens, nem mesmo pelo seu chefe do estado-maior. Ao

1 Citado em Deane, John Potter, *Admiral of the Pacific* (Heinemann, 1965).

observar, no tombadilho do *Nagato*, o último submarino com anões seguir para o oceano, Matome Ugaki chegou à conclusão nostálgica de que a nobreza de espírito importava mais do que a mera eficácia. "A questão não é quanto dano provocam", disse ele ao diário. "A firme determinação de não voltar com vida desses jovens tenentes e alferes que embarcaram sorridentes nos seus submarinos não pode ser demasiadamente elogiada. O espírito de autossacrifício não mudou em nada."[2]

A ferrovia Transiberiana era de mão dupla e, desde meados de outubro, os trens seguiam para Moscou em ambas as linhas. Numerosas divisões de infantaria e brigadas de tanques se deslocavam para oeste, viajando principalmente à noite em comboios de 15 ou vinte trens, uma avalanche invisível de proporções potencialmente decisivas.

Em 14 de setembro, Richard Sorge, líder do círculo de espiões soviéticos em Tóquio, avisara aos seus empregadores no Kremlin que o Japão só atacaria se uma das seguintes condições fosse atendida: a queda de Moscou, uma vantagem em efetivo de três para um ou uma guerra civil na Sibéria. Três semanas mais tarde, ele foi além e garantiu que a União Soviética estava a salvo de um ataque japonês pelo menos enquanto durasse o inverno.

Mas será que acreditaram nele? Sorge alertara Stalin com antecedência sobre a operação Barbarossa, alerta que o líder soviético ridicularizara e desdenhara. Talvez o acerto de Sorge naquela ocasião tenha aumentado a sua credibilidade, talvez os indícios que o corroboravam nessa ocasião — os sinais de movimento japonês no sul, a imensa dificuldade de deslocar soldados pelas vastas distâncias da Sibéria e nas condições do inverno siberiano — fossem comprovação convincente. Ou talvez fosse apenas um caso de necessidade; se Moscou e o Cáucaso caíssem, de que adiantaria defender Irkutsk?

Na quinzena inicial da Operação Tufão, no início de outubro, cerca de 600 mil soldados do Exército Vermelho foram cercados em dois grandes bolsões em torno de Viazma e Briansk. Mas, novamente, as cabeças de lança dos panzers tinham perfurado a linha soviética, avançado para

---

2 Ugaki, Matome, *Fading Victory* (University of Pittsburgh Press, 1991).

terreno aberto e seguido para se darem as mãos atrás dos exércitos soviéticos. Era a Blitzkrieg [guerra-relâmpago] clássica, uma versão motorizada e mais veloz da tática em pinças convergentes que Aníbal usara em Canas mais de 2 mil anos antes. Naqueles dias sinistros, como disse um observador soviético, os alemães avançaram "sem reconhecimento sequer, sem patrulhas, sem guardas de flanco, com conforto, viajando de caminhão".[3]

Mas não mais. O Exército Vermelho estava aprendendo. Os que escaparam dos cercos e os convocados para preencher as enormes lacunas onde tinham existido divisões começaram a lutar de forma diferente. Com Moscou tão perto da retaguarda, a grande tentação — à qual Stalin e Jukov às vezes sucumbiriam — era defender cada posição até o último homem, disputar cada quilômetro dos oitenta que restavam. A tática apropriada, utilizada pela primeira vez pela 316ª Divisão sob o comando do general Panfilov e apoiada pelo seu superior, general Rokossovski, era usar da melhor maneira possível as defesas naturais e recuar quando necessário, mas só depois de fazer o inimigo pagar o preço máximo em sangue e tempo.

Chegavam reforços da Sibéria e da Ásia central, mas o Exército Vermelho diante de Moscou ainda estava perigosamente rarefeito; não era difícil achar um batalhão de setecentos homens cobrindo um trecho de 8 quilômetros da frente. No entanto, em muitos pontos não havia necessidade de espalhá-los. Se tinham acreditado no velho ditado — onde passa um veado, o soldado também passa; onde passa um soldado, o Exército também passa —, agora os alemães percebiam o seu erro. Em 1941, os exércitos, principalmente o deles, só passava por onde passasse um caminhão. E esses caminhos eram poucos e espaçados ao norte e a oeste de Moscou: o campo era cheio de bosques e florestas e sabidamente pobre em estradas transitáveis. Se escolhessem abrir caminho até Moscou com serras e machados, os alemães levariam anos; se ficassem nas estradas, os soviéticos poderiam se concentrar contra eles. As encruzilhadas, especificamente, estavam bastante minadas, vigiadas por trincheiras e fuzis, protegidas por canhões anticarro e de campanha. Eventualmente, os alemães conseguiriam levar poder de fogo suficiente para abrir caminho a força, mas nisso os canhões soviéticos teriam

3 Bek, Alexander, *The Volokolamsk Highway* (Moscow Foreign Languages, *c.* 1964).

recuado e os homens desaparecido entre as árvores para montar outra emboscada um quilômetro mais adiante na estrada. Panfilov comparou uma série dessas ações a uma mola que absorvia o avanço inimigo, custando-lhe dias que ele não tinha.

Era uma vida de desconforto apavorante, ansiedade interminável e terror ocasional. "A qualquer momento, tudo poderia começar a rugir, gritar e uivar [...] granadas riscariam o céu, tanques ribombariam pelos campos [...] homens em farda cinza de campanha viriam correndo da floresta [...] homens que vinham nos matar." A floresta silenciosa entraria em erupção, com balas traçadoras como "agulhas de fogo" a explodir entre os pinheiros cobertos de neve. À noite, enquanto os soldados ferviam a água do chá e secavam as roupas junto ao fogo, a luz dos foguetes alemães iluminaria o céu com as suas mensagens coloridas, assinalando quem sabia o quê, uma demonstração de beleza que prometia a morte.[4]

Havia cadáveres por toda parte. Mutilados, esmagados, sem cabeça ou membros. Lançados contra as árvores, semienterrados na neve, espalhados em uma torrente congelada. Amigos e estranhos, soldados e civis, o rosto paralisado de choque ou medo. Cada um com uma história interrompida, uma vida arrancada. Apenas um corpo em Volokolamsk, notado por um soldado: "Em meio às ruínas à beira da calçada jazia uma mulher morta. A brisa agitava o cabelo grisalho e desgrenhado. Mas um cacho de cabelo estava colado à cabeça pelo sangue fresco, ainda rubro e não congelado."[5]

Os mortos não tinham interesse na vitória. O moral agora era importantíssimo, e os líderes soviéticos sabiam disso. Uma enchente incessante de propaganda chegava às linhas de frente, boa parte lida para os homens pelos comissários das unidades. É claro que grande parte dela era verdade — os alemães *estavam* se comportando como feras com os capturados, os soldados do Exército Vermelho diante de Moscou *eram* a rocha na qual a maré do mal poderia se quebrar. Tinham de permanecer unidos e, se o preço dessa solidariedade fosse a execução dos covardes e o uso de destacamentos de bloqueio do NKVD [Comissariado do Povo para

---

4 *Ibid.*

5 *Ibid.*

Assuntos Internos] para ceifar retiradas não sancionadas, então assim seria. Essa dureza nos trouxe a vitória, diriam os sobreviventes anos depois.

O carismático Panfilov morreu naquela terça-feira quando uma granada de morteiro perdida atingiu o seu ponto de observação perto de Siskino. A sua 316ª Divisão de Infantaria estava sob ataque da 2ª e da 11ª Divisões Panzer e cedia terreno lentamente. Ao anoitecer, a cabeça de lança alemã avançara 11 quilômetros, não muito segundo o padrão do verão, mas um bom pedaço da distância que restava até Moscou. Mais ao norte, o 3º Grupo Panzer fazia um progresso ainda mais rápido rumo a Klin, abrindo uma brecha perigosa entre o 16º e o 30º Exércitos. Com medo de um grande rompimento e um possível cerco, Rokossovski pediu permissão para recuar o 16º Exército até a linha do rio Istra e do seu reservatório, quase a meio caminho de Moscou.

Isso era demais para Jukov, que proibiu qualquer retirada voluntária. Ele recebera ordens de salvar Moscou e o faria, sem nenhuma tentativa de calcular ou reduzir o sacrifício envolvido. Nesses primeiros dias da renovada Operação Tufão, as unidades do Exército Vermelho, uma atrás da outra, reproduziram o destino da 44ª Divisão de Cavalaria Mongol, deixando tapetes de corpos para os alemães escalarem.

"Pode haver situações", escreveu Rokossovski nas suas memórias, "em que a decisão de resistir até o último homem seja a única possível". Mas ele não achava que aquela fosse uma delas. "Não havia soldados atrás do 16º Exército e, se as unidades de defesa fossem esmagadas, a estrada para Moscou se abriria — exatamente o que o inimigo se esforçava o tempo todo para conseguir".[6] Ele passou por cima de Jukov e apelou à decisão do chefe do estado-maior geral, marechal Bóris Shaposhnikov. A concordância era iminente. "O nosso humor melhorou. Agora, refletimos, os alemães quebrarão os dentes na linha do Istra."[7]

A alegria teve vida curta. A decisão de Shaposhnikov não foi aceita por Jukov e um telegrama irritado chegou a Rokossovski reiterando a

---

6 Rokossovski, Konstantin, *A Soldier's Duty* (Progress, 1970).

7 *Ibid.*

ordem anterior. "Não havia nada que eu pudesse fazer: ordens são ordens, e, sendo soldados, obedecemos. O resultado foi infeliz."[8]

No lado alemão, pelo menos a oeste e noroeste de Moscou, havia uma sensação de ganho de força crescente. O problema era mantê-lo com a crise dos suprimentos. A 87ª Divisão de Infantaria, que começara o seu avanço naquela manhã no flanco à extrema direita do 4º Grupo Panzer, estava em uma situação tipicamente enfraquecida. O efetivo se reduzira e muitos que restavam tinham sido gravemente incapacitados por geladuras. A munição era pouca e as roupas de inverno ainda não tinham chegado.

A 6ª Divisão de Infantaria teve mais sorte que a maioria, mas não muita. As fardas de inverno chegaram naquele dia: quatro sobretudos pesados com forro de pele e quatro pares de botas forradas de feltro para cada companhia de duzentos homens. Onde estava o resto? De acordo com a Ordem do Dia do assessor de imprensa do Reich, o fardamento de inverno da Wehrmacht fora encomendado no verão e agora aguardava nas estações de trem pela distribuição. No entanto, a situação dos transportes era desesperadora e talvez houvesse algum atraso. "Por essa razão", avisou ele aos jornalistas seus subordinados, "não seria prático mencionar o equipamento de inverno dos soldados neste momento".[9] Seria desejável manter a calma da população. Com base nas notícias da imprensa, os soldados escreveriam aos parentes que não tinham recebido ainda o fardamento de inverno. Isso poderia abalar a confiança pública no serviço de notícias alemão em um momento crucial. Por motivos semelhantes, ele aconselhou que houvesse muito cuidado para não incluir fotos de soldados alemães ainda com as fardas de verão. Imagens de prisioneiros soviéticos de sobretudo ao lado da escolta alemã desagasalhada eram as que mais se deveria evitar.

Em 18 de novembro, os soldados tiveram uma leve compensação pela falta de fardamento de inverno. Depois da queda súbita no final da semana anterior, a temperatura voltou a subir. Os soldados ficaram contentes com o alívio, por menor e temporário que fosse. Os generais

---

8 *Ibid.*

9 Citado em Piekalkiewicz, Janusz, *Moscow 1941* (Arms & Armour, 1981).

mais bem-vestidos ficaram menos impressionados; o aumento da temperatura costumava significar mais neve.

Ao sul, o avanço do 1º Exército Panzer sobre Rostov foi retardado, mas não interrompido, por um contra-ataque do 56º Exército e, à noite, os alemães estavam a menos de 24 quilômetros da cidade. No entanto, a sensação de que empurravam uma porta giratória persistiu quando o 37º Exército soviético forçou o ataque ao flanco esquerdo alemão. Cerca de duzentos T-34 se envolveram e os foguetes Katiúcha foram usados pela primeira vez contra o Grupo de Exércitos Sul. A Divisão Viking da SS foi forçada a recuar em certa desordem, e a situação só se restaurou momentaneamente com ataques contínuos dos Stuka e o gasto de reservas preciosas.

A captura de Rostov talvez fosse fácil, mas a situação geral do Grupo de Exércitos Sul ficava mais confusa, com cada sucesso alemão contrabalançado por um contra-ataque soviético, geralmente na mesma área. Perto de Grakovo, 150 quilômetros mais ao norte, os dois exércitos travavam uma batalha cada vez mais típica. No dia anterior, dois regimentos alemães — um de infantaria, outro de artilharia — tinham ocupado uma fazenda estatal. Logo caíram sob ataque, e os artilheiros foram forçados a abandonar os canhões e recuar para posições próximas à estação ferroviária de Grakovo. Os infantes logo foram obrigados a segui-los, mas naquela manhã os artilheiros conseguiram reocupar as posições de fogo. Novamente atacados, abriram fogo sobre os soviéticos a 100 metros, prendendo-os tempo suficiente para destruir os canhões e recuar mais uma vez para a estação ferroviária. Seguiram-se duas noites de bombardeio, mas a infantaria alemã finalmente conseguiu reocupar a fazenda estatal.

Agora essas trocas rápidas de território eram comuns e, muitas vezes, deixavam unidades de exércitos adversários perigosamente misturadas no vasto campo de batalha. As longas noites de inverno davam aos comandantes a oportunidade de endireitar as coisas, mas, como qualquer embaralhamento às cegas, também provocavam surpresas.

Algumas foram até bem-vindas. Um grupo de tiritantes soldados alemães foi atraído para uma grande fogueira a distância. Usando casacos de lã, botas de feltro e gorros de pele tirados de um depósito do

Exército Vermelho capturado em Taganrog, pareciam russos. Depois de passar algum tempo se aquecendo junto ao fogo — três pilhas ardentes de feno enfardado —, se enterraram em outros montes de palha para dormir. "Logo notamos que havia mais gorros de pele com estrelas soviéticas em volta da fogueira. Sabíamos que eram russos genuínos. No entanto, estávamos fracos e cansados demais para pensar nisso. Ficamos juntos durante um tempo surpreendente. Depois, dormirmos juntos em paz. Na manhã seguinte, reunimos os camaradas adormecidos, várias dezenas, e fomos para oeste — para casa. Nenhum tiro foi disparado, nenhum ódio foi demonstrado, nenhuma raiva. O frio deixou todos iguais. A guerra também pode ser tão humana, tão pacífica."[10]

Ou não. Naquele dia, o comandante do regimento de artilharia da 255ª Divisão de Infantaria alemã relatou as condições do Campo Provisório 231 para prisioneiros de guerra: "Os prisioneiros de guerra, que no presente chegam a cerca de 7 mil, sem contar os feridos, estão acomodados nas ruínas do prédio de uma fábrica que só oferece proteção contra a chuva. Por outro lado, os prisioneiros de guerra estão expostos ao frio sem nenhuma proteção. As janelas têm vários metros de altura e são largas e sem cobertura. Não há portas no prédio. Os prisioneiros que são assim mantidos praticamente ao ar livre estão morrendo congelados às centenas diariamente — além daqueles que morrem continuamente de exaustão."[11]

Essas condições não resultavam de ineficiência nem do sadismo exagerado de algum comandante do Campo de Prisioneiros 231. Eram a norma para prisioneiros soviéticos, um reflexo do supremo propósito da Operação Barbarossa, a redução por atacado de uma população cativa.

Ao contrário, digamos, da invasão alemã da França, a da União Soviética não foi realizada para derrotar e impor termos a um inimigo transitório. Ela foi realizada com vistas à conquista permanente da Rússia europeia. O precedente histórico que Hitler e outros líderes nazistas tinham em mente eram os Estados Unidos e a domesticação americana do oeste "selvagem". O Volga, disse Hitler, seria o Mississippi da Alemanha.

---

10 Citado em Haupt, Werner, *Army Group South* (Schiffer, 1998).

11 Citado em Armstrong, John (org.), *Soviet Partisans in World War II* (University of Wisconsin Press, 1964).

Como os "peles-vermelhas" dos Estados Unidos, os indígenas eslavos eram considerados sub-humanos. Hitler os chamava de "família de coelhos", intrinsecamente preguiçosos e desorganizados.[12] Só entendiam "o chicote". Goebbels passou a vida profissional imaginando expressões insultuosas e alimentando com elas, gota a gota, o povo alemão. Os bolcheviques eram "selvagens", "depravados", essencialmente "hostis à vida", os eslavos eram animais frios, de tenacidade primitiva, que avançavam vindos da tundra siberiana como "uma onda escura de imundície".[13] Não havia por que tratá-los como seres humanos iguais.

Então o que fazer com eles? Havia uma grande diferença entre os nativos americanos e os eslavos: estes eram em número grande demais para pôr em reservas. Na Rússia e na Ucrânia, a limpeza étnica seria insuficiente. Os planejadores da SS estimavam que 45 milhões de pessoas teriam de ser "removidas", mas para onde "removê-las"?

A logística da campanha militar alemã esclareceu a questão. Era necessário comida para os 3 milhões de soldados e 600 mil cavalos que agora lutavam para avançar para o leste. Havia uma escassez geral de alimentos na Europa ocupada pelos alemães, mas, mesmo que houvesse excedente, seria impossível transportá-lo: simplesmente não havia combustível e trens disponíveis para carregá-lo. A Wehrmacht teria de viver dos frutos da terra, consumir a comida do inimigo sub-humano. As cidades soviéticas foram reduzidas ao racionamento ou coisa pior, a população rural a se esconder, procurar alimentos na floresta e, em geral, viver do conhecimento local. E, na base da pilha, incapaz de procurar alimentos, total e fatalmente dependente de um inimigo que o desprezava, estava o prisioneiro de guerra soviético.

Muitos capturados no cerco de Briansk foram enviados para o DuLag-130, um campo de prisioneiros construído perto de Roslavl. Não se distribuiu comida durante a marcha de 110 quilômetros e os que desmaiaram de exaustão foram fuzilados onde caíram. As condições eram pouco melhores no campo propriamente dito; a fome, as doenças e a exposição ao frio se combinaram para matar cerca de 4%

---

12 Citado em Kershaw, Ian, *Hitler 1936-45: Nemesis* (Allen Lane, 2000).

13 Citado em Heiber, Helmut, *Goebbels* (Robert Hale, 1973).

dos prisioneiros por dia. No início de dezembro, uns 8.500 tinham perecido.

Mais ao norte, perto de Rjev, 15 mil prisioneiros de guerra e 5 mil civis foram encarcerados em alojamentos sem aquecimento. A dieta constante de uma batata congelada por dia era complementada por ossos e carne podre jogados pelo alambrado de arame como se fosse hora de alimentação no zoológico. Os que ficavam doentes demais para trabalhar eram fuzilados.

Essas instalações tinham brotado em todos os territórios ocupados. De acordo com a estatística da Wehrmacht, fizeram-se mais de 3 milhões de prisioneiros soviéticos durante os cinco primeiros meses da Operação Barbarossa. Em 18 de novembro, cerca de dois terços deles estavam mortos. Seiscentos mil foram fuzilados, o resto sucumbiu a supostas "causas naturais" na Rússia ocupada pelos alemães: fome, exaustão, exposição ao frio e maus-tratos de todos os tipos.

Isso não era apenas moralmente depravado; era completa estupidez. No começo da Operação Barbarossa, os homens e as mulheres do Exército Vermelho supuseram que a rendição significaria sobrevivência, mas assim que descobriram que não — que a verdadeira opção era entre a morte rápida do herói no campo de batalha e a morte lenta no cativeiro —, não havia mais razões terrenas para um soldado soviético jogar a toalha.

Passava alguns segundos da meia-noite em Beda Littoria e a trovoada estrugia enquanto a chuva despencava. Keyes e os seus comandados se arrastaram até a suposta porta da frente de Rommel, onde havia uma sentinela de guarda. O sargento Terry estava com a faca pronta, mas o alemão o viu a tempo e conseguiu puxar o atacante para dentro do prédio. Os gritos de alarme da sentinela foram encobertos pela tempestade, mas a sua colisão com uma porta acordou os dois homens que dormiam atrás dela. Um deles escancarou a porta e abriu fogo, atingindo Keyes na coxa. No mesmo momento, Keyes lançou uma granada que passou por ele e matou o outro.

No andar de cima, o tenente Kaufholz pegou o revólver e correu para o alto da escada. Alcançou-a quando o relâmpago da granada iluminou a cena lá embaixo e trocou tiros com Keyes e o capitão Campbell, seu segundo no comando. Enquanto Kaufholz matava Keyes com um tiro no peito, Campbell matava Kaufholz com uma rajada de metralhadora, mas não antes que Kaufholz lhe pusesse uma bala na canela.

Terry agora estava no comando efetivo. Ouviam-se mais vozes alemãs no andar de cima e o fogo de metralhadora explodiu no lado de fora. Eram os comandos britânicos matando um oficial alemão que pulara em seu meio, mas Terry e os companheiros, temendo uma armadilha, correram porta afora e seguiram para o deserto, encontrando e matando outra sentinela pelo caminho.

Os soldados mandados para a porta dos fundos foram atrapalhados pela paranoia: um dos alemães que dormia no quarto dos fundos gostava de se sentir seguro e insistiu em bloquear a porta impossível de trancar com um grande receptáculo de água e um arquivo. Sem conseguir entrar e assustados com o fogo de metralhadora do outro lado do prédio, esses soldados também fugiram correndo.

Quatro alemães morreram. Keyes estava morto, Campbell ferido e capturado. Em poucos dias, os alemães prenderiam todos os seus camaradas, com exceção de dois, principalmente por pagar os árabes locais para que os traíssem. De acordo com a lei de Hitler, os soldados britânicos deveriam ter sido fuzilados como guerrilheiros, mas Rommel insistiu que fossem todos tratados como prisioneiros de guerra.

Em novembro de 1941, depois de vários avanços e recuos, a linha de frente, com exceção do enclave britânico em Tobruk, estava mais ou menos no mesmo lugar do início das hostilidades em junho de 1940. A batalha de três semanas que então começava se espalharia por uma área ampla de deserto praticamente despovoado que equivalia, mais ou menos, ao estado americano de Connecticut ou a Anglia Oriental, na Inglaterra.* A topografia consistia em uma estreita planície costeira que subia em uma série de degraus ou escarpas até um platô desértico mais plano. A largura dos degraus era variável — o que abrigava a importantíssima pista de pouso de Sidi Rezegh, por exemplo, tinha cerca de 5 quilômetros de largura — e o número de lugares por onde veículos podiam subir ou descer de um para outro era limitadíssimo.

---

* Ou cerca de metade do estado de Alagoas, no Brasil. (N. da T.)

Se, de certa forma, parecia o lugar ideal para travar uma guerra, as aparências enganavam. A ausência quase total de civis sem dúvida era um bônus, mas o terreno era hostil a homens e veículos. Podia ser plano em termos gerais, mas a superfície principal era de rocha irregular, com ou sem cobertura de terra ou areia. Tanto a superfície quanto as partículas desgastavam os veículos, e as partículas erguidas pela passagem dos veículos provocavam baixa visibilidade, ainda mais quando aumentadas pela fumaça da batalha. Os problemas de orientação resultantes pioravam com a falta de marcos geográficos óbvios.

Dificilmente o plano britânico poderia ser mais simples. Enquanto o XIII Corpo (4ª Divisão de Infantaria Indiana e Divisão de Infantaria da Nova Zelândia) engajava a infantaria do Eixo que guarnecia a linha de frente, o XXX Corpo (4ª, 7ª e 22ª Brigadas Blindadas, juntamente com a 1ª Divisão de Infantaria Sul-Africana) romperia a cerca de arame farpado não defendida ao sul e avançaria pelo planalto desértico na direção de Tobruk, cerca de 150 quilômetros a noroeste. Forçados a combater, os blindados do Eixo (15ª e 21ª Divisões Panzer do Afrikakorps, a Divisão Aríete italiana), em desvantagem numérica, seriam destruídos. Os soldados do Eixo na fronteira seriam cercados e Tobruk, resgatada.

Primeiro veio a espera. Boa parte do 8º Exército passou a noite em claro; quando não eram os sapadores que explodiam brechas no arame farpado da linha de frente que os mantinham acordados, eram as trovoadas cataclísmicas. A guarnição dos tanques ficou dentro dos veículos, escutando o ritmo da chuva nos seus "para-sóis", aguardando a aurora da terça-feira e a ordem de avançar. Quando ela veio, por volta das sete horas, o movimento foi lento, "como uma passagem por Piccadilly na hora do rush", de acordo com Robert Crisp.[14] Eram dez horas quando o seu tanque chegou à cerca, o entusiasmo da guarnição esmaecido, como o de todos, pela sequência aparentemente interminável de paradas e avanços.

Mas, assim que passou pela cerca, a ofensiva ganhou ímpeto, com as unidades blindadas avançando em colunas paralelas como os navios de uma esquadra. Beduínos e camelos às vezes assomavam à vista, mas

---

14 Crisp, Robert, *Brazen Chariots* (Corgi, 1960).

não havia sinal do inimigo, nem na terra nem no ar. À tarde, chegou a ordem de tirar os "para-sóis", e a armada de caminhões se transformou em um exército de tanques. Crisp sentiu a euforia voltar e "uma curiosidade imensa". O que lhe aconteceria? "Nem por um momento pensei na possibilidade de algo desagradável, e com isso veio o pressuposto de que teria de ser um encontro violento com o inimigo, de que terminaria a nosso favor e que, se algo terrível acontecesse, provavelmente seria com os outros, mas não comigo."[15]

Ao anoitecer, Crisp chegara ao Ponto 185, lugar de nome austero a aproximadamente 100 quilômetros da partida naquela manhã. Não vira alemães nem italianos, e nisso estava longe de ser o único. Alguns veículos alemães tinham sido avistados ao norte, naquela manhã, mas desapareceram rapidamente. Ao cair da noite, as unidades britânicas de vanguarda da 7ª Brigada Blindada chegaram a Gabr Saleh, mais ou menos a meio caminho de Tobruk, sem encontrar nenhuma resistência.

O plano britânico se baseava, de forma bastante tola, em provocar uma reação específica do inimigo. E se essa não acontecesse?

Rommel voltou ao seu quartel-general naquela manhã, na intenção de finalizar os preparativos do seu Exército para a captura de Tobruk. A 15ª Divisão Panzer já estava na área, a 21ª se deslocava para oeste ao longo do Trig Capuzzo. Apenas duas pequenas unidades de reconhecimento estavam ativas mais ao sul, nos 110 quilômetros que separavam Tobruk da cerca recém-rompida. Foi uma delas — o 33º Batalhão de Reconhecimento — que quase se chocou com o flanco direito do avanço britânico pela manhã.

Rommel recebeu o relatório dessa unidade e outro da linha de frente noticiando muitas explosões ao sul durante a noite anterior. Mas a Luftwaffe ainda estava presa em terra pelas condições climáticas e nada pôde ser verificado. Rommel decidiu que era apenas um reconhecimento armado britânico. Não se deixaria distrair.

Não houve mais sustos até o início da noite. Pouco antes do pôr do sol, o outro batalhão de reconhecimento relatou um avanço de "duzentos tanques inimigos", mas não deu detalhes explicativos. Mais

15 *Ibid.*

ou menos à mesma hora, um oficial britânico capturado pelos italianos era levado para interrogatório em Bardia. Além de revelar o plano geral britânico, ele afirmou conhecer o plano do próprio Rommel para tomar Tobruk. Os alemães decidiram que era um espião plantado para enganá-los.

A recusa de Rommel em acreditar que uma grande ofensiva britânica estava em andamento se mostrou tão sortuda quanto obstinada. Como não obedeceu ao roteiro britânico, ele deixou o inimigo sozinho no palco do deserto, fora das linhas e obrigado a improvisar. Os erros não demoraram a acontecer.

Pela manhã, um editorial do *New York Times* examinava os "três pontos" de Tojo e os considerava gravemente insatisfatórios. "Depois de dado um desconto substancial ao fato de que o premier Tojo falava para consumo doméstico de um povo desiludido e cansado da guerra, é impossível fugir à conclusão de que os termos japoneses são absurdos."[16]

Hull concordava. Naquela manhã, ele, Nomura e Kurusu tiveram outra prolongada discussão no Departamento de Estado. O secretário, ainda em busca de um botão que ejetasse o Japão do Pacto Tripartite, sugeriu que Hitler, caso vitorioso, acabaria "dando a volta até o Extremo Oriente e riscando o Japão do mapa". Kurusu interpretou a sugestão corretamente como um convite para obter a traição do Japão em primeiro lugar e rejeitou-a indignado. O Japão não poderia sair do Pacto Tripartite, disse, mas talvez o tornasse irrelevante. Um acordo com os Estados Unidos, sugeriu, poderia "brilhar mais" do que o acordo com a Alemanha e a Itália.

Que tipo de acordo?, quis saber Hull. Um retorno à situação existente no início de julho, sugeriu Nomura com cautela. A retirada japonesa do sul da Indochina em troca do fim dos embargos americanos, acrescentou, à guisa de explicação, ignorando o olhar questionador de Kurusu. Os dois não tinham autorização de Tóquio para oferecer um acordo desses.

Se ficou interessado, Hull não demonstrou. O que impediria os japoneses de usar essas tropas em outro lugar, perguntou com certa

---

16 *The New York Times,* 18 de novembro de 1941.

rudeza, antes de concordar em passar a oferta aos britânicos e holandeses? Os Estados Unidos não tinham nada a perder com um acordo desses e algo a ganhar. Tempo, no mínimo.

Estimulados, Nomura e Kurusu enviaram uma série de mensagens a Tóquio. Também receberam uma. A maioria dos habitantes japoneses dos Estados Unidos que desejaram ser repatriados antes de uma possível guerra já tinha voltado para casa; de outubro a novembro, os navios de carreira *Tatuta Maru* e *Nitta Maru* fizeram viagens de ida e volta pelo Pacífico com esse propósito. O restante, informou Tóquio a Nomura, seria recolhido durante várias semanas a partir daí. O *Tatuta Maru* partiria de Tóquio para outra viagem de ida e volta no início de dezembro, levando americanos igualmente ansiosos de chegar à pátria.

Era mentira. Sem dúvida o navio de carreira se aventuraria pelo Pacífico, mas não com intenção de atravessá-lo. Os japoneses estavam ansiosos para dar a impressão de que a guerra ainda estava um pouco distante, de que a hora da vigilância ainda não chegara. Os passageiros americanos que embarcaram no *Tatuta Maru* foram enganados pelo estratagema, assim como o governo do seu país. E também Nomura e Kurusu.

Os diplomatas do Japão em Washington foram mantidos na ignorância dos preparativos militares do seu país. Tóquio acreditava que o conhecimento total deixaria Nomura e Kurusu em uma posição insustentável e tornaria ainda menos provável um acordo de última hora com os Estados Unidos. Essa política se mostrou muito benéfica à causa japonesa, mas não pelas razões pretendidas. Como já mencionado, em agosto de 1940 os criptógrafos americanos tinham decifrado o código "Roxo", ou diplomático, do Japão e podiam ler todas as informações e instruções enviadas à embaixada em Washington. Se Nomura e Kurusu estivessem bem informados, os americanos também estariam.

Para se comunicar com o consulado japonês do Havaí, Tóquio usava o código J-19, não o Roxo. Os americanos também o tinham decifrado e, embora as chaves fossem alteradas todos os dias, teoricamente era possível decifrar e traduzir uma mensagem em questão de horas. Na prática, era difícil saber quais mensagens mereceriam prioridade, e o processo inteiro era tolhido pela decisão de repassar todas as mensagens pelo correio.

Uma dessas mensagens que chegou ao general Nagao Kita, cônsul em Honolulu, em 18 de novembro foi finalmente traduzida em Washington em 5 de dezembro. Fazia uma pergunta que parecia bastante rotineira: que embarcações militares americanas estavam ancoradas em que partes de Pearl Harbor? Infelizmente para os americanos, as mensagens mais suspeitas que chegaram a Kita no final de novembro e no início de dezembro só seriam traduzidas depois de passada a necessidade de aviso.

QUARTA-FEIRA, 19 DE NOVEMBRO

No mar, a Grã-Bretanha travava várias guerras. A primeira era uma luta simples pelo controle entre frotas de superfície, e nela a Marinha Real, pelo puro peso dos números, tinha vantagem. A Alemanha começara a guerra com sete grandes belonaves prontas ou quase prontas para entrar em serviço. O encouraçado de bolso *Graf Spee* fora afundado pelo comandante ao largo de Montevidéu, em 1939; o encouraçado *Bismarck*, perseguido e afundado no norte do Atlântico em maio anterior. Os cruzadores de batalha *Scharnhorst* e *Gneisenau* causaram alguns danos durante uma investida no norte do Atlântico em abril de 1941, mas desde então estavam no porto de Brest, passando por reparos devido aos danos causados pelos contínuos bombardeios. O *Tirpitz*, navio irmão do *Bismarck*, e os outros dois encouraçados de bolso — o *Admiral Scheer* e o *Deutschland* — ficaram, desde a primavera de 1941, confinados às águas bálticas e norueguesas. Exigiam vigilância, mas dificilmente constituiriam uma grande ameaça. Como os bombardeiros suicidas, podiam ser usados com efeito perigoso, mas era quase certo que perecessem no ato.

A frota japonesa era outra questão. Londres e Washington não perceberam que a Marinha Imperial japonesa se tornara uma força de combate eficaz, mas sabiam que estavam em desvantagem numérica. Por enquanto, ambos confiavam na deterrência para manter os japoneses acuados; os americanos aumentaram o efetivo de bombardeiros B-17 nas Filipinas, os britânicos enviaram a Força Z para Cingapura.

As outras guerras navais da Grã-Bretanha eram todas referentes a suprimentos. No Atlântico, submarinos alemães atacavam os comboios na esperança de estrangular o suprimento de alimentos, combustível e armas da Grã-Bretanha. No Mediterrâneo, forças navais adversárias lutavam para impedir que suprimentos e reforços chegassem às forças aéreas e terrestres uma da outra: de um lado, o Exército de Rommel na África; do outro, a sitiada Malta e a cercada Tobruk. No Ártico, uma nova rota começara a ser usada recentemente pelos comboios para levar ajuda anglo-americana à União Soviética, e, naquela manhã, o quarto comboio PQ4 zarpou da Islândia rumo a Arcangel. O Almirantado temia uma possível intervenção do furtivo *Tirpitz*, e com boa razão: o almirante Raeder sugerira essa rota quatro dias antes. Mas a escassez de combustível limitava o alcance do encouraçado e semeou dúvidas na mente de Hitler. Sem vontade de perder seus dois encouraçados gigantes em seis meses, ele vetou a ideia.

A última batalha no mar — uma disputa menor, mas estranhamente cativante — era travada entre a Marinha Real e onze navios mercantes alemães armados ou "cruzadores auxiliares". Em novembro de 1941, dois desses ainda aguardavam pela primeira incursão oceânica e outros dois nunca chegariam a participar de alguma. Dos sete restantes, o *Pinguin* fora afundado em maio daquele ano e *Orion* e *Widder* foram ambos retirados de serviço. O *Thor* estava previsto para deixar Kiel nos próximos dias; o *Komet* estava ao largo do litoral noroeste da África, no caminho de volta para esse mesmo porto. Só o *Atlantis* e o *Kormoran*, respectivamente no sul do Atlântico e no oceano Índico, ainda vasculhavam o horizonte atrás de prováveis alvos.

Naquela quarta-feira, o *Kormoran* seguia para o sul a cerca de 320 quilômetros da costa oeste da Austrália na esperança de lançar minas perto do porto marítimo de Fremantle. Pouco antes das dezesseis horas o vigia na gávea do traquete avisou que havia outro navio no horizonte, e poucos minutos depois o comandante Theodor Detmers, do navio alemão, percebeu que tipo de navio era. "Eu sabia simplesmente que tinha de fazer o melhor e envidar todos os esforços para aumentar as nossas chances."[1]

---

1 Citado em Muggenthaler, Karl, *German Raiders of World War II* (Pan, 1980).

Detmers, de 39 anos, passara mais da metade da vida na Marinha. Recebeu o comando do *Kormoran* em junho de 1940 e apreciou a oportunidade de emular seus heróis da guerra anterior. O navio era um dos maiores auxiliares, com capacidade de carga de 8.736 toneladas, velocidade máxima de 18 nós e tripulação de quase quatrocentos homens. Tinha seis canhões de 5,9 polegadas, dois de 37 milímetros e cinco de 20 milímetros, todos montados de forma invisível, sob o convés, e seis tubos de torpedos acima e abaixo da linha-d'água.

O *Kormoran* estreou no norte do Atlântico em dezembro de 1940 e respondeu por oito navios mercantes no centro e no sul do Atlântico durante os quatro primeiros meses de 1942. A vítima em potencial aparecia no horizonte e acabava percebendo que o navio que vinha inocentemente em sua direção não era o que parecia. Seguia-se a perseguição e oferecia-se ao comandante adversário a oportunidade de salvar a si e à tripulação não usando o rádio. A maioria se recusava a obedecer. Mandavam a mensagem de alerta, eram alvejados e se rendiam. Os alemães recolhiam os sobreviventes que pudessem, mas depois de enviada uma mensagem não podiam se dar ao luxo de ficar no local, porque qualquer encontro com um navio de guerra inimigo provavelmente seria fatal.

Em maio, o *Kormoran* se deslocou para o oceano Índico, onde a colheita se mostrou muito mais pobre. Detmers e seus homens passaram cinco meses navegando de um lado para outro na metade leste daquele oceano, na esperança de vítimas, temendo um navio de guerra. "Cada fio de fumaça, cada topo de mastro poderia significar o fim", na explicação de Detmers.[2] Ele só achou mais três vítimas e, em 19 de novembro, finalmente encontrou o navio de guerra.

O *Sydney*, um cruzador leve australiano, voltava para Fremantle depois de entregar à escolta britânica um navio de transporte de tropas que seguia para a Malásia. Estava mais bem armado do que o *Kormoran*; gabava-se de contar com oito canhões de 6 polegadas e oito de 4, com quatro tubos de torpedos, e era quase duas vezes mais veloz. Durante o serviço no Mediterrâneo em 1940 e 1941, afundara três belonaves italianas, um cruzador e dois contratorpedeiros. Ao avistar o aparente navio mercante, o *Sydney* alterou a rota para interceptá-lo.

---

2 *Ibid.*

Detmers sabia que sua única chance era travar uma batalha a curta distância para que suas armas fossem tão eficazes quanto as do adversário. Quando o navio australiano se aproximou exigindo que se identificasse, ele ganhou tempo. O silêncio foi a primeira resposta, depois incompreensão e, finalmente, uma aparente demonstração de incompetência. O comandante australiano se permitiu ser enganado sem sequer se assegurar de que todos os canhões estavam guarnecidos. Com os dois navios a menos de 1,5 quilômetro de distância, Detmers arrancou a máscara. Enquanto a bandeira de guerra alemã subia, o navio mercante se transformou em belonave diante dos olhos australianos. Em segundos os canhões estavam preparados e faziam a mira, os tubos de torpedos saindo. Um tiro de ajuste caiu perto demais, outro longe demais e, em seguida, uma salva de três granadas caiu na ponte do *Sydney* e na torre de controle de proa. Mais alguns segundos e o cruzador australiano perdia o avião da catapulta de lançamento e ambas as torretas do canhão de vante.

As duas torretas de popa responderam ao fogo e uma delas lançou granadas na sala de máquinas e na chaminé do *Kormoran*. Quando o *Sydney* se virou para usar os quatro torpedos de estibordo, uma das torretas de proa explodiu no ar. Os quatro torpedos erraram, mas o motor do navio alemão estava incapacitado pela ação de granadas anteriores. O *Kormoran* tinha poder ofensivo, mas nenhuma mobilidade; o *Sydney*, o contrário. Ambos os navios ardiam.

O *Sydney* recuou para o sul, perseguido por algum tempo por granadas dos canhões alemães. Horas depois, o navio ainda era uma mancha de labaredas no horizonte noturno. Detmers já sabia que os motores do *Kormoran* não tinham conserto e que as chamas se aproximavam cada vez mais das centenas de minas armazenadas no porão. Por volta da meia-noite, pouco depois que duas explosões distantes pareceram assinalar o fim do *Sydney*, os alemães embarcaram nos botes, se afastaram do *Kormoran* atingido e observaram os detonadores mandarem as minas para o céu e o navio para o fundo do mar. Detmers perdeu cerca de sessenta homens na ação: vinte na batalha, outros quarenta quando um dos botes virou. O *Sydney* e os seus 645 tripulantes nunca mais foram vistos.

*

Vários milhares de quilômetros ao norte, a miríade de braços da máquina de guerra japonesa se espalhava em todas as direções. Enquanto os componentes muito afastados da Kido Butai e da Terceira Divisão de Submarinos seguiam para leste e nordeste, outros navios de guerra e mercantes zarparam para o sul e o sudeste.

Já havia vários dias que o adido assistente da Marinha dos Estados Unidos em Xangai observava a intensificação da atividade portuária, com muitos navios japoneses chegando do norte e partindo para o sul. Em 19 de novembro, ele relatou dez desses navios de transporte. Alguns levavam soldados, outros uma variedade de carregamentos de aparência suspeita. Ele notou que um navio levava o tipo de cavalete de madeira de que uma força invasora precisaria para construir atracadouros e pontes.

O *Arizona Maru*, cargueiro de Masuda Reiji, estava longe de se adequar a operações navais modernas, mas, como centenas de outros, fora arregimentado para suplementar os recursos navais extremamente sobrecarregados do Japão. Em 13 de novembro, ele atravessou o Mar Interior para buscar 3 mil tambores de combustível para a divisão do Exército encarregada de invadir as Filipinas e, naquele dia, partia para Formosa. Nas semanas seguintes, Reiji e os colegas tripulantes cumpririam horas extras para manter o navio velho e muito exigido em condições de funcionamento. O vapor sibilava pelas rachaduras e, mesmo à noite, eles tinham de "rastejar por todas as caldeiras do navio, de vela na mão, desesperados, à procura de vazamentos".[3]

Em Tóquio, os que estavam no comando ainda preferiam acreditar que o espírito de autossacrifício de Matome Ugaki seria mais do que suficiente para compensar a falta de recursos do país. Duas mensagens importantes foram transmitidas na quarta-feira, ambas dando mais um passo deliberadamente rumo ao turbilhão. Uma foi a instrução sobre o "código dos ventos", enviada, em diferentes versões, a várias embaixadas japonesas no mundo inteiro. A mais longa das duas versões enviadas a Washington avisava a Nomura e Kurusu que, "em caso de emergência

---

3 Citado em Cook, H. T., e Cook, T. F., *Japan at War: An Oral History* (New Press, 1992).

(perigo de corte das relações diplomáticas) e de interrupção das comunicações internacionais", certas expressões significativas seriam incluídas por Tóquio nas transmissões noticiosas diárias em ondas curtas.[4] "Chuva e vento leste" significava que as relações nipo-americanas estavam em perigo; "nublado com vento norte" e "limpo com vento oeste" significavam ameaça semelhante para as relações nipo-soviéticas e nipo-britânicas. Depois de receber uma mensagem dessas, os funcionários da embaixada deveriam destruir os documentos codificados pertinentes. No entanto, não havia nada na configuração do "código dos ventos" que dissesse que a guerra se seguiria automaticamente a um aviso transmitido e, sem dúvida, nenhuma indicação de onde seria dado o primeiro golpe.

As mensagens do "código dos ventos" foram enviadas no código J-19 e só processadas em 26 de novembro. A outra mensagem, que instruía Nomura e Kurusu a apresentar a Proposta B, foi enviada no código Roxo, e provavelmente Hull a leu antes dos diplomatas japoneses. Togo, o ministro do Exterior, irritado com a diplomacia improvisada dos seus representantes em Washington na véspera, fez valer a lei. Nomura recebeu ordens de apresentar a Proposta B no dia seguinte e não fazer mais nenhuma concessão. Se não se conseguisse convencer os Estados Unidos a aceitar essa proposta final, então "as negociações terão de ser interrompidas".[5]

No meio da manhã, Halder pegou o telefone da sua sala na floresta de Rastenburg e ligou para Von Bock em Orsha. O chefe do estado-maior sugeriu que o avanço cada vez mais bem-sucedido do 3º Grupo Panzer rumo a Klin fosse logo redirecionado para sudeste na direção de Moscou, e Von Bock respondeu que já pensava na ideia. Mas não tinha certeza de que as tropas disponíveis fossem suficientes para realizá-la. E, apesar de todo o esforço, acrescentou Von Bock, o avanço poderia murchar por falta de suprimentos. "Força da

4 Citado em Wohlstetter, Roberta, *Pearl Harbor: Warning and Decision* (Stanford University Press, 1962).

5 Citado em Prange, Gordon, *At Dawn We Slept* (Penguin, 2001).

tropa de ataque é fraca", anotou Halder no diário. "Uso impossível de combustível."[6]

Logo ele estava no carro, percorrendo as estradas da floresta, cuja neve fora removida, rumo ao Wolfsschanze. A "Conferência do Führer" começou à uma da tarde, e Hitler fez as sugestões de sempre sobre deslocar essa e aquela divisões, coisa que sempre fora responsabilidade dos comandantes do Exército no local. Quando se tratava do Grupo de Exércitos Centro, ele gostava de reforçar uma questão mais geral: a ofensiva deveria se realizar de tal modo que os exércitos russos fossem eliminados, não simplesmente empurrados para trás. As tropas alemãs ainda deveriam visar à linha Vologda-Iaroslav-Rybinsk, desde que "o clima e os suprimentos permitam".[7]

Halder fizera anotações para a sua apresentação, cuja essência era que o clima e os suprimentos não permitiriam. Setenta por cento dos caminhões da Alemanha estavam fora da estrada, enguiçados ou exigindo reparos extensos. A cada dia, apenas 16 trens de suprimentos chegavam ao Grupo de Exércitos Centro, contra uma exigência mínima de 31. A maior parte do Grupo de Exércitos Sul fora praticamente imobilizada pelas condições climáticas e pela falta de suprimentos.

O general Thomas, chefe do setor de armamento e economia de defesa, também estava presente, e o seu resumo da situação foi ainda mais soturno. A Europa controlada pelos alemães estava sofrendo com falta de comida, combustível, metais e de todo resíduo de boa vontade por parte dos ocupados. E não havia nenhum jeito óbvio de retificar a situação.

Hitler se recusou a deixar esse catálogo de tristezas limitar seus planos militares para os meses seguintes. Como se quisesse estimular Thomas, chamou o Cáucaso e o seu petróleo de objetivo primário para a próxima primavera. Mais ao norte, tudo dependeria do progresso da Operação Tufão nas semanas seguintes, mas os soldados alemães ainda deveriam avançar pelo menos 480 quilômetros além de Moscou. Quanto ao resto, dependeria da capacidade das ferrovias.

Mas, no que dizia respeito à situação geopolítica mais ampla a longo prazo, Hitler pareceu visivelmente mais cauteloso. Algumas semanas

---

6 Citado em Burdick, C., e Jacobsen, H.-A., *The Halder War Diary* (Greenhill, 1988).

7 *Ibid.*

antes, a máquina de guerra russa recebera a extrema-unção, mas agora ele parecia quase satisfeito porque ela precisaria de "um longo tempo para se recuperar". E confiava em "tensões sociais internas" para derrotar os britânicos, principalmente, ao que parecia, porque a probabilidade de derrotá-los militarmente era remota.[8]

Enquanto escutava essa exposição divagante, Halder chegou à conclusão de que o seu Führer admitira a impossibilidade da vitória e se resignava com a possibilidade de uma paz negociada.

Dado esse cenário sombrio, as notícias da frente oriental naquele dia foram quase todas positivas. A noroeste de Moscou e ao sul do reservatório do Volga, o 3º Grupo Panzer de Reinhardt obteve ganhos mais significativos, com o antigo 7º Grupo Panzer de Rommel liderando o avanço sobre Klin. Se essa pequena cidade na estrada Moscou-Leningrado fosse tomada, o flanco direito do 16º Exército de Rokossovski ficaria exposto e talvez fosse possível outro cerco gigantesco. Enquanto isso, o 16º Exército enfrentava o enorme desafio de resistir à pressão crescente exercida pelo 4º Grupo Panzer à sua frente. Em três dias, a linha fora forçada 25 quilômetros para trás, o que não parecia muito, mas ainda era um tipo de cronograma que levaria os alemães a Moscou em 15 dias. Em algum momento no futuro não muito distante, o Exército Vermelho teria de fazer algo melhor do que retardar o avanço e realmente interrompê-lo.

No final de setembro, quando começara a Operação Tufão, o 2º Exército Panzer de Guderian se posicionara cerca de 400 quilômetros a sudeste de Moscou. Uma grande estrada ia da área de partida do Exército à capital soviética e passava pelas cidades de Orel, Mtsensk, Tula e Serpukhov. Os panzers da vanguarda tinham avançado espantosos 150 quilômetros nos primeiros cinco dias; ao irromper em Orel em 3 de outubro, viram-se dividindo a rua principal com bondes que ainda rodavam. O trecho de 50 quilômetros até Mtsensk se mostrou muito mais difícil. Ao perceber o perigo, o Stavka ordenou que o general Dmitri Leliushenko fechasse a estrada com algumas baterias dos novos foguetes

---

8 *Ibid.*

Katiúcha e a 1ª Brigada Blindada do coronel Mikhail Katukov. Leliushenko chegou a parar em Tula para recolher alguns canhões da escola de artilharia local e mandou ônibus urbanos rebocá-los até Mtsensk. Essa força improvisada e as condições da estrada que pioravam rapidamente mantiveram os alemães ocupados durante três semanas, e a cidade só caiu em 24 de outubro.

O combustível também era pouco, mas encontrou-se o suficiente para uma brigada panzer avançar até Tula, 130 quilômetros mais adiante na estrada, enquanto o Exército Vermelho ainda tentava remendar as suas defesas. A brigada do coronel Heinrich Eberbach chegou aos arredores da cidade no final da tarde de 29 de outubro e decidiu não entrar na área urbana à noite. Entretanto, pela manhã os soviéticos tinham bloqueado a estrada com uma força defensiva formidável, com unidades antiaéreas e outras da Milícia Operária e do NKVD. Sem artilharia nem apoio aéreo, os alemães não conseguiram abrir caminho até a cidade.

Os demais componentes do 2º Exército Panzer avançou lentamente, até Tula se erguer como uma torre no muro da linha de frente. A partir da segunda semana de novembro, a pressão alemã crescente ao norte e ao sul da cidade foi enfrentada com resistência firme e contra-ataques ocasionais, mas Guderian e Halder ainda esperavam que o esforço geral marcado para 18 de novembro tivesse o resultado desejado. O suposto objetivo do 2º Exército Panzer na renovada Operação Tufão era a área a leste de Moscou, o que envolvia um avanço para o norte para cruzar o Don em Serpukhov e Kashira. O 24º Corpo Panzer foi encarregado desse ímpeto principal e de contornar Tula para isolar a cidade, privá-la de suprimentos e anular sua capacidade de atrapalhar o avanço principal. O outro Corpo Panzer de Guderian, o 47º, avançaria à direita do 24º para proteger o seu flanco leste e tentar interromper a importante ligação ferroviária entre Moscou e Riazan.

Em 18 e 19 de novembro, a força combinada das 3ª, 4ª e 17ª Divisões Panzer se chocou com a linha ao sul de Tula, fragmentando as pobres divisões de infantaria soviéticas que estavam em seu caminho. A velocidade do verão se fora, e as longas horas de escuridão traziam grande esperança de escapar para os que se perdiam na esteira dos panzers, mas rompimento era rompimento. O 3º e o 4º Grupos Panzer, vindos do noroeste, já fechavam o cerco sobre Moscou; agora a estrada do sudoeste fora aberta à força.

Ou assim parecia nos mapas sobre a mesa na distante floresta de Rastenburg. Guderian, que se deslocava incansável de uma unidade a outra, tinha um ponto de vista mais próximo ao do copo meio vazio. Rompimento realmente era rompimento, mas novas unidades soviéticas chegavam à área e os flancos precisavam de cobertura para que os avanços fossem sustentáveis. Ao sul, o 2º Exército atacava para oeste, como ordenado, abrindo uma brecha entre ele e o 2º Exército Panzer. Dada a extensão crescente da frente alemã ditada pelo avanço para leste, essas brechas eram inevitáveis, mas mesmo assim tinham de ser fechadas. Quanto mais sucesso tivesse o avanço do 2º Exército Panzer rumo a Moscou, maior o perigo em que se encontraria.

Guderian sabia que seu Exército já estava esgotado. Eram apenas 150 veículos ainda rodando e muitos deles parados à espera da entrega de combustível. O fardamento de inverno ainda não chegara. A distância máxima que a sua infantaria conseguia percorrer em um dia era de 10 quilômetros. Parecia "questionável que o meu Exército fosse capaz de executar a tarefa a ele designada".[9]

Em 19 de novembro, os líderes soviéticos estavam igualmente preocupados. O famoso Guderian, com os blindados adornados com o "G" da sua marca registrada, estava nos seus calcanhares desde o final de junho, e ali estava ele de novo, abrindo outro buraco nas defesas do Exército Vermelho a apenas 150 quilômetros de Moscou. Os exércitos soviéticos em torno da capital estariam condenados a ser a sua vítima final? Jukov confiava que o centro se aguentaria, mas a ameaça que surgia nos flancos era causa de grave preocupação. Klin ao norte, Tula ao sul: tinham de ser mantidas, ou os panzers alemães entrariam pela retaguarda soviética.

O inimigo já estava nos portões de Tula havia três semanas. O estado de sítio fora declarado e formado um comitê de defesa para coordenar a luta com combatentes do partido, do NKVD e do Exército Vermelho. Elaboraram-se planos defensivos e criaram-se um Regimento Operário e batalhões especiais para destruir blindados, estes últimos

9 Guderian, Heinz, *Panzer Leader* (Futura, 1974).

armados apenas com granadas e coquetéis molotov. Enquanto os operários das fábricas de armamento da cidade trabalhavam dia e noite, todos os outros civis saíram no frio para construir novas defesas. Houve treinamento em operações de guerrilha e sabotagem para o caso de as defesas falharem.

A qualidade desses comitês de defesa formados no final de 1941 baseava-se muito no calibre dos envolvidos, na inteligência individual, na capacidade de trabalho em equipe e na coragem de ignorar instruções de Moscou que fossem inadequadas na situação local. Tula teve sorte em todos esses aspectos, e a cada dia que passava parecia mais possível que a cidade aguentasse.

Ainda havia o perigo de ser contornada e isolada; não ocupada, mas incapaz de influenciar o quadro mais amplo. E os dois exércitos soviéticos — o 50º e o 13º — que estavam entre Guderian e Moscou talvez não conseguissem manter o general alemão a distância. Nas últimas semanas, eles foram reforçados com várias divisões siberianas, uma das quais dera à 112ª Divisão de Infantaria o seu choque salutar dois dias antes, mas esses siberianos, muitos realmente vindos da Ásia central, não eram super-homens nem estavam universalmente bem equipados. Bóris Godov, designado para a 413ª Divisão de Infantaria, encontrou os soldados bem-vestidos e mais bem alimentados do que muitos, mas lamentavelmente despreparados para o combate real com os alemães. Não tinham com que enfrentar os aviões alemães, e pelo menos uma unidade de artilharia descobriu que fora equipada com granadas de calibre errado para os seus canhões. A única arma anticarro era a granada. Pegos no caminho do ataque dos panzers de Guderian ao sul de Tula em 18 e 19 de novembro, não surpreende que especificamente esses siberianos fossem simplesmente atropelados. De acordo com Godov, do efetivo de 15 mil homens da divisão sobreviveram aproximadamente quinhentos.

Agora o Exército Vermelho vinha obtendo sucessos para contrabalançar esses fracassos, mas o fato incontestável, tão claro no mapa da mesa de Stalin quanto no de Hitler, era a continuação incessante do avanço alemão. No sul, os panzers de Von Kleist chegaram a 8 quilômetros de Rostov, enquanto os ataques soviéticos ao flanco alemão eram impedidos pela Luftwaffe — foram quase quatrocentas sortidas em 19 de novembro. As únicas más notícias daquela quarta-feira vieram do norte, onde Tikhvin, ocupada pelos alemães, estava sob ameaça.

No lago Ladoga, além dos olhos alemães, uma fila de carroças puxadas a cavalo avançava lentamente sobre o gelo que rangia. As carroças só levavam alguns sacos de farinha, mas cada um deles salvaria vidas.

Na Cirenaica, Robert Crisp e os seus colegas do 3º Real Regimento Blindado levantaram-se antes da aurora. Enviados alguns quilômetros ao norte, sentaram-se e observaram o deserto vazio enquanto faziam um desjejum tranquilo com bacon, bolachas, chá e geleia. Duas horas depois, chegou a ordem de interceptar uma coluna inimiga a leste, e eles partiram, a empolgação cada vez maior, "os olhos se esforçando no alto das torretas até o horizonte ao norte e a leste atrás de um vislumbre das importantes silhuetas que tanto significariam para cada um de nós, de um jeito ou de outro". Nada apareceu nessa ocasião, mas outro desafio, algumas horas depois, encontrou o regimento alinhado em uma elevação acima do Trigh Capuzzo, olhando faminto para uma longa coluna alemã de suprimentos. "Parecia muito fácil", pensou Crisp, "com apenas alguns carros blindados indo e vindo pela extensão de veículos como cães pastores ao lado de um rebanho".[10]

Os tanques Honey atacaram descendo a encosta e a coluna alemã se desfez, com os caminhões deixando a trilha de terra batida e se afastando para o norte e o nordeste. Seus cuidadores — um conjunto de carros blindados e pelo menos dois tanques Mark II — aceitaram a batalha desigual e vários foram destruídos, mas a maior parte dos tanques do 3º Real Regimento Blindado estava envolvida demais na perseguição para notar. Precipitando-se às cegas na esteira dos caminhões mais rápidos, mas de pele mais delicada, Crisp logo percebeu que avistava o Mediterrâneo azul, sem falar que estava sob fogo de uma bateria de artilharia distante. A maioria dos outros tanques da sua unidade tinha desaparecido, e os que restavam tinham pouco combustível. O sol se punha e eles não conseguiam contato com o oficial comandante pelo rádio.

---

10 Crisp, Robert, *Brazen Chariots* (Corgi, 1960).

*

As cabriolas entusiasmadas do 3º Real Regimento Blindado provocariam no dia seguinte um grande erro dos alemães e, sem querer, promoveriam a causa britânica, mas outras demonstrações de bravura insensata seriam punidas com mais severidade. Os generais de exércitos e corpos britânicos que comandavam a Operação Crusader tinham aprendido que a surpresa era muito importante na guerra, mas na noite de 18 de novembro eles começaram a se perguntar se não a tinham superestimado. Nas palavras do plano britânico: "Era improvável que a marcha de aproximação passasse despercebida pelo inimigo; pela sua reação, saberíamos o que o inimigo pretendia fazer; na primeira noite [a do dia 18], suas intenções seriam conhecidas, e a decisão [sobre as operações do dia 19] poderia ser tomada."[11] Mas os alemães não tinham reagido, e agora essa decisão teria de ser tomada no vazio.

Em vez de ser tomada, deixaram que acontecesse. O comandante do Exército, general Cunningham, tergiversou, e o general Norrie, seu subordinado e comandante do 30º Corpo, igualmente no escuro, pouco fez além de sancionar as missões de reconhecimento na direção de Bir el Gubi e Sidi Rezegh solicitadas por um dos seus subordinados, o general Gott, comandante da 7ª Divisão Blindada. Foi Gott, ao visitar a 22ª Brigada Blindada no início da manhã, que imprudentemente abandonou o plano central da Operação Crusader. Sem uma ideia clara das defesas de Bir el Gubi e com persistente desprezo pelo Exército italiano como um todo, mandou as guarnições inexperientes da 22ª Brigada Blindada para a batalha com apenas um mínimo de apoio.

As defesas italianas em torno de Bir el Gubi eram bem construídas e defendidas. Três batalhões de infantaria, muito bem apoiados por artilharia própria e mais um batalhão de canhões de 105 milímetros, mantinham três posições fortificadas. Atrás delas estavam os 146 tanques M-13 da divisão Aríete e sete canhões navais de 102 milímetros com granadas perfurantes montados em caminhões. Pouco depois das onze da manhã, os italianos viram um grupo de cerca de quarenta tanques Crusader britânicos se aproximar em alta velocidade, vindo do nordeste,

11 Citado em Agar-Hamilton, J., e Turner, L., *The Sidi Rezeg Battles 1941* (Oxford University Press, 1957).

e mandaram 16 tanques M-13 engajá-lo em combate, como cavaleiros medievais saindo de um castelo em uma sortida.

Seguiu-se uma batalha de dez minutos, com tanques perdidos de ambos os lados, e os 13 tanques M-13 sobreviventes acabaram forçados a recuar com a chegada da força principal britânica. A 22ª Brigada Blindada se gabava de dispor de 158 tanques Crusader novos em folha e, segundo um observador, lançou-os na "coisa mais parecida com uma carga de cavalaria com tanques que se viu durante a guerra".[12] As defesas do flanco esquerdo italiano conseguiram canalizar o ataque para o centro, onde os M-13 e a artilharia à espera cobraram um preço alto. Isso desviou ainda mais os atacantes britânicos na direção da posição fortificada à sua esquerda, cujas defesas eram menos completas e cujos defensores da infantaria estavam agora sobrecarregados. Muitos tentaram se render, mas continuaram lutando quando perceberam que não havia infantaria britânica para tomá-los como prisioneiros.

Enquanto isso, os tanques da vanguarda britânica tinham caído sob fogo constante de artilharia e de armas anticarro, e os que avançaram se viram em um campo minado. Afinal, e de forma fatal para muitos, eles esbarraram em uma linha de caminhões de aparência inocente, mas que portavam canhões navais de 102 milímetros. E, enquanto esse ataque ao perímetro sul recuava em certa desordem, o comandante da Aríete lançou a sua força principal de tanques contra o inimigo ao norte, forçando uma retirada semelhante. Às 16h30, os britânicos estavam de volta além do alcance dos canhões italianos, e um comandante de artilharia italiano transformava o campo de batalha em poesia: "Aqui dois tanques se chocaram com as proas travadas; permaneceram meio suspensos como leões rampantes. Juntos arderam. Uma, duas, três de cada vez, as cintas das metralhadoras explodiram com curtas réplicas agudas, como lascas de madeira a crepitar em uma lareira. A alguns metros, outro tanque teve a sua torreta arrancada e jazia de lado, como o alto de uma laranja cortado com uma faca, e a fumaça saía lentamente do furo danificado."[13]

Os italianos perderam mais de duzentos homens, uma dúzia de canhões e 34 tanques, mas ainda mantiveram a posição ameaçadora

---

12 Citado em Walker, Ian W, *Iron Hulls, Iron Hearts* (Crowood, 2003).

13 *Ibid.*

no flanco esquerdo do pretendido avanço britânico sobre Tobruk. A 22ª Brigada Blindada, que já perdera mais de trinta Crusaders devido a problemas mecânicos durante os dois dias de avanço, teve outros cinquenta destruídos, reduzindo à metade o efetivo original. O ataque de Gott se mostrara um desastre para os diretamente envolvidos, mas não era tudo. Ele também pôs em andamento a dispersão generalizada dos blindados britânicos.

Os campos de pouso alemães ainda estavam impraticáveis e o reconhecimento aéreo impossível nas primeiras horas do dia. Apesar dos ocasionais relatórios alarmantes, Rommel ainda não conseguia *ver* os britânicos e, até o final da manhã, agarrou-se à crença conveniente de que eles não estavam lá. Os seus subordinados, principalmente o general Ludwig Crüwell, comandante do Afrikakorps, e o general Johann von Ravenstein, comandante da 21ª Divisão Panzer, estavam mais preocupados. Na noite anterior, este último solicitara — e não recebera — permissão para um ataque exploratório na direção de Gabr Saleh. Por volta do meio-dia, Rommel mudou de ideia. Relatórios de blindados inimigos ao norte do Trigh el Abd — os recontros do 3º Real Regimento Blindado com o 33º Batalhão de Reconhecimento e a coluna de suprimentos — exigiam mais investigação. Von Ravenstein organizou rapidamente um grupo de combate com cento e vinte tanques, quatro canhões de 88 milímetros e 12 de 105 milímetros, comandado pelo tenente-coronel Stephan, do 5º Regimento Panzer. Por volta das 14h30, ele e Rommel observaram o grupo partir bem ao sul de Gasr el Arid, no Trigh Capuzzo. Parece que nenhum deles avaliou o enorme risco de mandar essa força para o desconhecido e de haver uma possível batalha com todo o efetivo blindado do inimigo.

Felizmente para os alemães, os britânicos mostravam-se ainda mais adeptos de dividir as suas forças, e os três regimentos da 4ª Brigada Blindada estavam separados por muitos quilômetros. O 3º Real Regimento ainda caçava caminhões a nordeste e não estava disponível para inclusão em nenhum comitê de boas-vindas para o Grupo de Combate Stephan. O 11º Regimento de Hussardos e o 5º Real Regimento Blindado, por motivos só conhecidos pelo comandante da brigada, estavam estacionados a 15 quilômetros um do outro, e foi o primeiro que os alemães encontraram no meio da tarde. O segundo só conseguiu entrar na batalha nos estágios finais.

Os aviões alemães, finalmente no ar, atacaram o quartel-general da 4ª Brigada Blindada enquanto o Grupo de Combate Stephan cercava os hussardos que, desesperados, se desdobravam; os tanques na vanguarda do ataque, com apoio de artilharia e canhões anticarro espalhados em cada flanco. Os britânicos responderam ao fogo, e o correspondente de guerra Alan Moorehead viu "uma linha de explosões cinzentas de granadas" se acender. "Quando a batalha se travou mais de perto, essas explosões se aproximaram e formaram uma cortina contínua de pó, fumaça e areia soprada." Os Honey dos hussardos entraram pela cortina, "ondulando, ziguezagueando, fazendo uso total dos seus 60 quilômetros por hora para se minimizarem como alvos [...] então se encontraram e se misturaram, e houve uma confusão absoluta e indescritível". Nas palavras de Moorehead, foi "novo, implacável, inesperado, impetuoso e tremendo".[14]

Durante quase duas horas, os dois lados trocaram golpes em uma névoa literal da guerra. "Tanques duelavam com tanques na corrida, em lutas quase corporais, disparando quase à queima-roupa, girando, se esquivando, se precipitando com as lagartas em gritos e os motores em gemidos que chegavam a guinchos quando mudavam de marcha. Quando cada novo tanque assomava, os artilheiros giravam automaticamente o cano dos canhões, olhos fixos atrás dos óculos, lutando através da fumaça e da poeira para diferençar amigo de inimigo."[15]

Dada a proximidade do combate, as baixas finais de 11 tanques britânicos e três alemães pareceram quase inadequadas, e ambos os lados afirmaram que o outro perdera muito mais. Os Honey se comportaram bem, ainda mais quando se leva em conta a falta de apoio de artilharia — apesar de verem os alemães usá-la várias e várias vezes, parecia que os britânicos não entendiam a ideia de coordenar tanques e canhões. Cerca de uma hora antes do pôr do sol, os panzers saíram correndo do campo de batalha para reabastecer, e os canhões alemães ficaram de sentinela no processo, desafiando os mal apoiados tanques britânicos a chegar ao alcance.

---

14 Moorehead, Alan, *The Desert War* (Hamish Hamilton, 1965).

15 *Ibid.*

*

A terceira brigada blindada de Gott estava se divertindo mais. No final da manhã, Norrie e Cunningham se cansaram de aguardar os alemães e se convenceram de que a continuação do avanço sobre Tobruk sempre fizera parte do plano. A 7ª Brigada Blindada recebeu ordens de ocupar o campo de pouso italiano de Sidi Rezegh, cerca de 25 quilômetros a noroeste e a outros tantos de Tobruk.

A tropa avançada de carros blindados sul-africanos chegou à elevação que dava para o campo de pouso pouco depois das quatorze horas. A sua presença foi percebida uma hora depois e provocou uma correria intensa para evacuar as guarnições e o pessoal de terra italiano. Sem apoio de tanques nem de infantaria, os sul-africanos só puderam observar, aguardar e admirar a visão distante do túmulo que dava nome ao campo de pouso, uma pequena bolha branca na crista da escarpa distante, brilhando acima da paisagem parda.

Só às 16h30 chegaram os tanques do 6º Real Regimento; e não perderam tempo, descendo direto pela encosta rumo ao campo de pouso inimigo. Era a terceira carga de blindados britânicos naquele dia e a única que enfrentou mínima oposição. O campo de pouso ficava muito atrás das linhas para merecer uma força de defesa, e os artilheiros dos tanques atiraram alegremente nos aviões italianos, alguns deles no processo de decolar.

Destacamentos de tanques e carros blindados foram mandados para leste e oeste para verificar a escarpa distante e caíram sob o fogo da infantaria alemã e italiana. Sem infantaria própria para explorar outro rompimento, os britânicos e sul-africanos deram meia-volta e, ao anoitecer, os elementos de vanguarda da 7ª Brigada Blindada foram cercados no campo de pouso. O resto dos tanques da brigada estavam a caminho para se unir a eles e chegariam na manhã seguinte.

Naquela noite, nem Cunningham nem Rommel tinham um quadro claro do que acontecera durante o dia. Ambos tendiam a subestimar os italianos e nenhum deles avaliou o choque intenso e doloroso que a Aríete causara à 22ª Brigada Blindada. Parece que Cunningham supôs o contrário e tirou os blindados italianos dos seus cálculos subsequentes. Também interpretara mal o reencontro entre a 4ª Brigada Blindada e o Grupo de Combate Stephan, confundindo este último com o grosso dos blindados de Rommel. Na opinião de Cunningham, era claro que o inimigo estava na defensiva e bem possivelmente em fuga. As suas forças blindadas extremamente dispersas provocaram tal situação e ele não viu necessidade urgente de reconcentrá-las. Ao contrário, confirmou a dispersão, mandando o 7º Grupo de Apoio Blindado a Sidi Rezegh para apoiar a 7ª Divisão Blindada e a 1ª Brigada de Infantaria sul-africana para Bir el Gubi em apoio à 22ª Brigada Blindada. A 4ª Divisão Blindada ficou bem mais para leste, perto de Gabr Saleh. Os britânicos, como Von Mellenthin, oficial de informações de Rommel, escreveu depois, foram "muito prestativos ao espalhar a 7ª Divisão Blindada pelo deserto todo".[16]

Os alemães estavam quase igualmente no escuro, mas tinham uma compreensão mais clara dos aspectos essenciais. "Quando uma situação é obscura", escreveu Von Mellenthin, "uma boa regra é se concentrar e aguardar mais informações".[17] Naquela noite, Von Ravenstein ligou para Crüwell e sugeriu unir as duas divisões panzer. O coronel Fritz Bayerlein, chefe do estado-maior de Crüwell, levou a questão a Rommel, que finalmente compreendera a escala do esforço britânico. Ele concordou: o Afrikakorps unido tentaria destruir as brigadas britânicas uma a uma.

Na suposição, é claro, de que conseguiriam encontrá-las. Depois da corrida enlouquecida rumo à costa, Crisp e os seus companheiros voltavam lentamente pelo deserto que escurecia. O encontro por acaso com alguns carros blindados os puseram no rumo certo, mas então ficaram sem combustível. Os sete comandantes de tanques conferenciaram e decidiram ficar onde estavam: "O negrume da noite já caíra sobre nós, e nos sentimos bastante seguros na sua impenetrabilidade. Formei os tanques em um anel sólido, com os canhões virados para fora. O meu operador começou a berrar e, enquanto eu ainda lhe dizia que não fizesse tamanho escarcéu, ele gritou que estava com o comando no ar."[18]

Um caminhão-tanque com combustível foi despachado para a sua suposta localização e acabou encontrando o sinal — uma rajada de balas

16 Mellenthin, F. W. von, *Panzer Battles* (University of Oklahoma, 1956).

17 *Ibid.*

18 Crisp, Robert, *Brazen Chariots* (Corgi, 1960).

traçadoras disparada para o céu. "Era bem mais de meia-noite quando nos esgueiramos no acampamento do batalhão. O comandante ainda estava meio irritado com o nosso desaparecimento."[19]

De volta ao quartel-general do OKH, Halder, apesar de todo o desconsolo anterior, declarou-se satisfeito. "Em termos gerais", escreveu no diário, "este foi um bom dia".[20]

Tarde da noite no Wolfsschanze, o Führer regalou a sua coorte com a mistura costumeira de autoafirmação e depreciação dos outros. A burguesia foi o seu alvo específico nessa ocasião. Para ele, a burguesia teria derrubado o partido e espalhado a ideia desastrosa de que povos além dos alemães poderiam realmente ter importância. É claro que os burgueses eram inerentemente hipócritas. Agora se lamentavam da expulsão dos judeus da Alemanha, mas não fizeram objeção quando os próprios compatriotas foram forçados a emigrar. "Esses alemães não tinham parentes em várias partes do mundo; foram deixados à própria mercê, partiram para o desconhecido." É claro que não havia "nada desse tipo no caso dos judeus". Aquele povo de coelhos tinha "tios, sobrinhos, primos por toda parte".

Os absurdos escorriam da sua boca. Ele afirmou que sua "única meta" era exprimir suas exigências "a todo custo, chova ou faça sol", mas insistiu que "as coisas são o que são e nada podemos fazer para mudá-las". Se a providência oferecesse alimentos insuficientes para a população, melhor, "pois é a luta pela existência que produz a seleção dos mais aptos". Mas se a providência enchesse o mundo de judeus e o partido de "hesitantes", então "que sejam expulsos!".[21]

Um trem de transporte de tropas aguardava em um desvio perto da Estação de Stuttgart. Partira da França e estava a caminho da Rússia, viagem que provavelmente levaria semanas. Ao atravessar a Alemanha ocidental, Henry Metelmann e seus camaradas se espantaram ao ver

---

19 *Ibid.*

20 Citado em Burdick, C., e Jacobsen, H.-A., *The Halder War Diary* (Greenhill, 1988).

21 Citado em Trevor-Roper, Hugh, *Hitler's Table Talk* (Weidenfeld & Nicolson, 1953).

como tudo era bem organizado, limpo e bonito, e a mulher no pátio de Stuttgart serviu para trazer de volta a realidade. Ela lhes perguntou se tinham alguma gordura para vender; os soldados responderam que não e, inocentes, perguntaram se havia falta de suprimentos.

— Estão brincando? — foi a resposta zangada. — Tudo está em falta, não há manteiga, não há gordura, não há nada... e os ricos têm de tudo! Não se lembram do gordo Hermann Göring, encarregado da guerra, fazendo aquele discurso bombástico para os chefões do partido e lhes perguntando se queriam manteiga ou canhões... e todos os idiotas berraram canhões? Pois agora *nós* temos o que *eles* pediram, muitos canhões — ela apontou o deles no vagão —, e não tenho manteiga para cozinhar![22]

Na Europa de Hitler, poucos homens exerciam mais poder do que Reinhard Heydrich. O Obergruppenführer da SS, de 37 anos, vinha se tornando indispensável desde 1932, quando fundara e assumira a liderança do serviço de segurança do partido, o Sicherheitsdienst. Em 1936, acrescentara ao seu portfólio a polícia criminal (Kripo) e a polícia secreta (Gestapo) do Estado e, três anos depois, todos esses órgãos civis se fundiram em uma única organização, a RSHA ou Reichssicherheitshauptamt. Se quisesse que algo fosse feito, Heydrich tinha os meios para conseguir.

Em 1939, tornou-se chefe do Escritório Central de Emigração Judaica com uma atuação que falava por si só. A deflagração da guerra naquele mesmo ano complicou imensamente a sua tarefa ao multiplicar por dez os judeus sob controle alemão e dividir pelo mesmo número os lugares aonde poderiam ser enviados. Heydrich dificilmente conseguira mandar 4 milhões de judeus para a Colônia Internacional em Xangai.

A invasão da União Soviética aumentou o problema e o transformou em uma crise. Em 31 de julho, Göring instruiu Heydrich a "tomar todas as providências necessárias com vistas às questões organizacionais e financeiras para promover uma solução completa da questão judaica na esfera de influência alemã na Europa".[23] Göring não deu detalhes, mas não precisava. Para alguém como Heydrich, que sabia o que já es-

---

22 Metelmann, Henry, *Through Hell for Hitler* (Stephens, 1990).

23 Citado em Gilbert, Martin, *The Holocaust* (Fontana, 1987).

tava acontecendo nas áreas ocupadas da União Soviética, o significado era claro. Como o Obergruppenführer comentou com Himmler, comandante da SS, no dia seguinte: "Pode-se supor seguramente que, no futuro, não haverá mais judeus nos territórios orientais anexados."[24]

Mas ainda havia dúvidas. Se os judeus seriam mortos, como matá-los? Fuzilar era demorado, sem falar da tensão dos atiradores. Outros métodos precisavam ser investigados. E, enquanto a guerra continuasse, o Reich poderia se dar ao luxo de dispensar uma reserva tão útil de mão de obra escrava? Era preciso consultar os economistas. E, enquanto os militares exigissem todos os trens para uso próprio, como mandar os judeus para algum lugar, fosse para trabalhar, fosse para executar? Levar a cabo uma solução exigiria estudo e um acordo final entre as várias partes interessadas.

Heydrich tinha outras obrigações que lhe tomavam tempo. Em setembro, fora nomeado Reichsprotektor em exercício do protetorado da Boêmia e da Morávia, o que restava da Tchecoslováquia anterior à guerra, e, naquele dia, lá estava ele, de farda preta, na catedral de São Vito, em Praga, a receber do presidente Hácha as sete chaves da Sala das Joias. A posse mais valiosa do Estado sumido, a Coroa de São Venceslau, estava atrás da porta trancada, e entregar as chaves a mãos alemãs parecia um lembrete adequado e humilhante de quem tinha a última palavra na Nova Ordem da Europa.

*

Em novembro de 1941, a resistência tchecoslovaca ao domínio nazista ainda estava em gestação, mas na Iugoslávia também desmembrada milhares já tinham morrido em choques armados com o ocupante e nas consequentes represálias. Em setembro, os dois principais grupos de resistência — os comunistas e os chetniks — tinham transformado grandes áreas da Sérvia em regiões vedadas aos ocupantes alemães, e Hitler perdera a paciência. Três divisões de infantaria com apoio aéreo, sob o comando do general Böhme, foram enviadas para resolver a situação de uma vez por todas. Em novembro, os guerrilheiros tinham sido

---

24 *Ibid.*

expulsos das várias cidadezinhas que controlavam e forçados a ir para o sul, mas poucos foram capturados, e era pequena a probabilidade de que os 100 mil soldados alemães no país pudessem ser novamente mobilizados em futuro próximo.

Nos vizinhos Croácia e Montenegro, ambos na suposta esfera de influência balcânica de Mussolini, a situação não era melhor. Trezentos e cinquenta mil soldados italianos estavam estacionados na ex-Iugoslávia, mais do que os que combatiam os britânicos no norte da África. Nessa manhã específica, o Duce e o secretário do Exterior, o seu genro conde Ciano, recebiam um relato "bastante desanimador sobre a situação na Croácia". Ciano a atribuiu à posição precária do líder-títere fascista Pavelić, a "intrigas domésticas e crescente intromissão alemã". A ideia de que ocupações de qualquer tipo estimulariam a resistência não foi mencionada.[25]

E havia coisas mais importantes a pensar; Ciano encomendara um retrato seu ao famoso Amerigo Bartoli. O pintor era um pouco tolo — suas caricaturas particulares de Mussolini eram bem conhecidas na elite cultural de Roma —, mas Ciano acreditava que era "um bom patriota e fascista sincero, ainda que que se dedique à sátira mordaz".[26]

Em Washington, o geralmente bem-educado embaixador japonês estava furioso com Togo. O dia seguinte era de Ação de Graças, disse Nomura ao seu ministro do Exterior; dificilmente o melhor para testar a paciência e a determinação americanas. Ele não esquecera o prazo de 25 de novembro, mas por que Togo tinha tanta pressa de anunciar o envio dos navios de evacuação? Não percebia como tudo isso parecia ameaçador? Queria deixar os americanos no limite?

A pressa de Togo era causada pelo cronograma militar, mas isso ele não podia dizer. Como não podia explicar o segredo a Nomura, ele simplesmente reiterou as instruções anteriores.

---

25 Ciano, conde Galeazzo, *Diaries*, org. Muggeridge, Malcolm (Heinemann, 1947).
26 *Ibid.*

QUINTA-FEIRA, 20 DE NOVEMBRO

Um dia antes da Kido Butai, a lancha torpedeira *Kunajiri* chegou à baía de Hitokappu no litoral pacífico de Iturup. A única aldeia que dava para os 10 quilômetros de largura da baía continha um atracadouro de concreto, três casas, uma agência do correio e um posto de telégrafo. Esses dois últimos foram fechados por período indeterminado e os moradores da aldeia, proibidos de viajar.

Os cidadãos de Rostov do Don tinham passado as últimas semanas trabalhando sem pausas nas defesas da cidade. Foram planejados quatro cinturões fortificados, cada um deles com cerca de 2,5 quilômetros de profundidade. Escavaram-se armadilhas para tanques e trincheiras de infantaria estreitas o suficiente para que tanques passassem por cima. Todas as encruzilhadas foram semeadas de minas. Centenas de metralhadoras e canhões anticarro em escavações protetoras cobriam com fogo cruzado cada centímetro dos possíveis campos de batalha.

Os preparativos retardaram os alemães, mas não os detiveram. Pouco depois da aurora daquela quinta-feira, a 13ª e a 14ª Divisões Panzer romperam o último anel e pararam enquanto a 60ª Divisão Motorizada e a Leibstandarte combatiam para avançar pelas estradas principais que levavam à cidade. A primeira ocupou o campo de pouso por volta do meio-dia e, às 13h30, unidades da última chegaram à estação e ao centro da cidade. Houve pânico em massa e confusão quando soldados e civis russos correram para a ponte ainda existente sobre o rio Don.

Enquanto a luz sumia no fim da tarde, os elementos de vanguarda da Leibstandarte chegaram à extremidade mais próxima da ponte. Quase ao mesmo tempo, surgiu um trem que seguia para o sul, cheio de soldados e equipamento do Exército Vermelho. Os alemães abriram fogo contra a locomotiva, perfuraram a caldeira e provocaram assovios de vapor. "Essa foi a sorte da guerra", escreveu um alemão no diário, "a confusão do inimigo não poderia ter sido maior". Ele e os camaradas atacaram a ponte de 500 metros. "Um grosso maço de fusíveis nos alicerces da ponte levava a explosivos e foi habilmente cortado pelos engenheiros. Nos dois maiores pilares da ponte havia grande quantidade de dinamite, mas os engenheiros simplesmente arrancaram o detonador dos explosivos."[1] Embora ainda sob fogo da margem sul do rio, os alemães conseguiram terminar a tomada da ponte e criar uma pequena cabeça de ponte antes do anoitecer.

Na cidade, o fogo quase contínuo de uma miríade de combates de rua era frequentemente acentuado por grandes explosões. As ruas e os prédios de Rostov tinham sido abundantemente minados com explosivos. Havia minas de pressão sob degraus e assoalhos, centenas de portas, janelas, fogões e veículos tinham sido preparados para explodir e quarteirões inteiros da cidade aprontados para detonação por operadores de rádio escondidos. E, enquanto se empilhavam, os cadáveres também foram transformados em armadilhas. Até os mortos continuavam lutando.

Na outra extremidade da frente oriental, o povo de Leningrado soube que a ração de pão seria reduzida novamente. A cidade só tinha quinhentas e dez toneladas de farinha de trigo por dia para alimentar 2,5 milhões de habitantes, o que significava oito fatias por dia para os soldados da linha de frente, quatro para os operários das fábricas e duas para todo o resto. E pão era quase só o que havia. Colhia-se casca de árvore "comestível", produzia-se serragem "comestível", mas luxos como gato, corvo e pardal estavam ficando escassos.

---

1 Citado em Haupt, Werner, *Army Group South* (Schiffer, 1998).

Serguei Iezerski, a quem pediram que escrevesse o editorial pertinente do *Pravda* de Leningrado, decidiu que a franqueza seria a única opção: "Enquanto o bloqueio continuar, não é possível esperar melhoras na situação alimentar. Temos de reduzir as normas de racionamento para que possamos aguentar enquanto o inimigo não é rechaçado, enquanto o círculo do bloqueio não for rompido. Difícil? Sim, difícil. Mas não há opção. E isso todos têm que entender."[2]

Enquanto isso, Moscou aguardava e se preocupava. As cabeças de lança do 3º Grupo Panzer atingiam os dois lados de Klin, com a 6ª Divisão Panzer na estrada de Kalinin, a noroeste, e a 7ª Divisão Panzer cruzando a estrada de Volokolamsk a oeste. O 4º Grupo Panzer espremeu a velha 316ª Divisão de Infantaria de Panfilov até ela sair de Novo-Petrovskoie e a deixou a 25 quilômetros de Istra e 80 do Kremlin.

Apesar do avanço contínuo, Von Bock, o comandante, ainda tentava se proteger: ressaltava junto aos superiores as limitações do seu Exército, mas se recusava a aceitá-las como desculpa por parte dos subordinados. Todos os movimentos, disse ao OKH, dependiam da triste situação dos suprimentos, e as últimas diretivas de Hitler e Halder se baseavam em "pressupostos inexatos" sobre o estado atual do Grupo de Exércitos Centro. Von Bock não fazia ideia de quando haveria combustível para o avanço além de Moscou em que os superiores insistiam, mas supunha que ainda seria "daqui a muitas semanas", quando então o clima provavelmente o impediria.[3]

Dadas essas reservas, Von Bock poderia ter argumentado com muito mais intensidade a favor do abandono rápido da Operação Tufão. Por que não o fez? Todo fracasso é difícil de aceitar, ainda mais depois de dois anos de sucesso quase constante, mas Von Bock podia alegar com certa razão que a responsabilidade dessa vez ficava mais acima na estrutura de comando. Por outro lado, o sucesso poderia ser improvável, mas os créditos seriam seus. E talvez, no fundo, ele percebesse que o fracasso diante de Moscou provocaria fracasso por toda parte e que, por mais remota que fosse, qualquer oportunidade de sucesso teria de ser aproveitada. Como Hitler e Halder, poderia depositar a sua fé nos

---

2 Citado em Salisbury, Harrison, *The 900 Days: The Siege of Leningrad* (Pan, 2000).

3 Bock, Fedor von, *The War Diary* (Schiffer, 1996).

mapas da situação, nos quais o sucesso era mais visível do que o custo sempre crescente.

Ele e Hoepner, comandante do 4º Grupo Panzer, inclinavam-se sobre um deles naquela manhã e, alegremente, vislumbraram um "envolvimento duplo" das forças soviéticas diante de Moscou. Mais tarde, no mesmo dia, quando chegou uma mensagem de Guderian pedindo permissão para suspender as operações ofensivas do 2º Exército Panzer, Von Bock simplesmente negou. A Operação Tufão continuaria até Hitler ou o inimigo a interromperem.

As razões para Guderian querer parar eram quatro: ameaças aos flancos, escassez crônica de combustível, muitas baixas e problemas com os tanques. Estes últimos eram de particular interesse para os visitantes recebidos naquele dia no seu quartel-general em Orel — um grupo de industriais armamentistas despachado por Fritz Todt, ministro de Armamentos, para avaliar o estado da máquina de guerra da Alemanha depois de cinco meses da Operação Barbarossa.

O integrante mais importante da comissão era Walter Rohland, de 43 anos, diretor do Comitê Nacional para a Produção de Tanques. "Panzer" Rohland lutara em Verdun quando adolescente e resistira ativamente à ocupação francesa do Ruhr em 1923. Quando Hitler chegou ao poder em 1933, ele administrava a Deutsche Edelstahlwerke, produtora de aços finos, e pouco depois se tornou o principal ator da maior siderúrgica do país, a Vereinigte Stahlwerke. Após entrar no Partido Nazista, Rohland uniu as paixões pelo aço e pelo nacionalismo e se pôs a fazer dos tanques alemães os melhores do mundo. Entrou em um dos novos regimentos panzer como capitão da reserva e tornou a Deutsche Edelstahlwerke líder mundial em placas para blindagem. Quando o Comitê Nacional de Produção de Tanques foi criado no outono de 1940, o seu era o nome óbvio para presidi-lo.

A Blitzkrieg foi construída em torno do tanque, e os sucessos na Polônia e no Ocidente garantiram, em 1940 e 1941, a alocação de suprimentos suficientes de aço, mão de obra e capacidade industrial à nova produção, principalmente do tanque médio básico, o Panzer Mk III. Os novos tanques substituíram e aumentaram os Mk II, cada vez mais inadequados, e efetivamente dobraram o poder blindado da

Wehrmacht para a campanha russa. Tudo parecia bem até o aparecimento do T-34 soviético, que desconcertou os pressupostos alemães de superioridade técnica. No outono de 1941, o trabalho de projetar os novos tanques alemães mais pesados que pudessem enfrentá-lo mal começara.

Enquanto isso, as fraquezas inerentes da economia de guerra alemã começavam a se fazer sentir. Na época em que Rohland e seus colegas viajaram até Orel para a reunião com Guderian, havia combustível, aço e mão de obra insuficientes para satisfazer as exigências crescentes das forças armadas da Alemanha. Se, por exemplo, o Exército recebesse a munição, os tanques e a gasolina que dizia precisar, a Marinha estaria condenada a ficar presa aos portos e a Luftwaffe, já sobrecarregada, não poderia ser ampliada para travar a guerra iminente com os Estados Unidos. A situação era complicada por todo lado, e dificilmente Rohland esperaria um relatório fulgurante dos homens da frente de batalha. Mas não estava preparado para o desconsolo quase persistente que o aguardava.

Havia escassez de praticamente tudo, de combustível a pás, de rádios a luvas. Os soldados dos panzers que não usavam roupas russas roubadas ainda vestiam as puídas fardas de verão. Não surpreende que Rohland e seus colegas, chocados, ficassem ainda mais preocupados com os tanques que aqueles espantalhos conduziam. Nas condições do inverno russo, os Panzer III e IV eram praticamente inúteis. "Quando os motores e as caixas de marcha ainda funcionavam", escreveu Rohland, "as armas falhavam devido ao congelamento".[4] Quando conseguiam se deslocar, a bitola estreita restringia a capacidade de manobra na neve e a falta de calafetação impedia que subissem encostas escorregadias ou atravessassem cursos d'água congelados. Mesmo com tempo perfeito, os canhões e a blindagem eram acentuadamente inferiores aos dos T-34, ágeis e de bitola mais larga, e dos KV-1 mais pesados.

Era naqueles tanques que Rohland e o seu comitê tinham depositado a sua fé, investido os recursos do Reich. Eram aqueles os tanques que as fábricas da Alemanha estavam preparadas para montar e que ainda produziam em grande número: tanques que, para todos os fins, já estavam obsoletos.

---

4 Citado em Tooze, Adam, *The Wages of Destruction* (Penguin, 2007).

*

Enquanto Rohland almoçava com Guderian, cerca de 7 mil judeus eram fuzilados por Einsatzgruppen* da SS perto da aldeia de Tutchinki, vizinha a Minsk. Com a vinda de 25 mil judeus alemães do Reich, as autoridades locais tinham decidido abrir espaço no gueto superlotado da cidade.

Minsk fora ocupada havia quase cinco meses, depois de cair no sexto dia da campanha. Um gueto fora cercado quase de imediato e enchido a ponto de explodir com judeus da cidade e dos povoados próximos. Seguiram-se trabalho em excesso, fome e eventuais atrocidades. Em agosto, 5 mil moradores foram levados e fuzilados em três "ações"; outros 12 mil pereceram perto de Tutchinki em 7 de novembro.

Em 15 de agosto um massacre menor de cem prisioneiros fora testemunhado, e solicitado, por Heinrich Himmler, líder da SS. Nauseado com a experiência e com medo de que a tensão desse trabalho fosse demasiada para os seus homens, Himmler se recusou a sancionar destino semelhante para os presos do asilo que visitou depois, no mesmo dia. Não tinha dúvida de que precisavam morrer, mas era preciso encontrar um método menos estressante.

Os Einsatzgruppen tentaram dinamite, mas o resultado foi ainda mais complicado. Enquanto isso, Himmler começara a se perguntar se o método principal de matar usado no recém-abandonado programa de eutanásia T4 não seria uma solução mais limpa e menos estressante. Setenta por cento dos chamados "incuráveis" tinham sido mortos desde 1939, os primeiros com injeções letais, a imensa maioria com gás venenoso. Esse ritmo de mortes, sem dúvida, era lento para os padrões dos Einsatzgruppen, mas parecia provável que se pudesse agilizar o processo para acomodar o despacho mais rápido em número muito maior. Não

---

* Os Einsatzgruppen são unidades especiais que atuavam na retaguarda dos exércitos alemães, principalmente no Leste Europeu e na União Soviética e praticavam assassinatos em massa contra a população civil. Suas vítimas eram, sobretudo, os integrantes da inteligência política, comunistas e guerrilheiros, além das populações "racialmente inferiores", como judeus, ciganos e associais. Seus integrantes vinham das fileiras da polícia de segurança (Gestapo e polícia criminal), do SD, da Polícia de Ordem e da Waffen-SS, além de, não raro, contar com o apoio de voluntários locais. (N. da E.)

havia escassez de possíveis cobaias nos campos de concentração e de prisioneiros de guerra.

As experiências continuaram durante o outono. Alguém teve a ideia de ligar a exaustão de automóveis em cômodos fechados e outra pessoa refinou-a direcionando o gás da exaustão de um caminhão para dentro do próprio baú. Isso parecia promissor e foram encomendados protótipos de diversos tamanhos, mas era necessário combustível demais para produzir o monóxido de carbono. Era necessário outro gás, já testado no campo de Auschwitz, perto de Cracóvia. Em 3 de setembro, o Zyklon B — ácido cianídrico cristalizado — foi usado para matar seiscentos prisioneiros de guerra soviéticos e trezentos judeus. O resultado foi animador, com mais testes decretados.

O dr. Fritz Mennecke era um dos envolvidos na seleção de possíveis vítimas. Veterano do programa T4, Mennecke fora muito útil na eliminação de doentes mentais, deficientes físicos e doentes crônicos. Agora estava em Ravensbrück para decidir quais comunistas, judeus e outros desajustados sociais valia a pena preservar. "O trabalho anda depressa", escreveu à esposa naquele dia, "porque as respostas às perguntas já foram datilografadas no formulário e só preciso registrar o diagnóstico, os sintomas principais etc. Preferiria não descrever a composição dos pacientes nesta carta, mas lhe contarei mais tarde pessoalmente". O campo de concentração de Buchenwald era a próxima parada, contou Mennecke à mulher antes de cumular de elogios o refeitório de Ravensbrück. "Sinto-me maravilhoso", concluiu.[5]

Em anos posteriores, a maioria dos generais importantes da Wehrmacht afirmaria ignorar os crimes cometidos poucas centenas de quilômetros atrás da sua linha de frente. Eles combatiam os russos, não os judeus.

Alguns fatos indicam outra coisa. Cinco semanas antes, em 10 de outubro, o marechal de campo Walther von Reichenau, comandante do 6º Exército, baixou uma diretiva para os soldados. O comportamento militar convencional, explicou, não era mais suficiente. Cada soldado alemão deveria se considerar "portador de uma ideia nacional inexorável e vingador de todas as bestialidades infligidas ao povo

5 http://www.holocaust-education.de/resmedia/document/A028T04E.PDF

alemão e aos seus parentes raciais". E, para o caso de tudo isso parecer um pouco abstrato, Von Reichenau especificou o alvo: "O soldado deve ter compreensão total da necessidade de reparação severa mas justa da sub-humanidade judaica."[6]

Von Reichenau, que morreu alguns meses depois em um acidente aéreo, era visivelmente mais simpático à política racial nazista do que a maioria dos colegas comandantes. O marechal de campo Von Rundstedt, seu superior, era da velha escola, que supostamente desprezava Hitler e os seus alpinistas sociais nazistas, um soldado entre soldados com um comportamento absolutamente profissional. Mas ele aprovou a diretiva de Reichenau e enviou cópias aos outros comandantes, recomendando que as distribuíssem entre os soldados.

O marechal de campo Erich von Manstein foi um dos que receberam a solicitação. No comando do 11º Exército na Crimeia, Von Manstein fora o principal arquiteto da estratégia que derrotou os exércitos franceses e britânicos em 1940. Nos anos do pós-guerra, o seu gênio militar seria aclamado tanto por amigos quanto por inimigos e a sua estatura moral, considerada praticamente inquestionável. Naquela quinta-feira, no seu quartel-general de campanha na cidade de Simferopol, na Crimeia, ele distribuiu a ordem de Reichenau. Três semanas depois, os 14.300 judeus daquela cidade seriam reunidos e assassinados.

Em Copenhague, um "convite" alemão para entrar no Pacto Anticomintern foi entregue ao governo dinamarquês. O primeiro-ministro Stauning achou aconselhável concordar, mas a maioria dos ministros do seu Gabinete discordou. Os ocupantes alemães tinham prometido respeitar a neutralidade dinamarquesa, argumentaram, e um passo daqueles claramente a quebraria.

Hitler, de volta a Berlim para as honras de Estado do funeral de Udet, divertia o seu séquito com o tipo de ideia que as gerações posteriores associariam às drogas recreativas. "Se o quadro mental que os cristãos formam de Deus fosse correto", explicou, "o deus das formigas seria uma formiga, e do mesmo modo para os outros animais". Um variado

---

6 Citado em Kershaw, Ian, *Hitler 1936-45: Nemesis* (Allen Lane, 2000).

"Uau!" deve ter saudado esse pronunciamento e incentivado o Führer a entrar no modo autoelogioso: "Nós, alemães, temos essa fonte de força maravilhosa, o senso do dever, que outros povos não possuem. A convicção de que, ao obedecer à voz do dever, trabalhamos pela preservação da espécie, o que ajuda a tomar as mais graves decisões."

E, como era frequente em momentos assim, os pensamentos de Hitler voltaram-se para uma direção totalmente inadequada, a de Mussolini. O Duce dissipara o perigo do comunismo, realizando um serviço "que nunca deve ser esquecido". Ele era "um homem feito sob medida para os séculos. O seu lugar na história está reservado".

Hitler realmente ainda acreditava nessas bobagens? Dez anos antes, a ótima opinião que tinha de Mussolini fora compreensível, mas naquele momento? Se fosse possível atribuir a um único indivíduo o fracasso da Operação Barbarossa, só poderia ser ao Duce, cujos sérios erros nos Bálcãs tinham custado à Wehrmacht cinco semanas de bom tempo para a campanha. Mas Hitler não podia e não queria ver isso. Com o passar dos anos, Mussolini se tornara um *alter ego*. Elogiar o Duce era elogiar a si mesmo, e o mesmo acontecia na hora das críticas.[7]

Em Roma, a ofensiva inglesa na Líbia estava em discussão. Alguns sucessos inimigos foram admitidos, mas Mussolini e o comandante supremo, general Cavallero, não estavam excessivamente apreensivos. Ciano, com muito mais perspicácia, preocupava-se com a perda de suprimentos e os danos causados à força aérea italiana. O seu temor crescente pela direção tomada pela guerra ia lado a lado com uma visão sombria do principal aliado da Itália. Os alemães já tinham estabelecido um quartel-general militar em Frascati, bem perto de Roma, e agora queriam requisitar como quartel a vizinha Villa Mondragone. Isso envolveria a remoção de quinhentas famílias italianas, e, como pensava Ciano, seria "extremamente impopular".[8]

A Operação Crusader foi finalmente anunciada ao público britânico; "ATACAMOS NA LÍBIA: AVANÇO DE 50 MILHAS" (80 quilômetros) era a

7 Citado em Trevor-Roper, Hugh, *Hitler's Table Talk* (Weidenfeld & Nicolson, 1953).

8 Ciano, conde Galeazzo, *Diaries*, org. Muggeridge, Malcolm (Heinemann, 1947).

manchete entusiasmada do *Daily Mirror* de quinta-feira.[9] Mas o otimismo não se limitava aos editores de jornais. "A abordagem e o desdobramento das nossas forças na Líbia foram muito bem-sucedidas", escreveu Churchill a Roosevelt, "e o inimigo, tomado de surpresa. Só agora percebe a grande escala das nossas operações contra ele. Combates intensos entre as forças blindadas parecem prováveis hoje. Deram-se ordens para prosseguir o que já começou até uma decisão a qualquer custo. A probabilidade não parece desfavorável".[10]

Seria um dia em que um erro se seguiria ao outro com regularidade quase cômica. Rommel, ainda obcecado pela pretendida salvação de Tobruk, dera a Crüwell carta branca para cuidar dos intrusos britânicos que estivessem entre o porto sitiado e a cerca de arame farpado da fronteira. Depois de folhear os relatórios da situação, Crüwell e o seu estado-maior decidiram que o movimento britânico na direção de Bardia era a maior ameaça; as façanhas de Crisp e companhia obviamente cresceram ao serem contadas. A 21ª Divisão Panzer, reconcentrada — a infantaria do Grupo de Combate Knabe unida ao Grupo de Combate Stephan —, recebeu ordens de unir-se à 15ª Divisão Panzer em uma sortida rumo leste pelo Trigh Capuzzo e interromper o (inexistente) avanço britânico.

Esse foi um erro grave e, como Von Mellenthin escreveu mais tarde, uma grande oportunidade perdida. Cunningham fora "muito prestativo ao espalhar a 7ª Divisão Blindada pelo deserto todo", mas sua generosidade foi menosprezada.[11] Se as duas divisões panzer tivessem se combinado naquela manhã contra a 4ª Brigada Blindada em Gabr Saleh ou a 7ª Brigada Blindada em Sidi Rezegh, provavelmente teriam obtido uma vitória esmagadora e, bem possivelmente, forçado os britânicos a abandonar a ofensiva como um todo.

Mais erros se seguiram. Os caminhões de reabastecimento demoraram a chegar ao Grupo de Combate Stephan, atrasaram a sua partida para o encontro com o resto da 21ª Divisão Panzer e tornaram mais

---

9 *Daily Mirror,* 20 de novembro de 1941.

10 Citado em Parkinson, R., *Blood, Toil, Tears and Sweat* (Hart-Davis MacGibbon, 1973).

11 Mellenthin, F. W. von, *Panzer Battles* (University of Oklahoma, 1956).

difícil para os panzers desengajar do combate com os adversários britânicos da noite anterior. Seguiu-se uma batalha em movimento que gastou ainda mais do escasso combustível. Quando a 21ª Divisão Panzer finalmente se reuniu naquela tarde, os tanques estavam praticamente vazios e a divisão encalhada nas horas que restavam de luz do dia. Enquanto isso, a 15ª Divisão Panzer partira na sua busca de quimeras e percorria o Trigh Capuzzo sem nada encontrar.

Sem dúvida os blindados faziam falta em Sidi Rezegh, onde dois ataques da Divisão de Infantaria Afrika logo pela manhã não conseguiram desalojar do campo de pouso os tanques sem apoio da 7ª Brigada Blindada. Por volta das dez horas, o 7º Grupo de Apoio Blindado chegou do sul para consolidar a ocupação britânica e aguentou as atenções persistentes mas praticamente ineficazes da artilharia alemã e da Luftwaffe.

Agora era a vez dos britânicos cometerem uma série calamitosa de erros de avaliação. Os alemães não tinham se esforçado muito para desalojar o inimigo do campo de pouso italiano de Sidi Rezegh, mas o comando britânico preferiu considerar um grande sucesso a manutenção daquela posição pela 7ª Brigada Blindada. De maneira parecida, a retirada do Grupo de Combate Stephan da área de Gabr Saleh foi interpretada erroneamente como vitória da 4ª Brigada Blindada. O balão da autoconfiança britânica, já demasiado cheio, recebeu mais uma dose de ar quente. Com os alemães em uma situação tão difícil, o que impediria a 7ª Brigada Blindada de continuar avançando sobre Tobruk? E por que a guarnição deveria esperar mais para tentar o rompimento? Tanto Norrie quanto Gott acharam que o momento era aquele e insistiram com Cunningham para que desse as ordens apropriadas para o dia seguinte.

No final da manhã, Cunningham voou do quartel-general de Norrie de volta ao Egito. O momento seria mesmo aquele? A possibilidade era sedutora: se a 7ª Brigada Blindada se unisse à guarnição de Tobruk, todas as principais formações alemãs ficariam presas em um imenso anel britânico, com o mar às costas. Seria uma Dunquerque africana, só que melhor, com os alemães presos em praias sem nenhum barco para levá-los para casa.

Também significaria o abandono definitivo do plano original, que só contemplara o rompimento depois que as tropas blindadas de Rommel fossem destruídas. Ao chegar de volta a Maddalena, Cunningham recebeu informações de que grandes forças do Eixo tinham sido avistadas seguindo para oeste pelo Trigh Capuzzo. Rommel estaria afastando o seu Exército da fronteira? A Operação Crusader causara mais danos do que se pensara? Se assim fosse e se o inimigo realmente estivesse recuando, por que não atacar a jugular? Cunningham tomou sua decisão e nem a notícia de que a 15ª e a 21ª Divisões Panzer agora seguiam rumo a Gabr Saleh e à 4ª Brigada Blindada conseguiu mudá-la. Ainda sem saber da derrota que a 22ª Brigada Blindada sofrera em Bir el Gubi, ordenou que ela fosse para leste e se unisse à 4ª Brigada Blindada em Gabr Saleh, com a suposição temerária de que a força combinada das duas seria igual à de duas divisões panzer. E com estas últimas provisoriamente eliminadas, Cunningham se sentiu à vontade para ordenar uma ação ao romper da aurora para a guarnição de Tobruk e a 7ª Brigada Blindada.

Enquanto isso, Crüwell finalmente compreendera o que estava acontecendo. O avanço britânico rumo a Bardia fora fruto da imaginação italiana; na verdade, as cabeças de lança blindadas britânicas estavam em Sidi Rezegh, prontas para avançar sobre Tobruk, com outra grande força blindada guardando o seu flanco em Gabr Saleh. Crüwell ordenou que os panzers fossem para o sul com a intenção de destruir a força de Gabr Saleh e interromper a linha de suprimento da cabeça de lança. A 15ª Divisão Panzer foi capaz de obedecer, mas a 21ª ainda aguardava os prometidos caminhões de combustível. Aparentemente, Cunningham estava com sorte.

Crüwell também. A 22ª Brigada Blindada teve de desengajar, reabastecer e voltar a se formar antes de seguir para leste, e a escuridão estaria caindo quando finalmente chegasse a Gabr Saleh. A 15ª Divisão Panzer, que chegara com velocidade cerca de noventa minutos antes, só teve a 4ª Brigada Blindada para enfrentar. Os tanques britânicos estavam bem posicionados em uma pequena elevação, voltados para baixo e com o sol por trás, mas a chegada da artilharia alemã depois de meia hora de combate se mostrou decisiva. Os britânicos foram lentamente empurrados pela encosta oposta e só se salvaram da destruição total com a chegada da noite e dos remanescentes da 22ª Brigada Blindada.

Os britânicos sabiam que tinham perdido outros 26 tanques Honey, mas conseguiram se convencer de que trinta panzers foram destruídos. Provavelmente, depois de recuperados e consertados os veículos avariados no campo de batalha alemão, o número verdadeiro era zero, mas não foi isso que disseram a Cunningham. Pelo que ele sabia, as suas duas brigadas blindadas tinham mais do que se aguentado e não havia razão para cancelar as ordens do dia seguinte. Se ele ou os comandantes dos seus corpos ou brigadas tivessem conversado com a guarnição dos tanques, talvez descobrissem algumas pequenas diferenças. Nesse momento, como Crisp admitiu, os soldados já tinham percebido que os Honey não eram páreo para os Panzer III e IV. "Era uma proposição simples: os nossos canhõezinhos não conseguiam acabar com eles, e eles conseguiam acabar conosco facilmente."[12] Quanto aos canhões alemães de 88 milímetros, as próprias palavras "oitenta e oito" estavam "invadindo o vocabulário da guarnição dos tanques como símbolo de mutilação destrutiva. Em uma semana, avaliamos que eram necessários três Honey para destruir um Mark IV".[13] Conforme a Operação Crusader se desenvolvia, a experiência das guarnições de tanque britânicas na Líbia refletia a das guarnições de tanque alemãs na Rússia: com menos poder de fogo e menos blindagem, exigiam enorme superioridade numérica para predominar. Isso Cunningham não percebeu, assim como Hitler e Halder. Como eles, estava longe da linha de frente; como eles, estava impressionado com o minúsculo trecho do mapa que as suas forças ainda tinham de atravessar.

Rommel, por outro lado, estava acostumado a comandar na frente de batalha e a ter uma ideia melhor do que o adversário sobre o que realmente acontecia. As restrições do mau tempo ao reconhecimento e a obsessão com Tobruk nublaram a sua avaliação nos primeiros dias da Operação Crusader, mas finalmente ele entendeu a situação. Depois de se reunir com Crüwell naquela noite, deu ordens de destruir a força inimiga em Sidi Rezegh.

Oitocentos quilômetros ao norte, quatro navios mercantes com combustível, armamento, munição e alimentos para as tropas alemãs e italianas se preparavam para atravessar o Mediterrâneo. O tamanho da

---

12 Crisp, Robert, *Brazen Chariots* (Corgi, 1960).

13 *Ibid.*

escolta — três cruzadores pesados, dois leves e sete contratorpedeiros — indicava problemas, e com boas razões.

No início do ano, os alemães tinham ameaçado dominar a área inteira. A Luftwaffe conseguira bases aéreas na Líbia, na Itália, na Grécia e em Creta para ameaçar Malta, Alexandria e a frota de superfície britânica. Ficara quase impossível suprir as tropas em Malta e, em consequência, elas perderam boa parte da capacidade de interditar a rota de suprimentos do Eixo pelo Mediterrâneo. Mas a Operação Barbarossa mudara tudo. A maior parte dos dois corpos aéreos da Luftwaffe no teatro do Mediterrâneo foi mandada para a Rússia, deixando apenas duzentos aviões em condições operacionais para importunar o Canal de Suez, manter Malta quieta, bombardear Tobruk, interromper a rota de suprimentos do 8º Exército que saía do Egito, apoiar os movimentos de Rommel e dar proteção aos comboios do Eixo. Os alemães poderiam ter optado por cumprir bem uma ou duas tarefas, mas acabaram deixando tudo malfeito.

Malta, que parecera caída e nocauteada, se ergueu meio tonta. Navios de suprimentos conseguiram passar por Gibraltar e Alexandria, e, laboriosamente, montou-se uma nova força de ataque. A divisão de submarinos, que lutara sozinha na primeira metade da guerra, acabou se unindo aos navios de superfície da Força K e aos novos esquadrões de bombardeiros — a princípio, modelos Blenheim e Swordfish, e a partir de setembro Albacores e Wellingtons equipados com radar — para um assalto em pinça tripla aos comboios do Eixo. O resultado excedeu todas as expectativas. Durante os meses de verão, os ataques aumentaram em número e ferocidade, e a tonelagem que chegava a Rommel despencou. O Afrikakorps precisava de 50 mil toneladas por mês no mínimo, mas em setembro só recebeu metade disso. O comando alemão na Itália descreveu a situação como "insustentável" e implorou em vão ao OKH por reforços da Luftwaffe.[14] Ciano observou em 25 de setembro que "em setores navais responsáveis, começa-se a pensar a sério se não deveríamos abandonar a Líbia voluntariamente, em vez de esperar até que sejamos forçados a fazê-lo por falta total de transporte marítimo".[15]

---

14 Citado em Macintyre, Donald, *Battle for the Mediterranean* (Batsford, 1964).

15 Ciano, conde Galeazzo, *Diaries*, org. Muggeridge, Malcolm (Heinemann, 1947).

O pior estava por vir. Em outubro, apenas 37% da tonelagem que partiu da Itália chegou à África. E o último comboio a atingir Benghazi atracara em 18 de outubro. Havia cinco semanas que nenhum suprimento novo chegava a Rommel, e a probabilidade de chegar algum nos próximos dias não era grande.

Com ou sem Ação de Graças, Hull exprimiu boa vontade de receber Nomura e Kurusu naquela manhã de quinta-feira. Eles entregaram a Proposta B devidamente, mas talvez com mais esperança do que expectativa. Ambos sabiam muito bem como era pouco o que ela oferecia.

A proposta tinha cinco partes. A primeira proibia ambos os lados de darem novos passos agressivos no sudeste da Ásia ou no sudoeste do Pacífico. A segunda prometia a retirada imediata das forças japonesas agora no sul da Indochina francesa e a retirada japonesa completa do resto do país assim que a guerra com a China terminasse. A terceira estipulava direitos comerciais iguais nas Índias Orientais holandesas; a quarta, o final dos congelamentos de patrimônio e embargos americanos e a restauração completa das relações comerciais nipo-americanas. A quinta exigia que os Estados Unidos suspendessem todo apoio à China Nacionalista.

Na opinião posterior de Hull, a proposta tinha um "caráter tão afrontoso que nenhuma autoridade americana jamais sonharia em aceitá-la".[16] Efetivamente, ela ratificava agressões japonesas passadas, dava um enorme estímulo à economia de guerra japonesa e deixava a China totalmente desamparada. E em troca de quê? Do deslocamento (muito possivelmente temporário) de uma divisão e alguns esquadrões de um lado para outro da Indochina?

Não houve surpresas de última hora; era a mesma Proposta B que Hull recebera dos tradutores do Código Roxo mais de uma semana antes. Além do mais, essa viera até com a insistência de Togo de que era a última oportunidade, de que, para todos os fins, a Proposta B era um ultimato. Nomura e Kurusu não a apresentaram como tal, mas Hull achou que eles sabiam exatamente o que estava em jogo. E se ele simplesmente rejeitasse a proposta de imediato, quem saberia a carta que o Exército e a Marinha japoneses teriam na manga da farda?

---

16 Citado em Toland, John, *Rising Sun* (Penguin, 2001).

Ele escondeu os seus sentimentos o melhor que pôde para "evitar dar aos japoneses algum pretexto para fugir às conversações".[17] O Exército e a Marinha americanos tinham lhe dito que precisavam de tempo, e ele prometeu a Nomura e Kurusu que "estudaria com simpatia" a Proposta. Tinha de encontrar algum terreno em comum ou pelo menos algum terreno que pudessem dividir durante algumas semanas ou meses. Assim que os dois diplomatas japoneses saíram, Hull começou a esboçar uma contraproposta que evitasse a ideia de apaziguamento, mas mantivesse os japoneses falando e que pudesse ser vendida tanto a Tóquio quanto ao povo americano.

17 *Ibid.*

SEXTA-FEIRA, 21 DE NOVEMBRO

Quando os últimos submarinos envolvidos na operação havaiana partiram de Yokosuka, no arquipélago japonês, três aviões de reconhecimento da Marinha decolaram de duas bases aéreas em Formosa rumo ao céu das Filipinas. A missão era confirmar ou desmentir a alarmante estimativa do cônsul japonês de que havia 1.200 aviões americanos no arquipélago.

Os K-15 foram privados do sol nascente neles pintado e os oficiais a bordo removeram da farda as insígnias do posto. O tenente Miza, encarregado de fotografar de uma altura de cerca de 7 mil metros os campos de pouso americanos Clark e Iba, recebera instruções de voar para o sul, para ilhas além das Filipinas, caso fosse avistado e perseguido. Mas tanto ele quanto seus superiores sabiam que não haveria combustível para isso. A remoção da metralhadora do avião aumentara levemente a sua autonomia, mas só a custo de deixar Miza mais vulnerável.

Ele não precisava se preocupar. O piloto os levou acima de Clark Field sem chamar atenção. Não havia caças americanos no céu, o que levou os japoneses a pensar que todos estavam almoçando. Um segundo sobrevoo foi notado, mas os P-40 americanos logo foram deixados para trás pelo avião japonês mais veloz. Miza seguiu para Iba, onde ninguém em terra notou a sua presença. De volta a Formosa, as fotografias tiradas pelos três aviões de reconhecimento foram ampliadas e estudadas. Parecia só haver trezentos aviões americanos nas Filipinas.

*

Conforme se aproximava a data limite que tinham marcado para a ação militar, os japoneses se preocuparam cada vez mais com a reação dos aliados do Pacto Tripartite. A Alemanha se uniria a eles na guerra contra os Estados Unidos? E a que preço? Esperaria que o Japão se unisse à guerra da Alemanha contra a União Soviética? Em Tóquio, naquela manhã de sexta-feira, o ministro do Exterior japonês fez a pergunta formal ao embaixador Ott: a Alemanha prometeria não fazer a paz em separado caso o Japão se envolvesse, por qualquer razão, em uma guerra mais ampla?

Hitler não era obrigado a dizer que sim; os membros do Pacto Tripartite só eram obrigados a dar assistência militar caso um signatário fosse atacado. Essa era a norma das alianças do século XX: afinal de contas, nenhum Estado queria dar a outro um cheque em branco contra o próprio futuro. Além disso, o Pacto Tripartite era mais frágil do que a maioria das alianças do século XX. Os governos alemão e japonês não tinham estratégia econômica conjunta nem acordos sobre o compartilhamento de tecnologia militar. Não havia planos de contingência para a ação coordenada das suas forças armadas e muito menos uma estratégia global conjunta.

Havia duas razões principais para isso. Em primeiro lugar, a Alemanha nazista e o Japão imperial estavam longe de ser aliados naturais. Os nazistas consideravam os japoneses uma raça inferior e não tinham esquecido que Tóquio ocupara possessões coloniais da Alemanha no Pacífico durante a Primeira Guerra Mundial. A reveladora observação do adido militar de Hitler na Tailândia de que "a Alemanha acertará as contas com o Japão depois de vencer a guerra na Europa" revelava uma aliança baseada unicamente em conveniências de curto prazo.[1]

Os japoneses tinham ambições menos grandiosas, mas não nutriam grande amor pelos aliados. Consideravam os alemães europeus brancos e colonialistas, salvos por duas características quase acidentais. Os alemães não tinham colônias próprias no Extremo Oriente e já estavam em guerra com os países que tinham.

A segunda razão para a falta de estratégia conjunta era a incapacidade dos dois lados de decidir o que queriam um do outro, se é que

---

1 Citado em Prange, Gordon, *At Dawn We Slept* (Penguin, 2001).

queriam algo. Tóquio tinha menos problemas nesse aspecto; a Alemanha já conquistara ou ainda estava em guerra com todos os inimigos europeus do Japão, e os japoneses não nutriam nenhum desejo de ver forças armadas alemãs no Pacífico. A única coisa que Tóquio sabia que precisava, como evidenciado pela pergunta a Ott, era da promessa de Hitler de continuar combatendo a Grã-Bretanha e a Rússia até a hora em que o Japão atingisse seus objetivos na Ásia.

Os alemães acharam mais difícil decidir o que queriam dos aliados japoneses. Quando Matsuoka, ministro do Exterior, visitou Berlim em abril de 1941, a Grã-Bretanha ainda era considerada o principal inimigo e a Rússia, uma conquista fácil, e assim Hitler e Ribbentrop passaram o tempo pressionando o Japão para atacar Cingapura. Com três semanas de campanha russa eles já não tinham tanta certeza, e Ribbentrop instruiu Ott a defender o caso de um ataque japonês à Sibéria. Tóquio pensou, fez algumas insinuações positivas e depois disse aos alemães, em 19 de agosto, que ainda não entrariam na guerra. Ribbentrop fez mais uma tentativa com o embaixador Oshima em 23 de agosto e soube que o Japão fazia preparativos para avanços para o sul e para o norte, mas ainda não decidira a prioridade.

Isso parecia pouco útil, mas em certos aspectos um ataque japonês à União Soviética poderia ser prejudicial à causa alemã. Para atacar a Sibéria, os japoneses teriam primeiro de chegar a algum tipo de acordo com os Estados Unidos, e isso permitiria aos americanos concentrar as suas forças no Atlântico e na Europa. Por outro lado, novos ataques japoneses no Sudeste da Ásia manteriam os Estados Unidos ocupados no Pacífico. E a mera ameaça de ataque à Sibéria seria suficiente para evitar que os soviéticos mandassem para a Europa os soldados lá estacionados.

No final de novembro, o inverno tomara conta da Sibéria e nenhum ataque japonês seria possível até a primavera seguinte. Se os japoneses se movessem agora, teria de ser para o sul, contra os britânicos e talvez os americanos. Os alemães acreditavam que só teriam a ganhar com essa nova pressão sobre os recursos militares da Grã-Bretanha e com a dispersão do poderio americano que essa situação também provocaria. Se tudo o que os japoneses precisavam para se pôr em movimento era a promessa alemã de evitar a paz em separado, então eles a teriam. Quando o pedido foi repassado e chegou a Ribbentrop em Berlim, ele ficou muito satisfeito em atender.

*

A pressão sobre as forças do Exército Vermelho que defendiam os acessos a oeste e a noroeste da capital soviética continuava a aumentar. Enquanto a 14ª Divisão Motorizada, que avançava entre a 6ª e a 7ª Divisões Panzer, rompia as últimas defesas soviéticas a leste da estrada Klin-Kalinin, a 2ª e a 11ª Divisões Panzer de Hoepner se aproximavam da mesma estrada ao sul de Klin. A metade norte da linha soviética diante de Moscou estava sendo forçada para trás e parecia perigosamente próxima do rompimento. Jukov deslocava as reservas que tinha a cada nova brecha, buscando estreitar as cabeças de lança alemãs e tornar as feridas menos graves.

Uma crise — *a* crise — estava claramente em formação. Aguentar-se em Solnetchnogorsk e Klin era absolutamente fundamental, disse Jukov a Rokossovski. Este último supervisionaria a defesa de Solnetchnogorsk e o seu comissário general Lobatchev, a defesa de Klin. Mas quando os dois homens chegaram ao seu destino, ambas as cidades estavam praticamente cercadas.

Ao sul de Moscou, Tula parecia destinada a um fim semelhante. Depois de negada a suspensão das operações que o comandante considerara sensata, as forças de Guderian tinham retomado o avanço a leste e nordeste, provocando mais arrepios na coluna vertebral coletiva do Stavka.

Agora as vitórias fáceis seriam poucas, mas os alemães ainda avançavam, desacostumados com a própria ideia do fracasso. Kurt Gruman, da 87ª Divisão, estava ao sul de Istra, perto do pivô do avanço alemão. "Mísseis explodem nas árvores", escreveu ele no diário, "todos estão deitados no chão. As janelas tremeram e as molduras saíram voando. Há colunas de poeira e fumaça. O primeiro-tenente Tuemmler, o tenente Kanis e o tenente Mueller foram feridos. As ruas estão cheias de gemidos e gritos dos feridos graves. Avançamos na floresta. O meu sargento-mor e um soldado espanhol tiveram morte de heróis em consequência de fragmentos de granada".[2]

Mais acima na hierarquia, o comandante Von Bock do Grupo de Exércitos Centro passou o dia visitando comandantes de diversos

---

2 Citado em Rzhevskaya, Elena, "Roads and Days: The Memoirs of a Red Army Translator", *Journal of Slavonic Military Studies*, vol. 14, março de 2001.

corpos. O primeiro descreveu o "estado deplorável das suas divisões, cuja força se esgotou"; o segundo, cujo corpo ainda fazia progressos, achou que seus homens "ainda chegam ao canal de Moscou, mas aí estaremos acabados!". Von Bock decidiu que o ataque como um todo era "tênue demais e sem profundidade". Caso examinassem, como fizeram os seus superiores, as divisões espalhadas pela mesa de mapas, "a proporção das forças não é mais desfavorável do que antes". Mas "na prática o reduzido efetivo de combate — a algumas companhias restam apenas vinte ou trinta homens —, as pesadas baixas de oficiais e o excessivo desgaste de unidades em conjunto com o frio criam um quadro bem diferente". Várias divisões inimigas ainda poderiam ser isoladas e destruídas a oeste do reservatório do Istra, mas isso seria tudo.[3]

Guderian tinha ideias semelhantes. Passara três dias consecutivos na frente de batalha "para ter uma imagem clara das condições por lá" e ficara devidamente horrorizado. "O frio gelado, a falta de abrigo, a escassez de roupas, as pesadas baixas de homens e equipamento, o péssimo estado do suprimento de combustível, tudo isso transforma o dever do comandante em sofrimento e, quanto mais isso durar, mais me sentirei esmagado pela responsabilidade enorme que tenho de suportar."[4]

Oitenta quilômetros a oeste da sitiada Tula, na praça central de Likhvin, o cadáver de Sasha Tchekalin, de 16 anos, pendia da forca havia 15 dias. Nascido na aldeia vizinha de Peskovatskoie, Tchekalin se unira ao destacamento guerrilheiro recém-formado na área. No final de outubro, esse destacamento emboscara uma coluna militar alemã na estrada que seguia para leste de Likhvin, e a granada lançada por Tchekalin com boa pontaria destruiu um dos veículos, juntamente com seus ocupantes. Alguns dias depois, ele caiu gravemente enfermo. Confinado ao leito em uma aldeia local, foi denunciado aos alemães e a granada que lançou no esquadrão que foi prendê-lo não explodiu. Foi levado para Likhvin e lá, torturado e enforcado.

Tchekalin, herói póstumo da União Soviética, foi um mártir guerrilheiro precoce. As raízes do movimento eram muito antigas, mas a

3 Bock, Fedor von, *The War Diary* (Schiffer, 1996).

4 Guderian, Heinz, *Panzer Leader* (Futura, 1974).

conhecida mistura stalinista de presunção e paranoia atrapalhou o seu rápido desenvolvimento nos meses anteriores à invasão alemã. A atividade guerrilheira tivera papel importante na guerra civil que se seguira à revolução, e, na década de 1930, o setor militar soviético dera-lhe um papel fundamental em qualquer guerra futura com a Alemanha: criaram-se bases secretas na retaguarda e pensou-se bastante na comunicação com elas — por meio de mensageiros paraquedistas, por exemplo — assim que estivesse atrás das linhas inimigas. No entanto, com o desenrolar da década de 1930, Stalin decidiu, por um lado, que os guerrilheiros poderiam se tornar perigosamente independentes da autoridade central e, por outro, que a guerra com a Alemanha seria travada em solo polonês e alemão, não no soviético. Muitos responsáveis pela política anterior foram expurgados, e aquelas bases já preparadas acabaram se atrofiando.

Assim que as hostilidades começaram e se derramaram com tanta extravagância pelo oeste da União Soviética, ficou clara a necessidade de repensar. Depois de apenas uma semana de campanha, emitiu-se uma diretriz secreta conclamando à "ação com unidades do Exército inimigo para deflagrar a guerrilha por toda parte e em qualquer lugar, explodir pontes, estradas, linhas telefônicas e telegráficas, destruir barragens e assemelhados".[5] Três semanas depois, o Comitê Central delineou os detalhes organizacionais, especificamente o papel fundamental que as organizações partidárias locais deveriam ter na criação e no controle dos destacamentos de guerrilheiros.

Nesses primeiros meses, os que foram deliberadamente recrutados e mandados para trás das linhas inimigas eram muito menos numerosos do que os soldados do Exército Vermelho deixados para trás pela velocidade do avanço inimigo. Como os alemães se mantinham principalmente nas estradas, os remanescentes soviéticos dispersos foram forçados a ocupar os amplos espaços entre elas em um território de pântanos e florestas que oferecia condições ideais para o ocultamento. Grupos de soldados perdidos se reuniram para sobreviver e se defender com armas deixadas no número crescente de campos de batalha abandonados e, na maioria dos casos, acabaram retomando a luta com o inimigo.

---

5 Citado em Erickson, John, *The Road to Stalingrad* (Weidenfeld & Nicolson, 1975).

Durante esse período, antes que os planos alemães para os territórios ocupados se tornassem aterradoramente visíveis, muitos desses grupos foram traídos pela população local. Alguns se transformaram em traidores por detestar o sistema soviético, a maioria por temer represálias alemãs se não denunciassem a presença de guerrilheiros. Uma autoridade do partido que se viu atrás das linhas inimigas depois das batalhas do cerco de Viazma ouviu essa história em várias aldeias. A situação só mudaria quando os soviéticos impuseram uma presença igualmente implacável nas regiões ocupadas e levaram os alemães a cometer tamanhos atos de repressão que só poderiam ser contraproducentes.

Sabedor disso, o partido confiou ao NKVD o recrutamento deliberado. Das várias organizações criadas sob os seus auspícios, a Brigada Independente Motorizada de Infantaria para Tarefas Especiais, OMSBON na sigla em russo, foi uma das mais conhecidas. Os seus primeiros voluntários receberam três meses de treinamento de guerrilha, com instrução de tiro, explosivos, paraquedas e leitura de mapas, e depois foram enviados a Moscou para ajudar a sufocar o grande pânico de meados de outubro. Depois disso, estavam prontos para a inserção atrás das linhas inimigas.

Vladimir Frolov, assim como Sasha Tchekalin, era um menino de aldeia da região de Tula. Aluno da Universidade de Moscou quando a guerra foi deflagrada, logo se apresentou à OMSBON como voluntário, fez o treinamento e depois se uniu a milhares de outros que trabalhavam para fortalecer os anéis de defesa em torno de Moscou. Em 21 de novembro, estava sozinho perto da aldeia de Davydkovo, na importantíssima estrada que ligava Klin a Solnetchnogorsk. O Exército Vermelho recuara para leste, e Frolov, depois de encher de explosivos o canal de drenagem que corria sob a estrada, esperava nervoso a chegada dos alemães.

Mais a oeste, na cidade onde Halder e os grupos do estado-maior do Exército tinham realizado sua conferência oito dias antes, Konstantin Zaslonov se inscrevia como maquinista no pátio das locomotivas. Ele e trinta outros ferroviários de Smolensk e Orsha deixaram Moscou no início de setembro. Depois de buscar mais camaradas em Viazma, atravessaram as linhas inimigas no início de outubro e depois passaram mais de um mês combatendo a fome, o frio e as patrulhas alemãs. Finalmente, em meados de novembro, Zaslonov e mais alguns chegaram a Orsha. A unidade secreta local do partido lhe forneceu os documentos de que precisava para se candidatar a um emprego no seu local de trabalho antes da guerra, e os alemães, com falta de maquinistas e desesperados para deixar as ferrovias russas em condições de funcionamento, o contrataram como supervisor das equipes das locomotivas.

Nascia uma célula da resistência. Zaslonov não perdeu tempo para contratar os colegas guerrilheiros e, nos três meses seguintes, debaixo do nariz dos patrões alemães, o grupo transformou o depósito em uma fortaleza da guerrilha. Fabricavam minas e outros explosivos e os usavam para explodir caixas de sinalização, agulhas, pontes e trens. Entre meados de novembro de 1941 e meados de fevereiro de 1942, provocaram 98 descarrilamentos e incapacitaram mais de duzentas locomotivas e milhares de vagões. Quando a sua situação em Orsha finalmente ficou perigosa demais, Zaslonov partiu para formar outro destacamento — que virou uma brigada com efetivo de 2.500 guerrilheiros — na região de Vitebsk. Morto em novembro de 1942, também passaria a ser herói póstumo da União Soviética.

Em Moscou, o NKVD local criou duas escolas de guerrilheiros, uma na parte sul da cidade, outra em Kuntsevo, nos arredores a oeste. Os voluntários recebiam uma previsão violenta do seu provável destino — "é bem possível que a maioria de vocês morra" — e depois lhes diziam que ninguém os condenaria por preferir a opção levemente mais suave de servir no Exército regular.[6] Ninguém preferiu.

Zoia Kosmodemianskaia, de 18 anos, foi uma das alunas de Kuntsevo. No início de novembro, depois de terminar o treinamento, ela e mais 11 integrantes da Unidade 9903 de Reconhecimento Guerrilheiro foram mandados para além das linhas inimigas. Alguns morreram em uma emboscada alemã, mas Zoia terminou sua missão e voltou em segurança. Naquela sexta-feira, foi escalada novamente, dessa vez com dois camaradas do sexo masculino, Vladimir Klubkov e Bóris Krainov. Os três foram encarregados de incendiar prédios em Petrischevo, aldeia próxima à estrada de Mojaisk, apenas 15 quilômetros atrás da linha de frente alemã.

---

6 Citado em Braithwaite, Rodric, *Moscow 1941* (Profile, 2006).

*

Na Crimeia, o marechal de campo Von Manstein ainda esperava tomar o porto de Sebastopol antes do fim do ano. Entretanto, o anel de defesas da cidade estava bem preparado e ele se desapontaria. Um baluarte soviético que se mostrou impossível de romper nessas semanas de novembro foi a aldeia de Mekenzia, 11 quilômetros a leste do centro da cidade. Entre os seus defensores estava Nina Onilova, cuja fama estava prestes a se espalhar. Naquele dia, ela se esgueirou de sua trincheira e rastejou 25 metros em campo aberto para destruir um tanque alemão com dois coquetéis molotov bem mirados. Recebeu promoção instantânea a sargento e a Ordem da Bandeira Vermelha.

Onilova nascera em uma aldeia perto de Odessa e crescera em um dos orfanatos da cidade. Na adolescência, quando trabalhava em uma fábrica de tecidos, viu o filme *Tchapaiev*, sobre a guerra civil, que contava a história de uma operadora de metralhadora chamada Anka. Inspirada a imitar a nova heroína, teve aulas de artilharia no clube paramilitar da fábrica. Depois que a guerra começou, ela se voluntariou como paramédica e não demorou para que seus conhecimentos de artilharia fossem úteis. Na luta perto de Odessa, a metralhadora da sua unidade engripou em um momento muito pouco auspicioso. Além de consertá-la, Onilova cuidou com eficiência dos alemães que avançavam na direção deles. Os camaradas a adotaram como principal artilheira. Gravemente ferida em setembro, ela se recusou a ser considerada inválida e voltou à unidade durante a retirada para Sebastopol.

Foi morta quatro meses depois, também em Mekenzia. Nina Onilova e Zoia Kosmodemianskaia foram duas das milhões de mulheres soviéticas que serviram no Exército Vermelho, na Marinha e na Força Aérea, duas das 150 mil galardoadas por heroísmo. Não havia mulheres nas tropas de combate da linha de frente da Alemanha, um contraste que dizia muito sobre os dois regimes, assim como os outros muitos pontos de comparação.

Em Copenhague, o ex-embaixador Von Renthe-Fink, "plenipotenciário" alemão, disse ao ministro do Exterior Scavenius que o Reich era "incapaz de compreender" a recusa da Dinamarca a entrar no Pacto Anticomintern. Como não havia "obrigações políticas nem outras" envolvidas — não se esperava que a Dinamarca se unisse à guerra contra a União Soviética —, Renthe-Fink esperava uma inversão da decisão dinamarquesa naquele dia.[7]

O Gabinete foi convocado para uma sessão e acabou concordando em se unir ao pacto se os alemães registrassem por escrito a promessa de Renthe-Fink de não haver outras obrigações e aceitassem outros acréscimos ao acordo — a Dinamarca, por exemplo, permaneceria neutra e se restringiria apenas a ações de policiamento interno. Essa decisão foi transmitida a Renthe-Fink, que a repassou a Berlim para ratificação.

Hitler almoçou com Albert Speer e depois teve uma conversa de três horas com Goebbels. O arquiteto, ocupado com a reforma da cidade que agora era capital da Europa, montara uma apresentação na Sala de Maquetes da nova Chancelaria. Previsivelmente, o Führer ficou extasiado com o tamanho imenso dos prédios projetados. Havia um problema, admitiu Speer: faltava-lhe mão de obra suficiente para materializar o sonho. Hitler lhe prometeu 30 mil prisioneiros de guerra russos.

Goebbels estava obcecado com os judeus de Berlim e ansioso pela decisão da sua remoção. Hitler, embora rápido na simpatia, mostrou-se contrário a tomar uma decisão real. Concordou com a necessidade de uma "política enérgica", mas estava ansioso para evitar "dificuldades desnecessárias" e insistiu com o ministro da Propaganda para ser prudente no caso de "casamentos mistos", principalmente no meio artístico.[8] Essas uniões estavam fadadas a morrer com o tempo. Berlim seria *Judenfrei* [livre de judeus] mais cedo ou mais tarde e havia pouca razão para perturbar os verdadeiros alemães por uma questão de poucos anos.

De acordo com Goebbels, Hitler parecia estar bem, como se administrar uma guerra combinasse com ele. E, geralmente, era otimista quanto às probabilidades. Não esperava muito do norte da África — as dificuldades envolvidas em suprir Rommel eram imensas —, mas isso não tinha muita importância. Goebbels deveria tomar cuidado para não criar expectativas públicas; talvez devesse enfatizar como o norte da África era periférico. A guerra seria decidida a leste, onde a situação

---

7 http://en.wikipedia.org/wiki/Occupation_of Denmark_by_Nazi_Germany

8 Citado em Kershaw, Ian, *Hitler 1936-45: Nemesis* (Allen Lane, 2000).

ia bem. Agora que as estradas estavam congeladas, as unidades motorizadas tinham recuperado a mobilidade e podiam-se esperar resultados favoráveis. Havia dificuldades de suprimento, mas elas ocorriam em todas as guerras. Ele reiterou sua intenção final de arrasar Moscou e Leningrado e esperava que o clima durasse tempo suficiente para permitir o cerco da capital soviética e o seu abandono à fome e à devastação.

Goebbels lhe perguntou se ainda acreditava na vitória. Hitler lhe respondeu que, "se acreditara na vitória em 1918, quando jazia sem ajuda como cabo meio cego em um hospital militar na Pomerânia, por que não acreditaria agora na vitória, quando controlava as forças armadas mais fortes do mundo e quase toda a Europa se prostrava aos seus pés?".[9]

Goebbels evitou ressaltar que a crença do cabo meio cego se frustrara.

O rompimento planejado em Tobruk começou às oito horas da manhã. Durante a noite, limparam-se caminhos pelos campos minados mais próximos, cortaram-se aberturas no arame farpado e lançaram-se pontes temporárias sobre as valas anticarro. Os tanques da 32ª Brigada Blindada britânica partiram rumo ao inimigo na esperança de percorrer os 13 quilômetros que os separavam de El Duda e fazer a ligação com a 7ª Brigada Blindada até o fim do dia.

A primeira surpresa foi encontrar alemães e italianos na frente deles — no último instante, Rommel inserira um terço da Divisão Afrika no perímetro mantido pelos italianos. A segunda foi ver como os soldados de Mussolini lutavam bem — mais alemães do que italianos foram aprisionados pela manhã quando os britânicos abriram caminho para atravessar uma brecha de 3 quilômetros no perímetro da defesa. Ao meio-dia, tinham criado um saliente de 6 quilômetros na linha do Eixo, a meio caminho de El Duda.

Três fatores interromperam o avanço. A resistência inimiga era rija e comandada, com a energia de sempre, pelo próprio Rommel. Ele se encarregara pessoalmente de quatro canhões de 88 milímetros e criava o caos. Os britânicos já tinham sofrido graves baixas — mais da metade dos tanques e 75% dos infantes do regimento Black Watch — e só se

---

9 *Ibid.*

dispunham a arriscar mais se fosse por uma causa com esperanças. E esta agora era alvo de dúvidas.

De acordo com as ordens da noite anterior, a 15ª e a 21ª Divisões Panzer tinham partido para oeste às primeiras luzes, com quase nenhum tiro de despedida dos seus vizinhos do deserto, a 4ª e a 22ª Brigadas Blindadas. Esta última, supondo erroneamente uma retirada alemã, aumentou o erro ao demorar para partir. Quando os britânicos avançaram, os blindados alemães estavam a meio caminho de Sidi Rezegh.

A notícia da sua aproximação chegou aos responsáveis às 8h30, assim que os infantes do 7º Grupo de Apoio Blindado se deslocavam para a batalha. O plano original previa que a infantaria do Grupo de Apoio limparia e ocuparia a encosta ao norte do campo de pouso, quando então toda a 7ª Brigada Blindada se despejaria pelo outro lado até El Duda. Isso foi então modificado. O 6º Real Regimento Blindado desceria a encosta enquanto o 7º de Hussardos e o 2º Real dobrariam a leste para enfrentar os panzers que chegavam. Não havia uma grande sensação de risco; afinal de contas, os alemães estavam em retirada.

Seguiu-se uma série de batalhas díspares. O Grupo de Apoio logo desalojou da elevação os soldados do Eixo, mas o 6º Real Regimento, que avançava para subi-la e descê-la, logo se viu atacado pelos 88 milímetros de Rommel. Mais a leste, coisa muito pior sucedeu aos britânicos. O 7º Regimento de Hussardos, com ordens de "localizar e retardar o avanço dos tanques inimigos", os encontrou e foi aniquilado. O 2º Real Regimento também sofreu e foi necessário o heroísmo do Grupo de Apoio, uma crise de munição e combustível e a pressão retardada da perseguição da 4ª e da 22ª Brigadas Blindadas para manter os alemães fora do campo de pouso.

Tudo isso provocou uma situação bastante extraordinária: cinco camadas de tropas alternadas, da guarnição de Tobruk, ao norte, até a 4ª e a 22ª Brigadas Blindadas ao sul, passando pelas divisões Bologna e Afrika, a 7ª Brigada Blindada e o Afrikakorps. As três forças no meio desse sanduíche foram obrigadas a enfrentar dois lados ao mesmo tempo, tarefa que já quase acabara com a 7ª Brigada Blindada. Ansioso para evitar destino semelhante, Crüwell retirou o Afrikakorps do caminho assim que a noite caiu. Pretendia concentrar ambas as divisões a leste, em torno de Gambut, mas, por insistência de Rommel, a 21ª Panzer foi deslocada para Belhamed, naquela brecha entre Sidi Rezegh e Tobruk que os britânicos ainda tinham esperanças de fechar.

Cunningham, muito distante em Maddalena, tinha pouca noção do que acontecia no campo de batalha. Naquela manhã, depois de receber a notícia da "retirada" das divisões panzer de Gabr Saleh, pusera em ação a segunda metade do plano britânico — o envolvimento das posições de fronteira do Eixo ultrapassadas pela Divisão da Nova Zelândia. No fim das contas, essa seria uma boa jogada, mas não, como imaginava Cunningham, porque a vitória britânica se aproximasse. No mínimo, os neozelandeses salvariam o 8º Exército da derrota.

Não foi tudo culpa de Cunningham. Naquela noite, ele recebeu dois relatórios do campo de batalha e ambos pareciam justificar o otimismo desenfreado que inundava o seu quartel-general. Cento e setenta tanques alemães tinham sido "atingidos", de acordo com um deles, mais sessenta estavam cercados em Sidi Rezegh, de acordo com o outro. Aparentemente, a vitória blindada fora conquistada. Nesse contexto, a notícia de elevadas baixas de blindados britânicos não seriam causa de alarme. Ninguém esperava que a destruição do Afrikakorps saísse barata.

Alguém do quartel-general de Cunningham falou com a imprensa. "Afirma-se de fonte segura", dizia um telegrama para o Cairo, "que a batalha líbia, que estava no auge esta tarde, vai extremamente bem. A proporção entre baixas de tanques britânicos e do Eixo é calculada oficialmente em três para um".[10] Ao escrever para Churchill, Auchinleck, superior de Cunningham, teve o bom-senso de refrear o otimismo. "É dificílimo", admitiu, "chegar a uma estimativa decisiva das baixas de tanques inimigos".[11]

Ele e Cunningham deveriam estar pensando nas próprias baixas. Naquela manhã, a 7ª Brigada Blindada entrara na batalha de Sidi Rezegh com 141 tanques e, ao anoitecer, só 28 ainda funcionavam. Quando somadas às baixas sofridas dois dias antes pela 22ª Brigada Blindada em Bir el Gubi, chegava-se a um grave enfraquecimento da 7ª Divisão Blindada. Seria difícil aguentar mais "vitórias" como essa.

Os homens, como sempre, tinham uma noção mais clara de onde soprava o vento. Para Robert Crisp, cuja 4ª Brigada Blindada não participara

---

10 Citado em Pitt, Barry, *The Crucible of War: Auchinleck's Command* (Cassell, 2001).

11 Citado em Connell, John, *Auchinleck* (Cassell, 1959).

das principais batalhas, foi "um dia confuso de escaramuças constantes", no qual ele chegou a ver duas granadas disparadas por um Panzer II seguirem diretamente para ele e o seu tanque e errarem por apenas 10 metros. Isso lhe deu uma ideia melhor do alcance efetivo do Panzer II e mostrou que os alemães, que presumivelmente sabiam até onde atiravam os seus canhões, tinham o mesmo medo de se aproximar demais. Esse, pensou ele, foi o dia em que "perdemos a despreocupação e a avidez. A sensação de aventura saiu da nossa vida e foi substituída por amargura, medo e um cansaço perpétuo e crescente do corpo e do espírito".[12]

A escuridão caíra sobre o Mediterrâneo. O comboio italiano passara pelo estreito de Messina e agora navegava pela costa leste da Sicília, antes de seguir para alto-mar até Benghazi. O primeiro sinal de perigo foi o torpedo que rasgou o casco do cruzador leve *Duca degli Abruzzi*, cortesia do submarino HMS *Utmost*. Enquanto os contratorpedeiros italianos vasculhavam a área em busca do atacante, o *Duca degli Abruzzi* reverteu o curso e voltou, mancando sem muita firmeza, a Messina.

Algumas horas depois, a RAF da base de Malta entrou em cena. Os Wellington equipados com radar encontraram o comboio, chamaram os bombardeiros-torpedeiros Albacore e iluminaram os navios com foguetes sinalizadores. O *Trieste*, outro cruzador italiano, foi incapacitado por um torpedo e o comandante do comboio achou que bastava. Retornou com os seus navios.

Naquela noite de sexta-feira, escrevendo no seu diário, Halder tendia a desdenhar as preocupações dos comandantes da frente oriental. Observou que Von Bock fora "profundamente afetado pela gravidade da luta" e exprimiu o próprio choque ao saber que "regimentos com quatrocentos fuzis são comandados por primeiros-tenentes!", mas a impressão que fica é de satisfação com a continuação do avanço. Os soldados de Guderian, como relatou o seu comandante, poderiam estar "nas últimas pernas", mas "podemos esperar que sejam capazes de continuar lutando".[13]

---

12 Crisp, Robert, *Brazen Chariots* (Corgi, 1960).

13 Citado em Burdick, C., e Jacobsen, H.-A., *The Halder War Diary* (Greenhill, 1988).

O seu otimismo se espalhou para a situação no sul, onde Rostov caíra e o 6º Exército "avançava lenta mas seguramente". Halder admitia que havia luta intensa ao norte de Rostov, mas não sentia "perigo imediato".[14] Nem Hitler. Se Rostov fosse tomada, o Grupo de Exércitos Sul deveria avançar rapidamente com vistas a ocupar os campos de petróleo próximos a Maikop. Um hábito novo e perigoso de reduzir fracassos e sobrevalorizar sucessos estava no processo de se estabelecer.

Na própria Rostov, a ideia de um novo avanço parecia ridícula. A verdadeira decisão era ficar ou recuar. Todas as pontes sobre o Don, com exceção de uma, tinham sido derrubadas, a situação dos suprimentos era apavorante e os ataques soviéticos ao norte da cidade começavam a constituir uma cunha perigosa entre o Grupo Panzer de Von Kleist e o 17º Exército. Enquanto seus soldados vasculhavam a cidade atrás de sabotadores e soldados perdidos, crescia a convicção de Von Kleist de que não conseguiria mantê-la.

No outro lado da Europa ocupada, não longe da Sorbonne, na Rive Gauche de Paris, uma explosão destruiu uma livraria de propaganda alemã. Desde o início de setembro, sete soldados alemães tinham sido mortos na França e mais de 130 reféns franceses foram executados em retaliação.

A Proposta B que Nomura e Kurusu apresentaram a Cordell Hull no dia anterior não tentava resolver o conflito essencial de interesses entre os dois Estados na Ásia oriental. Era um *modus vivendi*, uma interpretação japonesa de como a orla do Pacífico poderia ser mantida em paz por um período limitado. O fato de a interpretação japonesa favorecer o Japão — dando fim ao embargo do petróleo e à ajuda americana à China — não deveria surpreender.

Havia vários dias que Hull e Roosevelt trabalhavam em um *modus vivendi* próprio que servisse aos interesses americanos. Tinham três objetivos em mente. O primeiro, improvável de atingir como ambos sabiam, era uma mudança de curso japonesa. O segundo, que pressupunha a guerra como inevitável, era conseguir o máximo de tempo

14 *Ibid.*

possível para terminar os preparativos militares americanos nas Filipinas e no oeste do Pacífico. O terceiro era mostrar que os Estados Unidos estavam interessados na paz e os japoneses, decididos a ir à guerra. Quando o inevitável finalmente acontecesse, Roosevelt e Hull não queriam ninguém com dúvidas a respeito dos culpados.

O seu *modus vivendi*, que Hull mostrou pela primeira vez aos chefes militares naquela tarde, pretendia a princípio durar três meses, sujeito a renovação por acordo mútuo. Como a Proposta B, rejeitava novos avanços das duas partes através de fronteiras internacionais, incluía a retirada japonesa do sul da Indochina e concordava com o descongelamento mútuo de patrimônio. Ao contrário da Proposta B, limitava os japoneses a 25 mil soldados no norte da Indochina e não fazia menção específica ao retorno das remessas de petróleo. As exportações continuariam sujeitas a medidas de controle impostas por motivos de segurança nacional, o que poderia significar ou não a continuação da relutância americana a vender ao Japão qualquer coisa que pudesse ser usada com propósitos militares. Quanto à questão da China, os Estados Unidos acolhiam favoravelmente a oportunidade de hospedar conversações de paz sino-japonesas nas Filipinas, mas não mencionaram a redução da ajuda americana a Chiang Kai-shek.

Os chefes militares — o almirante Stark pela Marinha e o *brigadier*-general* Gerow (em nome de Marshall, o chefe do estado-maior do Exército) — ficaram impressionados com o *modus vivendi*. "A adoção das suas provisões", escreveu Gerow naquela noite a Stimson, secretário da Guerra, "cumpriria um dos nossos atuais objetivos: evitar a guerra com o Japão".[15]

---

* O posto de *brigadier* inexiste no Exército brasileiro e fica entre o de coronel e o de general de brigada. (N. da T.)

15 Citado em Wohlstetter, Roberta, *Pearl Harbor: Warning and Decision* (Stanford University Press, 1962).

SÁBADO, 22 DE NOVEMBRO

Em Tóquio, os repetidos pedidos de Nomura por mais tempo foram finalmente levados a sério. Mais alguns dias poderiam fazer a diferença, disse o ministério do Exterior aos líderes militares, que rodearam, contornaram e educadamente concordaram com um adiamento de quatro dias da data marcada de 25 de novembro. De qualquer modo, não havia operações militares marcadas para começar em menos de 15 dias.

A mensagem de Togo a Nomura e Kurusu deixou absolutamente claro que essa era a última oportunidade. Havia "razões além da sua capacidade de adivinhar" para a data-limite anterior e fora "extremamente difícil" mudar a data, mas os dois diplomatas tinham recebido mais quatro dias. E nada mais. Qualquer novo acordo teria de ser assinado no dia 29. "Deixem-me escrever por extenso para os senhores", acrescentou o ministro do Exterior de forma um tanto gratuita, "vinte e nove". E era só. "Dessa vez é sério; essa data não pode ser mudada em absoluto. Depois disso, as coisas acontecerão automaticamente."[1]

Em 1941, o arquipélago das Curilas pertencia aos japoneses. Iturup, a ilha maior, tinha uma população de poucas centenas de habitantes, a maioria dos quais ganhava a vida nos ricos pesqueiros ao largo do litoral

1 Citado em Wohlstetter, Roberta, *Pearl Harbor: Warning and Decision* (Stanford University Press, 1962).

do Pacífico. Algumas famílias moravam na baía de Hitokappu, 130 quilômetros quadrados de águas profundas com o formato de uma cabeça de urso. Nos últimos dias, tinham observado a sua baía se encher lentamente de navios — petroleiros, contratorpedeiros, cruzadores, encouraçados. Cinco dos seis maiores porta-aviões do império já estavam lá, imensas maravilhas da engenharia moderna com nomes pré-industriais — *Akagi* (castelo vermelho), *Hiryu* (dragão voador), *Shokaku* (grou planador), *Zuikaku* (grou feliz) e *Soryu* (dragão verde). O sexto, *Kaga* (alegria aumentada) era esperado no início daquela noite.

O anel de vulcões cobertos de neve, os retalhos de neblina a flutuar acima das águas negras e a armada cinza-claro espalhada pela ampla baía formavam uma imagem espantosa. O capitão de corveta Chigusa, cujo contratorpedeiro *Akigumo* chegou no início da tarde, não fazia ideia de para onde ia a frota, mas admitiu "uma sensação de grande confiança".[2] Masuda Shogo, oficial de voo da nau capitânia, o porta-aviões *Akagi*, sentia-se como um dos 47 *ronin* (samurais sem senhor) da famosa lenda de *Chushingura* quando se reuniram em uma estalagem antes de se aventurar em busca de vingança.

Enquanto isso, Nagumo recebera a mensagem de confirmação de Yamamoto: "A força-tarefa sairá da baía de Hitokappu em 26 de novembro e prosseguirá sem ser percebida até o ponto de encontro marcado para 3 de dezembro. O Dia X [dia do ataque a Pearl Harbor] será 8 de dezembro."[3] Naquela noite, Nagumo convocou seus principais comandantes à cabine que abrigava as maquetes em escala de Oahu e Pearl Harbor. O principal orador foi o capitão de corveta Suzuki, que distribuiu esboços de mapas e listas preparadas pelos funcionários do consulado em Honolulu e reiterou o que dissera na reunião em Tóquio. Os navios americanos sempre voltavam nos fins de semana, disse, e havia enorme probabilidade de pegá-los no porto. Ele detalhou a presença aérea americana — os campos de pouso, a qualidade e a quantidade dos vários tipos de avião. Na verdade os números estavam errados: o cônsul de Honolulu, assim como seu colega do lado adversário em Manila, fizera uma superestimação grosseira. E esses números não puderam

---

2 Citado em Prange, Gordon, *At Dawn We Slept* (Penguin, 2001).

3 *Ibid.*

ser conferidos do ar; os japoneses iam para essa operação esperando resistência maior do que realmente encontraram.

Havia patrulhas aéreas americanas regulares ao sul e a sudoeste de Oahu, relatou Suzuki, mas, até onde tinham sido capazes de descobrir, nenhuma para o norte e o noroeste, direção de onde se aproximaria a Kido Butai. E mesmo as que iam para o sul e sudoeste pareciam programadas de acordo com o horário das refeições, decolando depois do desjejum, voltando para o almoço e decolando de novo até o jantar. Por mais espantoso que pareça, não havia patrulhas nas horas de escuridão. Se a Kido Butai lançasse seus aviões ao alvorecer, eles estariam pelo menos a meio caminho do alvo antes de serem vistos.

Tudo isso parecia bom, quase bom demais para ser verdade. O sempre ansioso Nagumo tinha quatro preocupações principais. E se a Kido Butai fosse avistada a caminho? E se os americanos fossem avisados com antecedência ou se ficassem normalmente mais atentos do que Suzuki indicara? E se a frota americana não estivesse no porto? Qual seria a força de um golpe americano de retaliação contra a sua frota?

Suzuki não conseguiu aplacar essa ansiedade; ninguém conseguiria. E elas deram origem a outra: e se os americanos não estivessem em Pearl Harbor? A probabilidade de destruí-los ancorados se perderia e a probabilidade de um recontro no mar teria de ser levada em consideração. Nessas circunstâncias, a Kido Butai deveria passar ao ataque sem a permissão de Tóquio? Genda e Fuchida acreditavam que sim. No que lhes dizia respeito, assim que deixasse a baía de Hitokappu, a frota, para todos os fins, já estava em guerra.

Até setembro, a experiência de Moscou fora bem parecida com a de Londres; os alemães poderiam vir, mas ainda estavam muito distantes, e era possível manter mais do que uma aparência de normalidade. Cinemas, teatros e salas de concerto continuavam abertos, embora os espetáculos às vezes fossem interrompidos por ataques aéreos. Os livros mais valiosos da Biblioteca Lenin poderiam ter sido evacuados, mas os leitores tinham acesso ao resto. Ainda havia comida e energia suficientes, embora apenas suficientes.

No final de setembro, a situação começou a mudar. Agora a comida realmente se tornava escassa, a eletricidade e os meios de transporte eram cada vez mais racionados e os alemães avançavam pelos equivalentes russos de Kent e Sussex. A súbita disparada de Guderian no início de outubro fez soar o primeiro grande alarme. Parecia que Moscou estava realmente ameaçada. O governo soviético tomou providências para aliviar o potencial prejuízo e ordenou a evacuação de diplomatas, institutos científicos, órgãos do governo e até do cadáver embalsamado de Lenin. Mas é difícil largar velhos hábitos, e os cidadãos comuns da capital ficaram de fora. Quando se espalharam os boatos de que a cidade inteira fora minada para a destruição, um pânico geral se instalou.

Foram necessários quatro dias para restaurar a ordem. O NKVD fuzilou todos os que conseguiram encontrar que tivessem planejado dar boas-vindas aos alemães e usou a oportunidade para se livrar de prisioneiros inconvenientes. Stalin anunciou que ficaria na capital, e a primeira fase da Operação Tufão vacilou na lama do final do outono. A situação voltou ao que passava por normal.

Decidido a fazer com que assim permanecesse, Stalin insistiu em comemorar o aniversário da Revolução em 7 de novembro. Os generais fizeram objeção, mas ele estava irredutível; seria dar uma banana aos nazistas, uma declaração inconfundível de confiança na capacidade soviética de manter Moscou e continuar a guerra. Caças a mais foram trazidos de outras frentes para enrijecer a defesa aérea da cidade, Stalin fez um discurso para os luminares reunidos do Partido na mais profunda estação do metrô e o desfile de sempre foi realizado na Praça Vermelha. Os soldados marcharam diante do mausoléu vazio, sumiram nos bastidores e voltaram diretamente para a linha de frente.

Duas semanas depois, os alemães mais próximos estavam a menos de 75 quilômetros do Kremlin. Era preciso incentivar o moral outra vez. O noticiário oficial do *Vertcheniaia Moskva* de sábado incluía o anúncio de um campeonato de xadrez a começar na quinta-feira seguinte. Uma longa lista de mestres de xadrez famosos tinha sido convidada a competir no torneio, que se realizaria no prédio de Esportes e Cultura Física da capital. Moscou podia correr um sério risco, mas não havia razão para renunciar a ocupações civilizadas.

A situação diante da capital soviética ainda dava espaço para otimismo alemão. De acordo com Halder, Von Bock, no seu "posto de comando avançado", encarregara-se pessoalmente da batalha e, "com enorme energia", levava à frente "tudo o que se possa aproveitar". Halder também estava satisfeito com Guderian, que "mais uma vez está convencido de que pode continuar a atacar".[4] A infantaria do 2º Exército Panzer tomou Stalinogorsk naquele dia e permitiu que os panzers avançassem para o norte, rumo a Moscou, ameaçando também uma guinada para a retaguarda de Tula. Halder observou com prazer que os comunicados soviéticos recentes estavam muito preocupados com a situação dessa cidade.

A oeste de Moscou, o 4º Grupo Panzer e a ala norte do 4º Exército ainda avançavam alguns quilômetros por dia e as unidades do Exército Vermelho se esforçavam para manter a coesão enquanto cediam terreno. No setor da 35ª Divisão de Infantaria alemã, a oeste do reservatório do Istra, a pressão era demasiada e muitos soldados do Exército Vermelho se renderam ou desertaram. A sudoeste de Istra, o regimento de Kurt Gruman saiu da floresta, entrou na aldeia de Surmino, à margem da estrada Istra-Zvenigorod, e se viu frente a frente com um T-34. Os alemães abriram fogo com tudo o que tinham, e a guarnição do tanque soviético guinou de um lado para outro, tentando esmagá-los sob as lagartas. A torreta engripou e só a metralhadora funcionava; finalmente, uma granada caiu no cano de exaustão e chamas e fumaça explodiram no motor. A guarnição ainda não morrera e foram necessárias mais duas granadas para arrebentar as lagartas e finalmente deter o T-34. "Surmino estava em nossas mãos", noticiou Gruman, triunfante; "a estrada Istra-Zvenigorod foi cortada".[5]

Mais ao norte, o anel alemão em torno de Klin estava praticamente fechado e deixava apenas um estreito corredor de fuga para os defensores soviéticos. Rokossovski foi ver com os próprios olhos; "a única conclusão a que pudemos chegar era que a cidade não poderia ser mantida".[6] Mas como deter os panzers atacantes que se moviam mais para leste, rumo a Dmitrov, Iakhroma e ao canal Moscou-Volga?

---

4 Citado em Burdick, C., e Jacobsen, H.-A., *The Halder War Diary* (Greenhill, 1988).

5 Citado em Rzhevskaya, Elena, "Roads and Days: The Memoirs of a Red Army Translator", *Journal of Slavonic Military Studies*, vol. 14, março de 2001.

6 Rokossovsky, Konstantin, *A Soldier's Duty* (Progress, 1970).

Rokossovski requisitou mais apoio de artilharia e passou a noite na cidade sitiada, torcendo sem muita esperança por notícias melhores pela manhã.

Oito quilômetros mais para o sul, Vladimir Frolov passara as horas do dia escondido junto à estrada de Moscou, aguardando o momento de detonar os explosivos que pusera no bueiro. Estava totalmente escuro quando ouviu vozes alemãs e tentou em vão acender o estopim. Arriscando a vida, avançou com cuidado à beira da estrada repentinamente movimentada, instalou um estopim bem mais curto, acendeu-o e saiu correndo.

Deu meia-volta alguns instantes depois, percebeu que estava ileso e seguiu na direção oposta aos gritos dos feridos. Abrigou-se para passar a noite em uma aldeia próxima e acabou chegando a Solnetchnogorsk, mas sofreu uma segunda concussão quando o depósito de munição da cidade foi atingido pelo fogo alemão.

O otimismo de Halder com o novo ímpeto demonstrado pelo Grupo de Exércitos Centro não se estendeu à situação que os outros dois grupos de exércitos enfrentavam. Rostov podia estar em mãos alemãs, mas o 6º Exército de Reichenau era incapaz de continuar avançando, e os soviéticos estavam transferindo tropas daquela frente para a área de Rostov. O 1º Exército Panzer de Von Kleist estava em uma situação difícil, e o general já implorava a Von Rundstedt, comandante do Grupo de Exércitos Sul, para evacuar a cidade. Von Rundstedt ainda não estava convencido de que um passo tão sem precedentes fosse necessário.

Em Tikhvin, ao norte, as tropas de Von Leeb estavam em situação igualmente espinhosa. Depois de ocupar a cidade em 8 de novembro, um novo avanço para o norte parecera rapidamente possível, mas uma série de fortes contra-ataques soviéticos logo deu fim a essa ideia. O 39º Corpo Panzer, encarregado de manter a cidade, também passaria por algumas semanas difíceis. Tikhvin, como observou Von Leeb em 22 de novembro, estava "mais ou menos cercada".[7]

---

7 Citado em Kirchubel, Robert, *Operation Barbarossa: Army Group North* (Osprey, 2005).

Leningrado também, mas a nova "estrada da vida" trazia esperanças. O primeiro grande comboio partiu pelo lago congelado, sessenta caminhões com 33 toneladas de farinha, os sessenta motoristas seguindo ansiosos a linha de bandeirolas. Ivan Maximov era um deles. "Uma noite escura e com muito vento encobriu o lago. Não havia neve ainda, e o campo de gelo orlado de negro parecia, para o mundo inteiro, uma superfície d'água. Devo admitir que um medo frígido me apertou o coração. As mãos tremeram, sem dúvida pela tensão, mas também de fraqueza — vínhamos comendo uma bolacha por dia havia quatro dias [...] mas a nossa coluna acabara de vir de Leningrado e tínhamos visto gente morrer de fome. A salvação estava lá na margem oeste. E sabíamos que tínhamos de chegar lá a qualquer custo."[8] Um dos caminhões afundou no gelo, mas o resto chegou à cidade faminta nas primeiras horas do dia seguinte.

O trem que levava 942 judeus de Berlim para Riga foi parado em Kovno (a atual cidade lituana de Kaunas). O novo campo de concentração com capacidade para 25 mil pessoas nos arredores de Riga, que Hitler e a SS tinham planejado como parada intermediária na longa viagem dos judeus europeus para "o Oriente", não estava pronto.

As autoridades de Kovno, a quem solicitaram que improvisassem uma solução, não precisaram de um segundo pedido; vinham inventando regularmente soluções como essa havia vários meses. Os 942 judeus de Berlim foram levados a pé até depois do gueto por uma estrada de 3 quilômetros que, sem que soubessem, era chamada pelos judeus locais de Via Dolorosa. Aaron Peretz observou a procissão e escutou um berlinense perguntar a um guarda se o campo ainda estava longe. "Sabíamos aonde ia a estrada", disse Peretz depois; "ia para o Nono Forte, às valas preparadas".[9]

Os judeus de Berlim viram apenas um velho forte tsarista e os porões forrados de gelo onde foram amontoados sem comida nem água. A maioria ainda esperava acabar em um campo de trabalho e não achou nada sinistro nas acomodações temporárias. Não tinham como saber

---

8 http://www.usswashington.com/worldwar2plus55/d121no41.htm

9 Citado em Gilbert, Martin, *The Holocaust* (Fontana, 1987).

que mais dois trens estavam a caminho, vindos de Frankfurt-am-Main e Munique, nem que os Einsatzkommandos locais preferiam um grande massacre a vários menores.

Um dos primeiros nomes na lista de convidados para o funeral de Udet era o de Werner Mölders, o piloto de caça de maior sucesso da Alemanha. Nascido em 1913, Mölders fizera nome na Espanha com a Legião Condor e aumentou a sua reputação na França e na União Soviética. Na segunda semana da Operação Barbarossa, ele igualou a pontuação de Von Richthofen de oitenta inimigos derrubados na Primeira Guerra Mundial e, uma quinzena depois, se tornou o primeiro piloto do mundo a atingir cem inimigos. Göring decidiu que Mölders era valioso demais para correr risco em combate e, em agosto, promoveu-o a inspetor-geral de caças, responsável pelo desenvolvimento das máquinas e pelo modo como eram usadas. Em 22 de novembro, no começo da manhã, ele partiu do campo de pouso de Chaplinka, na Crimeia, em direção a Berlim.

O Heinkel 111 era pilotado pelo Oberleutnant Kolbe, velho camarada da Legião Condor, com o próprio Mölders recostado no nariz. As condições de voo eram ruins e Kolbe pousou em Lvov, na Ucrânia ocidental, com a intenção de esperar que a tempestade passasse. Mölders insistiu que continuassem voando, apesar das notícias de tempo ainda pior a oeste. Quando se aproximaram de Breslau, com trovões e relâmpagos caindo em volta, um dos motores pifou. Kolbe desceu o avião por nuvens densas e chuva torrencial e estava quase no chão quando subitamente avistou uma linha de cabos aéreos. Quando puxou o manche, o avião estolou e mergulhou para o chão. Ele e Mölders morreram instantaneamente.

Em Berlim, o funeral de Udet, com honras de Estado, exibiu a costumeira ornamentação nazista: o Führer vestido de couro, uma floresta de colunas soltando chamas, e a Filarmônica de Berlim tocando o "Crepúsculo dos deuses" de Wagner. Num reparo de canhão, o caixão de Udet foi transportado pelas ruas ladeadas de carpideiras da cidade até o cemitério de Invalidenfriedhof, com o obeso Göring oscilando atrás na farda que ele mesmo desenhara, agarrado ao bastão de marechal de campo.

*

Naquela manhã de sábado, uma semana depois do reinício da ofensiva da Operação Tufão, o povo alemão finalmente soube que a luta começara mais uma vez diante de Moscou. Nos mapas publicados pelos jornais, as conquistas duramente obtidas nos sete dias anteriores se sucediam em um dramático salto à frente.

Na Cirenaica, os dois exércitos tinham suportado uma noite de chuva. Num ritual que surgia rapidamente, passaram a manhã se distanciando uns dos outros, tentando descobrir quem estava onde, reabastecendo e remuniciando os veículos e as armas e fazendo planos para a tarde. As principais metas britânicas eram fortalecer o controle da área de Sidi Rezegh pela 7ª Divisão Blindada e retomar a marcha sobre Tobruk. Com esse fim, a 22ª Brigada Blindada e a 1ª Brigada Sul-Africana receberam ordens de ir para o norte se unir à 7ª Brigada Blindada e ao 7º Grupo de Apoio Blindado em Sidi Rezegh. A principal meta alemã era impedir quaisquer ligações entre a guarnição e a 7ª Divisão Blindada, de preferência com a destruição desta última, mas a má comunicação entre Rommel e Crüwell naquele dia resultou em duas estratégias separadas — que, no fim das contas, se apoiaram mutuamente — para conseguir isso. Rommel bloqueou o pretendido avanço britânico ao deslocar a 21ª Divisão Panzer para a brecha entre Sidi Rezegh e Tobruk, e os dois generais então conceberam um movimento em pinça tão esmagador quanto acidental.

No início da tarde, Rommel ordenou que Von Ravenstein, comandante da 21ª Panzer, cindisse a sua divisão e mandasse a infantaria para o sul, contra a elevação ao norte de Sidi Rezegh, quase toda controlada pelos britânicos, e o regimento panzer para oeste, para subir um trecho não defendido da mesma elevação, a vários quilômetros de distância, e retornar para o leste, na direção do campo de pouso. Por volta das duas da tarde, a primeira onda de panzers se despejou sobre a posição britânica, bem na hora em que a 22ª Brigada Blindada chegava do sul. Os tanques alemães estavam em menor número, mas os britânicos tinham menos armamento; logo, o campo de pouso ficou atulhado com as carrocerias fumegantes destes últimos.

O comandante da 4ª Brigada Blindada, sem saber direito o que acontecia, mandou alguns tanques descobrirem. O de Crisp estava entre eles. Quando chegou à elevação que dava para o campo de pouso de Sidi Rezegh, a batalha já estava em andamento e ele achou quase impossível distinguir amigo de inimigo. A decisão do que fazer em seguida se tornou desnecessária com a chegada do *brigadier* Jock Campbell, líder quase demasiadamente carismático do 7º Grupo de Apoio Blindado. "Há um ataque de tanques alemães vindo do oeste", disse a Crisp de onde estava, em pé no banco da frente de um pequeno carro aberto. "Precisamos de você. Siga-me."[10]

Crisp o seguiu encosta abaixo, atravessou a infantaria britânica e os artilheiros espalhados pelo campo de pouso, com Crisp em pé bem ereto no carro que corcoveava, segurando uma bandeira azul e branca. "As granadas choviam e a superfície plana se transformou em chafarizes de terra amarela e vermelha, pedras voadoras e chumbo que o pequeno carro contornava e dos quais se desviava, e às vezes sumia completamente em cascatas de fumaça malcheirosa. Ele avançava milagrosamente, e o braço que segurava a bandeira erguida nunca titubeou."[11]

Eles chegaram à outra extremidade do campo de pouso, onde Campbell olhou Crisp, indicou o oeste com o braço e seguiu de volta por onde viera. Seguindo o braço, o estômago de Crisp se contorceu. "Mil metros à minha frente se estendia a série de formas marrom-escuras, sessenta ou setenta monstros lado a lado em uma linha sólida, vindo sem parar na direção do campo de pouso... na minha direção."[12] Alguns minutos altamente tensos se seguiram, nos quais Crisp e o seu tanque conseguiram acertar pelo menos um tiro. Depois de um breve período se fingindo de morto entre os tanques já destruídos, ele conseguiu cruzar correndo o campo de volta. Mais tarde, ao olhar para trás de uma posição de relativa segurança, Crisp se surpreendeu ao ver que os panzers tinham parado na beira do campo de pouso, apesar da corrida britânica para evacuá-lo. Como descobriu anos depois, os alemães ficaram sem combustível.

Enquanto os tanques e a infantaria da 21ª Panzer se aproximavam pelo oeste e pelo norte, a 15ª Panzer se aproximava lentamente pelo

---

10 Citado em Crisp, Robert, *Brazen Chariots* (Corgi, 1960).

11 *Ibid.*

12 *Ibid.*

leste. Crüwell ordenara o avanço por iniciativa própria, mas eram quase 15h30 quando os panzers partiram, seguindo na direção do som da batalha distante. Noventa minutos depois, já quase sem luz, a 15ª Panzer obteve um sucesso totalmente inesperado ao cair diretamente sobre a 4ª Brigada Blindada que se instalava para passar a noite. A maior parte do estado-maior do quartel-general da brigada e cinquenta tanques foram capturados. O resto dos blindados, correndo pelo deserto em todas as direções, levaria mais de um dia para voltar a se reunir.

Todas as três brigadas da 7ª Divisão Blindada ficaram gravemente enfraquecidas. No fim do dia, a 7ª e a 22ª Brigadas Blindadas tinham, respectivamente, dez e 34 tanques em condições de uso; a 4ª Brigada Blindada, apenas um punhado disponível para o dia seguinte. O Afrikakorps estava com 173 tanques em funcionamento, uma vantagem enorme que Rommel sabia estar fadada a ser temporária. Mesmo ao congratular Von Ravenstein pelo sucesso do ataque da 21ª Panzer, Rommel sabia muito bem que a escassez de combustível e munição atrapalhara mais uma vez todo o aproveitamento de uma vitória duramente conquistada. Enquanto controlassem os mares, os britânicos poderiam substituir e abastecer os seus tanques e impedi-lo de substituir e reabastecer os dele. Teria de derrotá-los de forma tão completa que não restasse nada para reforçar.

O dia seguinte era *Totensonntag**, o domingo alemão de recordação dos mortos na guerra. Naquela noite, Rommel e o seu estado-maior imaginaram um plano para prender os blindados britânicos remanescentes entre os tanques reunidos da divisão Aríete e as duas divisões panzer e obter o que Clausewitz chamou de *Schlacht ohne Morgen*, a "batalha sem amanhã".[13]

No Mediterrâneo, o pêndulo estava prestes a virar, embora tarde demais para influenciar o resultado da Operação Crusader. Consternado com a carnificina dos navios de suprimento de Rommel e demasiadamente entusiasmado com o naufrágio do porta-aviões britânico *Ark Royal*

---

13 Citado em Humble, Richard, *Crusader* (Leo Cooper, 1987).

* O Domingo dos Mortos é um feriado alemão observado principalmente pela Igreja Luterana. (N. da E.)

por um submarino em 13 de novembro, Hitler e o almirante Raeder, comandante da sua Marinha, decidiram levar todos os submarinos em operação para aquele teatro. Esse deslocamento de recursos navais, combinado a um deslocamento equivalente de poderio aéreo, traria grandes dividendos, mas só por pouco tempo e só na área pertinente.

Quando recebeu a ordem em 22 de novembro, o almirante Dönitz, comandante dos submarinos, ficou horrorizado. "A tarefa mais importante da Marinha alemã", escreveu mais tarde, "e, portanto, dos submarinos alemães, e tarefa que ensombrecia tudo o mais em importância, era a realização de operações contra o transporte marítimo nas linhas vitais de comunicação da Grã-Bretanha pelo Atlântico [...]. O número de submarinos transferidos para o Mediterrâneo deveria ser mantido em nível mínimo, e desnudar o Atlântico como fizemos para dar fim às operações lá durante algo como sete semanas foi, na minha opinião, completamente injustificado".[14]

O problema para a Alemanha era que tanto Hitler quanto Dönitz tinham razão. Mais submarinos eram necessários no Mediterrâneo para que Rommel tivesse alguma probabilidade de derrotar o 8º Exército, e aqueles mesmos submarinos eram necessários no Atlântico para interromper o fluxo de comércio britânico e ajuda americana. Simplesmente não havia o suficiente para tudo.

Pouco depois das primeiras luzes, cerca de 320 quilômetros a nordeste da Ilha da Ascensão, no sul do Atlântico, o cruzador auxiliar alemão *Atlantis* encontrou-se com o U-126. Enquanto marinheiros das duas tripulações cuidavam do transbordo de alimentos, água e sabão e instalavam as mangueiras para reabastecer o submarino, o comandante deste último e seus oficiais superiores sentaram-se para um desjejum tranquilo no refeitório mais bem abastecido do *Atlantis*. O reabastecimento ainda acontecia quando terminaram, e o comandante do submarino decidiu que tinha tempo para um bom banho.

Ele se enganava. O único hidroavião restante do cruzador auxiliar fora danificado na véspera, de modo que o primeiro aviso que o comandante Rogge recebeu sobre o cruzador britânico classe County, HMS

---

14 Citado em Macintyre, Donald, *Battle of the Atlantic* (Batsford, 1961).

Devonshire, foi avistar os três funis reveladores do mastro do traquete. As duas tripulações alemãs soltaram apressadamente as duas embarcações e o U-126, privado do seu banhado comandante, mergulhou. O *Atlantis* voltou a popa para o inimigo na esperança de retardar uma identificação clara pelos britânicos. Se conseguisse atrair o comandante britânico e trazê-lo para o alcance dos seus canhões ocultos ou dos torpedos do submarino sumido, um milagre talvez fosse possível. Como Rogge escreveu mais tarde, ficou "evidente desde o princípio que a nossa chance era extraordinariamente pequena".[15]

Ele gozara de uma vida longa e boa. O *Atlantis* partira da Alemanha no final de março de 1940 e estava no mar havia seiscentos dias. Durante esse período, afundara 19 navios inimigos e capturara mais três nos oceanos Índico, Pacífico e sul do Atlântico. E um dos primeiros, o cargueiro britânico *Automedon*, gerou a melhor recompensa da guerra dos navios auxiliares: uma pilha de sacas de correio contendo, entre outras coisas, detalhes das defesas de Cingapura, novos códigos britânicos, relatórios sobre as tropas britânicas no Extremo Oriente e estimativas britânicas das intenções japonesas. Nada poderia incentivar mais o impulso japonês para o sul do que saber que os britânicos eram, sem perceber, fracos. Era o tipo de informação que poderia provocar uma guerra e talvez até vencê-la. Rogge mandou as sacas para a embaixada alemã em Tóquio, ao norte, onde os seus conterrâneos demonstraram a dedicação ao Pacto Tripartite trocando-as por petróleo e um novo hidroavião.

Agora o tempo do *Atlantis* acabara. O comandante Oliver, do *Devonshire*, não tinha a intenção de chegar ao alcance dos alemães. Lançou seu avião para olhar mais de perto e atirou salvas dos dois lados do cruzador. Rogge avisou que o seu era o navio mercante holandês *Polyphemus*, como sua pintura dizia, mas os britânicos só levaram alguns minutos para conferir a história e ver que não era verdade. Às 9h35, o *Devonshire* abriu fogo a sério e encontrou o alvo na terceira salva. Enquanto os alemães abandonavam o navio, seguiram-se mais trinta salvas, matando sete tripulantes e ferindo mais de vinte. O navio em chamas foi afundado às 10h16.

---

15 Citado em Muggenthaler, Karl, *German Raiders of World War II* (Pan, 1980).

O piloto do hidroavião britânico vira o submarino alemão, e o comandante Oliver achou sensato abandonar a área. O U-126, que confundira as salvas de alerta com cargas de profundidade e afundara mais, veio à superfície e encontrou o *Atlantis* naufragado e o oceano cheio de pequenos barcos lotados. Apenas alguns puderam embarcar no submarino, e cerca de cinquenta homens com colete salva-vidas pegaram carona no alto. O resto ficou onde estava e foi rebocado. O *Atlantis* se fora, mas a aventura da tripulação estava longe de acabar.

Nos últimos dias, enquanto aprimorava o *modus vivendi* americano, Cordell Hull também produziu um plano mais abrangente e de prazo mais longo para a paz entre o Japão e os Estados Unidos. Esse plano, que passou a ser conhecido como a Nota dos Dez Pontos, listava os objetivos finais americanos sem preocupação com a praticabilidade. Hull afirmava que eram apenas um ponto de partida para negociações futuras, mas os dez pontos também serviam como um reconhecimento implícito de que a época das negociações terminara. A Nota oferecia ao Japão parceria total no mundo dos Estados Unidos, desde que ele jogasse segundo as regras americanas. Todos os soldados teriam de ser retirados tanto da China quanto da Indochina. O Japão teria de apoiar o inimigo Chiang Kai-shek e abandonar os amigos do Pacto Tripartite.

Naquela manhã de sábado, Hull se encontrou com os embaixadores britânico, chinês, holandês e australiano. Descreveu a Proposta B japonesa e lhes disse que, em vez de tentar aprimorá-la, criara propostas próprias de curto e longo prazos. Então delineou o *modus vivendi* e rapidamente descreveu os seus dez pontos. Nenhuma cópia desses últimos foi distribuída.

O embaixador britânico Lord Halifax exprimiu seu apoio provisório; sem dúvida valia a pena reduzir a força japonesa na Indochina, sempre supondo que os japoneses não receberiam demasiada compensação econômica em troca. Os representantes australiano e holandês exprimiram opinião semelhante, mas o embaixador chinês Hu Shih foi menos efusivo. Apreciou a redução de tropas na Indochina, mas ficou "muito relutante" no caso da redução do embargo econômico.[16] Perguntou ao secretário de Estado se os soldados japoneses na China seriam obrigados a observar o cessar-fogo. Hull admitiu que não.

Restava aos diplomatas entrar em contato com os seus governos. Mais tarde, Hull recebeu o texto da mensagem daquele dia de Tóquio a Nomura e Kurusu traduzido pelo MAGIC. Claramente, o tempo se esgotava.

Naquela noite, os dois diplomatas japoneses visitaram o apartamento de Hull na esperança de obter uma resposta à Proposta B. Estimulados pela concessão de quatro dias a mais por Tóquio, Nomura e Kurusu não pouparam esforços para manter as conversações em andamento. Hull só viu perfídia. "Foi quase irreal", escreveu nas suas memórias, "ver esses representantes virem à minha casa sorridentes, corteses e externamente amistosos. Foi um esforço e tanto conversar com eles no mesmo tom e no mesmo nível conhecendo, pelas mensagens interceptadas, os planos nefandos do Japão e sabendo que Nomura e Kurusu tinham as mesmas informações".[17]

Ele disse aos dois visitantes que teriam sua resposta na segunda-feira.

16 Citado em Heinrichs, Waldo, *Threshold of War* (Oxford University Press, 1988).

17 Hull, Cordell, *Memoirs* (Hodder & Stoughton, 1948).

DOMINGO, 23 DE NOVEMBRO

"Se soubessem alguma coisa sobre a determinação do nosso império", anotou Matome Ugaki no diário, "os Estados Unidos não ficariam quietos". E como não havia possibilidade de essa determinação enfraquecer, a bola estava no campo do adversário. Se os americanos desistissem de ser "o cão de guarda do mundo" e aceitassem que nem sempre teriam tudo a seu modo, seriam "bastante poupados". Caso contrário, a culpa seria deles mesmos. "Tudo ficará bem se a nossa posição for aceita e as nossas exigências, completamente atendidas", continuou Ugaki. "Nada mais servirá."[1]

As esperanças de paz se esvaíam rapidamente, mas Yamamoto se dispunha a dar todas as oportunidades aos diplomatas e a não queimar a largada. Se as negociações com os Estados Unidos fossem bem-sucedidas, disse ele em uma reunião de comandantes do Exército e da Marinha em Tokuyama, não hesitaria em chamar Nagumo e os seus navios de volta até uma da madrugada do dia do ataque. Quando alguns oficiais se queixaram de que seria muito difícil executar uma ordem dessas, Yamamoto perdeu a paciência. "O propósito de criar e treinar forças armadas nos últimos cem anos foi apenas manter a paz. Se algum oficial aqui acha que não consegue obedecer, ordeno-lhe aqui e agora que não participe da operação. E exijo que assine a resignação imediatamente."[2]

1 Ugaki, Matome, *Fading Victory* (University of Pittsburgh Press, 1991).

2 Citado em Prange, Gordon, *At Dawn We Slept* (Penguin, 2001).

*

Na baía de Hitokappu, os comandantes e oficiais superiores das divisões de porta-aviões, grupos de apoio e navios individuais compareceram pela manhã a uma conferência a bordo do *Akagi*. Alguns já sabiam que o alvo era Pearl Harbor, mas muitos não, e o efeito do anúncio inicial de Nagumo foi devidamente eletrizante. Nada era definitivo, apressou-se a acrescentar — as negociações com os Estados Unidos podiam ser bem-sucedidas —, mas não deixou no grupo ali reunido nenhuma dúvida sobre a sua expectativa pessoal.

Kusaka, chefe do estado-maior, expôs as possibilidades. Se fosse totalmente descoberta antes do Dia X, o dia do ataque, a Kido Butai retornaria. Se apenas um ou dois navios fossem avistados, ainda poderiam prosseguir. E se o inimigo os encontrasse no próprio Dia X ou os atacasse a qualquer momento, o Japão estaria em guerra e a frota prosseguiria com o ataque se possível.

Oishi, oficial superior do estado-maior, tomou a palavra e delineou a organização da frota pelo caminho, qual seria a rota e as precauções a tomar para não serem descobertos. Distribuiu cópias da Ordem nº 1 da Força-Tarefa, que Nagumo assinara naquele dia, com instruções básicas para a viagem e o ataque. O comandante Genda então falou durante meia hora, principalmente sobre o ataque planejado. Este se concentraria nos porta-aviões, encouraçados e aviões americanos; Genda se dispunha a provocar danos duradouros a esses poucos alvos fundamentais e insistiu que os pilotos japoneses não deveriam se distrair com a provável miríade de possibilidades tentadoras. Os aviões atacariam em duas ondas: bombardeiros-torpedeiros, de mergulho e horizontais de alto nível na primeira, apenas bombardeiros de mergulho e horizontais na segunda. Ambas as ondas teriam proteção de caças.

Genda esperava que os atacantes tivessem conhecimento prévio dos navios no porto e onde exatamente estariam atracados. As informações atualizadas do consulado no Havaí seriam transmitidas regularmente pelo estado-maior geral naval, e os submarinos japoneses estariam de vigia em águas havaianas. Na manhã do ataque, a Primeira Frota Aérea enviaria seus aviões de reconhecimento — um do cruzador *Tone*, outro do *Chikuma* — sobre os ancoradouros da frota americana em Pearl e Lahaina Roads. Decolariam uma hora antes dos bombardeiros e transmitiriam pelo rádio as informações que obtivessem. Durante o ataque, a frota seria protegida pelos próprios caças, que voariam em turnos de duas horas em duas altitudes diferentes.

Então, o oficial de comunicação Ono delineou as regras de comunicação para a próxima viagem. A Kido Butai receberia mensagens, mas não as enviaria, em um silêncio imposto pelo travamento das chaves de transmissão. Os navios se comunicariam entre si por bandeiras nas horas diurnas e por sinais luminosos de facho estreito à noite. Todas as embarcações obedeceriam a um estrito blecaute.

À tarde seguiu-se outra reunião com praticamente os mesmos oradores que falaram a todos os oficiais aviadores. Genda aprofundou o que dissera pela manhã e explicou o plano de ataque aos pilotos com mais detalhes. Foi questionado em dois pontos. A brecha de uma hora entre os voos de reconhecimento e de ataque pareceu longa demais para os oficiais aviadores; se os primeiros fossem avistados, o inimigo teria tempo suficiente para se preparar para os seguintes. A brecha não poderia ser reduzida para meia hora? O plano para que os pilotos perdidos ou derrubados rompessem o silêncio do rádio também recebeu oposição vigorosa de um comandante de esquadrilha. Num momento crucial como aquele, com o destino do império em jogo, a vida do indivíduo não tinha a mínima importância. "Que tal isso?", perguntou aos colegas. "Por que não morremos em silêncio se os nossos motores enguiçarem?" A aprovação dessa ideia foi unânime.[3]

No mar havia quatro dias com o seu carregamento de combustível para a força de invasão das Filipinas, o *Arizona Maru* atracou no porto de Takao, em Formosa. Masuda Reiji encontrou o cais "entulhado de grandes pilhas de suprimentos — cavalos, homens, caminhões — todos sendo deslocados de um lado para outro enquanto carregávamos durante a noite". Ele e os colegas da tripulação provaram bananas e outras frutas tropicais pela primeira vez e, "depois de trabalhar o dia inteiro no calor escaldante, dissemos uns aos outros que nunca tínhamos

3 *Ibid.*

provado nada tão delicioso. Talvez, pensamos, fosse a última coisa que provaríamos".[4]

O 4º Exército alemão fora o mais próximo de Moscou no reinício da Operação Tufão, mas suas divisões de infantaria fizeram pouco progresso na semana seguinte. O centro e a ala direita tinham permanecido na defensiva por várias razões, algumas melhores do que outras. As unidades soviéticas que defendiam essa parte da linha estavam entre as mais experientes e enquanto o 4º Exército as mantivesse onde estavam — e impedisse que Jukov as deslocasse para setores mais ameaçados da frente — Von Bock ficaria satisfeito. O marechal de campo Gunther von Kluge, comandante do 4º Exército, também afirmava que nas últimas semanas as suas unidades tinham sofrido mais do que a maioria e não estavam em condições de atacar. Von Bock não achara adequado questionar essa declaração altamente duvidosa, mas os que comandavam os grupos panzer que flanqueavam o Exército de Von Kluge estavam cada vez mais exasperados com a sua falta de ação.

A ala esquerda do 4º Exército, que lutava a sudoeste do Istra, sem dúvida se esforçava ao máximo. Depois de ocupar Surmino no dia anterior, a 87ª Divisão de Kurt Gruman tomou a vizinha Lukino, mas as baixas foram elevadas e nenhuma das aldeias parecia realmente segura. Alguns quilômetros mais ao sul, unidades da 78ª Divisão avançaram ao longo do vale do rio Moscou e capturaram Lokotnia, mas ao norte, em uma distância semelhante, um regimento da 252ª foi emboscado na floresta perto de Kotovo.

Nos dois lados do 4º Exército, os grupos panzer fizeram mais progresso. Depois de abrir duas grandes brechas na frente soviética ao sul de Tula, as divisões motorizadas de Guderian tiveram um dia de avanço rápido. Enquanto a 17ª Panzer avançava para o norte rumo a Venev, a 10ª Motorizada chegava a Mikhailov e interrompia outro elo ferroviário que ligava Moscou ao sul e ao leste. As cabeças de lança de Guderian estavam agora 80 quilômetros a leste de Tula e de Moscou.

Esses sucessos eram gratificantes, mas mantê-los era outra questão. Guderian visitou Von Bock naquela tarde com a intenção de conseguir

---

4 Citado em Cook, H. T., e Cook, T. F., *Japan at War: An Oral History* (New Press, 1992).

rever as suas ordens. Recitou a conhecida ladainha de dificuldades — soldados exaustos, falta de fardamento de inverno, suprimentos insuficientes, escassez de tanques e canhões, falta de apoio no flanco direito, a torrente constante de novas unidades soviéticas — e insistiu que não havia como executar as ordens que tinha. Provavelmente o seu Exército conseguiria atingir e destruir a ferrovia Moscou-Riazan, mas não havia como manter a área. Teriam de abandonar objetivos ridículos como aqueles e passar à defensiva.

Von Bock disse a Guderian que os seus relatórios anteriores tinham sido enviados ao OKH e que os homens na floresta de Rastenburg realmente compreendiam quais eram as condições na frente de batalha. Ao perceber que Guderian não se convencera, Von Bock se ofereceu para telefonar para Von Brauchitsch, o comandante do Exército. Com Guderian escutando na linha, Von Bock disse a Von Brauchitsch o que o comandante do 2º Exército Panzer lhe dissera. Guderian decidiu que Von Brauchitsch "claramente não tinha permissão de tomar decisões. Na sua resposta, ignorou as dificuldades reais, recusou-se a concordar com as minhas propostas e ordenou a continuação do ataque".[5] O que Guderian deveria ter dito era que Von Brauchitsch não tinha permissão de tomar a decisão que ele queria que o comandante tomasse.

Afinal de contas, o seu Exército ainda avançava. Mais ao norte, do outro lado do 4º Exército, o ritmo do avanço do 3º Grupo Panzer era ainda mais encorajador. A noroeste de Istra, no centro-esquerda da linha alemã, o 40º Corpo Panzer empurrava as tropas soviéticas de volta para o reservatório de 25 quilômetros de comprimento. Naquela noite, enquanto seus elementos de vanguarda atingiam a margem oeste, a cabeça de lança do 46º Corpo Panzer avançava ao norte do reservatório, seguindo para Solnetchnogorsk. Ainda mais ao norte, o 56º Corpo Panzer do 4º Grupo Panzer chegava aos arredores de Klin e, durante várias horas daquela manhã, na ampla planície ao norte e a oeste da cidade, a 7ª Divisão Panzer e a 14ª Motorizada travaram uma batalha em movimento com tanques soviéticos em desvantagem numérica.

Rokossovski ainda estava lá. Depois de admitir que a cidade não poderia ser mantida, ele se perguntava como impedir outro avanço

5 Guderian, Heinz, *Panzer Leader* (Futura, 1974).

inimigo rumo ao canal Moscou-Volga quando chegaram notícias mais devastadoras: Solnetchnogorsk caíra. Nessa situação, decidiu ele, "eu não poderia mais permanecer no flanco; tínhamos de estar no centro do Exército para o melhor controle da tropa e para prevenir a penetração da frente". Ele se dirigiu à agência local dos correios e se apresentou ao general Sokolovski, chefe do estado-maior da frente ocidental. A conversa foi "interrompida por uma granada que atingiu o prédio do correio e danificou os cabos. Enquanto isso, os tanques inimigos que envolviam Klin vindos do norte penetraram na cidade".[6]

Depois de deixar ao seu substituto, general Zakharov, instruções para "resistir ao avanço inimigo rumo a Dmitrov e Iakhroma com todos os meios à disposição e assim ganhar o tempo necessário para a chegada de novas tropas", Rokossovski e o seu estado-maior tomaram a única estrada segura para sair da cidade em chamas: a que ia para leste, rumo a Rogatchevo e Dmitrov. Em várias ocasiões, os dois carros atraíram o fogo dos tanques alemães e, quando atravessavam o rio Sestra congelado, um deles foi atingido pelo fogo de metralhadoras. Obviamente, os alemães tinham penetrado bem além de Klin, e quem saberia o que aguardava entre as árvores ou atrás do próximo monte de neve? Havia vários militares nos dois carros, equipados como gângsteres americanos da década de 1930: "Além do meu revólver, eu tinha uma excelente submetralhadora com que os operários de Tula tinham me presenteado e duas granadas de mão. Poderíamos nos defender caso acontecesse o pior, mas não fazia sentido cair em uma emboscada alemã naquela floresta."[7]

A rota sinuosa os levou para leste, sul e oeste, e era quase meia-noite quando chegaram a Durykino, na estrada Moscou-Leningrado, cerca de 25 quilômetros ao sul da recém-capturada Solnetchnogorsk. "Não havia unidades do Exército, apenas multidões de refugiados que disseram que a cidade fora tomada pelos alemães muitas horas antes. A situação parecia mesmo sombria."[8]

---

6 Rokossovsky, Konstantin, *A Soldier's Duty* (Progress, 1970).

7 *Ibid.*

8 *Ibid.*

Jukov pôde apenas concordar. "Piora de hora em hora", foi o seu veredito sobre a queda de Klin.[9]

Nos 14 dias anteriores, o 9º Exército, na extrema esquerda do flanco do Grupo de Exércitos Centro, recebera apenas um trem de combustível. Nos meses anteriores, seria possível atribuir essa parcimônia a favoritismos ou falta de sorte, mas no final de novembro virara norma.

Ela também resultava de avaliações errôneas que datavam de anos. O amor de Hitler ao motor de combustão interna dera uma vantagem ao Exército alemão, mas o preço fora alto. O capital investido na motorização não fora investido no Reichsbahn e, nos dez anos anteriores, o único meio de transporte capaz de funcionar com a abundante reserva de carvão do país fora muito negligenciado. Em contraste, o novo Exército preparado para estradas consumia borracha e derivados de petróleo, duas mercadorias sabidamente escassas no Reich e na Europa ocupada. Mil e seiscentos caminhões e consideravelmente mais pessoal eram necessários para substituir a capacidade de suprimento de uma ferrovia de via dupla.

O número de veículos seria sempre um problema, mesmo depois que a Polônia e a França foram vasculhadas e saqueadas, mas os responsáveis pela logística do Exército alemão calcularam que a frota de veículos existente poderia ser abastecida e mantida desde que a distância entre depósitos de suprimentos e soldados em combate não excedesse 500 quilômetros. Na Polônia e na França, essa estipulação foi obedecida e, no planejamento da campanha russa, o estado-maior geral partiu do conveniente pressuposto de que o Exército Vermelho seria destruído a oeste da linha Dnieper-Dvina. Se, por alguma terrível guinada do destino, isso não ocorresse, admitia-se que o transporte de suprimentos adequados até os homens na linha de frente estaria além do alcance dos serviços motorizados.

No final de julho, as linhas de suprimentos tinham 500 quilômetros de extensão e ficava dolorosamente claro, em primeiro lugar, que as ferrovias teriam de desempenhar um papel maior do que o esperado na continuação da campanha e, em segundo lugar, que estavam mal

---

9 Citado em Erickson, John, *The Road to Stalingrad* (Weidenfeld & Nicolson, 1975).

equipadas para isso. As linhas férreas russas eram poucas e distanciadas, construídas com bitola diferente. Tanto os trilhos quanto a infraestrutura eram projetados para as locomotivas soviéticas que os usavam, e a maioria delas recuara para o leste com o Exército Vermelho. As locomotivas alemãs levadas para substituí-las recusavam-se a funcionar com o carvão ucraniano de menor qualidade; também eram mais estreitas e com tanques d'água menores, e geralmente levavam mais peso em cada eixo. Para os engenheiros alemães, não bastava apenas mudar a bitola; os trilhos soviéticos mais leves também teriam de ser substituídos e novas torres d'água seriam necessárias a intervalos menores.

Houve outros problemas enormes antes mesmo do início do inverno. A administração das ferrovias alemãs e polonesas, com ordens de equipar a nova rede militar na Rússia e na Ucrânia, tendia a ver esses postos como punição e enviava para lá os trabalhadores menos confiáveis. Os soviéticos em retirada destruíam o máximo possível a infraestrutura existente, principalmente torres d'água, pontes e plataformas giratórias, e tudo isso exigia tempo para ser substituído. Os primeiros guerrilheiros, embora em pequeno número, logo perceberam que trechos longos e solitários de ferrovia que atravessavam florestas escuras eram alvos fáceis de atingir. Então o inverno chegou, piorando ainda mais a situação. As locomotivas soviéticas eram construídas com os canos d'água na parte interna para impedir que congelassem. As locomotivas alemãs tinham canos externos e a maioria deles congelava e arrebentava.

No final de novembro, o sistema de ferrovias adaptado pelos alemães no oeste da União Soviética era totalmente incapaz de fornecer ao Grupo de Exércitos Centro os suprimentos considerados essenciais para o sucesso e continuação da ofensiva de Moscou.

Na floresta de Rastenburg, Halder presidiu uma reunião dominical dos comandantes da administração e dos suprimentos dos exércitos da frente oriental; mais tarde, no mesmo dia, resumiu a discussão no diário. Ele observou que a Inglaterra não possuía mais "uma adaga continental" e que o bloqueio inglês da Europa poderia ser frustrado com a reorganização alemã e com a "colheita" dos territórios ocupados. No lado negativo, as operações e ocupações militares eram um enorme escoadouro dos recursos militares e econômicos da Alemanha: "Os meios que temos à disposição para continuar a guerra são limitados pelo uso e pela tensão inacreditável impostos pelas áreas protegidas às nossas armas." Numa frase que, sem dúvida, animaria o coração dos inimigos da Alemanha, Halder admitiu que "o Exército, como existia em junho de 1941, não estará mais à nossa disposição".

Embora a lista de recursos cuja escassez era cada vez maior — soldados, armamento, mão de obra, alimentos e veículos — dificilmente pudesse ser mais abrangente, uma vitória militar decisiva ainda era possível. Se ela não acontecesse, conjeturava Halder em um trecho bem à moda de Hitler, a guerra poderia "passar do nível de sucesso militar para o nível de resistência moral e econômica". Caso essa mudança ocorresse, "a exigência de frugalidade no emprego de nossas forças, armas e munição aumentará de forma marcante. O uso dos territórios militarmente conquistados será mais significativo".

Halder admitia que a União Soviética, embora "decisivamente golpeada", não estava "destruída" e que, apesar do "desempenho extraordinário" da Wehrmacht, essa destruição ainda estava um pouco longe. Na verdade, admitiu que, "dada a vastidão do país e a inexauribilidade do povo, não podemos ter total certeza de sucesso". Então, mais uma vez, lamentou aqueles dias serenos de verão em que "grandes operações coordenadas" ainda eram possíveis. Agora que os recursos eram limitados, a Wehrmacht teria de se ajustar: "Temos de atingir as nossas metas passo a passo e em vários atos."[10]

Um novo número do *Das Reich* chegou às bancas alemãs. Na edição anterior, Goebbels endossara a afirmativa ridícula de Hitler de que os judeus eram responsáveis pela guerra, mas durante a semana houvera uma mudança de ideia — agora fora Winston Churchill que pusera em movimento a máquina militar alemã: "Ele preparou esta guerra e a incitou. No sentido mais completo da palavra, essa guerra é dele."

Goebbels trazia o costumeiro acúmulo de acusações e insultos eivado de sarcasmo. O próprio Churchill era "amigo íntimo do álcool" e "um dos mentirosos mais famosos do mundo". Sem escrúpulos nem

---

10 Citado em Burdick, C., e Jacobsen, H.-A., *The Halder War Diary* (Greenhill, 1988).

consciência política, com o couro "grosso como o de um rinoceronte", o primeiro-ministro britânico era "totalmente indiferente ao vasto sofrimento" que fluía do seu sucesso como instigador de guerras. E com que fim? A situação da Grã-Bretanha era desesperançada. Ela perdia a batalha do Atlântico e a guerra aérea nos céus da Europa e fracassara redondamente na tentativa de criar a tão falada segunda frente europeia. Aos britânicos, não restava "nada além de um gosto amargo na boca", e eles já estavam "no caminho da derrota".

Os leitores alemães comuns talvez tenham se perguntado por que Goebbels escolhera escrever sobre Churchill e a Grã-Bretanha quando as forças armadas alemãs lutavam pela vida diante de Moscou. Os que estavam no alto da hierarquia nazista, principalmente os envolvidos na produção de guerra, descobriram um veio rico de humor negro, consciente ou não, em um trecho específico. Goebbels admitia generosamente que a indústria armamentista britânica e americana produzia na capacidade máxima, mas insinuava que as fábricas alemãs iam ainda melhor: "Dificilmente acreditaríamos que o tempo trabalha a favor da Inglaterra. Sabemos exatamente o que a Inglaterra pode ou não fazer. Também sabemos o que não podemos fazer e, acima de tudo, o que podemos. Também temos números firmes que nos dão uma ideia confiável da nossa capacidade em armamentos e a do inimigo."[11]

Essa última frase, infelizmente para Goebbels e para o projeto nazista, era a coisa mais próxima da verdade que havia no texto.

Em Copenhague, toda a esperança dinamarquesa de que a última crise no relacionamento com a Alemanha se resolvesse se dissipou com um telefonema tipicamente agressivo de Ribbentrop e outro encontro corrosivo com Renthe-Fink. A reação dinamarquesa ao convite da Alemanha para entrar no Pacto Anticomintern era absolutamente inaceitável, insistiram ambos os alemães, e agora a Wehrmacht da Dinamarca estava em alerta total. Se os dinamarqueses não recuperassem o bom-senso e fizessem uma exibição pública de aceitação, as promessas de abril de 1940 seriam revogadas e a Dinamarca, territorialmente reduzida, participaria da guerra sob um governo nazista próprio. Cinco ministros,

---

11 *Das Reich*, 23 de novembro de 1941.

inclusive o primeiro-ministro Stauning e o ministro do Exterior Scavenius, acharam que a Dinamarca deveria ceder a essas últimas exigências, mas a maioria ficou firme durante várias horas ainda. Foi necessária outra reunião para persuadi-la, nas palavras de Stauning, do "perigo de dizer não".[12]

O deserto da Cirenaica estava envolto em pesado nevoeiro, em um adequado reflexo meteorológico da situação militar. No dia anterior, Rommel dissera ao diário que a rede alemã de mensagens "dificilmente poderia ser pior. Essa é a guerra do jeito que os antigos teutões costumavam travá-la. No momento, não sei sequer se o Afrikakorps está no ataque ou não".[13] O seu adversário Cunningham, dez vezes mais longe da ação no quartel-general de Maddalena, estava mais no escuro ainda. Ainda não recebera a lista detalhada das baixas de tanques da 7ª Divisão Blindada, mas suspeitava que fossem pesadas e decidiu que já era hora da infantaria suportar a maior parte da pressão.

Enquanto as batalhas de tanques do XXX Corpo perto de Sidi Rezegh chamavam toda a atenção, a infantaria do XIII Corpo vinha envolvendo aos poucos as posições do Eixo na fronteira e avançava pelo Trigh Capuzzo na direção de Tobruk. A Divisão da Nova Zelândia do general Freyberg encabeçava o avanço e agora estava a apenas 50 quilômetros de Sidi Rezegh. Naquela manhã, Cunningham visitou o quartel-general do XIII Corpo e disse ao general Godwin-Austen que o seu Corpo, adequadamente reforçado pela transferência da infantaria sul-africana do XXX Corpo, tinha agora a responsabilidade primária de libertar Tobruk. No entanto, exprimiu incerteza sobre o que fazer com os blindados remanescentes e, tanto para Godwin-Austen quanto para o próprio estado-maior, deu a impressão de estar extremamente sem confiança nem determinação. Depois, voltou a Maddalena, onde o aguardavam as estimativas recentes e deprimentes das baixas da véspera.

O plano original de Rommel para o dia do Afrikakorps fora detalhadíssimo e, na hora em que o estado-maior de Crüwell o decifrou, este

---

12 http://en.wikipedia.org/wiki/Occupation_of Denmark_by_Nazi_Germany

13 Citado em Irving, David, *The Trail of the Fox* (Weidenfeld & Nicolson, 1977).

já imaginara outro melhor. Quando o seu quartel-general e o estado-maior de comunicações foram atacados pelos neozelandeses logo depois da aurora, ele teve a desculpa de que precisava para agir por conta própria. No seu plano, as divisões panzer se deslocariam para sudoeste para encontrar a Aríete e depois as três seguiriam para o norte e prenderiam os britânicos entre elas e a infantaria alemã.

Crüwell insistiu em partir cedo. A 15ª Panzer se pôs em movimento às 8 horas e o regimento de tanques da 21ª Panzer se esforçou para alcançá-la. Eles foram avistados e reconhecidos pela guarnição de vários carros blindados sul-africanos, mas os seus relatórios não receberam crédito e logo os panzers perfuravam a pele fina dos vagões de suprimento da 5ª Brigada Sul-Africana e do 7º Grupo de Apoio, escolhendo alvos quase à vontade. Mais uma vez, Campbell correu daqui para lá inspirando bolsões de resistência, mas a confusão desesperadora foi quase a norma das unidades britânicas e sul-africanas. Como disse a Crüwell o comandante da 15ª Divisão Panzer, general Walther Neumann-Silkow, elas estavam lá à disposição. Ele insistiu com o superior para mudar de plano e seguir para nordeste através do inimigo desorientado, mas Crüwell insistiu em se encontrar com a Aríete e seguir o plano original. "Não há dúvida de que ali perdemos uma oportunidade", escreveu Von Mellenthin mais tarde, "e de que teria sido melhor atacar antes que britânicos e sul-africanos conseguissem coordenar a defesa".[14] Naquelas circunstâncias, eles tiveram seis horas para preparar as suas posições.

Por volta do meio-dia, as duas divisões panzer se encontraram com a Aríete e, às três da tarde, Crüwell tomara as suas providências. Os tanques foram organizados em uma linha comprida — a Aríete à esquerda, a 15ª Panzer no centro, a 21ª Panzer à direita —, como os índios no alto da elevação de um faroeste de Hollywood. Sem tempo para levar a infantaria à moda tradicional, Crüwell colocou os seus caminhões sem blindagem com a artilharia e os canhões anticarro logo atrás dos blindados e pôs o conjunto todo em movimento. Como Von Mellenthin ressaltou friamente depois do evento, foi "uma inovação na tática alemã".[15]

---

14 Mellenthin, F. W. von, *Panzer Battles* (University of Oklahoma, 1956).

15 *Ibid.*

A bigorna de Sidi Rezegh nas mãos dos alemães estava 20 quilômetros à frente do martelo em queda de Crüwell, com os sul-africanos e o que restava da 7ª e da 22ª Brigadas Blindadas suspensos no meio. "O ataque começou bem", de acordo com Fritz Bayerlein, "mas logo enfrentou uma ampla artilharia e uma cortina anticarro".[16] Os sul-africanos tinham organizado bem a defesa: incapazes de cavar na dura superfície de pedra, tinham ocultado os canhões entre os veículos derrubados mais cedo naquele dia. Vários tanques alemães e italianos foram destruídos, mas danos muito maiores foram infligidos à infantaria que estava nos caminhões. Uma das primeiras baixas foi o comandante do 115º Regimento, tenente-coronel Zintel, atingido por uma metralhadora enquanto comandava a carga do regimento em pé no carro do estado-maior. A maioria dos outros oficiais, suboficiais e praças do regimento morreria ou se feriria na hora seguinte.

Heinz Schmidt, também com o 115º, viu Zintel cair do carro "como uma árvore derrubada. Então passei correndo por ele. O major ainda estava à frente. Reconheci posições de infantaria diante de mim. Havia um sujeito magro e alto em campo aberto, correndo de costas como se impelido pelo jato de uma mangueira. Ouvi rajadas atrás de mim e segui a bala traçadora que passou a toda rumo à distância adiante. Como a bala traçadora parece andar devagar. O sujeito alto caiu", Eles estavam quase nos canhões sul-africanos quando o carro do major virou. "Agora eu estava sozinho na frente do inferno. Diante de mim, só via canhões vomitarem."[17]

O mesmo terror tomou conta de atacantes e atacados. Crisp, em pé na torreta do seu Honey alguns quilômetros a leste das posições sul-africanas, observou a "familiar formação de batalha — uma coluna de combate sólida com os panzers pesados à frente do aríete em uma ponderosa falange de destruição — assomava ao sul. 'Jesus', pensei, 'é agora; nada pode deter esses aí. É pior do que ontem. Ontem pelo menos consegui fugir'". Então veio o alívio de perceber que os panzers seguiam para o campo sul-africano, não para ele e os colegas. "Foi um pensamento passageiro, mas iluminou a minha escuridão." Um minuto depois, os seus

16 Citado em Connell, John, *Auchinleck* (Cassell, 1959).

17 Schmidt, Heinz W, *With Rommel in the Desert* (Harrap, 1953).

tanques e os canhões sul-africanos em torno deles atiravam nos alemães e recebiam fogo em troca. Enquanto Crisp observava uma bateria sul--africana próxima, "o escudo diante do canhão da direita se desintegrou em lascas de aço com um tiro direto, e o homem sentado atrás dele com o olho na mira telescópica se desintegrou em lascas de carne. Os homens arrastaram para longe o corpo mutilado e voltaram ao trabalho".[18]

Os canhões que retardaram a carga germânica foram destruídos, um a um, pela artilharia da Alemanha. Os panzers avançaram de novo, abrindo buracos nas laterais de 3 quilômetros da caixa defensiva que os sul-africanos tinham construído em torno do seu campo, e "duelos de tanques de tremenda intensidade se desenvolveram profundamente no campo de batalha. Na luta flutuante, tanque contra tanque, tanque contra canhão ou ninho anticarro, às vezes em ataque frontal, às vezes de flanco, usando todos os truques da guerra móvel e da tática de blindados, o inimigo foi finalmente forçado a ocupar uma área confinada".[19] O fim chegou quando o quartel-general da brigada sul-africana foi repentina e inesperadamente invadido às 16h15. O primeiro sinal de desastre, de acordo com o oficial de informações da brigada, "foi quando um oficial que espiava pelo volante do veículo de controle onde estava agachado com o telefone viu os tanques a cerca de 300 metros. Lentamente, como monstruosos besouros pretos, eles avançavam cuspindo fogo e fumaça. O conhecimento veio do nada, como um trovão. Inconcebível. Mas ali estavam eles, recolhendo prisioneiros enquanto avançavam pesadamente".[20]

Quando a noite caiu, os elementos de vanguarda da 15ª Panzer fizeram contato com a infantaria alemã na escarpa sul acima de Sidi Rezegh. Os homens da 5ª Brigada Sul-Africana e os da 7ª e da 22ª Brigadas Blindadas que tinham lutado juntos depois de sobreviver à batalha do dia anterior em Sidi Rezegh tinham sido quase todos mortos, feridos ou capturados. As três brigadas foram praticamente destruídas como forças combatentes. Parecia uma atordoante vitória alemã.

---

18 Crisp, Robert, *Brazen Chariots* (Corgi, 1960).

19 Citado em Connell, John, *Auchinleck* (Cassell, 1959).

20 Citado em Agar-Hamilton, J., e Turner, L., *The Sidi Rezeg Battles 1941* (Oxford University Press, 1957).

*

Mas era mesmo? Rommel, que passara a maior parte daquele domingo no comando pessoal da infantaria e dos artilheiros que enfrentavam o avanço dos neozelandeses perto do Ponto 175, logo soube que houvera uma vitória e, de acordo com Mellenthin, retornou na mesma noite ao quartel-general do Grupo Panzer em um "estado de empolgada exultação".[21] Ainda não tinha detalhes e, de acordo com Bayerlein, foi "bem depois da meia-noite que conseguimos formar um tipo de quadro dos eventos do dia, organizar a nossa força, contar as perdas e ganhos e ter uma avaliação da situação geral".[22]

Nisso, Rommel já dera as ordens para o dia seguinte, ordens a que se agarrou apesar da oposição quase unânime dos que o cercavam. A sua intenção para o dia 24, como avisou a Berlim à meia-noite, era completar a destruição da 7ª Divisão Blindada e avançar com elementos das tropas — na verdade, o Afrikakorps inteiro — "rumo a Sidi Omar com vistas a atacar inimigo na frente de Sollum". Com os blindados britânicos essencialmente destruídos, como agora acreditava, ele poderia usar os seus para empurrar as forças inimigas para a antiga fronteira e cortar as rotas de suprimento dos que restavam entre ela e Tobruk. O 8º Exército seria rompido e a estrada para o Egito se abriria.

Westphal, seu chefe de operações, se uniu a Von Mellenthin na insistência em outro rumo. O avanço dos neozelandeses constituía uma ameaça e uma oportunidade; se deixados por conta própria, poderiam chegar a Tobruk; se deixados aos panzers, poderiam ter o mesmo destino dos sul-africanos. Anos depois, Von Mellenthin ainda lamentava a oportunidade perdida. "Se mantivéssemos o Afrikakorps na área de Sidi Rezegh, teríamos vencido a batalha da Operação Crusader. O 8º Exército tinha a prática funesta de engajar as forças em sucessão e poderíamos destruí-las uma após outra."[23]

Rommel rejeitou o conselho dele e de Westphal e as objeções subsequentes de Von Ravenstein, Neumann-Silkow e Crüwell, que tinham ideia muito melhor do que a vitória do dia lhes custara. Necessária ou

---

21 Mellenthin, F. W. von, *Panzer Battles* (University of Oklahoma, 1956).

22 Citado em Lewin, Ronald, *Rommel as a Military Commander* (Batsford, 1968).

23 Mellenthin, F. W. von, *Panzer Battles* (University of Oklahoma, 1956).

não, a tática de Crüwell levara o Afrikakorps a perder 72 dos 162 tanques e uma boa proporção dos experientes oficiais de infantaria. Nada disso era insubstituível, mas um número imenso de veículos danificados, alemães, britânicos e sul-africanos, ainda estava no campo de batalha, pronto a ser saqueado, e Crüwell implorou a Rommel tempo para recuperá-los. Não conseguiu.

Rommel queria uma caça grande, o fim da campanha na noite seguinte, como disse a Von Ravenstein. E nenhuma das outras opções prometia o tipo de golpe decisivo que o Afrikakorps, com o risco da situação de suprimentos, precisava desesperadamente desferir. Não seria possível vencer uma guerra de atrito; a vitória teria de ser por nocaute.

Rommel tinha razões para ser confiante. Com seis dias da Operação Crusader, os britânicos tinham perdido a iniciativa. Apesar da superioridade aérea, apesar da quantidade maior de tanques e infantaria, apesar da sorte com o clima e, embora doesse admitir, apesar do erro dele ao avaliar a escala dos ataques durante vários dias, a ofensiva britânica afundara na areia. Os seus blindados tinham sido vencidos e muitos destruídos; Tobruk não fora liberada. Faltava claramente a Cunningham, o comandante britânico, a flexibilidade que a guerra no deserto exigia, e Rommel sabia, no fundo do coração, que uma exibição de ousadia o transtornaria.

No início daquela tarde, pouco depois de Cunningham deixar o XIII Corpo para voltar a Maddalena, vários oficiais superiores seus — Godwin-Austen, o *brigadier* Carver (representando o comandante Norrie do XXX Corpo) e o *brigadier* Galloway (do estado-maior de Cunningham) — fizeram uma reunião improvisada. Galloway disse aos outros como Cunningham via a batalha e insinuou que pensava em descontinuá-la. Os outros ficaram alarmados e Galloway retornou a Maddalena convencido de que seu chefe era uma minoria de um só.

Enquanto isso, Cunningham recebera mais notícias ruins; de acordo com um relatório mais recente e já desatualizado, a 7ª Brigada Blindada perdera todos os seus tanques e a 22ª Brigada Blindada, todos menos trinta. Parecia não haver nada que detivesse os panzers que seguiam para leste e nenhuma alternativa ao abandono da Operação Crusader e uma retirada rápida para atrás da fronteira. Sem querer assumir toda a responsabilidade por um passo desses, Cunningham telefonou para o

Cairo e pediu a Auchinleck que voasse até lá naquela noite. Enquanto aguardava, deu ordens para remover a si e ao seu quartel-general de volta ao Egito. Galloway, ao retornar, fez o possível para retardar a execução das ordens. "Algumas barracas e dormitórios", como observou um oficial, "levavam um tempo longuíssimo para serem desmontados".[24]

Auchinleck chegou devidamente e tomou uma das decisões mais importantes da guerra. Estivera mais afastado da luta do que Cunningham e Rommel, mas tinha um entendimento menos desordenado da situação geral. Enquanto a linha de suprimento do Eixo continuasse rompida, Rommel teria de se virar com forças finitas. Os britânicos, cuja linha de suprimento estava aberta, tinham apenas de continuar a batalha e, mais cedo ou mais tarde, a sua superioridade em tanques, homens, combustível e aviões estava fadada a se impor. A Operação Crusader continuaria.

O último cruzador auxiliar alemão à solta era o *Komet*, também conhecido como *Schiff 45*. Estava no mar havia 509 dias e, entre os navios alemães disfarçados, tinha a distinção inigualável de atingir latitudes tropicais pelas águas geladas do norte da União Soviética e do estreito de Bering. Os soviéticos, na época ainda em paz com os alemães, tinham suprido dois pilotos para essa parte da viagem e, mais tarde, mandaram aos alemães uma conta de 130 mil dólares pelos seus serviços.

O lucro de todo esse tempo, esforço e dinheiro fora escasso. Em um ano percorrendo o Pacífico, o *Komet* afundara apenas seis navios mercantes e capturara dois. Em outubro, zarpara para casa pelo cabo Horn e pelo Atlântico e agora entrava na baía de Biscaia disfarçado de cargueiro português *São Thomé*. Aviões alemães tinham sido avistados dois dias antes e os caça-minas da Kriegsmarine estavam a caminho para buscá-lo. Hamburgo parecia quase à mão.

Se esperava resposta imediata da Grã-Bretanha, da China, da Austrália e das Índias Orientais holandesas às suas propostas, Cordell Hull ficou desapontado. Por um lado, era domingo; por outro, os supostos aliados dos Estados Unidos não tinham muita certeza de qual deveria

24 Citado em Guingand, Francis de, *Operation Victory* (Hodder & Stoughton, 1947).

ser a resposta. Podia-se contar que os holandeses seguiriam o consenso, mas os britânicos, a cuja liderança os australianos obedeceriam, estavam presos em um dilema. Tanto Churchill quanto o Foreign Office tendiam a adotar uma linha dura com os japoneses, e o *modus vivendi* de Hull tinha em si um sopro de apaziguamento. Mas a última coisa que os britânicos queriam era se ver diante de um ataque japonês sem a ajuda americana. Em vez de aceitar ou rejeitar as propostas de Hull, eles buscariam engordá-las para se assegurarem de que o Japão só recebesse concessões econômicas se e quando removesse todas as suas forças da Indochina e suspendesse as operações na China propriamente dita. Tudo isso teria de ser feito com tato — nos últimos tempos, Hull parecia muito sensível a críticas — e em um ritmo adequadamente cauteloso.

Os chineses ficaram furiosos, mas, como os britânicos, perceberam o risco de simplesmente dizer não. Em vez de dar uma resposta oficial, começaram uma intensa campanha de tratativas, usando os seus embaixadores em Washington e Londres, vazamentos à imprensa em ambas as capitais e Owen Lattimore, o empático assessor americano de Chiang Kai-shek, para divulgar a sua opinião de que, em essência, o *modus vivendi* era uma traição americana à China.

SEGUNDA-FEIRA, 24 DE NOVEMBRO

Na baía de Hitokappu, continuavam as reuniões a bordo dos navios da Primeira Frota Aérea. Fuchida e Genda dividiram os aviadores de acordo com o tipo de bombardeiro e, em uma série de seminários, aulas e explicações individuais, examinaram todos os problemas concebíveis que cada um deles poderia encontrar. Os aviadores estudaram as maquetes do relevo do alvo para decorar a topografia. À noite, uma ventania gelada uivava pela baía, tornando extremamente difícil o deslocamento entre os navios, e a maioria dos aviadores permaneceu a bordo do *Akagi*, fazendo múltiplos brindes de saquê ao sucesso da grande iniciativa.

O general Walther Model assumira o comando do 41º Corpo Panzer nove dias antes, quando ainda estava engajado na defesa da cercada Kalinin. Ele se entregara à tarefa com a energia de sempre, chegando a iniciar uma linha de produção de fardamento de inverno em uma das fábricas têxteis locais, mas, ao saber do recomeço da Operação Tufão, apresentou os seus panzers como voluntários para um papel de vanguarda na cena que talvez fosse a última da Operação Barbarossa. O general Strauss, comandante do 9º Exército, relutou em permitir a partida do seu corpo panzer e Model preocupou-se durante vários dias enquanto os seus tanques eram reparados e camuflados para um avanço que talvez nunca fizessem. Mas, em 20 de novembro, o OKH decidiu a seu favor.

Agora, quatro dias depois, os seus panzers contornavam o norte da vencida Klin, na borda externa da foice gigantesca que caía sobre Moscou.

Ao sul de Solnetchnogorsk, Rokossovski passou as horas diurnas da segunda-feira tentando descobrir onde estava o maior perigo. Os avanços alemães ao norte de Klin constituíam uma ameaça vigorosa, assim como a pressão constante sobre a linha do Istra, ao longo do rio ao sul e do reservatório até a cidade do mesmo nome. Mas o perigo mais imediato estava entre esses dois e vinha das tropas que contornavam o reservatório ao norte e da sua ligação iminente com as que desciam a estrada de Solnetchnogorsk. Sem reservas, Rokossovski não tinha opção além de fazer malabarismos com suas forças. Já havia unidades partindo do setor do Istra para Klin, e essas, decidiu ele, seriam mais bem empregadas ao sul de Solnetchnogorsk.

O seu posto de comando principal fora transferido para Lialovo e criou-se um posto temporário a apenas 10 quilômetros de Solnetchnogorsk, na aldeia de Peshki. Rokossovski lá chegou no início da noite e recebeu relatórios dos comandantes em um dos prédios da aldeia, com um T-34 de sentinela do lado de fora. Estava prestes a perguntar quem bloqueava a estrada quando uma granada de aço maciço passou pela parede, indicando a proximidade de panzers. Onde estavam os blindados soviéticos? O comandante mandara todos os seus tanques, com exceção de dois, reabastecer estrada abaixo. "Tem certeza de que esses dois não foram reabastecer também?", perguntou Rokossovski, fazendo o oficial corar. "Tive de lhe dizer que, na frente de batalha, a prática era trazer o combustível da retaguarda até os tanques, não o contrário."[1]

Rokossovski mandou o homem ir buscar os seus tanques. Momentos depois, um oficial de ligação entrou correndo com notícias dos tanques alemães. Forçavam a entrada de Peshki, vindos do norte, flanqueados pela infantaria armada de submetralhadoras. Rokossovski e os colegas oficiais saíram correndo e deram com granadas "explodindo por todo lado. [...] A noite estava iluminada pelas explosões de granadas de morteiros e pelos riscos multicoloridos das balas traçadoras. Era uma visão impressionante, mas a percepção do perigo obscureceu todos os outros pensamentos". Quando lhe ofereceram uma carona para lugar seguro no

1 Rokossovski, Konstantin, *A Soldier's Duty* (Progress, 1970).

T-34, Rokossovski, em vez de aceitar, o mandou contra os alemães. Ele e os outros oficiais seguiram caminho para o sul através da aldeia, encontraram os seus carros e, "ao perceber que não adiantava perambular sob o nariz do inimigo", seguiram para o novo quartel-general em Lialovo.[2]

Más notícias o aguardavam. Os superiores de Rokossovski tinham passado por cima dele e, em vez de desdobrar os reforços vindos do Istra em uma linha defensiva ao sul de Solnetchnogorsk, os usaram em uma tentativa mal organizada de reverter a captura da cidade. Os atacantes, incapazes de manter o sucesso inicial, acabaram rechaçados com baixas consideráveis.

Conforme as unidades alemãs no setor do Istra se deslocavam ao longo do rio e do reservatório, os seus comandantes buscavam locais para atravessar o gelo. Algumas pequenas cabeças de ponte já tinham sido estabelecidas do outro lado do rio, que tinha apenas 30 metros de largura. Os engenheiros soviéticos abriram algumas comportas para criar uma barreira mais larga, mas deixaram a barragem intacta.

A sudoeste de Istra, a 87ª Divisão de Infantaria do tenente Gruman enfrentava resistência feroz do 5º Exército soviético. Em um ataque a posições fortificadas na floresta, sofreram baixas imensas. Na quinzena anterior, os setenta homens da sua companhia tinham se tornado quarenta, e a perda de oficiais fora ainda maior. Os melhores, os que tinham dado "exemplo pessoal ao liderar os seus homens à frente", foram os primeiros a cair, e raramente os substitutos chegavam aos seus pés: "não tinham consciência" e "usavam qualquer oportunidade para passar para a retaguarda. A desculpa favorita era a necessidade de remover feridos". O registro do dia no diário de Gruman listava os mortos recentes e lamentava a situação dos que ainda viviam — cansados, desiludidos, "desgastados ao extremo".[3]

Como Guderian não parava de dizer a Von Bock, seus homens estavam praticamente no mesmo estado, mas continuavam a subverter seus argumentos com novos sucessos. Embora a Grossdeutschland ainda

2 *Ibid.*

3 Citado em Rzhevskaya, Elena, "Roads and Days: The Memoirs of a Red Army Translator", *Journal of Slavonic Military Studies*, vol. 14, março de 2001.

batesse em vão à porta de Tula, as unidades motorizadas que avançavam a leste e sudeste da cidade pareciam ganhar velocidade. A 29ª Divisão Motorizada percorreu 40 quilômetros naquele dia, e a 17ª Panzer, que então entrava em Venev, mandou um grupo de combate ainda mais ao norte, rumo a Kashira.

Guderian podia pensar — podia saber — que essas eram as últimas faíscas de energia em rápida dissipação do 2º Exército Panzer, mas os marcadores no mapa de Jukov repentinamente se aproximaram mais de Moscou. Kashira, com a imensa usina geradora de eletricidade e a ponte ferroviária sobre o rio Oka, era obviamente fundamental para a salvação de Moscou; se caísse, a estrada para a capital soviética estaria aberta. Jukov ordenou ao Corpo de Cavalaria do general Pavel Belov que fechasse a brecha escancarada. Esse corpo, então na área de Serpukhov, deslocou-se para oeste o mais depressa que as estradas congeladas e a Luftwaffe permitiram.

Agora Rostov estava ocupada pelas divisões Leibstandarte e 60ª Motorizada, tendo a 13ª e a 14ª Panzer recuado além dos arredores ocidentais para servir de reserva móvel contra o esperado contragolpe soviético. Lutas esporádicas continuavam dentro da cidade, mas a verdadeira ameaça a uma ocupação alemã duradoura estava do outro lado do gelo do rio Don, onde o 56º Exército soviético se preparava para atacar. A ameaça mais ampla do 37º Exército soviético a toda a posição alemã a leste do rio Mius continuava grave, e Von Rundstedt estava chegando à opinião de von Kleist de que era necessária uma retirada estratégica de Rostov. Ambos sabiam muito bem que Hitler e o OKH, que ainda exigiam um novo avanço pelo Cáucaso, se oporiam a uma decisão dessas.

Depois de lamentar na véspera o declínio geral dos recursos da Wehrmacht, Franz Halder recebeu mais combustível para a sua ansiedade. O general Friedrich Fromm, que se apresentou a ele naquela tarde de inverno, tinha duas tarefas interligadas. Como comandante do Exército de Substituição, era responsável por preencher as vagas que a morte, os ferimentos ou a captura criavam nas fileiras; como diretor do Programa de Armamento, era responsável por fornecer ao Exército armas em quantidade e qualidade suficientes. Ambos os serviços, como dizia agora a Halder, se mostravam impossíveis. A produção de armamento se reduzia em vez de aumentar e as unidades do Exército no leste teriam 180 mil homens a menos em abril de 1942. "Ele pensa na necessidade de fazer a paz!", anotou Halder no diário, com o ponto de exclamação como ganido de desalento concomitante.[4]

Scavenius, ministro do Exterior dinamarquês, e o plenipotenciário alemão Renthe-Fink voltaram a se encontrar, dessa vez em Berlim, onde estava para começar o festival Anticomintern. Os alemães, como Scavenius logo descobriu, tinham mudado as metas mais uma vez e agora insistiam que até os protocolos secretos para a inclusão dinamarquesa precisavam ser diluídos. Scavenius disse a Renthe-Fink que não tinha autoridade para assinar um acordo alterado, o que deu a Ribbentrop a desculpa para mais agressões. O ministro do Exterior alemão pensou em mandar prender o dinamarquês, mas as consequências publicitárias de um passo desses às vésperas da conferência o dissuadiram, e o seu subordinado Von Weizsäcker foi encarregado de redigir outro acordo. Depois disso tudo, o idoso Scavenius, de acordo com Ciano, parecia "um peixe fora d'água — um velhinho de fraque que não sabia por que estava lá".[5]

Na antiga Tchecoslováquia, um grupo de construção civil com 342 rapazes judeus foi despachado de Praga para a antiga cidade-fortaleza austríaca de Theresienstadt, aproximadamente 65 quilômetros ao norte. A fortaleza servia de prisão havia mais de um século, e as autoridades alemãs tinham decidido usá-la como gueto multitarefa, em parte área de confinamento, em parte campo de trânsito, em parte sala de exposições do compromisso do Terceiro Reich com o multiculturalismo. Trinta e dois mil judeus, a maioria da Alemanha, da Áustria ou da Tchecoslováquia, acabariam morrendo dentro das suas paredes reformadas. Muitos, muitos mais as deixariam rumo aos campos de extermínio de Treblinka,

---

4 Citado em Burdick, C., e Jacobsen, H.-A., *The Halder War Diary* (Greenhill, 1988).

5 Ciano, conde Galeazzo, *Diaries*, org. Muggeridge, Malcolm (Heinemann, 1947).

Sobibor e Auschwitz. Esses últimos incluíam os 342 e as suas famílias a quem se prometera a vida em troca de trabalho.

Na reunião com Crüwell pouco antes do amanhecer, Rommel explicara como entendia a situação: "A maior parte da força inimiga que visava Tobruk foi destruída; agora iremos para leste atrás dos neozelandeses e indianos antes que consigam se unir aos remanescentes da força principal para um ataque conjunto a Tobruk. Ao mesmo tempo, tomaremos Habata e Maddalena e cortaremos os seus suprimentos. A velocidade é fundamental; temos de aproveitar ao máximo o efeito do choque da derrota do inimigo e avançar imediatamente o mais depressa possível com toda a nossa força até Sidi Omar."[6]

A partida ao amanhecer não foi possível — as divisões blindadas ainda se recuperavam depois do esforço da véspera —, mas Rommel tinha o 5º Regimento Panzer da 21ª Divisão a caminho às 10h30 e partiu apressadamente logo atrás sem perceber que o seu veículo de comunicação atolara em um trecho de areia funda. As consequências desse descuido acabariam sendo graves, mas nenhuma comunicação foi necessária durante as primeiras horas da "investida contra a cerca" de Rommel. Bastava observar o inimigo se dispersar. Ao arremeter para sudeste a partir do acampamento noturno ao sul de Sidi Rezegh, o Afrikakorps logo transpôs o quartel-general e as áreas de apoio das unidades que tinham surrado na véspera: o XXX Corpo, a 7ª Divisão Blindada, a 1ª Divisão Sul-Africana, o 7º Grupo de Apoio Blindado.

Seguiu-se o pânico, inclusive no quartel-general da 7ª Divisão Blindada, onde o general Cunningham discutia os seus planos para o dia com os generais Norrie e Gott. Os relatórios do avanço de Rommel logo foram superados por evidências sob a forma de granadas, e Norrie ordenou ao *brigadier* Clifton, engenheiro-chefe do XXX Corpo, que "tirasse o general Cunningham dali no seu Blenheim imediatamente!" Os dois homens partiram no "precioso utilitário Ford" de Clifton, que "se esquivou pela turba de fugitivos que engrossava e atravessava a nossa rota, estimulado por ocasionais rajadas de granadas ou pelo ricochete de balas traçadoras. [...] Mais por sorte do que por juízo, descemos com

---

6 Citado em Pitt, Barry, *The Crucible of War: Auchinleck's Command* (Cassell, 2001).

velocidade a pista até onde o Blenheim acelerava, ansioso para partir. O Comandante do Exército e o seu estado-maior subiram a bordo e lá se foi ele, escapando por centímetros de um caminhão de três toneladas que atravessou na frente!"[7]

A fuga por um triz dificilmente aumentaria o moral de Cunningham, e o mesmo se aplicava aos muitos que foram pegos no "Páreo de Matruh", como disse sardonicamente o general Norrie. O jornalista Alan Moorehead estava no quartel-general do XXX Corpo quando o 5º Regimento Panzer chegou, adejando atrás de si uma capa de poeira, bombeando uma chuva de granadas e provocando total confusão. Não houve tempo para ordens; os homens simplesmente pularam nos veículos e partiram. "Durante nove horas corremos", escreveu Moorehead. "Foi o contágio da perplexidade, do medo, da ignorância. Boatos se espalhavam a cada parada, nenhum homem recebera ordens. Todos tinham alguma teoria, mas nenhum plano além do desejo frenético de chegar à sua unidade."[8]

O plano de Rommel parecia estar dando certo. Enquanto a longa serpente dos blindados do Afrikakorps guinava para leste no Trigh el Abd e seguia para o arame farpado da fronteira em Bir Sheferzen, ele não fazia ideia de que dois depósitos de suprimentos britânicos, imensos e bem camuflados, ficavam poucos quilômetros ao sul e que ele acabara de perder uma grande oportunidade de enfraquecer o inimigo. Rommel também escapara por um triz naquela tarde, mas, ao contrário de Cunningham, no caso dele isso aumentou sua confiança; depois de parar para visitar um hospital de campanha, ele demorou a perceber que os pacientes de olhos arregalados eram alemães e que um oficial britânico guiava a sua visita. "Acho que é melhor sairmos daqui", sussurrou para o ajudante de ordens antes de voltar ao veículo de comando a passo adequadamente rápido. Felizmente para Rommel, o britânico o tomou por um general polonês e não tentou impedir a sua partida abrupta.[9] Às quatro horas da tarde, ele chegara à brecha na cerca de arame farpado de Bir Sheferzen e ainda transbordava de entusiasmo. Ordenou que

7 Citado em Connell, John, *Auchinleck* (Cassell, 1959).

8 Moorehead, Alan, *The Desert War* (Hamish Hamilton, 1965).

9 Citado em Young, Desmond, *Rommel* (Collins, 1950).

Von Ravenstein entrasse no Egito rumo ao desfiladeiro de Halfaya, a nordeste, com vistas a cercar pela retaguarda as tropas de fronteira britânicas. Von Ravenstein tinha apenas o caminhão de comando em que estava, mas Rommel lhe prometeu mandar tanques e artilharia da 21ª Panzer assim que chegassem.

Isso poderia demorar um pouco. O Afrikakorps agora se estendia por 80 quilômetros de deserto e pagava pela pressa que Rommel lhe exigira. O 5º Regimento Panzer ficara sem combustível a pouca distância da fronteira e aguardava reabastecimento. Essa espera também se mostraria longa, pois a investida de Rommel contra a cerca efetivamente empurrara os remanescentes ainda substanciais do XXX Corpo para os dois lados da sua atual linha de suprimento. Na verdade, bem a oeste, um desses remanescentes, a 4ª Brigada Blindada, acabara de encontrar uma desprotegida coluna alemã de suprimentos e reforços. Olhando de cima, a uma distância de 2 quilômetros, Bob Crisp conseguia perceber "as formas escuras e quadradas dos caminhões de infantaria com cabeças espiando curiosas pela traseira aberta, as centenas de veículos de suprimento, os grandes esqueletos descarnados de alguns canhões de 88 milímetros rebocados e nenhum tanque nem carro blindado à vista". Ele e os colegas comandantes de Honey partiram para o ataque, fazendo os veículos alemães se espalharem em todas as direções. Dez minutos depois, o deserto estava atulhado de caminhões em chamas e prisioneiros sendo reunidos e Crisp e os seus camaradas fitavam boquiabertos dois canhões 88 capturados — "ficamos chocados com o tamanho das coisas; não admira que conseguissem fazer os nossos tanques em pedaços a 3 quilômetros de distância!".[10]

Com a chegada da escuridão, Crüwell se uniu a Rommel na fronteira. Este disse ao comandante do Afrikakorps que mandara a 21ª Panzer seguir rumo ao litoral na retaguarda do inimigo e planejava mandar a 15ª Panzer em um caminho semelhante a oeste, prendendo assim entre elas os indianos e os neozelandeses do XIII Corpo. Crüwell fez várias objeções: nenhum deles tinha um quadro claro de onde estava o inimigo (os neozelandeses, naquele momento, estavam perto de Tobruk); o ritmo de desgaste dos panzers, já alto, aumentara ainda mais durante

---

10 Crisp, Robert, *Brazen Chariots* (Corgi, 1960).

o dia; e os problemas de suprimentos disparavam. Ele concluiu que a principal meta fora semear a confusão nas fileiras inimigas e, embora aparentemente isso tivesse sido conseguido, a manobra deixara as suas próprias forças em desorganização semelhante.

Rommel escutou Crüwell, mas se recusou a mudar os planos, e, irritado, o comandante do Afrikakorps avançou pelo Egito em busca de Von Ravenstein.

Não foi o único general a ter um mau dia. Abalado, Cunningham retornara no final da manhã ao seu quartel-general em Maddalena, provavelmente com a intenção de aconselhar a retirada, mas Auchinleck aguardava por ele com uma nova diretiva bem redigida sobre a conduta das operações futuras. Depois de admitir as duas possibilidades que Cunningham mais temia — a destruição completa dos blindados britânicos e a colocação dos blindados alemães entre o 8º Exército e a base egípcia —, Auchinleck se declarou disposto a aceitar a primeira e desdenhoso quanto à segunda. Depois das batalhas dos últimos dias, escreveu, "é muito improvável que o inimigo seja capaz de encenar um avanço importante ainda por algum tempo". O 8º Exército tinha duas opções: desistir da batalha e abandonar, por enquanto, qualquer tentativa de libertar Tobruk ou continuar a ofensiva. O último era o "único e correto curso". Quaisquer que fossem os riscos, Cunningham teria de "continuar a atacar o inimigo sem descanso, usando todos os seus recursos até o último tanque".[11]

Cunningham leu e obedeceu, embora pareça improvável que estivesse totalmente convencido. Naquela tarde, ao voltar de avião de outra visita ao XXX Corpo, a visão de três colunas de caminhões alemães rodando para leste deve ter trazido suas dúvidas de volta à superfície. Mas Auchinleck era a personificação da calma. A correspondente de guerra Eve Curie o conheceu naquela noite e se espantou com o pouco que disse. Mas, quando falou, foi com a confiança que faltava a Cunningham. "Ele está fazendo um esforço desesperado", disse Auchinleck sobre Rommel e o seu avanço, "mas não irá muito longe. Aquela coluna de tanques simplesmente não pode receber suprimentos. Tenho certeza disso".[12]

---

11 Citado em Barnett, Corelli, *The Desert Generals* (William Kimber, 1960).

12 Curie, Eve, *Journey Among Warriors* (William Heinemann, 1943).

Ao se instalar para passar a noite, Bob Crisp e seus camaradas tinham chegado a uma conclusão semelhante: "Parecia que Rommel perdera totalmente a sua maldita cabeça." No entanto, tiveram certa diversão com os fatos do dia. "Ouvimos falar do pânico no quartel-general e nas áreas de suprimentos e ficamos impatrioticamente deliciados com a ideia de generais e oficiais de estado-maior fugindo para Alexandria ou molhando as calças em trincheiras de um só homem [...]. Nesse caso, avaliamos que, de qualquer maneira, o alto-comando vinha criando a maior bagunça e que nos viraríamos muito bem sem ele." Rommel podia ter apavorado Cunningham, mas não Crisp e Cia.: "Nunca, nem por um momento, fosse na noite em que recebemos os primeiros relatos, fosse em alguma hora dos dias seguintes quando as setas riscadas a lápis de cor se afundaram cada vez mais até penetrar no Egito, tivemos a mínima sensação de inquietude com a situação na retaguarda [...]. Simplesmente supusemos que o comandante alemão dera uma mancada daquelas e que, no devido tempo, receberia o seu troco."[13]

O comandante alemão ainda se sentia impaciente a ponto de seguir Crüwell através da cerca, mas o passeio improvisado pela retaguarda britânica teve fim prematuro quando o carro enguiçou. Felizmente para Rommel, o veículo de comando de Crüwell acabou surgindo na escuridão e recebeu a bordo o comandante perdido do Exército. Seguiu-se uma busca vã pela brecha na cerca, na qual Rommel insistiu em assumir o volante. Mas também não conseguiu encontrá-la, e o arame se mostrou resistente a um avanço veicular. Não havia nada a fazer senão aguardar a manhã.

A necessidade de combustível de Rommel foi avaliada pelo OKW. No dia anterior, dois navios-tanque alemães, *Maritza* e *Procida*, tinham zarpado de Atenas rumo a Benghazi, escoltados por duas lanchas-torpedeiras italianas. Estavam carregados de veículos e combustível de aviação, bombas e munição para as forças do Eixo na África. O curso do comboio para oeste estava além do alcance normal de Malta, mas os britânicos tinham uma boa ideia de para onde e quando iam, devido a interceptações recentes de mensagens Enigma. A Força K (composta dos cruzadores

13 Crisp, Robert, *Brazen Chariots* (Corgi, 1960).

leves *Aurora* e *Penelope* e dos contratorpedeiros *Lance* e *Lively*) zarpou em busca de alguma provável presa e encontrou o comboio 160 quilômetros a oeste de Creta. As lanchas-torpedeiras fizeram o possível, a *Cassiopeia* lançando fumaça e a *Lupo* atacando galantemente os britânicos, mas ambos os navios-tanque foram afundados com toda a tripulação.

No sul do Atlântico, continuava a dança selvagem entre caça e caçador. Quase 48 horas depois de escapar do *Atlantis* avariado, o submarino e a pequena flotilha de botes que levavam Rogge e a sua tripulação para o Brasil foram encontrados pelo navio de suprimento *Python*. A bordo, descobriram que o *Python* acabara de marcar encontro com vários outros submarinos necessitados de suprimentos e abastecimento.

Tal acontecimento acabou sendo péssimo para um dos três cruzadores britânicos enviados para vasculhar a área atrás de navios disfarçados, navios de suprimento e submarinos alemães. O HMS *Devonshire* dera cabo do *Atlantis* e o HMS *Dorsetshire* acabaria com o *Python*, mas, no início daquela tarde, o HMS *Dunedin* teve o infortúnio de cruzar o caminho do U-124 a caminho do encontro com o navio de suprimentos. Os britânicos avistaram o periscópio revelador, mas calcularam erradamente a direção do submarino e, durante mais de meia hora, as duas embarcações jogaram uma versão oceânica de cabra-cega. Então, bem quando o encontro parecia terminado, o capitão Jochen Mohr viu que estava a 5 quilômetros do *Dunedin* que se afastava, uma distância de tiro quase certeira. Disparou uma série de três torpedos, e dois deles, por sorte ou juízo notáveis, atingiram o cruzador britânico a meia-nau. Ele afundou em 17 minutos, deixando duzentos e cinquenta sobreviventes nadando atrás de qualquer coisa que os mantivesse à tona. Mohr contornou os homens atingidos, mas decidiu não ajudá-los. Três dias depois, quando um navio mercante americano chegou ao local, ferimentos, exaustão e tubarões tinham reduzido o número para 72.

Um relatório de julho de 1941 do Departamento de Guerra americano sobre a situação estratégica geral mencionara de passagem que o governo dos Países Baixos no exílio talvez apreciasse a ocupação americana temporária dos seus territórios no hemisfério ocidental. Sem dúvida o governo dos Estados Unidos gostava da ideia, com boas razões. A Guiana

Holandesa fornecia à indústria de alumínio americana 60% da bauxita, e a saúde desse setor ditava quantos aviões os Estados Unidos poderiam construir. Um ataque de sabotagem pela fronteira da vizinha Guiana Francesa controlada por Vichy poderia prejudicar seriamente a produção da importantíssima mina de Moengo, e como saber qual seria a pressão dos nazistas sobre os familiares dos mineiros presos na Holanda ocupada? Uma pequena força militar fora despachada, anunciou Washington. A partir daquele dia, a Guiana Holandesa estava sob proteção americana.

Irritado com a falta de resposta rápida às suas propostas, Hull convocou os representantes da Grã-Bretanha, da China, dos Países Baixos e da Austrália em Washington para uma reunião na manhã de segunda-feira no Departamento de Estado. Só o ministro holandês foi capaz de transmitir a aprovação do seu governo; os outros três estavam oficialmente "aguardando instruções". Isso posto, eles tinham perguntas demais para meros garotos de recado. Quando o embaixador chinês perguntou inocentemente por que 5 mil soldados japoneses teriam permissão de permanecer na Indochina, Hull lhe disse com certa aspereza que o general Marshall duvidava que o quíntuplo disso fosse uma ameaça real. A razão do *modus vivendi* era ganhar tempo para as forças armadas americanas, que "têm de estar totalmente preparadas para lidar efetivamente com uma possível declaração de guerra do Japão".[14]

Seguiram-se mais perguntas e objeções, desgastando a tênue reserva de paciência de Hull. "Os governos de cada um dos senhores tem interesse mais direto na defesa daquela região do mundo do que este país", acabou declarando, ignorando tanto a posição quase colonial dos Estados Unidos nas Filipinas quanto a sua longa insistência em manter os mercados asiáticos abertos às exportações americanas. "Mas os seus governos", continuou, "devido a alguma preocupação em outra direção" — a luta nacional pela sobrevivência, talvez — "não parecem saber nada sobre esse assunto em discussão. Estou definitivamente desapontado com essa evolução inesperada, com a sua falta de interesse e a falta de disposição em cooperar".[15]

---

14 Citado em Toland, John, *Rising Sun* (Penguin, 2001).

15 *Ibid.*

Os representantes foram mandados embora, deixando Hull fumegante. Ele acabou transmitindo a essência da conversa a Roosevelt, que prometeu tratar do assunto diretamente com Churchill. Naquela tarde, o presidente mandou uma mensagem de três parágrafos ao primeiro-ministro britânico. Os dois primeiros, redigidos por Hull, continham uma exposição detalhada do *modus vivendi*; o terceiro, escrito por Roosevelt, consistia em um pós-escrito pessimista: "Parece-me uma proposta justa para os japoneses, mas a sua aceitação ou rejeição é, realmente, uma questão da política interna japonesa. Não tenho muita esperança e temos todos de nos preparar para problemas reais, possivelmente em breve."[16]

As forças armadas americanas sentiam o mesmo. A mensagem a Nomura e Kurusu interceptada no sábado — de que depois do dia 29 "as coisas acontecerão automaticamente" — fizera soar o sinal de alarme, pelo menos nos escalões superiores da Marinha americana, e o almirante Stark transmitiu o primeiro alerta de guerra aos comandos do Pacífico. "Probabilidade de resultado favorável de negociações com Japão muito duvidosa", começava. "Essa situação ao lado de declarações do governo japonês e movimentos de suas forças navais e militares indicam, na nossa opinião, que um movimento agressivo de surpresa em qualquer direção, inclusive ataque a Filipinas ou Guam, é uma possibilidade."[17] Esses dois alvos em potencial eram os piores que a Marinha podia imaginar. Não se pensou nem se mencionou Pearl Harbor.

---

16 Citado em Feis, Herbert, *The Road to Pearl Harbor* (Princeton, 1950).

17 Citado em Wohlstetter, Roberta, *Pearl Harbor: Warning and Decision* (Stanford University Press, 1962).

TERÇA-FEIRA, 25 DE NOVEMBRO

O último dia da Primeira Frota Aérea na baía de Hitokappu assistiu a um alvoroço de verificações, ajustes e preparativos de última hora. Fuchida e Genda continuaram a dar suas instruções no *Akagi*, o primeiro agora rouco e quase inaudível depois de vários dias falando sem parar. Também havia reuniões nas outras naus capitânias enquanto as diversas partes da frota se familiarizavam com os detalhes das suas tarefas específicas. Todas as tripulações estavam ocupadas conferindo a segurança dos armamentos e das comunicações.

O clima era de um otimismo quase histérico. "Um ataque aéreo ao Havaí! — um sonho se realiza!", escreveu um marinheiro. Quando a notícia chegasse a quem ficou em casa, iriam "bater palmas e gritar de alegria. [...] Daremos uma lição a esses patifes anglo-saxões arrogantes".[1] Os oficiais superiores estavam igualmente entusiasmados. O almirante Yamaguchi, comandante da Divisão de Porta-Aviões, reuniu a tripulação no convés da sua nau capitânia e contou uma parábola. A sua espada estava tão afiada e bem temperada, a sua habilidade ao brandi-la tão aprimorada pelos anos de treinamento, que ele poderia cortar um capacete de samurai bem ao meio com um único golpe. O mesmo acontecia com a Kido Butai. Ela "clivaria o inimigo em dois".[2]

---

1 Citado em Lord, Walter, *Day of Infamy* (Bantam, 1958).

2 Citado em Prange, Gordon, *At Dawn We Slept* (Penguin, 2001).

Só Chuichi Nagumo, que comandava a operação a que tanto se opusera, parecia sobrecarregado de dúvidas. Naquela noite, incapaz de dormir, chamou Suzuki à sua cabine para conferir mais uma vez as informações sobre Pearl Harbor que tinham recebido. O agente especial conseguiu atenuar a ansiedade de Nagumo, e, de quimono, os dois oficiais tomaram juntos um último copo de saquê; Suzuki não iria com a frota.

Depois de enviar a Nagumo a ordem de zarpar na manhã seguinte, Yamamoto seguiu para um encontro com Chiyoko, a gueixa que há muito tempo era sua companheira. Com a Kido Butai prestes a zarpar e a guerra assomando ao final da viagem de 12 dias, marcara uma última noite juntos na sua estalagem favorita na ilha próxima de Itsukushima.

O avião que trazia de Saigon o general Tomoyuki Yamashita pousou em Samah, porto da ilha chinesa de Hainan onde o seu 25º Exército embarcaria para a invasão da Malásia. Yamashita, de 56 anos, fora escolhido para esse comando menos de um mês atrás; a excelente ficha militar foi mais importante do que o seu histórico de divergências políticas com o primeiro-ministro Tojo. Yamashita não tinha conhecimento do ataque iminente a Pearl Harbor e se oporia caso tivesse. Ao retornar de uma missão militar na Europa na primavera anterior, recomendara vigorosamente que o Japão evitasse a guerra com a União Soviética ou os Estados Unidos até que o Exército fosse totalmente modernizado.

O 25º Exército japonês acabou se mostrando muito mais bem equipado para a tarefa que o esperava do que as tropas britânicas e australianas destinadas a enfrentá-lo. Também era mais bem comandado, tanto em termos militares quanto políticos. Os planos britânicos para a defesa da Malásia eram produto de antigas brigas não resolvidas entre o Tesouro e as forças armadas, entre as três armas, entre uma estratégia local que fazia sentido militar e uma estratégia global baseada em não irritar os americanos.

O plano de contingência chamado Matador era um caso clássico. Os britânicos esperavam que um ataque japonês à Malásia se desenrolasse de uma forma específica. Os soldados seriam levados em comboio pelo golfo do Sião e instalariam cabeças de ponte no sul da Tailândia e, provavelmente, no norte da Malásia, tudo sob a proteção de aviões japoneses com base na Indochina. Assim que as cabeças de ponte estivessem seguras, as bases aéreas seriam transferidas para o outro lado do golfo e os aviões seriam usados para apoiar o avanço do Exército pelo sul, através da Malásia, rumo a Cingapura.

Como os britânicos poderiam atrapalhar esse plano? Não havia poderio naval e aéreo suficiente para impedir a travessia, mas parecia muito possível que os desembarques subsequentes pudessem ser frustrados nas várias praias, desde que os britânicos conseguissem chegar a elas primeiro. As da Malásia estavam obviamente cobertas, mas as do sul da Tailândia ficavam a muitas horas de distância e a tomada britânica teria de ser preventiva. É claro que a Tailândia era um Estado soberano e uma invasão britânica para evitar uma futura invasão japonesa, mesmo que só por algumas horas, dificilmente agradaria aos tailandeses. Em si, isso não tinha importância; o problema era como um passo desses soaria aos ouvidos do Capitólio, em Washington. No governo britânico, muitos temiam que os adversários da beligerância americana no Congresso fizessem a festa.

Chegou-se a um malfadado meio-termo. Adotou-se um plano de ação preventiva chamado Matador, mas a sua execução estava sujeita à aprovação prévia de Londres, baseada em uma avaliação da situação diplomática mais ampla. Se essa avaliação se prolongasse, talvez a aprovação chegasse tarde demais para a operação ser executada. O comandante em chefe do Comando do Extremo Oriente, general Brooke-Popham, que só recentemente apresentara um pedido de maior clareza nesse assunto, foi então informado por Churchill de que a decisão de implementar a Operação Matador "chegará ao senhor 36 horas depois de recebida a notícia de algum movimento japonês".[3] Dificilmente isso seria tranquilizador: os comandantes do Exército de Brooke-Popham acreditavam que qualquer coisa além de 24 horas garantiria que os japoneses chegariam às praias primeiro.

O Grupo de Exércitos Sul ainda mantinha Rostov, mas não havia nenhum enfraquecimento óbvio da pressão soviética nas frentes de batalha

---

3 Citado em Allen, Louis, *Singapore* (Davis-Poynter, 1977).

circundantes. A divisão SS Leibstandarte Adolf Hitler e a 60ª Divisão Motorizada foram desdobradas nos dois lados da cidade, ao longo de um trecho de 50 quilômetros do Don, para dividir a responsabilidade pela orla fluvial da cidade, que dava para o rio congelado de 1,5 quilômetro de largura e para as planícies distantes do norte do Cáucaso. O batalhão de reconhecimento da Leibstandarte mantinha o setor oeste do rio, e, nos dias anteriores, os seus trezentos homens tinham feito o máximo possível para melhorar a posição, entalhando na terra congelada as defesas que conseguiram e cortando grandes blocos de gelo para a proteção acima do solo.

Foi ali, à luz nublada do amanhecer, que o Exército Vermelho lançou o primeiro ataque de uma nova ofensiva. Com tanques T-34 na outra margem oferecendo fogo de apoio, os homens da 343ª Divisão de Infantaria arremeteram pelo gelo, de braços dados em solidariedade suicida, berrando "hurra!" a plenos pulmões. As metralhadoras e os canhões anticarro alemães cobraram um preço terrível, deixando cada onda sucessiva da infantaria do Exército Vermelho com mais mortos e feridos para escalar, mas a maré conseguiu romper as linhas inimigas na quarta tentativa. Um contra-ataque alemão finalmente forçou os soviéticos a voltar para o outro lado do rio, deixando apenas a artilharia e o fogo dos tanques para perturbar a paz. O ataque fora derrotado, mas os alemães não tinham ilusões sobre quem detinha a iniciativa agora. Os planos de atravessar o rio foram indefinidamente suspensos; podia-se esperar que os soviéticos tentassem de novo horas depois.

Não podiam ser trazidas mais forças para enrijecer a defesa de Rostov. A frente de batalha ao norte da cidade ficara tranquila por alguns dias, mas Von Rundstedt e Von Kleist não esperavam que assim permanecesse. A tomada de Rostov e o avanço para o norte da cidade que a acompanhara tinham quase quadruplicado o comprimento da linha que o 17º Exército e o 1º Panzer tinham de defender. O golpe daquela terça-feira caíra sobre Rostov, mas o próximo poderia cair em qualquer um ou em todos os pontos de uma linha de frente com mais de 300 quilômetros.

Apesar de tudo — o frio que se aprofundava, a exaustão de homens e máquinas, o sistema de suprimento esclerosado —, o avanço alemão sobre Moscou continuava a fazer progressos. Depois de dois dias de luta nas ruas, o centro de Klin fora finalmente assegurado, e os importantes cruzamentos de estradas estavam disponíveis para as colunas de suprimentos que alimentavam as cabeças de lança da vanguarda motorizada e de panzers. O 41º Corpo Panzer ocupou Rogatchevo, a meio caminho do canal Moscou-Volga, em Iakhroma, e a 2ª Divisão Panzer abriu caminho em combate até Peshki, a aldeia à beira da estrada Klin-Moscou que Rokossovski prudentemente abandonara no meio da noite. Peshki era defendida pela 146ª Brigada Blindada soviética, e os alemães se viram frente à prova prematura do acordo de Empréstimos e Arrendamentos — uma remessa de tanques Matilda II, de construção britânica, que chegara a Arcangel no final de outubro, no comboio PQ2. Ao contrário dos T-34, eles tiveram dificuldade contra os Mk III e IV alemães e três ficaram na neve. Peshki caiu à tarde, forçando os soviéticos a descer a estrada de Moscou, com as costas um pouco mais perto da parede.

Vinte e cinco quilômetros a sudoeste, começou o ataque a Istra. Essa cidade na estrada Volokolamsk-Moscou, com o famoso mosteiro de Nova Jerusalém, era defendida pela 78ª Divisão de Infantaria, que chegara da Sibéria em meados de outubro e cujo efetivo ainda era quase completo. As divisões soviéticas que defendiam a linha do rio e do reservatório ao norte da cidade estavam em condições bem piores e se mostraram incapazes de manter até mesmo as margens íngremes e cobertas de floresta. Estradas de troncos paralelos foram construídas durante a noite sobre o reservatório congelado e, à tarde, o 11º e o 5º Regimentos Panzer tinham obtido cabeças de ponte nas áreas de Lopotovo e Rakovo. Mais perto de Istra, a 10ª Divisão Panzer aproveitou a proteção de uma nevasca local para forçar duas travessias do rio antes de se unir à Divisão Motorizada SS Das Reich em um ataque em pinça contra a cidade.

No setor do 2º Exército Panzer, as notícias eram mais confusas. Como Klin, Stalinogorsk se recusou a se entregar em silêncio, e vários dias de conflito acirrado dentro e em torno das fábricas da cidade deram uma ideia precoce do destino que aguardava outro Exército alemão em uma cidade de mesmo nome no Volga. Mais perto de Moscou, Venev caiu sem um gemido, e a 17ª Divisão Panzer estava mais próxima de ganhar a corrida com o Corpo de Cavalaria de Belov para tomar Kashira.

O comandante soviético da cidade ameaçada mandou uma unidade antiaérea com ordens de usar os canhões, o cano totalmente abaixado, nos tanques alemães que se aproximavam. Estes últimos foram detidos a 6 quilômetros da cidade, e Belov teve mais 12 horas para pôr suas tropas nos dois lados da estrada de Moscou.

A Wehrmacht estava a 960 quilômetros de Moscou quando atravessou a fronteira soviética em 22 de junho. O Grupo de Exércitos Centro agora se aproximava por três lados; se Von Bock traçasse, no mapa da mesa do seu quartel-general, uma linha reta ligando as forças dos flancos de Rogatchevo e Kashira, ela passaria pela capital soviética. Essas forças nos flancos estavam, respectivamente, a 65 e 100 quilômetros do Kremlin, mas moviam-se mais depressa do que as tropas nas estradas de Klin, Volokolamsk e Mojaisk, todas elas a apenas 50 quilômetros da mesa de Stalin.

Para os comandantes alemães, a vitória ainda parecia possível. Von Bock, ao resumir os acontecimentos do dia, anotou os problemas, mas destacou as possibilidades. O 3º Grupo Panzer ganhara terreno ao norte, o 4º Grupo Panzer estava do outro lado do Istra, os tanques de Guderian ainda poderiam cruzar o Oka em Kashira. Mais longe da linha de frente, Halder estava ainda mais otimista. As esperadas ofensivas do Exército Vermelho contra os Grupos de Exércitos Sul e Norte não tinham se materializado, e o avanço do Grupo de Exércitos Centro continuava. "Aparentemente, agora Guderian tem liberdade de movimentos na direção de Kolomna", escreveu Halder com o ar de um mágico cuja varinha acabou de ser consertada. "O inimigo, desesperado, joga no combate todos os soldados que tem", acrescentou esperançoso, sabendo que o seu lado já o fizera.[4]

Para os comandantes soviéticos, a derrota ainda parecia possível. Jukov levava as suas forças de crise em crise, usava de tudo para ameaçar os seus comandantes de Exército, da desgraça a uma bala na cabeça, e implorava a Stalin que liberasse todas as reservas que estivesse acumulando para uma batalha final. Esses pedidos impacientavam o líder soviético, que exigiu a garantia de Jukov, "lealmente, como comunista", de que a capital soviética seria salva. "Certamente manteremos Moscou",

4 Citado em Burdick, C., e Jacobsen, H.-A., *The Halder War Diary* (Greenhill, 1988).

disse-lhe Jukov, "mas precisaremos de pelo menos mais dois exércitos e duzentos tanques".[5]

Em Leningrado, o boato de que as rações de pão terminariam em poucos dias logo se espalhou. A multidão sitiou as poucas lojas que ainda tinham alimentos; na rua Smolny, uma imensa fila não se dispersou nem quando soou o alarme contra ataques aéreos. As bombas caíram, matando e ferindo várias pessoas, mas os sobreviventes se recusaram a desistir e, meia hora depois, a fila voltava a avançar na busca de um salvador pedaço de pão.

No Nono Forte de Kovno, 942 judeus de Berlim, juntamente com 991 de Frankfurt e mil de Munique, foram reunidos ao ar livre.

O Nono Forte de Kovno era usado para assassinato em massa desde 26 de junho. Unidades de Einsatzgruppen A, chegadas à cidade lituana logo depois do Exército, arrastaram de casa centenas de judeus, levaram-nos para o Nono Forte e os assassinaram. Milicianos, policiais e presidiários lituanos libertados se mostraram satisfeitos em ajudar e, nos dias que se seguiram, encenaram a sua própria série de matanças sádicas. Só na segunda semana de julho os Einsatzgruppen adotaram a abordagem mais sistemática de exterminar as comunidades judias menores e transformar em guetos as maiores. Em 15 de agosto, os 26 mil judeus de Kovno foram transferidos para algumas ruas isoladas, com 0,25 metro quadrado de espaço vital para cada um, e proibidos de se aventurar do lado de fora.

O novo gueto não oferecia segurança. Alguns dias depois de fechado, uma oferta de trabalho burocrático convenceu 530 judeus a revelar suas qualificações educacionais e lhes garantiu fuzilamento imediato. Em 17 de setembro, outros vários milhares foram levados de lá e amontoados em uma sinagoga local, enquanto covas coletivas lhes eram cavadas em um campo de futebol próximo. Em 26 de setembro, 1.628 deles foram fuzilados no Quarto Forte; em 4 de outubro, 1.500 no Nono Forte; e, em 28 de outubro, o gueto inteiro desfilou diante do sargento da SS Helmut Rauca para "seleção". Nove mil e duzentos — mais de

5 Zhukov, Georgi, *Reminiscences and Reflections* (Progress, 1985).

um terço dos presentes — foram levados para a direita com um gesto do pulso de Rauca e conduzidos até o Nono Forte, onde já tinham sido abertas covas com 15 metros de largura e 4 de profundidade. Foram fuzilados de cem em cem, cada grupo cobrindo o anterior com hipoclorito de cálcio antes de enfrentar os atiradores bêbados da SS.

No gueto, qualquer resíduo de esperança de que os deportados realmente iam para campos de trabalho logo se dissipou; esse último massacre teve um sobrevivente. Um menino de 12 anos que estava junto à mãe saiu ileso e foi enterrado apenas sob uma camada fina de terra. Ele lá ficou até escurecer, consciente das centenas de sepultados vivos que ainda remexiam a terra em torno dele, e finalmente conseguiu sair da cova. De volta ao gueto, contou a sua pavorosa história.

Os judeus de Berlim, Frankfurt e Munique nunca a ouviram, e talvez a surpresa fosse parte da razão do que aconteceu a seguir. Naquela manhã de inverno, no Nono Forte, com a percepção súbita do que os seus conterrâneos alemães lhes reservavam, vários desses homens, mulheres e crianças enregelados e semimortos de fome revidaram. Nessa ocasião não houve retirada dócil das roupas nem sequência organizada e simetria perfeita na matança. Esses judeus foram enterrados com as roupas e muitos Einsatzkommandos que os mataram voltaram ao quartel feridos e sangrando.

No Wolfsschanze, Hitler criticava o passado. Se tivessem começado um mês antes, disse ele a um grupo de generais naquela tarde de terça-feira, conseguiriam ter tomado Leningrado, capturado o sul e ainda seriam capazes de montar um ataque em pinça bem-sucedido contra Moscou. Mas é claro que não tinham, e agora que o clima do inverno provocava o caos, "o tempo" se tornara "o seu pior pesadelo".[6]

Não havia necessidade de o povo alemão saber que um erro fora cometido, nessa ou em qualquer outra questão. Ele telefonou para Goebbels em Berlim e insistiu para que fosse cauteloso na sua campanha de coleta de roupas de inverno. Era importante evitar qualquer impressão de que o regime negligenciara sua responsabilidade para com os soldados.

---

6 Citado em Irving, David, *Hitler's War* (Hodder & Stoughton, 1977).

*

Os delegados para a renovação cerimonial do Pacto Anticomintern chegavam a Berlim. Doze países com grau variado de independência — Japão, Itália, Hungria, Espanha, Manchukuo (região chinesa da Manchúria), Bulgária, Croácia, Finlândia, Romênia, Eslováquia, a China ocupada pelos japoneses e a Dinamarca — estavam representados e ofereciam a Ribbentrop um diplomático campo minado de proporções desafiadoras. A Hungria e a Romênia, por exemplo, tinham de ser mantidas separadas, ao mesmo tempo que existiam pequenas hostilidades entre Hungria e Eslováquia, Romênia e Bulgária, Croácia e Itália. Os italianos e espanhóis tinham de receber tratamento absolutamente igual, senão um ou outro se ofenderia. Os dinamarqueses e os finlandeses só estavam presentes sob pressão e precisavam de aplausos ou intimidação. Todos esperavam o discurso de Ribbentrop e audiências individuais com Hitler nos próximos dias.

Ribbentrop e a sua equipe se misturaram. A guerra no leste estava vencida, disse ele a um resignado Ciano. "Os alemães se faziam de donos da casa", escreveu o italiano no diário, "e deixavam isso bem claro a todos, muito embora fossem especialmente bem-educados conosco. Não há como escapar. A sua hegemonia europeia já se estabeleceu. Se é boa ou ruim, não dá para saber, mas existe. Em consequência, é melhor sentar-se no lado direito do dono da casa. E estamos no lado direito."[7]

Na Dinamarca, a notícia da pressão alemã vazara para a população em geral e, no início da tarde, várias centenas de estudantes se reuniram diante do palácio real de Copenhague. A leitura de uma declaração de protesto provocou um ataque da polícia, interrompido pelo novo expediente de cantar o hino nacional. Seguiram-se manifestações diante da sede do jornal nazista local, do Parlamento e do Ministério do Exterior.

Agora a multidão era de vários milhares e a polícia não tinha forças para dispersá-la. Os policiais conseguiram bloquear os arredores do Hotel d'Angleterre, onde se abrigava o quartel-general da ocupação alemã, mas as manifestações se multiplicaram, com o canto de hinos nacionais — inclusive o da Noruega ocupada — intercalado com gritos de

7 Ciano, conde Galeazzo, *Diaries*, org. Muggeridge, Malcolm (Heinemann, 1947).

"Abaixo Scavenius" e "Abaixo os traidores". Brandiram-se cassetetes e dispararam-se balas de festim, mas a desordem avançou noite adentro. Janelas alemãs foram quebradas e um membro da raça superior, atraído para a varanda pelo que supôs ser uma manifestação anticomunista, foi recebido por uma chuva de mísseis.

Os jornalistas da cidade observaram e escutaram, mas sabiam muito bem que não deviam noticiar. A única insinuação de colapso nos jornais da manhã seguinte falava do serviço de bondes.

Na Iugoslávia, a invasão estrangeira provocara uma guerra civil multilateral — o mesmo destino que o Iraque sofreria 62 anos depois. Naquela manhã, duas divisões alemãs apoiadas por tropas aliadas — fascistas croatas, fascistas sérvios e os guerrilheiros chetniks de Mihailovich — atacaram a cidadezinha de Užice, na Sérvia ocidental. Foi a culminação de dois meses de ataque aos guerrilheiros comunistas de Tito e à área libertada que chamavam de "República de Užice".

Os comunistas controlavam essa área e outra semelhante em torno de Krupanj, alguns quilômetros ao norte, desde o verão. Fabricavam armas e publicavam o seu jornal *Borba* em Užice, mas não tinham ilusões de manter esta ou qualquer outra cidade contra um determinado ataque alemão.

O inimigo levara quase dois meses para chegar a Užice propriamente dita, e no processo muitos não combatentes sofreram; as autoridades da ocupação decretaram a execução de cem reféns a cada morte alemã e de cinquenta a cada ferido. Quando houve dez mortos e 26 feridos em uma emboscada perto da cidade de Kragujevac, os alemães fizeram as contas escrupulosamente e realizaram 2.300 execuções.

Tanto os chetniks quanto os comunistas participaram da emboscada, mas em meados de novembro essa cooperação era uma lembrança rapidamente esquecida. Tito tentara resolver a disputa crescente, mas o ultramonarquista sérvio Mihailovich preferira colaborar com os alemães a cooperar com republicanos pan-étnicos e chegara a entregar quinhentos prisioneiros comunistas. Quando Užice caiu e os comunistas recuaram para a segurança das montanhas, os chetniks comemoraram a vitória com os alemães.

No dia seguinte, os governos britânico e soviético divulgaram uma declaração conjunta instando os chetniks e comunistas a pararem de lutar entre si e a se unirem sob o comando de Mihailovich.

*

Ainda naquela tarde, o operador de hidrofone a bordo do U-331, submerso ao largo de Alexandria, captou o som de hélices. Ao levar o submarino para a profundidade de periscópio, o Kapitänleutnant Tiesenhausen, de 28 anos, foi agraciado com a visão de 11 navios britânicos — três encouraçados escoltados por oito contratorpedeiros — que seguiam para o centro do Mediterrâneo. Com extraordinária frieza, fez o submarino se esgueirar entre dois contratorpedeiros dos flancos e levou--o até o alcance do encouraçado do meio.

O encouraçado *Barham* da classe Queen Elizabeth tivera uma carreira tempestuosa. Lançado ao mar no segundo mês da Primeira Guerra Mundial, fora atingido por bombas na Jutlândia, entregara alimentos na greve geral britânica de 1926, afundara um contratorpedeiro britânico em uma colisão acidental e sofrera um ferimento de torpedo no Atlântico. Depois de uma escaramuça menor com a Marinha francesa de Vichy ao largo de Dacar, na África ocidental, o *Barham* servira no Mediterrâneo e agora estava a caminho de apoiar um ataque à linha de suprimentos de Rommel.

Tiesenhausen estava a menos de mil metros quando deu a ordem de disparar todos os quatro torpedos no agigantado flanco de bombordo do encouraçado. A perda súbita de peso virou o submarino, tirou o alvo de vista e fez a torre de comando emergir em plena vista do último encouraçado da fila. Este navio mudou o curso na intenção de abalroar o U-331, mas Tiesenhausen e a sua tripulação conseguiram, por um triz, afundar a embarcação o suficiente para deslizar por baixo das proas que se aproximavam. Enquanto se envolvia nessa pequena questão de vida ou morte, Tiesenhausen escutou duas estrondosas explosões a uma certa distância e supôs que pelo menos um torpedo tivesse atingido o alvo.

Três deles tinham, e próximos o bastante para criar a primeira grande explosão. Quando o encouraçado adernou para bombordo, o paiol explodiu e, ao se dissipar a fumaça, o *Barham* afundara. Dos 1.258 homens da tripulação, 862 afundaram com ele.

O U-331 mergulhara muito mais fundo do que os fabricantes pretendiam, mas sobreviveu para contar a história. Com o mar cheio de marinheiros britânicos, os contratorpedeiros não puderam usar as cargas de profundidade, e Tiesenhausen aproveitou para escapar. Não tinha informações seguras sobre o naufrágio e só pôde relatar que torpedeara um encouraçado britânico não identificado com efeito incerto. Os britânicos, ao interceptar a sua mensagem codificada pela máquina Enigma, decidiram manter silêncio sobre o desastre. Passaram-se várias semanas antes que os parentes mais próximos fossem informados e várias outras até que tivessem permissão de divulgar a perda.

No entanto, alguns receberam notificação prematura. Durante uma sessão espírita em Portsmouth, poucos dias depois do naufrágio, a famosa médium Helen Duncan fez contato com um dos marinheiros mortos no encouraçado. Insatisfeito, o Almirantado fez todo o possível para desacreditá-la, mas os fatos, quando vieram à tona, só aumentaram a sua fama. A longo prazo, até as autoridades devem ter se convencido de que o dom dela era verdadeiro, porque no início de 1944 ela foi presa, julgada e condenada a nove meses de prisão pela Lei de Bruxaria de 1735. Alguém temia que ela dissesse a Hitler onde e quando aconteceriam os desembarques do Dia D.

Nos três primeiros dias da Ofensiva Crusader, as divisões blindadas britânicas que constituíam o grosso do XXX Corpo já tinham feito ligação com a guarnição que saía de Tobruk, mas nos três dias seguintes essas divisões blindadas tinham sido quase destruídas. Enquanto isso acontecia, metade do XIII Corpo de Infantaria britânica e aliada — a 2ª Divisão da Nova Zelândia — seguira o XXX Corpo em torno da extremidade das principais defesas de fronteira no deserto e investira, embora mais devagar, na mesma direção. Em 25 de novembro, essa força prometia a ligação com a guarnição de Tobruk que os blindados não tinham conseguido.

Rommel, embora consciente de que grande parte dos blindados britânicos tinham sido destruídos, em geral estava inconsciente da ameaça representada pelos neozelandeses. No entanto, essa ameaça vinha ficando dolorosamente óbvia para o oficial de operações Westphal, que Rommel encarregara do setor de Tobruk. O problema de Westphal aumentava com o fato de ser impossível encontrar Rommel sem o seu caminhão de comunicações, e, conforme o dia avançava, tornava-se cada vez mais provável que, ganhando ou perdendo a batalha de nervos com Cunningham na fronteira, Rommel perderia a batalha de Tobruk.

Quando aquela terça-feira começou, Rommel tinha várias opções atraentes a escolher: uma missão de busca e destruição de depósitos de suprimentos britânicos, um avanço pelo Egito pelas linhas de suprimento britânicas ou um ataque conjunto às forças britânicas que ainda mantinham posições na fronteira. Mas, pela primeira vez na sua carreira militar, o alemão parecia incapaz de concentrar a mente ou as forças. Passou o dia em um torvelinho, mandando unidades em todas as direções, muitas vezes atrás de objetivos errados ou inexistentes. A 15ª Divisão Panzer terminou o dia tendo apenas uma oficina britânica de reparos de tanques para justificar o gasto de combustível, enquanto o efetivo em tanques da 21ª Divisão Panzer caiu à metade com um avanço mal calculado que a levou por um campo minado alemão até a garganta da artilharia camuflada da 7ª Brigada Indiana. Nas palavras de Von Mellenthin, foi "um dia absolutamente insatisfatório no qual sofremos pesadas baixas com pouco resultado".

Muitas baixas foram provocadas pelo ar. As colunas alemãs estavam sujeitas à atenção frequente da RAF e não recebiam ajuda da Luftwaffe. Se Rommel, ao erguer os olhos para o céu dominado pelo inimigo, se perguntasse onde estariam os caças alemães, Westphal poderia ter lhe respondido. Os neozelandeses que avançavam sobre Tobruk tinham forçado a Luftwaffe a evacuar o campo de pouso de Gambut, e agora o setor da fronteira estava além do seu alcance operacional.

À tarde, os neozelandeses se aproximaram do trio de pontos altos que dominava a área a sudeste de Tobruk: a crista de Sidi Rezegh e as colinas de El Duda e Belhamed. Westphal, pressentindo o risco e a oportunidade — um ataque blindado à retaguarda dos neozelandeses poderia ser decisivo —, tentou ao máximo entrar em contato com Rommel, chegando a mandar dois aviões de reconhecimento com mapas mostrando a sua versão da presente situação. Ambos foram derrubados.

Durante o dia, a guarnição de Tobruk renovara o seu ataque ao perímetro guarnecido pelos italianos e, com a Divisão Afrika alemã totalmente ocupada com a arremetida dos neozelandeses, conseguiu um avanço de 3 quilômetros. Com o cair da noite e os neozelandeses preparados para um ataque noturno aos morros controlados pelos alemães, a brecha entre as duas forças britânicas era de menos de 5 quilômetros.

Naquela noite, ao escrever no diário, Von Bock registrou as "boas notícias da África: aparentemente os ingleses estão levando uma surra por lá".[8] No Cairo, a situação das forças armadas era vista de modo diferente. "Estou convencido de que só temos de persistir para vencer", escreveu Auchinleck em uma carta a Churchill. "O inimigo tenta desesperadamente recuperar a iniciativa. Nisso, foi em parte bem-sucedido, local e temporariamente apenas. Contanto que consigamos manter a pressão na direção de Tobruk, a verdadeira iniciativa é nossa."[9]

Cunningham considerara aconselhável parar e fugir, e a confiança de Auchinleck nele se perdera. Depois de "concluir com relutância que Cunningham, por mais admirável que tenha sido até agora, começou a pensar defensivamente em vez de ofensivamente", Auchinleck tomou a decisão de substituí-lo pelo general Ritchie.[10]

Nas palavras de Bob Crisp, quando essa notícia chegou aos soldados foi "um choque para todos nós, mas na verdade não uma surpresa. Mesmo ali, no pé da escada, era impossível não ter consciência da ausência de direção e propósito firmes vindos de cima. Todos receberam bem a mudança como o início de uma era de mais capacidade de decisão".[11]

Quando a notícia chegou a Rommel, ele só pôde praguejar. Alquebrar Cunningham lhe custara a maior parte dos seus blindados insubstituíveis e não o levara a lugar nenhum.

Em Washington, a agonia continuava. O secretário de Estado Hull realizou com Stimson, secretário de Guerra, e Knox, secretário da Marinha, a discussão regular das terças-feiras sobre a situação internacional. Depois de ver o esboço mais recente do *modus vivendi*, os outros dois concordaram que os Estados Unidos não abriam mão de nada valioso, mas exprimiram dúvidas de que os japoneses aceitassem um acordo que lhes oferecia tão pouco.

O estado de espírito era ainda mais pessimista no Conselho de Guerra semanal, que também incluía o presidente, o general Marshall,

---

8 Bock, Fedor von, *The War Diary* (Schiffer, 1996).

9 Citado em Connell, John, *Auchinleck* (Cassell, 1959).

10 Citado em Humble, Richard, *Crusader* (Leo Cooper, 1987).

11 Crisp, Robert, *Brazen Chariots* (Corgi, 1960).

comandante do Exército, e o almirante Stark, comandante da Marinha. Hull achou que "praticamente não há possibilidade de acordo", que os japoneses, provavelmente, "irromperiam a qualquer momento".[12] Roosevelt concordou e acrescentou que a tendência japonesa a atacar sem aviso podia significar um ataque até mesmo na segunda-feira seguinte. Todos concordaram que o importante era que o Japão levasse a culpa por qualquer início de hostilidades. A questão fundamental, registrou Stimson no seu diário, "era como manobrá-los para a posição de dar o primeiro tiro sem permitir um perigo demasiado para nós".[13] Assim como os britânicos temiam que a Operação Matador os fizesse perder o apoio americano, os líderes americanos temiam que qualquer tipo de ação militar preventiva corresse o risco de dividir o Congresso e o público americanos.

Ao voltar à sua sala, Stimson recebeu do G-2 (o serviço de informações do Exército americano) a notícia de que tinham sido avistados de quarenta a cinquenta navios de transporte japoneses seguindo para o sul ao largo de Formosa. Essa informação, que, por meio dos britânicos e do ONI (Serviço Naval de Informações americano), chegara de fontes separadas em Xangai tinha agora quatro dias. O G-2 desdenhara como normal o movimento japonês, mas os britânicos estavam mais preocupados, e Stimson concordou com eles. Telefonou imediatamente para Hull a fim de dar a notícia e mandou um memorando por escrito ao presidente.

Hull passou a tarde e o início da noite em reuniões com os representantes aliados. Lord Halifax foi o primeiro e trazia uma mensagem de Eden, secretário do Exterior. O governo britânico, embora mais do que satisfeito em deixar essas decisões em mãos americanas, tendia à opinião de que era preciso exigir muito dos japoneses — a retirada completa da Indochina, a suspensão das atividades militares na China —, mas lhes ceder pouco, talvez nem sequer o retorno das remessas de petróleo para uso civil. Hull reiterou os benefícios de uma trégua temporária, mas não deu indícios de que se decidira por uma coisa ou outra.

---

12 Hull, Cordell, *Memoirs* (Hodder & Stoughton, 1948).

13 Citado em Toland, John, *Rising Sun* (Penguin, 2001).

O ministro holandês que o sucedeu foi mais flexível, mas também questionou a sensatez de reiniciar as remessas de petróleo. Hu Shih, que veio por último, tinha uma mensagem acusadora de Chiang Kai-shek: os Estados Unidos mostravam a tendência de "apaziguar o Japão à custa da China". O moral chinês ficaria abalado, disse Hu, e "a confiança nacional chinesa nos Estados Unidos seria corroída pela notícia de que o Japão escapou da derrota militar com a vitória diplomática".[14] Hull repassou mais uma vez os argumentos a favor do *modus vivendi* — a remoção da ameaça imediata a Cingapura, às Índias Orientais holandesas e às Filipinas, o enfraquecimento do controle japonês da Indochina, a possibilidade de um fim negociado da guerra no país do próprio Hu —, mas ficou ainda mais exasperado quando o embaixador chinês não deu mostras de apreciá-los. Se os americanos atendessem às objeções chinesas e retirassem a proposta, acrescentou com certa impaciência, os EUA não deveriam "ser acusados de não enviar a nossa frota à área próxima da Indochina e a águas japonesas, se, por algum acaso, o Japão fizer um movimento militar para o sul".[15]

Quando Hu saiu, Hull sentou-se com os colegas mais próximos para analisar a situação. Não recebera nada dos aliados; explicara por que oferecia o que oferecia e o que esperava obter em resposta. Cada embaixador insistira, a seu próprio modo, que Hull oferecia demais aos japoneses, quando todos sabiam que os japoneses só aceitariam muito mais. Se fosse em frente com o *modus vivendi*, Hull conseguiria, como escreveu depois, "enfatizar o tempo todo que fazíamos todo o possível para evitar a guerra".[16] Mas a que custo? Ele poderia contar com a oposição absoluta da China e com apoio apenas morno dos outros aliados. Haveria um debate difícil no seu próprio país e acusações de apaziguamento. Por que criar tanta dificuldade para si mesmo? Por que fazer um oferecimento desses quando a rejeição já estava garantida?

O ONI, embora com base em Washington, tinha duas unidades de campo no Pacífico, o COM-14 no Havaí e o COM-16 nas Filipinas.

14 *Ibid.*
15 *Ibid.*
16 *Ibid.*

A principal tarefa delas era acompanhar a frota japonesa e o seu método principal, a análise de mensagens de rádio que emanavam de cada navio. Só cerca de 10% das mensagens podiam ser decifradas, mas os ouvintes americanos passaram a conhecer a "assinatura" dos operadores de rádio de determinados navios japoneses e, até meados de novembro, o serviço naval de informações conseguia ficar de olho, intermitentemente, nos integrantes mais importantes da frota inimiga. O *Akagi* e dois outros porta-aviões, por exemplo, foram corretamente localizados em águas nacionais em 9 e 10 de novembro.

Oito dias depois, os seis mais poderosos porta-aviões do Japão vivenciaram silêncio no rádio durante a viagem para a baía de Hitokappu. Não surpreende que, em Washington, o ONI ainda os considerasse em águas nacionais; *Akagi*, *Kaga*, *Soryu* e *Hiryu* estavam claramente no sul de Kyushu, *Zuikaku* em Kure ou Saebo, *Shokaku* talvez em Formosa.

Em 25 de novembro, o COM-14 afirmou ter localizado uma divisão não identificada de porta-aviões nas ilhas Marshall, mas admitiu não ter informações sobre as outras. O COM-16 discordou — corretamente, no fim das contas — a respeito dos porta-aviões nas ilhas Marshall, mas ainda situou as poderosas Primeira e Segunda Divisões de Porta-Aviões em águas japonesas. Esse não era um pressuposto ridículo. Como escreveu mais tarde o tenente-comodoro Edwin Layton, comandante de informações da frota no Havaí, "quando porta-aviões e outros tipos de embarcação entram em águas, portos, áreas de exercício nacionais, usam comunicações diretas por rádio de baixa potência com as estações em terra. Essas, por sua vez, são transmitidas normalmente por cabos telegráficos terrestres para impedir que as nossas estações direcionais e de interceptação escutem o seu tráfego".[17] Se os porta-aviões estivessem em águas nacionais, era de se esperar o silêncio do rádio.

Não era um pressuposto ridículo, mas era apenas um pressuposto. E se águas nacionais costumavam significar silêncio no rádio, não havia por que silêncio no rádio significar necessariamente águas nacionais. A única prova a favor do pressuposto do COM-16 era a falta de provas contrárias.

---

17 Citado em Wohlstetter, Roberta, *Pearl Harbor: Warning and Decision* (Stanford University Press, 1962).

QUARTA-FEIRA, 26 DE NOVEMBRO

Na solitária Iturup, as primeiras luzes do dia se esgueiraram por entre as nuvens baixas enquanto as tripulações japonesas preparavam os navios para a partida. As ordens gritadas e o triturar das correntes se transmitiram pelas águas nebulosas, e as âncoras surgiram à superfície, escorrendo água e lama. Então, um cabo se prendeu nas hélices da nau capitânia, lançando um marinheiro nas águas geladas. Um mergulhador levou meia hora para soltar a hélice, mas não encontrou sinais do homem perdido.

Por volta das sete da manhã, a frota começou a sair da baía e, nas horas seguintes, espalhou-se lentamente em uma formação em anel com quase 80 quilômetros de comprimento. Os submarinos iam à frente, os contratorpedeiros ao lado, no perímetro. No centro do anel, à frente dos navios-tanque, flanqueados por cruzadores e encouraçados, as duas linhas paralelas de três porta-aviões levavam a verdadeira força ofensiva da Primeira Frota Aérea — quase quatrocentos aviões de ataque. Era, de longe, a frota mais poderosa que jamais zarpara rumo à guerra.

Enquanto Suzuki, no convés da lancha *Kunashiri* da guarda costeira, observava os navios diminuírem, Fuchida, comandante de esquadrilha, era um dos muitos que fitavam a pátria a se afastar e se perguntavam se voltaria a ver a esposa e os filhos.

*

Como a situação chegara a isso? Por que a frota japonesa zarpara para a guerra com a maior potência industrial do mundo? Durante a maior parte das duas décadas anteriores, o que se dizia em Tóquio era que o Japão não conseguiria vencer uma guerra dessas. A "facção do Tratado", durante muito tempo dominante na marinha imperial, baseara todo o seu ponto de vista estratégico na aceitação da relativa fraqueza japonesa, consagrada no Tratado Naval de Washington, de 1922. Além de lhe faltar capacidade industrial suficiente para competir com os Estados Unidos, o Japão também dependia pesadamente de fontes de matéria-prima controladas por americanos e britânicos. Quando o primeiro-ministro príncipe Konoie lhe pediu, em setembro de 1940, que avaliasse as probabilidades do país em uma guerra com os Estados Unidos, Yamamoto respondeu: "Posso correr à solta nos primeiros seis meses ou um ano, mas não tenho absolutamente nenhuma confiança no segundo ou no terceiro anos."[1]

O fato de a pergunta ter sido feita comprovava o desespero do Japão. As instituições políticas e militares japonesas acharam fácil começar a guerra no centro da China, mas, depois de quatro anos e mais de 200 mil japoneses mortos, ainda não estava ao seu alcance uma conclusão aceitável das hostilidades. Convencidos, como tantos invasores, que apenas a ajuda externa mantinha viva a resistência, os japoneses fizeram todo o possível para bloquear o inimigo. Isso não deu certo e também deixou o Japão em conflito com os que forneciam a ajuda externa, mais notadamente os Estados Unidos. Não havia aqui um dilema moral — os japoneses acreditavam que tinham tanto direito a construir um império quanto os europeus e tanto direito a conquistar e "civilizar" outras raças quanto os americanos —, mas havia um dilema político e militar de proporções capazes de destruir uma nação. Como o Japão conseguiria vencer a China sem perder para os Estados Unidos?

A resposta, em 1940, fora avançar devagar e com cuidado. Era necessário mais expansão, principalmente em áreas ricas em matérias-primas, mas seria preciso uma combinação de políticas para evitar a intervenção americana. O Japão teria de tomar cuidado ao escolher

1 Citado em Prange, Gordon, *At Dawn We Slept* (Penguin, 2001).

batalhas e formular justificativas para não provocar ações americanas. A entrada no sul da Indochina, por exemplo, fortaleceria a posição japonesa com risco mínimo, ainda mais se a França de Vichy pudesse ser pressionada para legitimá-la. O Japão também poderia fortalecer suas alianças e dar aos americanos tempo para pensar em quem e o que poderiam enfrentar. Para o governo de Tóquio, assinar o Pacto Tripartite com a Alemanha e a Itália pareceu uma forma judiciosa de dissuasão.

No entanto, sempre havia a possibilidade de que a política fracassasse, de que a inimizade crescente entre o Japão e os Estados Unidos acabasse explodindo em uma guerra. Era necessário um plano estratégico e, como o Exército teria pouco papel a desempenhar em um conflito desses, pelo menos nas fases iniciais, caberia à Marinha elaborá-lo. As possibilidades, enquanto 1940 se transformava em 1941, eram sombrias; o desequilíbrio industrial permanecia e a aprovação em junho de 1940 do projeto de Roosevelt da "Marinha de Dois Oceanos" assegurava o aprofundamento constante do desequilíbrio militar. A Marinha japonesa se acreditava capaz de travar uma guerra defensiva bem-sucedida com uma esquadra que tivesse a metade do tamanho da adversária, que seria a situação em 1941 e 1942. Mas, nos três anos seguintes, o programa de Roosevelt reduziria essa razão para 30:70. Mais do que nunca, seria impossível vencer uma guerra prolongada, e o plano tradicional da Marinha para uma guerra dessas — atacar as Filipinas e depois aguardar em uma emboscada a frota americana que viesse para o resgate — envolvia ceder ao inimigo a iniciativa e a escolha do momento. Era necessário algo mais proativo.

A ideia de um ataque a Pearl Harbor — há muito tempo a base naval secundária no Pacífico, depois de San Diego, mas agora o principal lar da frota americana naquele oceano — era antiga, muito apreciada por romancistas japoneses da década de 1920 e às vezes testada em jogos de guerra de ambos os lados na década de 1930. Não era mais levada a sério pelas forças armadas americanas; acreditava-se que os japoneses teriam de ir longe demais, seriam avistados muito antes de chegarem e, então, poderiam ser destruídos pelo poderio aéreo e naval à disposição dos comandantes no Havaí. E se, por acaso, algum avião japonês passasse, seu ataque estaria fadado a ser ineficaz; nenhuma força aérea conseguia lançar bombas com a precisão necessária para afundar navios e era impossível usar torpedos nas águas rasas de Pearl.

Todas essas desvantagens eram sérias, mas os benefícios em potencial eram imensos. As desvantagens poderiam ser superadas? Yamamoto decidiu-se, em dezembro de 1940, por começar a guerra com um ataque a Pearl Harbor. A sua dupla premissa — que a força principal do inimigo só poderia ser destruída por um ataque de surpresa e que esse ataque só seria possível no início das hostilidades — era irrefutável, mas deixava sem resposta duas perguntas essenciais. Um ataque desses seria possível? E, se bem-sucedido, levaria a uma vitória mais ampla? Nos meses seguintes, o estado-maior de Yamamoto dedicou muito tempo a responder à primeira pergunta, mas pouquíssimo à segunda.

Quanto mais o ataque parecia factível, mais comprometido ficava Yamamoto. Em retrospecto, a ideia o atraía por todas as razões erradas. Durante toda a sua carreira, ele apreciara grandes desafios, adorara apostar e defendera o papel da aviação na guerra oceânica; essa operação era perfeita para ele. Em muitos casos, os que se opunham eram os mesmos homens que sempre se opuseram a ele, os tipos cautelosos e conservadores que ainda acreditavam em encouraçados. Argumentavam que não daria certo, e Yamamoto se dispôs a provar que estavam errados.

Se os seus adversários tivessem preferido argumentar que, desse certo ou não, o ataque não faria diferença, Yamamoto não teria opção sincera a não ser desistir. Em janeiro de 1941, ele escreveu que "caso irrompam hostilidades entre o Japão e os Estados Unidos, não bastaria tomarmos Guam e as Filipinas, nem sequer Havaí e São Francisco. Para assegurar a vitória, teríamos de marchar até Washington e ditar os termos de paz na Casa Branca".[2] E isso, como ele sabia muito bem, nunca aconteceria. Como escreveu no mesmo mês o seu amigo vice-almirante Shigeyoshi Inoue, "seria impossível [...] para o Japão derrotar os Estados Unidos e provocar a sua capitulação".[3] Os americanos tinham capacidade militar para varrer do mapa todas as forças japonesas e ocupar o Japão inteiro, inclusive a capital. Por outro lado, faltava ao Japão a capacidade de impor derrota semelhante aos Estados Unidos, e mesmo em setembro de 1941 esse fato implacável ainda era usado para

2 *Ibid.*

3 Citado em Agawa, Hiroyuki, *Yamamoto, Reluctant Admiral* (Harper & Row, 1979).

argumentar contra a operação de Pearl Harbor. "Se o Japão não puder fazer os Estados Unidos dobrarem os joelhos", disse então o almirante Onishi, "teremos de considerar maneiras de levar [a guerra] a um fim precoce, o que significa, por sua vez, que em certo momento teremos de chegar a um acordo. Por essa razão, quer desembarquemos nas Filipinas, quer em algum outro lugar, temos de evitar coisas como a operação no Havaí, que deixaria os americanos muito zangados".[4]

Yamamoto sabia disso tudo; sabia que, quaisquer que fossem os benefícios a curto prazo de um ataque bem-sucedido a Pearl Harbor, o máximo a que poderia esperar seriam 18 meses de adiamento do inevitável. Como ele mesmo admitiu a Shimada, ministro da Marinha, no final de outubro: "O meu plano foi concebido em desespero, por conta das minhas habilidades imperfeitamente desenvolvidas [...] se houver alguém mais adequado para assumir, estou disposto a me retirar, satisfeito e sem hesitação."[5] Shimada não levou a sério o oferecimento, e Yamamoto, por motivos só seus, decidiu-se contra a renúncia e preferiu aprimorar o seu plano na esperança de que nunca fosse usado.

Essa esperança ficou cada vez mais esquecida. Se Yamamoto, que entendia muito bem a probabilidade desfavorável, se dispunha a pensar na guerra, não surpreende que outras mentes menos incisivas vissem com bons olhos a oportunidade de, uma vez por todas, dar um jeito nos presunçosos americanos. Afinal de contas, o Japão tinha um histórico de vencer os grandes — a China em 1894, a Rússia em 1905 — e de que importaria o número de soldados ou navios quando o espírito nacional de autossacrifício ardia com tanto fulgor? De que outra maneira resolveriam o problema da China? Os americanos, efetivamente, lhes ofereciam a escolha entre retirada e guerra, o que, na verdade, não era escolha. A única questão verdadeira era o momento certo, e a oportunidade nunca bateu à porta com mais força do que no final de 1941, com os potenciais aliados dos Estados Unidos, Grã-Bretanha e Rússia, totalmente envolvidos em outra área. Quando o programa da Marinha de Dois Oceanos entrasse em funcionamento, os Estados Unidos ficariam mais fortes; quando o embargo americano do petróleo entrasse em

---

4 *Ibid.*

5 *Ibid.*

funcionamento, o Japão ficaria mais fraco. Caso se conseguisse desprezar a inevitabilidade da derrota final, tudo pareceria óbvio.

No fim das contas, conseguiu-se. O bom-senso — entrar em guerra com os Estados Unidos era uma forma especialmente dolorosa de cometer o suicídio nacional — foi realmente esquecido, ignorado, desprezado. Um certo coronel Iwakuro, ao falar em uma conferência conjunta do governo em agosto de 1941, exibiu as estatísticas nada lisonjeiras — os EUA produziam vinte vezes mais aço do que o Japão, dez vezes mais petróleo, cinco vezes mais aviões e o dobro de navios. Contra essa probabilidade, o Japão não tinha como vencer. O primeiro-ministro Tojo pediu tudo por escrito e depois despachou Iwakuro para o Camboja recém-ocupado.

Após preferir abandonar a discussão do "se", Yamamoto concentrou todo o seu esforço no "como". Ele admitia estar em uma "posição estranha", "tendo de seguir com toda a determinação um rumo de ação diametralmente oposto ao meu bom-senso e à convicção mais arraigada".[6]

Os "comos" de um ataque a Pearl Harbor separavam-se em duas categorias básicas: as relativas a chegar lá sem serem percebidos e as relativas a obter a destruição necessária para aleijar a frota americana do Pacífico. O estado-maior geral naval fizera todo o possível para responder ao primeiro conjunto de perguntas, mas só a viagem concreta comprovaria o sucesso. Quanto ao segundo conjunto de perguntas, Yamamoto podia ter toda a certeza de conhecer a resposta, porque já ocorrera um longo processo de inovações e testes.

Os japoneses podiam recorrer a três tipos de bombardeiro: de mergulho, torpedeiros e horizontais de altitude elevada. Os bombardeiros de mergulho tinham a máxima precisão e podiam ser usados com efeito devastador contra campos de pouso, aviões, canhões antiaéreos e instalações. No entanto, não podiam ser usados contra grandes navios de guerra; a blindagem era grossa demais para a carga explosiva e a velocidade de choque. Os bombardeiros-torpedeiros podiam afundar grandes navios de guerra, mas provavelmente os torpedos atingiriam o fundo se lançados em menos de 20 metros de água, e Pearl Harbor tinha apenas 6.

---

6 Citado em Prange, Gordon, *At Dawn We Slept* (Penguin, 2001).

Além disso, o hábito americano de fundear seus encouraçados aos pares significava que apenas metade deles era vulnerável a ataques de flanco. Teoricamente, bombardeiros de elevada altitude conseguiriam lançar cargas com velocidade suficiente para perfurar a blindagem naval americana, mas, no início de 1941, faltavam aos japoneses as bombas e a precisão necessárias.

Entretanto, em novembro, todos esses problemas tinham sido resolvidos. Os pilotos de bombardeiros-torpedeiros tinham enlouquecido os cidadãos de Kagoshima com os treinamentos constantes, mas adquiriram a necessária habilidade para voos rasantes. Depois de muitas experiências, os cientistas de Yokosuka conseguiram inventar um torpedo que esses ases do voo baixo pudessem lançar com sucesso em 6 metros d'água, e começou uma corrida para fabricar quantidade suficiente para a operação. O atraso na chegada do *Kaga* à baía de Hitokappu fora causado pela espera da última remessa.

As tripulações dos bombardeiros de altitude trabalharam tanto quanto os colegas torpedeiros e, com os pilotos desempenhando um papel mais importante no processo de mira, a precisão triplicara. Eles também receberam uma recompensa dos inventores: bombas feitas com granadas navais convertidas que atravessavam a blindagem dos navios quando lançadas acima de 2.700 metros.

No porto de Takao, em Formosa, Masuda Reiji e os seus colegas marinheiros mercantes receberam 1.300 infantes a bordo do navio. Marinheiros e soldados perguntavam-se ansiosos aonde iam, mas ninguém sabia.

Os movimentos de embarcações japonesas agora se estendiam por todos os mares orientais da China e do Pacífico, com comboios que levavam homens e suprimentos à Malásia e às Filipinas formando filas ao longo do litoral leste da China. Enquanto a Kido Butai seguia pelo norte do Pacífico, o submarino I-26 estava nas águas do Alasca e se aproximava do porto de Kiska, nas ilhas Aleutas. Sem pressentir nenhum perigo, o capitão Minoru Yokota levou seu submarino até dentro do porto e examinou a cena pelo periscópio. Os preparativos americanos para o conflito iminente pareciam "muito inadequados".[7]

---

7 *Ibid.*

*

Nas Filipinas, o general Brereton voltou da missão na Austrália. O seu B-17 pousou em Clark Field pouco antes do pôr do sol e o comitê de recepção não teve tempo para gentilezas. "Cavalheiros, acabei de ver este campo do ar", começou Brereton, zangado. "Felizmente para os senhores e para todos os que dependem de nós, eu não comandava uma esquadrilha de bombardeiros hostis. Caso comandasse, teria varrido do mapa em um só golpe todo o efetivo de bombardeiros pesados das Filipinas."[8]

Atrás dele, no campo, os outros 34 aviões B-17 do 19º Grupo de Bombardeio estavam alinhados com precisão suicida. "Chamam isso de dispersão?", perguntou Brereton. "Está errado, completamente errado. E lugares errados não têm lugar no funcionamento deste campo nem de nenhum outro campo sob este comando. Os senhores corrigirão imediatamente a situação. E nunca mais permitirão que ocorra. Estamos entendidos, cavalheiros?"[9]

Os seus subordinados fizeram que sim e abstiveram-se de acrescentar uma advertência que seria sensata. Sem dúvida não havia necessidade de as fileiras de B-17 formarem um alvo tão perfeito, mas o tamanho e a topografia de Clark Field — especificamente, o solo mole circundante — impediam o tipo de dispersão que Brereton tinha em mente. Sem encomendar obras de engenharia caras e demoradas, havia pouco que o comandante do campo de pouso pudesse fazer para proteger os bombardeiros pesados além de assegurar que estivessem no ar caso houvesse um ataque.

A Kido Butai estava no mar havia cerca de seis horas quando a primeira luz fraca do dia se refletiu nos campos russos e ucranianos cobertos de neve. Ao longo da linha de 1.500 quilômetros que serpenteava do golfo de Leningrado até o mar de Azov, a sudeste, vários milhões de homens da Wehrmacht e do Exército Vermelho estavam presos em um abraço cruel.

Os soldados alemães saíam do calor que conseguiam encontrar, acendiam fogueiras debaixo dos tanques para dar a partida nos motores

---

8 Citado em Bartsch, William, *December 8, 1941* (Texas A&M University Press, 2003).

9 *Ibid.*

e, à luz de tochas e dos faróis de veículos, examinavam as próprias extremidades à procura de geladuras. Engoliam o café *ersatz* que esfriava depressa, mastigavam o que a companhia de suprimentos conseguira distribuir e enfiavam nas botas finas e nas fardas de brim qualquer isolante novo que conseguissem encontrar. Mais um dia tentando imaginar se o fardamento e o combustível de inverno chegariam, mais um dia batendo à porta de Moscou.

O Grupo de Exércitos Centro parecia brincar com Stalin: dava um passinho rápido aqui, ousava um passo maior ali, sempre que se apresentava a oportunidade. E, de vez em quando, o líder soviético os pegava e os mandava voltar alguns quilômetros.

Ao sul da capital, o salto de Guderian na direção de Kashira fora avistado a tempo. Ao reiniciar o seu avanço sobre a cidade do rio Oka naquela manhã, a 17ª Divisão Panzer encontrou o 1º Corpo de Cavalaria de Guarda do general Belov, a 112ª Divisão Blindada e a Força Aérea Vermelha prontos e à espera. Os panzers foram forçados a recuar vários quilômetros e sofreram pesadas baixas no processo.

Tula, que, como Guderian passava rapidamente a acreditar, constituía a última esperança de um grande sucesso do 2º Exército Panzer antes que Hitler ou a neve interrompessem as operações ofensivas, estava quase cercada. Em um ataque partindo de oeste, o 3º e o 4º Grupos Panzer e a Divisão de Infantaria Grossdeutschland tinham interrompido as últimas ligações ferroviárias e rodoviárias remanescentes da cidade e aguardavam o 43º Corpo de Infantaria para fechar o anel pelo leste.

Enquanto isso, a pressão sobre as outras forças tremendamente espalhadas de Guderian continuava a aumentar. O reconhecimento alemão revelou tráfego ferroviário pesado a leste, e uma divisão soviética — a 239ª Infantaria siberiana — foi pega desembarcando perto demais do inimigo e ficou instantaneamente presa entre duas divisões alemãs. Quando a noite caiu, os alemães buscaram se abrigar da temperatura que despencava e deixaram uma linha de postos avançados ligados por telefone com fachos de palha para avisá-los de um ataque inimigo. Pouco antes da meia-noite, a unidade do quartel-general motorizado da divisão soviética penetrou pela linha sem provocar alarme, mas depois foi ouvida, vista e destruída pelos canhões da linha defensiva alemã. Nas primeiras horas da manhã seguinte, os infantes da divisão se mostrariam mais bem-sucedidos.

Mais ao norte, o Exército Vermelho continuava a ceder terreno. Enquanto a 10ª Divisão Panzer, golpeada por repetidos ataques de foguetes Katiúcha, abria caminho à força nos arredores ao norte de Istra, a Das Reich e a 78ª Divisão de Infantaria siberiana disputavam acirradamente as florestas a oeste a ao sul da cidade. As baixas foram elevadas dos dois lados, mas ao anoitecer daquela quarta-feira a infantaria da SS tomara a fortaleza que dominava a aproximação a oeste e limpava as barricadas das primeiras ruas. Parecia que Istra estava caindo.

Solnetchnogorsk já caíra, e a tentativa mal organizada de recuperá-la se mostrara um fracasso custoso. Agora, como Jukov observaria mais tarde, "desenvolveu-se uma situação alarmante". O Stavka mandava unidades às pressas para o setor, mas por enquanto "a nossa linha de frente se curvava perigosamente, formando pontos fracos aqui e ali. Parecia que o irreparável estava prestes a acontecer a qualquer momento".[10]

Ao voltar ao quartel-general do seu Exército em Lialovo, Rokossovski reviveu a experiência de Peshki. Tanques alemães apareceram subitamente nos arredores da aldeia, e "todos correram para a luta, inclusive oficiais do quartel-general do Exército". Um batalhão de canhões anticarro de 85 milímetros deu cobertura à necessária evacuação: "Granadas gemiam no céu e explosões abalavam o chão enquanto seguíamos para fora de Lialovo e nos dirigíamos para Kriukovo." Agora eles estavam a 40 quilômetros do Kremlin, e as defesas de Rokossovski "encontravam-se tão espalhadas que ameaçavam se romper".[11]

Felizmente para o Exército Vermelho, a ofensiva alemã se tornava igualmente tênue. O 3º Grupo Panzer fazia bom progresso rumo ao canal Moscou-Volga, mas não havia mais nenhuma probabilidade de contorná-lo atrás da capital soviética; o 4º Grupo Panzer estava simplesmente fraco demais para defender ambos os flancos cada vez mais longos e continuar o avanço pela estrada de Klin rumo a Moscou. Naquela noite, Von Bock ordenou que o 3º Grupo Panzer estabelecesse cabeças de ponte defensivas do outro lado do canal Moscou-Volga e voltasse para o sul a sua força principal em apoio do 4º Grupo Panzer. A

10 Zhukov, Georgi, *Reminiscences and Reflections* (Progress, 1985).

11 Rokossovski, Konstantin, *A Soldier's Duty* (Progress, 1970).

Wehrmacht forçaria o caminho até a capital soviética; agora a elegância brutal do cerco tinha ficado para trás.

Em Berlim, os luminares reunidos da recém-expandida aliança Anticomintern escutaram o discurso muito revisado de Ribbentrop. E, pela maravilha do rádio, também grande parcela do povo alemão. Os infelizes ou descuidados que perderam a transmissão puderam ler o discurso nos jornais da manhã seguinte, onde se esparramou por três páginas de letras bem miúdas.

Com a Nova Europa temporariamente em compasso de espera diante de Moscou, Ribbentrop se concentrou na Grã-Bretanha, que "tem de ser mantida fora da Europa de uma vez por todas". É claro que os britânicos tinham iniciado a guerra, como tantas outras antes. Todo europeu sabia que "não há nada que os britânicos gostariam mais do que ver a velha Europa desmoronar e ser engolida por uma catástrofe bolchevique, na esperança de que possam permanecer em segurança na sua ilha".[12] Em algum momento, no meio dessa prolongada diatribe, Ribbentrop demorou-se a negar a acusação específica de que, ao convencer Hitler da falta de disposição da Grã-Bretanha para lutar pela Polônia, ele mesmo preparara todo aquele horrível espetáculo. Ele disse que ficaria satisfeito de deixar a história ser o juiz.

Discurso feito, Ribbentrop saiu correndo para descobrir o que Hitler, que escutava na distante Prússia Oriental, pensara. Os luminares foram deixados sozinhos com Göring, que estava radiante. Na Rússia, disse ele a Ciano, os prisioneiros estavam tão famintos que as colunas em marcha não precisavam mais de guardas. Bastava uma cozinha de campanha na frente de cada coluna e o cheiro da comida sendo preparada puxava os prisioneiros na sua esteira. Em vários campos, acrescentou, os russos tinham recorrido ao canibalismo e chegaram até a comer uma sentinela alemã.

Ciano achou isso "impressionante" e considerou as lágrimas que enchiam os olhos de Göring à menção de Udet e Mölders prova do "coração bondoso" do Reichsmarschall. Uma história espanhola da frente russa era muito mais divertida. Os soldados da Legião Azul espanhola,

---

12 Citado em Bloch, Michael, *Ribbentrop* (Abacus, 2002).

que Franco gentilmente cedera à Operação Barbarossa, buscaram o consolo da companhia feminina. "As pílulas antieróticas, que funcionam tão bem com os alemães, não tiveram o mínimo efeito sobre eles. Depois que muitos protestaram, o comando alemão os autorizou a visitar um bordel e lhes distribuiu preservativos. Então veio a contraordem: nenhum contato com mulheres polonesas. Em protesto, os espanhóis inflaram os preservativos e os amarraram na ponta das armas. Assim, certo dia, em Varsóvia, viu-se um desfile de 15 mil preservativos exibidos por legionários espanhóis."[13]

Na Cirenaica, batalhas separadas eram travadas nas duas extremidades do campo de 80 quilômetros de largura. Na extremidade leste, no meio e em torno das posições defensivas do Eixo na fronteira da Líbia com o Egito, elementos do Afrikakorps tentavam cercar e destruir as forças britânicas e aliadas ainda na área. Na extremidade oeste, duas brigadas da Divisão da Nova Zelândia e da guarnição de Tobruk tentavam espremer as forças do Eixo que ainda as separavam. Essa segunda batalha girava em torno de uma série de marcos geográficos importantes — os picos de El Duda e Belhamed, na escarpa mais próxima do litoral, e a serra de Sidi Rezegh alguns quilômetros mais para o interior.

A quarta-feira começou com os neozelandeses no controle precário de Belhamed, os soldados do Eixo no controle também precário de El Duda e da serra de Sidi Rezegh. Um ataque matutino da infantaria alemã a Belhamed foi rechaçado com certa dificuldade, mas no início da tarde a 70ª Divisão da guarnição de Tobruk tomou El Duda com relativa facilidade. O general Freyberg dos neozelandeses decidiu continuar a batalha depois do escurecer, mandando parte da 4ª Brigada para reforçar a ligação com a 70ª Divisão em El Duda e a 6ª Brigada contra os italianos e alemães na serra de Sidi Rezegh. A primeira tarefa foi cumprida sem muita dificuldade por volta das 22h15, mas a segunda se mostrou uma labuta dura e sangrenta. De acordo com o artilheiro anticarro W. E. Murphy, "uma característica significativa era a visão de muitos homens atingidos por tiros diretos de canhões anticarro dados à queima-roupa. Esses projéteis tinham arrancado grandes porções de carne dos

---

13 Ciano, conde Galeazzo, *Diaries*, org. Muggeridge, Malcolm (Heinemann, 1947).

corpos das pobres vítimas, e seria difícil conceber uma imagem mais desagradável ou um campo de batalha mais intensamente disputado".[14] Os *bersaglieri* italianos lutaram com coragem especial: "O número dos seus mortos e a posição em que jaziam mostravam que tinham mantido os canhões em ação até o fim. Na verdade, vários dos nossos homens contaram que os primeiros a se abater sob o nosso ataque eram os soldados alemães."[15]

Mais a leste, a batalha em torno da fronteira produzira uma fagulha ou outra, mas poucas chamas verdadeiras. Rommel, ainda sem contato com o quartel-general, corria de unidade em unidade estimulando homens e veículos a se moverem, mas sem propósito claro nem coerente. Com ordem de ir para o sul, a 15ª Divisão Panzer logo seguiu para Bardia, ao norte, para reabastecer e se remuniciar. Com ordens de preparar um ataque ao Egito, a leste, a 21ª Divisão Panzer seguiu para oeste, abriu caminho lutando pelo trecho de defesas de fronteira mantidas pela 5ª Brigada da Nova Zelândia e também chegou a Bardia. Quando Von Ravenstein relatou o rompimento a Rommel, este lhe berrou: "Por que está aqui?" E, quando o comandante da 21ª Divisão Panzer explicou que recebera ordens de seguir de volta para Tobruk, Rommel chegou à imediata conclusão de que os britânicos tinham decifrado o seu código e enviado uma mensagem falsa.

Na verdade, essa mensagem viera de Westphal. Incapaz de entrar em contato com Rommel ou Crüwell e extremamente consciente da derrota que se desenrolava ao sul de Tobruk, ele tomara a iniciativa arriscada de chamar a única divisão alemã com que realmente conseguiu contato: a 21ª Panzer. Enquanto os neozelandeses preparavam aquela noite para a ligação bem-sucedida com a 70ª Divisão, a "investida contra a cerca" de Rommel corria o risco de virar uma farsa.

O *Komet*, último cruzador auxiliar alemão no mar, se esgueirou para dentro de Cherbourg, os canhões guarnecidos, a tripulação com coletes salva-vidas, botes prontos a serem baixados. Depois de passar as horas

---

14 Citado em Murphy, W. E., *The Relief of Tobruk* (publicação do governo da Nova Zelândia, 1961).

15 *Ibid.*

do dia fundeado atrás do quebra-mar interno do porto francês, o cruzador zarpou pelo canal da Mancha, acompanhado por um grupo de lanchas-torpedeiras, grato pela proteção da escuridão.

Se, ao acordar naquela manhã, Cordell Hull já tivesse decidido abandonar o *modus vivendi*, o telegrama noturno de Churchill que o aguardava só confirmaria a decisão. O primeiro-ministro britânico não deixava dúvidas sobre os seus receios. "É claro que cabe ao senhor cuidar dessa questão", começou diplomaticamente, "e nós, certamente, não queremos uma guerra adicional. Só há um ponto que nos inquieta. E Chiang Kai-shek? Ele não está em uma dieta muito estrita? A nossa ansiedade é com a China. Se ela desmoronar, o nosso perigo conjunto aumentaria enormemente. Temos certeza de que a consideração dos EUA pela causa chinesa governará a sua ação. Sentimos que os japoneses estão bastante inseguros de si".[16]

Esta última frase ressoou em Hull e refletia a opinião do seu próprio assessor especial em assuntos do Extremo Oriente, Stanley Hornbeck. Se Churchill e Hornbeck estavam certos, então uma atitude dura poderia até deter os japoneses. Sem dúvida não havia sinal de que o *modus vivendi* conseguiria detê-los e, na opinião de Hull, a "leve possibilidade" de concordância do Japão com ele "não justificava correr os riscos envolvidos [...], principalmente o risco da queda do moral e da resistência chineses".[17]

Ao chegar à Casa Branca para informar a sua decisão a Roosevelt, Hull encontrou um público receptivo. Deprimido com as últimas notícias da frente russa (era "horrível", disse ele a Henry Morgenthau, secretário do Tesouro, naquela manhã; Moscou estava "caindo") e quase em brasa com a notícia de que a frota japonesa fora avistada ao largo de Formosa seguindo para o sul, o presidente também tendia a assumir a linha dura com Tóquio.[18] O *modus vivendi* foi abandonado.

Mas que outra resposta dariam à Proposta B? Só havia a lista de desejos americanos de Hull, os ultracombativos Dez Pontos.

---

16 Citado em Kimball, Warren, *Churchill and Roosevelt: the Complete Correspondence* (Princeton University Press, *c.* 1984).

17 Hull, Cordell, *Memoirs* (Hodder & Stoughton, 1948).

18 Citado em Heinrichs, Waldo, *Threshold of War* (Oxford University Press, 1988).

*

"Sim, mas ainda não", foi a resposta militar. A Divisão de Planos de Guerra, sob supervisão geral dos comandantes do Exército e da Marinha, trabalhava em outro memorando ao presidente. Como o anterior de 5 de novembro, esse memorando insistia na necessidade de tempo das forças armadas americanas — pelo menos três meses para levar as defesas terrestres e aéreas das Filipinas a um nível que pudesse enfrentar um ataque japonês. Não que os comandantes das armas realmente esperassem um ataque ao arquipélago MacArthur. Se os japoneses atacassem mesmo o território americano, britânico ou holandês, os comandantes das armas supunham que os Estados Unidos lutariam, mas um passo desses era considerado improvável, assim como um movimento japonês contra os territórios orientais da União Soviética. Na opinião das forças armadas americanas, era muito mais provável que os japoneses atacassem a estrada da Birmânia ou a Tailândia, na esperança de melhorar a sua posição na China sem provocar uma guerra mais ampla. Se optassem pela primeira ou meramente atacassem o leste e o centro da Tailândia, o memorando era contrário ao envolvimento militar americano. Caso atacassem o istmo de Kra, na Tailândia, que abria as rotas para a Birmânia e a Malásia, então seria um *casus belli* americano e os japoneses deveriam ser informados desse fato.

Às 16h45, Hull recebeu Nomura e Kurusu no Departamento de Estado para uma reunião que acabou durando duas horas. O governo dos Estados Unidos disse-lhes que não poderia aceitar a Proposta B do Japão. Em seu lugar, Hull oferecia aos dois diplomatas, apenas como base de discussão, o esboço de um possível acordo de longo prazo entre os dois países. E lhes entregou os Dez Pontos.

Nomura e Kurusu leram todo o documento, trocando olhares de desespero. Pedia-se à sua nação que tirasse todos os soldados da China, que abandonasse o Pacto Tripartite. Eram exigências ridículas, muito além de tudo o que seria politicamente possível para o seu governo em Tóquio. Com certeza Hull entendia isso. Eles não podiam transmitir uma oferta daquelas, protestaram os diplomatas; o seu governo simplesmente "desistiria".[19]

---

19 Hull, Cordell, *Memoirs* (Hodder & Stoughton, 1948).

Vejam as vantagens econômicas, respondeu Hull; a condição de país mais favorecido, o descongelamento dos recursos, a oportunidade de enriquecer o Japão. Os dois diplomatas o olharam como se falasse uma língua desconhecida; ele achava que honra e sacrifício podiam ser medidos em dinheiro?

Mais tarde, naquela noite, Kurusu, deprimido, disse a Tóquio que fizera "o máximo esforço, mas eles não cederão".[20]

---

20 Citado em Wohlstetter, Roberta, *Pearl Harbor: Warning and Decision* (Stanford University Press, 1962).

QUINTA-FEIRA, 27 DE NOVEMBRO

A resposta americana oficial à Proposta B chegou a Tóquio no meio da manhã, foi rapidamente decifrada e enviada às pressas para a conferência das forças armadas que se realizava no Palácio Imperial, do outro lado da cidade. Essas conferências, que tinham a mesma função das reuniões do conselho de guerra americano, contavam com a presença do primeiro-ministro, do ministro do Exterior, dos ministros militares e dos chefes de estado-maior, mas não do imperador em pessoa.

O primeiro-ministro Tojo leu em voz alta a resposta americana. O silêncio atordoado que se seguiu foi quebrado por uma única voz que exprimiu o que todos sentiam: "Isso é um ultimato!"[1]

Alguns ficaram mais descontentes do que outros. Togo, o ministro do Exterior que mantivera esperanças de grandes concessões americanas, ficou chocado, com descrença gaguejante. Os homens do Exército exibiam no rosto sorrisos de "eu não disse?", mas os da Marinha pareciam sombrios, como se só então tivessem percebido a enormidade do que acontecia.

Ninguém considerou a resposta americana minimamente sensata. Pedia-se aos japoneses que evacuassem a China. Isso já era pedir muito, ainda mais se a definição americana de China incluísse Manchukuo, e não havia nada nos Dez Pontos que indicasse outra coisa. Pedia-se ao

1 Citado em Toland, John, *Rising Sun* (Penguin, 2001).

governo japonês que abrisse mão de tudo o que o país obtivera com dez longos anos de sacrifício sangrento.

Como os americanos podiam pedir uma coisa dessas e esperar que fossem levados a sério? Sabiam que tais exigências seriam recusadas, então por que as faziam? Só podia haver uma razão: prolongar as negociações, ganhar tempo para o rearmamento e a redução do estoque japonês de petróleo antes de atacar.

Não havia mais nada a tentar. O momento finalmente chegara. A esquadra não seria chamada de volta.

A decisão final sobre a rota da Kido Butai rumo ao alvo fora tomada apenas algumas semanas antes da partida da frota. A rota escolhida teria de satisfazer duas condições básicas: ser navegável no inverno e oferecer esperanças de invisibilidade. Dessas, a segunda tinha prioridade; o resultado que os japoneses mais temiam era que os americanos avistassem a Kido Butai antes que ela pudesse lançar o seu ataque.

Quando encarregado de transformar a ideia de Yamamoto em um plano, o primeiro instinto de Kusaka foi escolher uma rota ao norte. A probabilidade de detecção se reduziria muito e ele esperava que as dificuldades de navegação e reabastecimento pudessem ser minimizadas com prática e inovações. Ele fez um estudo profundo do oceano Pacífico, das condições marítimas e climáticas e das rotas de navegação e entregou o resultado ao tenente Genda da Aeronáutica, com instruções de oferecer opções.

Genda imaginou cinco. As duas primeiras seguiriam para sudeste a partir do Mar Interior até as ilhas Marshall, pertencentes aos japoneses, onde poderiam reabastecer. Então uma delas seguia diretamente para um ponto de reunião 400 quilômetros ao sul de Oahu, a outra contornava a ilha Christmas para atacar a partir de sudeste. As duas rotas ofereciam as vantagens de mar calmo e abastecimento conveniente, mas era improvável que essa abordagem sob céu claro e passando por um conhecido campo de treino americano escapasse à detecção.

A terceira rota de Genda — rumo sudeste a partir do Mar Interior e depois para nordeste, passando pelo atol Midway, onde havia uma guarnição americana, até uma posição ao norte de Oahu — era ainda pior: o abastecimento seria mais problemático e a detecção igualmente provável. A quarta e a quinta rotas iam para leste seguindo mais ou menos a linha do paralelo 42, a quarta parando ao norte de Oahu, a quinta avançando mais para fazer a curva e atacar pelo nordeste. Esses mares seriam mais revoltos, mas os registros não mostravam nenhum navio mercante que os usasse em novembro e dezembro, enquanto a neblina e as nuvens baixas dariam mais proteção contra a descoberta.

Diante dessas opções, Kusaka seguira o seu instinto original e optou por uma rota pelo norte, escolhendo a quarta em vez da quinta para eliminar a probabilidade de encontrar tráfego marítimo entre o Havaí e a América do Norte.

Nagumo contestou essa decisão, argumentando que as dificuldades de navegação e reabastecimento se mostrariam insuperáveis, mas foi voto vencido. Ele e o navegador do *Akagi*, comandante Gishiro Miura, estavam agora encarregados de superar essas dificuldades e guiar a grande esquadra apagada e com o rádio silenciado por mares agitados e noites negras. Miura, sem dúvida, levou a tarefa a sério. Conhecido entre os colegas oficiais como uma personalidade alegre, agora espiava da ponte o mundo em penumbra e rezava para que a manhã ainda encontrasse a frota em algum tipo de formação. Conforme a Kido Butai avançava, espalhou-se pelo navio a notícia de que Miura chegara até a abandonar os seus costumeiros chinelos de tapete em troca de um par de sapatos decente.

Em Moscou, começava o campeonato de xadrez. Oito dos melhores jogadores da União Soviética tinham sido escolhidos para os três jogos semanais, realizados em vários pontos da capital. O torneio recebeu ampla cobertura da imprensa, e gente do país inteiro acompanhava ansiosamente cada jogada. Vários jogos iniciais foram interrompidos por alertas de ataque aéreo, mas os oito homens logo decidiram que prefeririam continuar as partidas em vez de deixar os alemães decidirem a hora de suas jogadas. O vencedor do campeonato, tenente Mazel, superou uma enorme desvantagem: servia em uma unidade próxima a Moscou e passou as semanas do campeonato em viagens quase permanentes entre a cidade e o combate.

*

Nos mares do norte, os aliados da União Soviética aumentavam o fluxo de ajuda material. Dois comboios partiram naquela manhã de quinta-feira: o PQ5, carregado, zarpou da Islândia e o PQ3, vazio, de Arcangel. O PQ4 deixara a Islândia oito dias depois do PQ3, mas acabara alcançando o comboio mais lento e os 15 navios mercantes pesadamente carregados agora entravam no golfo de Dvina. Antes de zarpar de Seydisfjordur, o HMS *Kenya*, cruzador da escolta do PQ3, comemorara o aniversário da revolução de Lenin hasteando a bandeira soviética, gesto muito apreciado pelo estado-maior da missão militar soviética que o navio levava de volta para casa.

Ao visitar a 29ª Divisão Motorizada aquela manhã, Guderian a encontrou em estado de choque. Por volta das duas da madrugada, uma horda de infantes siberianos de agasalhos brancos e armas de fogo também brancas surgiram da noite de repente e romperam as linhas de defesa alemãs, deixando confusão e baixas na sua esteira. Guderian, a princípio, tendeu a pôr a culpa em falhas de reconhecimento e segurança mal organizada, mas logo descobriu que não era nada disso: "o grande número de mortos, todos fardados e com as armas nas mãos, era uma prova sinistra de que os soldados tinham cumprido o seu dever e sido simplesmente vencidos pela superioridade numérica".[2] Ele fez o possível para encorajar os sobreviventes.

O dia não melhorou. Chegaram relatórios de novos reveses: a 17ª Divisão Panzer recuava para Venev, não era possível fechar o anel em torno de Tula. Talvez esta última ainda pudesse ser tomada se todas as suas forças se concentrassem com esse fim, mas quaisquer objetivos tinham recuado para além do alcance. Guderian avançou pelo crepúsculo que caía na intenção de passar a noite no quartel-general do 24º Corpo Panzer. O clima russo e o sistema alemão de suprimentos o tinham derrotado: "Só quem viu a extensão sem fim da neve russa durante esse inverno do nosso sofrimento e sentiu o vento gelado que nela soprava, enterrando em neve cada objeto em seu caminho; só quem dirigiu hora após hora naquela terra de ninguém para, finalmente, encontrar abrigo muito tênue com homens semimortos de fome e insuficientemente

2 Guderian, Heinz, *Panzer Leader* (Futura, 1974).

vestidos; e só quem viu o contraste dos siberianos descansados, bem alimentados e com roupas quentes, totalmente equipados para lutar no inverno; só quem soube de tudo isso poderia verdadeiramente avaliar os fatos que então ocorreram."[3]

A batalha por Istra continuava, a 78ª Divisão de Infantaria siberiana do general Afanassy Beloborodov disputando cada rua como se fosse a última. Para muitos foi, e à noite uma parte suficiente da cidade estava em mãos alemãs para que a Força Aérea Vermelha enviasse os seus bombardeiros. Mais de 2 mil bombas foram lançadas nas 24 horas seguintes, estilhaçando casas e igrejas e negando abrigo aos alemães vitoriosos.

"Ao norte de Moscou, um grupo de combate da 7ª Divisão Panzer estava a poucos quilômetros do canal Moscou-Volga. O capitão Hans von Luck foi convocado ao quartel-general da divisão e recebeu as ordens para o dia seguinte: 'Tomar, intacta, a ponte sobre o canal em Iakhroma, formar uma cabeça de ponte na margem leste e aguardar a chegada do grosso da divisão.'"[4]

Entre Istra e Iakhroma, ao longo do eixo da estrada de Klin, o 4º Grupo Panzer de Hoepner ainda empurrava o 16º Exército de Rokossovski de volta para Moscou. Na ala esquerda desse avanço, uma pequena unidade alemã quase chegou a Krasnaia Poliana, que ficava ao alcance da artilharia da capital. Um contra-ataque fez essa unidade específica recuar, mas em outros pontos era o Exército Vermelho que recuava, voltando para o novo quartel-general de Rokossovski em Kriukovo. O seu 16º Exército, "exangue e ainda sangrando de incontáveis ferimentos, se agarrava desesperadamente a cada centímetro de terreno, resistindo ao inimigo com tenacidade teimosa, recuando um passo e avançando repetidas vezes, minando aos poucos a força do inimigo. Não conseguimos detê-lo completamente, mas ele também não conseguiu romper as nossas defesas".[5]

O avanço de Hoepner se desacelerava e ele achou que sabia por quê: as novas formações soviéticas que não paravam de surgir no seu

---

3 *Ibid.*

4 Luck, Hans von, *Panzer Commander* (Cassell, 2002).

5 Rokossovski, Konstantin, *A Soldier's Duty* (Progress, 1970).

caminho eram transferidas da linha de frente ao sul de Istra. A recusa de Von Kluge de pôr em movimento a ala direita do 4º Exército permitia aos soviéticos desdobrar as unidades mais próximas e pôr em risco a ofensiva como um todo.

A relutância de Von Kluge em atacar já durava quase cinco semanas, desde que o seu Exército subira até a linha do rio Nara, em final de outubro, e se entrincheirara. Sem dúvida sofrera contra-ataques, mas nada na escala que ele afirmava, e, em termos de baixas e suprimentos, não estava em condições piores do que todas as outras partes do Grupo de Exércitos Centro. Quando a operação Tufão recomeçou, Von Bock fora convencido — ou iludido — a ponto de dar a Von Kluge o papel essencialmente passivo de alfinetar o centro soviético, mas nos últimos dias os alfinetes claramente tinham caído.

De acordo com o general Gunther von Blumentritt, chefe do estado-maior de Von Kluge, os dois passaram essas noites do final de novembro angustiados com a própria imobilidade: "Noite após noite eu e Von Kluge ficamos até tarde discutindo se seria aconselhável ou não concordar com a insistência [de Hoepner para atacarem]."[6] E então, finalmente, a hora chegara. O XX Corpo iniciaria o seu ataque em 29 de novembro, informou Von Kluge a Von Bock.

Na Crimeia, o tempo inclemente provocou o adiamento do ataque "final" de Manstein a Sebastopol. Com tempo para fortalecer as defesas da cidade, o Exército Vermelho se mostraria capaz de manter esse último ponto de apoio na península durante mais sete meses, prendendo grande número de soldados inimigos e eliminando a exploração alemã total da rota para o Cáucaso pela Crimeia.

Mais a leste, ao longo dos rios Don e Tuslov, os exércitos do marechal Semion Timoshenko passaram ao ataque, golpeando as bordas do saliente ocupado pelo 1º Exército Panzer. A Força Aérea Vermelha estava em evidência, a Luftwaffe ostentatória na sua ausência — as necessidades do Grupo de Exércitos Centro foram consideradas mais prementes.

Sobre Rostov e cercanias o 56º Exército soviético mandava, pelo Don congelado, ondas e mais ondas de infantaria canora e movida a

---

6 Citado em Liddell Hart, B. H., *The Other Side of the Hill* (Cassell, 1951).

vodca. Cada onda chegava ao pico e caía, aumentando os montes de cadáveres cobertos de neve sobre o gelo, drenando os recursos e pressionando a força de vontade dos defensores alemães, cada vez mais desesperados. A escuridão caiu sem trégua e, à meia-noite, a 33ª Infantaria Motorizada soviética e dois batalhões da milícia de Rostov tomaram e mantiveram uma cabeça de ponte em torno da Praça do Teatro e da fábrica de cimento vizinha.

Bóris Krainov, Vladimir Klubkov e Zoia Kosmodemianskaia passaram aquela quinta-feira escondidos na floresta, não muito longe da aldeia de Petrischevo, cerca de 24 quilômetros atrás das linhas alemãs. Tarde da noite, partiram com as bolsas cheias de coquetéis molotov. Cada um tinha os seus alvos designados: casas que abrigavam soldados alemães no centro e no norte da aldeia dispersa para Krainov e Klubkov, três casas e um estábulo no setor sul para Kosmodemianskaia. Como os alemães seriam alertados pelas primeiras labaredas, era importante que os três guerrilheiros sincronizassem os ataques.

Krainov e Kosmodemianskaia conseguiram, mas Klubkov, de 18 anos, ainda remexia os fósforos quando alguns alemães o avistaram. Ele tentou correr para a segurança da floresta, mas esbarrou em duas sentinelas alemãs. Ameaçado de fuzilamento, revelou o número e o nome dos colegas incendiários. Krainov fugiu, mas Kosmodemianskaia não. Levada de volta à aldeia, ela negou envolvimento. Confrontada com Klubkov, disse aos captores alemães que podiam matá-la — ela não lhes diria nada.

Hitler, depois de viajar a noite toda desde a Prússia Oriental, chegou a Berlim no meio da manhã. A primeira reunião do dia era com Rolf Witting, ministro do Exterior finlandês que parecia precisar de instruções ideológicas. "É preciso ter clareza sobre o fato de que os judeus do mundo inteiro estão do lado do bolchevismo", disse Hitler ao finlandês. E, como esses mesmos judeus controlavam a imprensa e a opinião pública em países como a Inglaterra, aquela imprensa também estava fadada a ser pró-bolchevique. "Toda a *intelligentsia* nacional da Inglaterra deveria ser *contra* a guerra", insistiu Hitler, "uma vez que a vitória nada traria àquele país. São as forças bolchevistas e judias que impedem os ingleses de seguir uma política sensata".[7]

Seguiram-se outras reuniões com os ministros do Exterior húngaro, búlgaro, dinamarquês e croata, mantendo o Führer ocupado até às nove da noite. Quando recebeu Scavenius, ministro do Exterior dinamarquês, o desfile interminável de pequenos países lhe dava razões para duvidar da potência do seu. "Neste momento estou frio como gelo", disse ao sofredor dinamarquês. "Se algum dia a nação alemã não for mais suficientemente forte ou preparada para o sacrifício de dar o sangue pela sua existência, que pereça e seja aniquilada por alguma outra potência mais forte. Não será mais merecedora do lugar que conquistou para si." Ele disse que "não derramaria lágrimas pela nação alemã".[8]

Mais abaixo na Wilhelmstrasse, Ribbentrop acabara de receber um relatório de Hans Thomsen, encarregado de negócios alemães em Washington. Parecia que os americanos tinham dado aos japoneses praticamente um ultimato, que Thomsen achava "fadado a resultar no rompimento imediato das conversações".[9] Estimulado pelas vantagens óbvias da entrada japonesa na guerra e, aparentemente, sem dar atenção às desvantagens igualmente óbvias da entrada americana, Ribbentrop disse à sua equipe que marcasse logo uma reunião com Oshima, o embaixador japonês.

Na Etiópia, a rendição de Gondar, última guarnição italiana, ao exército multiétnico do general Fowkes, com escoceses, indianos e africanos, foi um contraponto adequadamente irônico às comemorações em Berlim. Durante os 17 meses da campanha, 230 mil soldados italianos e etíopes mal motivados tinham sucumbido a tropas com metade daquele efetivo sob o comando inglês.

---

7 Citado em Friedlander, Saul, *The Years of Extermination* (Weidenfeld & Nicolson, 2007).

8 Citado em Hauner, M., *Hitler: A Chronology of His Life and Time* (Palgrave Macmillan, 2005).

9 Citado em Irving, David, *Hitler's War* (Hodder & Stoughton, 1977).

*

Agora um corredor de deserto ocupado pelos britânicos ligava Tobruk ao Egito e ao resto do império; a guarnição fora salva. Mas o que viria em seguida? O que os britânicos fariam com o seu sucesso? Os arquitetos da Operação Crusader tinham suposto que a salvação de Tobruk se seguiria à destruição do Afrikakorps, mas no caso ela fora conseguida na ausência dos panzers. E, naquela tarde, como descobriram os britânicos em uma mensagem interceptada, os blindados alemães estavam no caminho de volta.

A boa notícia foi que o XXX Corpo recebera vários dias preciosos para se recuperar da surra que levara perto de Sidi Rezegh. A 7ª Brigada Blindada estava praticamente falecida e acabaria reconstituída para servir na Birmânia, mas a 22ª e a 4ª Brigadas Blindadas estavam descansadas, recompostas e com tanques novos. Agora as duas brigadas se gabavam de terem, juntas, 119 tanques em boas condições, uma redução acentuada dos seiscentos da divisão em 17 de novembro, mas ainda mais do que o Afrikakorps podia pôr no campo de batalha.

O general Ritchie tinha alguma razão para otimismo, mas não tanto quanto pensava. Naquela tarde, ao saber que os panzers se moviam rumo a Tobruk, chegou à conclusão totalmente errada de que estavam "fugindo para oeste".[10] Felizmente para ele, a decisão de atacá-los com a 4ª e a 22ª Brigadas Blindadas também fazia sentido no mundo real por atrapalhar um ataque alemão imediato à retaguarda dos neozelandeses.

Rommel abandonara o sonho de uma vitória na fronteira e ordenou que os panzers fossem para oeste, mas só à moda de um adolescente contrariado. A 21ª Divisão Panzer tivera permissão de seguir a rota mais reta e supostamente mais segura ao longo da costa, mas a 15ª Panzer fora mandada ao sul para dar outra varrida esperançosa na 5ª Brigada da Nova Zelândia antes de guinar para oeste até o Trigh Capuzzo. Mais por sorte do que por discernimento, a varrida caiu sobre o quartel-general da 5ª Brigada, provocando cem baixas e arrecadando setecentos prisioneiros. Depois de receber alguma compensação pelos

---

10 Citado em Agar-Hamilton, J., e Turner, L., *The Sidi Rezeg Battles 1941* (Oxford University Press, 1957).

três dias se debatendo, a 15ª Panzer seguiu na direção de Tobruk e, devidamente, esbarrou nos blindados britânicos que aguardavam 5 quilômetros a leste de Bir el Chleta.

Os britânicos tinham mais tanques, mas menos canhões e menos ideia do que fazer com ambos. Como sempre, as suas unidades se mostraram incapazes de coordenar os ataques, e a 4ª Brigada Blindada só chegou ao final das quatro horas de batalha. A 22ª Brigada Blindada fizera a 15ª Panzer parar, mas a real possibilidade de provocar danos terminais à divisão alemã tinha se perdido. E, quando os britânicos seguiram a prática costumeira de recuar à noite para o acampamento, os alemães foram capazes de ocupar as mesmas posições que a batalha lhes negara.

Ao anoitecer, Rommel estava voltando para El Adem, o seu quartel-general ao sul de Tobruk. Ainda meio irritado com o fracasso da ação na fronteira, evitou repreender Westphal e teve a dignidade de elogiá-lo na manhã seguinte. Naquela noite, escreveu a Lucie. Era o seu vigésimo quinto aniversário de casamento e ele lhe agradeceu por "todo o amor e bondade pelos anos que passaram tão depressa". Disse-lhe que acabara de passar "quatro dias num contra-ataque no deserto sem nada para me lavar. Foi um esplêndido sucesso".[11]

A última frase era questionável, mas a batalha, sem dúvida, estava longe de terminar. Mais tarde, ele e Crüwell discutiram sobre o modo de romper os neozelandeses: Rommel era favorável a um ataque que os isolasse de Tobruk, o subordinado a um ataque que os forçasse a entrar na cidade. A batalha de Sidi Rezegh, que os dois tinham vencido de forma tão completa, estava prestes a recomeçar, como escreveu Von Mellenthin, em "condições muito menos propícias [...]. Os neozelandeses tinham estabelecido uma junção firme com a guarnição de Tobruk, e as nossas forças naquela área estavam gravemente enfraquecidas. O Afrikakorps não conseguira nada decisivo na fronteira e era apenas uma fração da tropa magnífica que entrara em combate no dia 18". Os britânicos, ao contrário, tinham sido reforçados, e a sua força aérea "dominava o campo de batalha".[12]

---

11 Citado em Lewin, Ronald, *Rommel as a Military Commander* (Batsford, 1968).

12 Mellenthin, F. W. von, *Panzer Battles* (University of Oklahoma, 1956).

*

O *Komet* atracou no Havre às 9h15 e partiu para outro ataque a leste às 17h30, dessa vez acompanhado de 11 caça-minas levemente armados e três lanchas torpedeiras.

No início daquela manhã, Stimson ligou para Hull para perguntar como fora a reunião com Nomura e Kurusu. Mal, disse Hull; todas as opções diplomáticas tinham se esgotado. Agora tudo caberia a Stimson e aos homens que se reuniram com ele no seu gabinete cerca de uma hora depois — Knox, o almirante Stark e o enviado de Marshall, general Gerow (Marshall assistia a manobras do Exército na Carolina do Norte).

Os quatro reexaminaram uma última vez o memorando ao presidente, concordaram que ainda não fora superado pelos acontecimentos e o mandaram para a Casa Branca. Se a linha dura de Hull desse certo e eles tivessem os meses de que precisavam, tudo bem. Se fracassasse e os japoneses se mostrassem mais temerários do que sensatos, a guerra seria iminente e era preciso enviar novos alertas aos comandos do Pacífico. O Exército e a Marinha vinham trabalhando em rascunhos que Stark e Gerow apresentaram a Stimson e Knox para emendas e aprovação.

Ambos os alertas foram enviados naquele mesmo dia e chegaram ao Havaí à noite e às Filipinas na manhã seguinte. "Esse despacho deve ser considerado um alerta de guerra", começava a versão da Marinha. As negociações com o Japão "cessaram", e "espera-se para os próximos dias" uma ação agressiva do Japão. Os possíveis alvos eram as Filipinas, Bornéu e Tailândia. Os destinatários do alerta foram solicitados a "executar desdobramentos defensivos apropriados antes de prosseguir com as ações já combinadas para a deflagração de guerra".[13]

A versão do Exército não tinha a frase dramática de abertura da mensagem da Marinha e era menos categórica ao descartar as negociações. Insistiu duas vezes na importância de o Japão dar o primeiro golpe, mas disse aos comandantes que "essa política não deve, repito, não deve ser interpretada como restrição a um rumo de ação que possa pôr

13 Citado em Wohlstetter, Roberta, *Pearl Harbor: Warning and Decision* (Stanford University Press, 1962).

em risco a defesa".[14] Aconselhava o aumento das atividades de reconhecimento, mas não ao preço de alarmar a população civil. Os comandantes foram informados de que apenas um número mínimo de "oficiais essenciais" deveria ser informado do alerta propriamente dito.

O memorando do Exército não foi o único documento importante a pousar na mesa de Roosevelt naquele dia. O Comitê Maud britânico, criado no ano anterior para investigar a possibilidade de uma bomba de urânio, redigira uma série de relatórios no verão de 1941. Estes foram enviados às autoridades científicas dos Estados Unidos, mas as conclusões tiradas — de que provavelmente uma bomba poderia ser fabricada antes do fim da guerra e de que era provável que os alemães talvez estivessem tentando produzir a deles — só foram inteiramente reveladas ao presidente Roosevelt em 9 de outubro. O primeiro e último instinto do presidente era assegurar que a liderança do programa de pesquisa e desenvolvimento ficasse nas mãos do governo e das forças armadas. Os cientistas fariam a bomba, mas não teriam influência sobre se e como seria usada.

O Escritório de Pesquisa e Desenvolvimento Científico, encabeçado por Vannevar Bush, levou três semanas para produzir um esboço do equivalente americano ao Relatório Maud. Os autores achavam que uma quantidade significativa de bombas de fissão podia e devia ser produzida "dentro de três ou quatro anos". Ajudassem ou não a derrotar os alemães, a posse de tais armas seria fundamental em qualquer mundo no pós-guerra: "A atenção adequada à defesa nacional parece exigir o desenvolvimento urgente desse programa."[15]

Ao receber o relatório naquela quinta-feira, Roosevelt não teve como deixar de concordar.

Enquanto isso, Hull pedia aos seus assessores no Departamento de Estado algo positivo a oferecer aos japoneses na reunião daquela tarde com Roosevelt. Ninguém conseguiu pensar em nada, e um homem, Stanley Hornbeck, assessor especial para o Extremo Oriente, foi especialmente inflexível ao afirmar que nada deveria ser oferecido, que era preciso

14 *Ibid.*

15 Citado em Rhodes, Richard, *The Making of the Atomic Bomb* (Touchstone, 1988).

aderir a uma linha firme. Se os japoneses fossem tolos a ponto de começar a guerra, Hornbeck tinha certeza de que os Estados Unidos teriam uma vitória fácil e rápida. No entanto, estava igualmente convencido de que os japoneses não teriam coragem. Em um memorando escrito naquela tarde, fez uma previsão que logo ficaria famosa: "Se fosse questão de apostar", disse, ele daria vantagem de "cinco a um de que os Estados Unidos não estarão em 'guerra' antes de 15 de dezembro".[16] Em resumo, não havia perigo de guerra iminente.

Na Casa Branca, Nomura e Kurusu tiveram a audiência que pediram com o presidente, que meramente repetiu o que Hull lhes dissera no dia anterior. Os Dez Pontos deviam ser considerados como base para discussão, como oportunidade e não como ameaça.

Pouco antes da meia-noite, Kurusu ligou para Kumaichi Yamamoto, líder do bureau americano no Japão. O seu último relatório ainda não chegara a Tóquio, e Yamamoto quis saber como fora a reunião com o presidente. Kurusu lhe contou, usando o código que recebera, o tipo de código que uma criança de 5 anos não teria dificuldade de entender. O casamento (um acordo nipo-americano) ainda estava oficialmente marcado, e Yamamoto gostaria que as negociações continuassem, muito embora o nascimento de um filho (ação militar) fosse iminente agora e Tokugawa (o Exército) estivesse "realmente mordendo o freio".

— É por isso que duvido que algo possa ser feito — acrescentou Kurusu.

— Ora, não se pode vender uma montanha — disse-lhe Yamamoto. O Japão não podia simplesmente ceder.[17]

O alerta do Exército chegou ao general Short, no Havaí, em algum momento da tarde. Ele o examinou palavra por palavra, mas deixou de ver a importância do todo. O convite para aumentar o reconhecimento foi ignorado, pois Short supôs erradamente que o redator supusera erradamente que o Exército no Havaí dividia essas tarefas com a Marinha,

---

16 Citado em Wohlstetter, Roberta, *Pearl Harbor: Warning and Decision* (Stanford University Press, 1962).

17 Citado em Prange, Gordon, *At Dawn We Slept* (Penguin, 2001).

como acontecia nas Filipinas. Mas, quanto a evitar alarme civil e limitar o número dos que sabiam, Short foi longe demais. Havia três estágios de alerta disponíveis, mas o segundo e o terceiro, que deveriam ser invocados em caso de ameaça de ataque externo, lhe pareceram incompatíveis com as instruções. Só o Alerta Nº 1, invocado contra sabotagem e subversão doméstica, lhe permitiria manter calma a população e restringir a disseminação do alerta.

Isso pareceu sensato a Short, que achava extremamente improvável um ataque externo, mas vivia falando em sabotagem. Os aviões sob o seu comando foram devidamente mobilizados, desarmados e rigorosamente agrupados para uma defesa mais fácil contra sabotadores.

O alerta naval chegou ao almirante Kimmel à noite, mas a primeira frase deixou de causar o choque pretendido; como disse depois, Kimmel achou que significava ser provável que um ataque japonês em algum ponto do sudeste da Ásia ou no Pacífico fosse iminente. Dificilmente essa seria uma revelação, e a lista de alvos possíveis não incluía o Havaí. Kimmel ficou a ponderar o aforístico "desdobramentos defensivos apropriados" — o que seriam exatamente? Decidiu que já os fizera, pelo menos na medida em que diziam respeito aos navios. O conceito de defender Pearl Harbor propriamente dito lhe escapou, e com ele a ideia de ampliar o reconhecimento inadequado que os seus aviões executavam.

Um homem que não recebeu o alerta de guerra foi o contra-almirante Patrick Bellinger, encarregado das patrulhas navais. Nove meses antes, Bellinger e o general Martin, seu correspondente do Exército, tinham examinado a possibilidade de um ataque inimigo a Pearl Harbor e decidido que um ataque de surpresa, lançado a partir de um ou mais porta-aviões a menos de 500 quilômetros ao largo da costa, era claramente factível. A única defesa contra um ataque desses seria aumentar muito o reconhecimento com aviões "até onde possível sobre o mar em 360º".[18] Bellinger e Martin tinham admitido que a escassez de pilotos e aviões impedia o estabelecimento de patrulhas permanentes, mas não viam razão para não serem realizadas em uma crise. Aparentemente, a crise chegara, mas Bellinger não tinha como avaliar a sua gravidade.

---

18 Citado em Wohlstetter, Roberta, *Pearl Harbor: Warning and Decision* (Stanford University Press, 1962).

Nessa conjuntura, a sua única fonte de informações, como ele disse mais tarde no seu depoimento, eram os jornais de Honolulu.

Em vez de se preocupar com as intenções japonesas, Kimmel se concentrara em fazer a sua parte no grande plano estratégico. O reforço das Filipinas — tanto agora, com o despacho avançado de aviões B-17 e, mais tarde, caso irrompessem hostilidades, com o envio da Frota do Pacífico para as águas do Sudeste Asiático — estava no centro daquele plano, e Kimmel decidiu fortalecer as escalas que ficavam entre ele e MacArthur. Na semana seguinte, usaria os seus dois porta-aviões para entregar aeroplanos adicionais às bases aéreas das ilhas Wake e Midway.

Esse passo teve uma vantagem colateral, mas não a que Kimmel esperava. Ele sabia que mandar os porta-aviões para Wake e Midway permitiria uma grande expansão do reconhecimento aéreo da área de abordagem a sudoeste do Havaí e tornaria quase impossível um ataque japonês de surpresa vindo daquela direção. No fim das contas, mandar os porta-aviões para longe de Pearl Harbor os salvaria da verdadeira surpresa, que logo viria enxameando do norte.

SEXTA-FEIRA, 28 DE NOVEMBRO

Foi o momento que muitos temiam: o primeiro reabastecimento nas ondas revoltas do Pacífico. O potencial de problemas do processo vinha provocando ginástica mental desde a primeira menção do plano de Pearl Harbor. Nem todos os navios japoneses precisavam encher o tanque — os três porta-aviões maiores, dois encouraçados e dois cruzadores pesados levavam o necessário —, mas a maioria precisava de um pouco de combustível e os contratorpedeiros, de doses diárias. Calcular a necessidade de combustível em quais velocidades e distâncias e a quantidade necessária de navios-tanque para transportá-lo era uma tarefa bastante fácil, mas a mecânica de transferi-lo do navio-tanque para o navio de guerra no mar encapelado do norte provavelmente seria problemática. A princípio, Nagumo fora contrário à rota do norte exatamente por essa razão.

Houve sessões de treino. O reabastecimento foi experimentado em várias posições, com os navios-tanque ligados umbilicalmente à frente, atrás e ao lado dos navios de guerra. No entanto, não fora possível simular essas operações no tipo de mar que a Kido Butai provavelmente encontraria a caminho do Havaí, e esse primeiro reabastecimento foi tenso. Enquanto navios subiam, desciam e adernavam para cá e para lá, as mangueiras se flexionavam e serpenteavam cruelmente e varreram dos conveses vários infelizes. Nenhum foi resgatado, mas o abastecimento finalmente se completou e uma grande dúvida foi dissipada.

*

A mensagem que continha os Dez Pontos de Hull estava longe de ser a última que o ministro do Exterior Togo recebeu dos seus homens em Washington. Nomura mandou vários pedidos de mais tempo e chegou a passar por cima do ministro do Exterior com apelos a Tojo e ao líder do parlamento. A resposta, despachada de Tóquio naquela manhã, foi definitiva: "Com o relatório das opiniões do Governo Imperial que lhe será enviado em dois ou três dias, as conversações serão de fato rompidas. Isso é inevitável. No entanto, não desejo que o senhor dê a impressão de que as negociações foram interrompidas."[1] A partir desse dia, Nomura e Kurusu foram mais atores do que diplomatas, e Togo esperava um desempenho convincente.

O "aviso de guerra" oficial chegou às Filipinas nas primeiras horas de 28 de novembro, e MacArthur mandou de volta promessas de reação imediata. O reconhecimento aéreo seria "ampliado e intensificado", a segurança em terra aprimorada. "Tudo", escreveu a Marshall, "está em prontidão para a condução de uma defesa bem-sucedida".[2] Ainda naquela manhã, quando contou a notícia a Brereton, MacArthur logo aceitou a recomendação do subordinado de pôr a força aérea em prontidão de guerra. Todo o pessoal foi confinado às bases, os aviões armados e dispersados na máxima extensão possível. Metade dos B-17 seria transferida para o campo de pouso de Del Monte, em Mindanao, quando houvesse acúmulo suficiente de suprimentos.

Marshall dificilmente esperaria mais, e não havia nada que indicasse que a leitura feita por MacArthur fosse diferente do que pretendera o redator do aviso. Mas era. Como transpareceu depois, MacArthur ficou muito impressionado com a insistência do governo de que o Japão deveria "cometer o primeiro ato notório". Contra o quê, se perguntou? O solo americano? Se fosse essa a intenção, as Filipinas contavam como solo americano? E que nível de reconhecimento americano constituiria um "ato notório" da sua parte?

---

1 Citado em Feis, Herbert, *The Road to Pearl Harbor* (Princeton, 1950).

2 Citado em Bartsch, William, *December 8, 1941* (Texas A&M University Press, 2003).

Ele não perguntou. Buscar esclarecimentos poderia ser considerado fraqueza e, de qualquer modo, não havia motivo para preocupação imediata. Na véspera mesmo ele dissera ao alto-comissário americano Sayre e ao almirante Hart que "seria impossível para os japoneses atacar as Filipinas antes de abril próximo".[3]

Desde que, três dias antes, recebera a determinação nada satisfatória de Londres da possível implementação da Operação Matador, o general Brooke-Popham fora deixado em uma ignorância nada abençoada pelos seus senhores de Whitehall. O que exatamente acontecia em Washington? "Nós mesmos estamos completamente no escuro", transmitiu ele a Londres repreensivamente. "O senhor perceberá como essa questão é importante para nós, principalmente se o estágio de rompimento se aproxima."[4]

Embora sem armas pesadas — o gelo do Don era fino demais para suportar tanques e artilharia —, os soviéticos ainda mantinham a cabeça de ponte de Rostov quando a aurora trouxe reforços. Von Kleist, ao contrário, não tinha reservas para utilizar; os recursos do 1º Exército Panzer já estavam sendo utilizados além do limite, com divisões panzer reduzidas a vinte tanques ou menos, companhias de infantaria com apenas cinquenta homens. Parecia que Rostov seria a primeira cidade cedida pelos alemães na Segunda Guerra Mundial.

Iakhroma era uma cidadezinha têxtil no lado oeste do canal Moscou-Volga, 63 quilômetros ao norte do Kremlin. O ataque alemão começou pouco antes da meia-noite do dia 27, com o grupo de reconhecimento de Von Luck tateando o caminho pela floresta ao norte da cidade para chegar ao canal por volta das quatro da madrugada. O grupo se moveu rapidamente para o sul pela margem oeste e conseguiu tomar a única ponte de um surpreso destacamento de segurança soviético de quarenta homens, e montou acampamento na outra margem. O general Reinhardt, do 3º Grupo Panzer, passou a ter o que chamou de "trampolim para o Oriente".

---

3 *Ibid.*

4 Citado em Allen, Louis, *Singapore* (Davis-Poynter, 1977).

Assim, o restante do 7º Grupo de Assalto Panzer do coronel Hasso von Manteuffel — o 6º Regimento de Infantaria e parte do 25º Regimento Panzer — avançou, e as unidades do Exército Vermelho a oeste da cidade, presas entre duas forças alemãs, escaparam como puderam. Nas horas que faltavam até a aurora, a infantaria alemã limpou a cidade de forças inimigas e ocupou a linha de terreno mais elevado cerca de meio quilômetro além do canal.

Logo foram atacados. Por volta das 7h30, vários tanques T-26 e um trem blindado avançaram pelos trilhos no lado leste do canal e quase conseguiram chegar à ponte antes que um contra-ataque dos Mk III e IV do 25º Regimento Panzer incapacitasse a locomotiva e forçasse os tanques a recuar. Então, os blindados alemães se retiraram para o outro lado enquanto a infantaria aumentava a cabeça de ponte, formando um perímetro de defesa com cerca de 3 quilômetros de comprimento e 1,5 de largura. Reinhardt telefonou para Von Bock no início da tarde com a boa notícia e sugeriu que todo o grupo panzer continuasse o avanço para o leste. Bock ficou tentado — "tal empreitada pode provocar o colapso de toda a frente a nordeste de Moscou".[5]

Visões semelhantes assombravam o Kremlin. Quando a notícia da cabeça de ponte de Manteuffel chegou a Moscou, o alarme foi intenso. As pinças se estenderiam de novo? Os alemães conseguiriam chegar por trás deles? Stalin logo estava ao telefone com Jukov, exigindo um contra-ataque e, como de costume, oferecendo reservas novas com esse propósito. Ao meio-dia, duas brigadas de tanques do recém-formado 1º Exército de Choque estavam a caminho de Iakhroma, e milhares de civis e milicianos reforçavam as defesas ao longo de toda a margem leste do canal.

Enquanto a sexta-feira se desenrolava, a tropa de Von Manteuffel sofreu pressão cada vez maior da infantaria, da artilharia e dos ataques aéreos soviéticos. Um ataque conjunto de infantaria e foguetes Katiúcha partindo de nordeste só foi repelido com dificuldade no meio da tarde, e no início da noite Reinhardt, longe de pensar em novos avanços, perguntava a Von Bock se a cabeça de ponte teria de ser mantida "a todo

5 Bock, Fedor von, *The War Diary* (Schiffer, 1996).

custo". "Sim e não, nada de baixas desnecessárias!", foi a resposta nada útil de Von Bock.[6]

Depois do escurecer, as brigadas de tanques soviéticos recém-chegadas lançaram um novo ataque, abrindo caminho à força para o sul, ao longo do canal, rumo à ponte. Como sempre, os seus T-34 se mostraram superiores aos Mk III e IV alemães, e às 21h30 a ponte mantida por estes estava sob fogo.

A partir de Iakhroma, a fronteira entre os dois exércitos combatentes se estendia para o sudoeste em uma linha ondulada. As forças que se moviam para leste e sudeste dos dois lados das estradas de Leningrado e de Volokolamsk estavam a menos de 50 quilômetros do centro de Moscou e ainda se aproximavam mais alguns quilômetros a cada dia exaustivo. Além disso, o 4º Exército deveria recomeçar no dia seguinte o tão retardado avanço, ameaçando Moscou de uma nova direção e aliviando a tensão sobre os grupos panzer exageradamente exigidos de Hoepner e Reinhardt.

No entanto, Von Kluge, comandante do 4º Exército, andara pensando melhor. Fitava o mapa do seu gabinete, segurando o exemplar muito folheado do famoso relato de Caulaincourt do castigo que Napoleão sofreu na Rússia, e aquele simplesmente não parecia ser o momento certo. Tendia ao adiamento, disse o comandante do 4º Exército naquela noite a Von Bock, que, por motivos só seus, concordou que "o momento" ainda não chegara.[7]

Naquele mesmo dia, concordara com a redução mais justificada das ambições de Guderian. Os objetivos de longo alcance designados ao 2º Exército Panzer seriam adiados indefinidamente a favor de uma última tentativa cuidadosamente preparada de tomar Tula.

Em Petrichevo, Zoia Kosmodemianskaia foi despida e tão surrada com cassetetes de borracha que dois soldados alemães foram em busca de outro abrigo contra o frio. Os que ficaram se divertiram exibindo-a

---

6 *Ibid.*

7 *Ibid.*

seminua na neve e surrando-a mais um pouco. A única coisa que ela lhes disse foi que se chamava Tania.

Mais tarde, duas mulheres cujas casas tinham sido incendiadas na noite anterior foram trazidas e convidadas a agredir Zoia do modo que achassem adequado. Uma jogou nela uma bacia de água fria de lavagem.

Uma forca estava em construção na praça da aldeia.

Embora o destino de Zoia só chegasse à imprensa dois meses depois, um grupo de vítimas anteriores recebeu divulgação completa no exemplar do *Estrela Vermelha* daquela sexta-feira. Em um artigo intitulado DEPOIMENTO DOS VINTE E OITO HERÓIS CAÍDOS, A. Krivitski contou a história de um pelotão anticarro da 316ª Divisão de Panfilov. Em 16 de novembro, armados apenas com fuzis e coquetéis molotov, os 28 de Krivitski combateram e seguraram cinquenta tanques alemães na estação de Dubossekovo, na estrada de Volokolamsk, e pereceram no processo. "Nem um passo atrás!", dissera-lhes o seu líder, o comissário político Klotchkov. "A Rússia é vasta, mas não há como recuar pois Moscou está atrás de nós!" "No momento mais importante", escreveu Krivitski, "os heróis, embora apenas um punhado, não estavam sozinhos. Com eles estavam os heróis de antigamente que se recusaram a se submeter a invasores estrangeiros [...]. Morreram, mas não deixaram o inimigo passar".[8]

É claro que a história dos Heróis de Panfilov era boa demais para ser inteiramente verdadeira. O leitor atento se perguntaria como, na ausência de sobreviventes, as palavras inspiradoras de Klotchkov foram preservadas para a posteridade, e nas semanas seguintes emergiram dúvidas sobre onde, quando e quantos. Mas era uma boa história, que tocou um ponto sensível. Milhões de cidadãos soviéticos menos homenageados, como escreveu Krivitski sobre os 28, davam "a vida no altar da Pátria".[9]

---

8 Citado em Porter, Cathy, e Jones, Mark, *Moscow in World War II* (Chatto & Windus, 1987).

9 *Ibid.*

*

Em Riga, as autoridades da ocupação alemã anunciaram a liquidação iminente do gueto judeu. Ao amanhecer do dia seguinte, os homens em idade de trabalhar seriam removidos para um campo cercado em outra região da cidade; no domingo, mulheres, crianças e idosos seriam transportados para um campo especial em local não revelado. Cada adulto teria permissão de levar uma mala com peso máximo de vinte quilos, e a maioria passou a noite se angustiando com o que levar e o que deixar para trás.

Anos depois, Frida Michelson descreveu aquela noite, "a última noite antes da despedida das pessoas amadas — os parentes — pais, filhos, irmãos, maridos. A sensação era de uma despedida para sempre. Ninguém dormiu, ninguém comeu, poucas palavras foram ditas. Pela manhã, não restavam mais lágrimas para derramar e a desesperança se instalou".[10]

Foi um dia de muitas reuniões em Berlim, algumas importantíssimas para o esforço de guerra alemão, outras parecidas com cenas mal escritas de um filme dos Irmãos Marx. O primeiro visitante de Hitler foi outro veterano da luta contra os judeus, o hadji nacionalista palestino Muhammad Amin al Husseini. As autoridades britânicas da Palestina já tinham condenado Husseini a 15 anos de prisão, mas decidiram que nomeá-lo principal juiz religioso ou grande mufti de Jerusalém seria melhor para o seu domínio da região. Husseini aceitou o cargo, mas não a insinuação, e continuou organizando a oposição à imigração judia. Ele teve um papel importante na Revolta Árabe de 1936, fugiu do país no ano seguinte e acabou chegando a Berlim, onde prestou homenagens ao colega antissemita.

Husseini disse que desejava o apoio alemão à independência árabe, principalmente palestina. Sabia que o Führer veria com simpatia essas metas e o seu corolário natural, o fim da noção pavorosa de um Lar Nacional judeu em solo árabe. Em troca, o mufti oferecia ajuda militar — um apelo pessoal dele "aos países árabes e aos prisioneiros de nacionalidade árabe, argelina, tunisiana e marroquina na Alemanha produziria um grande número de voluntários ansiosos para lutar". Hitler só

---

10 Michelson, Frida, *I Survived Rumbuli* (Holocaust Library, *c.* 1979).

teria que dizer que sim — em público, é claro — para "despertar os árabes da sua letargia momentânea e lhes dar nova coragem".

Hitler rodeou, rodeou e generalizou. Ninguém duvidava da sua "atitude fundamental quanto a essas questões" nem que "defendia uma guerra intransigente contra os judeus". Na verdade, ele e a Alemanha estavam naquele momento "engajados em uma luta de vida ou morte com duas cidadelas do poder judeu: a Grã-Bretanha e a Rússia soviética", e que "não era preciso mencionar que dariam ajuda prática e positiva aos árabes envolvidos na mesma luta", porque "promessas platônicas eram inúteis em uma guerra por sobrevivência ou destruição na qual os judeus fossem capazes de mobilizar para o seu fim todo o poder da Inglaterra".

Mas — e ele tinha certeza de que o mufti compreenderia — era preciso levar em consideração o quadro mais amplo. Caso se declarasse favorável à independência síria, os partidários de De Gaulle na França ganhariam força, e os soldados alemães necessários no Oriente teriam de ser mobilizados no Ocidente. Quando a guerra no Oriente fosse vencida e os exércitos alemães chegassem "à saída sul da Caucásia", ele não hesitaria em dizer aos árabes que a "hora de libertação" estava ao alcance. Quando essa hora chegasse, o mufti seria "o porta-voz de maior autoridade do mundo árabe", mas até esse momento — infelizmente, ainda alguns meses no futuro — ele teria de esperar pela declaração pública.

O mufti exprimiu a sua confiança na leitura que Hitler fazia do futuro e compreendia a sua relutância em fazer uma declaração pública naquele momento. Mas o Führer daria a ele e aos seus árabes uma declaração confidencial?

Ele acabara de recebê-la, disse-lhe Hitler.[11]

Ao retornar da viagem pela frente oriental que fizera em meados de novembro, Walter Rohland dividiu com outros importantes barões do aço da Alemanha — Albert Voegler, da Vereinigte Stahlwerke, e Walter Borbet, da Bochumer Verein, em um encontro no Ruhr — a sua sensação de crise. Naquele dia, os três foram a Berlim e se reuniram com Fritz Todt, ministro de Armamentos, na intenção de convencê-lo de

11 http://emperors-clothes.com/archive/mufhitler.htm

que a situação era muito grave. Não precisavam ter se incomodado; as histórias de Todt sobre a desgraça da indústria bélica eram tão sombrias quanto as deles. Todos concordavam que não era mais possível vencer a guerra com a Rússia, mas quem contaria isso ao Führer?

Depois de se despedir do mufti, Hitler teve uma rápida audiência com o rei Miguel da Romênia e a mãe dele antes de reviver a sua invetiva antissemita para o secretário do Exterior romeno Mihail Antonescu. Este último escutou com paciência e pouco disse. Nas palavras de Ciano, ele era "um novato na política externa", que faz um "serviço bastante bom", mas "continua romeno e parece escuso".[12]

O Führer "falou longamente" e parecia sentir certa pena de si mesmo; queixou-se de que os judeus, os eslavos e os anglo-saxões que combatiam a Alemanha e os seus aliados possuíam a maior parte das terras férteis e das matérias-primas. Os judeus, disse ele a Antonescu, tinham uma "certa tendência destrutiva que encontrava expressão na luta do bolchevismo e do pan-eslavismo".[13]

Essa última era a onda do momento na imprensa de Berlim, graças à súbita redescoberta — já causara sensação quase quarenta anos antes — do suposto testamento de Pedro, o Grande, por um jornal belga. Sabia-se que o testamento era falso, mas isso não preocupou Hitler nem Ribbentrop, que gostavam de retratar a política externa russa sob a mesma luz expansionista. "Não importava", como escreveu Schmidt, ajudante de ordens de Hitler, a Ribbentrop, "o que um ou outro professor tivesse descoberto em relação a esse testamento de Pedro, o Grande. O que importava, isso sim, era que a história demonstrava que a política russa era conduzida de acordo com esses princípios".[14] O *Völkischer Beobachter* seguiu as instruções do governo de ressaltar essa continuidade histórica e observou que "Pedro, o Grande, se tornou muito popular entre os bolchevistas, que o chamam de 'o primeiro bolchevista'".[15]

---

12 Ciano, conde Galeazzo, *Diaries*, org. Muggeridge, Malcolm (Heinemann, 1947).

13 Citado em Friedlander, Saul, *The Years of Extermination* (Weidenfeld & Nicolson, 2007).

14 *Ibid.*

15 Citado em *The Times*, 28 de novembro de 1941.

A imprensa alemã também gostava de refutar descrições inimigas da Conferência Anticomintern como teatro de marionetes. De acordo com o *Börsen-Zeitung*, os ministros do Exterior que tinham assinado e renovado o pacto agiram "em nome de nações que, sem exceção, já provaram com clareza a sua determinação de destruir o bolchevismo com a participação no conflito militar da frente oriental ou com medidas repressoras domésticas".[16] O *Völkischer Beobachter* convidou os leitores a imaginar uma Europa em que a Inglaterra fosse vitoriosa nas duas últimas guerras: "Em vez de ser capaz de enfrentar o mundo unida, tendo no centro um Reich incomensuravelmente maior em poder e potencialidade, a Europa seria então dividida em fragmentos, consistindo em nada além de um monte de partes separadas e não orgânicas."[17]

O *Deutsche Allgemeine Zeitung* achava que um futuro em que o Reich fosse vitorioso uniria a Europa como nunca. A Liga das Nações, afinal de contas, fora destruída pela praga bolchevique transmitida pelos judeus e que, na sua esteira, trouxe democracia, incerteza e divisão. Os Estados da Nova Europa, ao contrário, "ombro a ombro no Pacto Anticomintern, são homogêneos e decididos, pois não há recuo nem vacilação".[18] O *Frankfurter Zeitung*, soando como um viajante do tempo vindo da década de 1990, defendia que a exigência de "fusão europeia" ficara ainda mais forte, e que "nem os britânicos têm sido capazes de negar. Essa sensação tomou posse de ministros, deputados e todos os milhões de seres humanos de vários países e agora busca forma visível [...]. O desenvolvimento comum adquirirá a força inerente ao hábito adquirido. Os povos do oeste e do sul da Europa aprenderão, pela experiência direta e diária, a sentir a unidade do Continente como algo natural. O que os Estados anglo-saxões fizerem para dilacerar a Europa só erá cimentá-la ainda mais".[19]

O "Oriente" era outra questão. O *Schwarzes Korps* observou, em termos que, vistos de hoje, só deprimem, que a tarefa dos ocupantes não

16 *Ibid.*

17 *Ibid.*

18 *Ibid.*

19 *Ibid.*

era "meramente criar ordem a partir do caos, [mas] mobilizar forças e recursos desse espaço em prol da independência da Europa".[20]

A reunião mais importante daquela sexta-feira aconteceu no Ministério do Exterior. O surrealista belga René Magritte pintou um quadro com duas pessoas se beijando com sacos sobre a cabeça e o intitulou *Os amantes*; se tivesse pintado outro com dois homens usando sacos iguais nos dois lados de uma mesa e o chamasse de *Os diplomatas*, teria captado a essência da reunião daquela noite entre Ribbentrop e o embaixador japonês, general Oshima. Nenhum dos dois sabia que a Primeira Frota Aérea japonesa estava a caminho de Pearl Harbor, e Oshima ainda não fora informado do rompimento das negociações nipo-americanas. Ribbentrop, que convocara o outro por e com instruções de Hitler, parecia estranhamente inseguro do que queria dizer.

Começou insistindo que a guerra contra a União Soviética assumira uma "forma definida", que o resultado podia ser "previsto infalivelmente". Dado isso, era difícil imaginar uma hora mais propícia para o Japão entrar na luta. Se os senhores de Oshima em Tóquio hesitassem, "todo o poderio militar da Grã-Bretanha e dos Estados Unidos se concentrará contra o Japão". Essa era uma abertura estranha e, na verdade, insinuava que em algum momento futuro a Alemanha perderia a guerra ou se retiraria dela, deixando ao abandono os seus aliados do Pacto Tripartite. Talvez ao perceber um ar inquisitivo no rosto de Oshima, o alemão inseriu uma das generalizações misteriosas do seu chefe: "Como disse Hitler hoje, há diferenças fundamentais no próprio direito de existir entre a Alemanha e o Japão e os Estados Unidos."

Essa afirmativa claramente não exigia explicações, e Ribbentrop continuou, informando ao general que as negociações em Washington, efetivamente, não tinham dado em nada: "Se realmente for o caso e se o Japão tomar a decisão de combater a Grã-Bretanha e os Estados Unidos, confio que isso, além de ser do interesse conjunto do Japão e da Alemanha, trará resultados favoráveis para o próprio Japão."

Oshima se perguntou: o que Ribbentrop estaria dizendo? "Sua Excelência", perguntou cuidadosamente, "estaria indicando que um

---

20 *Ibid.*

estado de guerra real será estabelecido entre a Alemanha e os Estados Unidos?”.

Ribbentrop não tinha certeza do que queria dizer, como a sua resposta deixou claro: “Roosevelt é um fanático, portanto é impossível saber o que ele fará.” Oshima pensara que Ribbentrop prometia a entrada alemã automática em uma guerra nipo-americana, mas agora o ministro do Exterior alemão parecia insinuar que uma guerra germano-americana teria de ser iniciada pelos Estados Unidos. Qual seria o certo?

Enquanto Oshima tentava entender, Ribbentrop seguiu para um terreno mais firme. Disse que, agora, o Führer estava decidido “a esmagar a União Soviética em uma extensão ainda maior do que planejara a princípio”. Na verdade, isso estava quase feito, e a maioria dos soldados alemães logo voltaria para casa. Novos avanços até os Urais e o Cáucaso se seguiriam na primavera, e Stalin seria perseguido até os confins da Sibéria. Quanto aos britânicos, estavam prestes a serem expulsos da África, de Gibraltar, do Oriente Médio e do Mediterrâneo. Havia planos de uma invasão da Grã-Bretanha propriamente dita, mas Ribbentrop duvidava que isso fosse necessário; o governo britânico estava rachado e a ordem pública desmoronava.

Oshima escutou, acreditou, mas não se distraiu. No final da reunião, o embaixador japonês se sentiu obrigado a reviver a questão mais importante: o que a Alemanha faria se o Japão se envolvesse em uma guerra com “países que têm auxiliado a Grã-Bretanha”? E, dessa vez, para sua grande surpresa, não houve evasivas. “É claro que a Alemanha entraria na guerra imediatamente”, respondeu Ribbentrop, como se estivesse espantado com a mera possibilidade de dúvida. “Não há absolutamente nenhuma possibilidade de a Alemanha fazer uma paz em separado com os Estados Unidos nessas circunstâncias. O Führer está decidido quanto a essa questão.” Oshima mal conseguiu acreditar: o seu governo recebera o cheque em branco que tanto esperava, mas que dificilmente contava receber.[21]

Dizer, como os britânicos e os seus aliados no deserto, que Tobruk fora salva era um tanto exagerado. Provavelmente seria mais exato dizer que

---

21 Citado em Shirer, William, *The Rise and Fall of the Third Reich* (Pan, 1964).

o perímetro fora expandido para incluir a área, com cerca de 15 quilômetros de comprimento e 7 de largura, agora ocupada pela 2ª Divisão da Nova Zelândia. Os quatro cantos desse retângulo correspondiam mais ou menos aos cumes de Belhamed, Zaafran, Ponto 175 e a escarpa de Sidi Rezegh. As ligações entre essa "Tobruk ampliada" e o resto das tropas britânicas — a 7ª Brigada Blindada ao sul e ao sudeste, o restante do XIII Corpo na fronteira — continuavam tênues e davam às forças do Eixo a probabilidade de restabelecer a "Tobruk menor" com os neozelandeses dentro (preferência de Crüwell) ou isolar os neozelandeses de Tobruk e do resto das tropas britânicas (preferência de Rommel).

Para alemães e italianos, 28 de novembro foi um dia de preparativos, de abastecer e suprir as suas unidades e colocá-las em posição para ataques coordenados no dia seguinte. No processo, tiveram mais uma grande sorte: a 15ª Panzer encontrou um posto de primeiros socorros da Nova Zelândia — fazendo muitos prisioneiros britânicos e libertando muitos dos seus homens — à meia-luz do crepúsculo enquanto se deslocava para oeste rumo ao ponto de partida da manhã seguinte.

Não houve nenhuma grande batalha de blindados durante o dia, mas tanto a infantaria neozelandesa quanto a alemã tiveram sucessos uma contra a outra em encontros isolados. No nível do comando, os britânicos praticamente desperdiçaram o dia. Embora geralmente se percebesse que os neozelandeses precisavam muito de apoio, não se deu urgência nenhuma à tarefa de levar até lá a 1ª Brigada de Infantaria sul-africana, no momento baseada a cerca de 19 quilômetros ao sul de Sidi Rezegh. A 7ª Divisão Blindada, que poderia e deveria ter sido deslocada para o norte para pressionar os blindados alemães, restringiu-se a movimentos laterais de varredura ocasional e limitada.

Havia uma razão óbvia para esse excesso de cautela. Os comandantes da infantaria sul-africana e dos blindados britânicos tinham ficado quase traumatizados com a dança sangrenta e regirante dos últimos dez dias e não se dispunham a dar nenhum tipo de passo decisivo sem ordens de clareza impossível de ignorar. Os superiores sabiam o que provavelmente estava por vir — como deixou claro a decisão do XIII Corpo, naquela noite, de mover o seu quartel-general para dentro do antigo perímetro de Tobruk —, mas tomaram pouquíssimas providências novas para evitar ou mesmo suavizar o golpe esperado.

*

Durante as primeiras horas, ao largo de Boulogne e Calais, o *Komet* e a sua escolta travaram uma batalha em movimento com lanchas torpedeiras britânicas sediadas em Dover. Como ambos os lados sofreram danos e baixas semelhantes e o próprio *Komet* chegou à segurança do porto de Dunquerque antes da aurora, o encontro poderia ser considerado uma relativa vitória, mas o comandante alemão só podia refletir que sair e entrar de águas nacionais se tornara uma proposta muito mais difícil.

Em Londres, *The Times* noticiou que, depois de 11 noites de mau tempo para voos, a RAF finalmente conseguira mandar uma grande força de bombardeiros contra a Alemanha. Os alvos não foram mencionados, mas a probabilidade de atingi-los melhorara muito recentemente com o expediente simples de expandir o alvo. Acertar pontes ou edifícios específicos fora substituído por acertar cidades.

A mudança de política datava do Relatório Butt, de agosto, que, entre muitos outros achados arrasadores, revelara que apenas um terço das bombas lançadas caía a menos de 8 quilômetros do alvo visado. Outro fato relacionado, não no Relatório Butt, era que se perdia um bombardeiro a cada 10 toneladas de bombas lançadas. A escala das baixas, em vista daquele nível de inexatidão, não era sustentável.

A tecnologia de mira e navegação melhorava sem parar, e a campanha de bombardeio de precisão poderia ter sido reduzida ou suspensa até se tornar uma proposta realista. Sem dúvida, os bombardeiros temporariamente sem uso seriam bem-vindos nos teatros do Atlântico e do norte da África. Mas nem o Comando de Bombardeiros nem o governo britânico se dispunham a esperar. No final de novembro de 1941, tomou-se a decisão de alvejar cidades da Alemanha, e o Relatório Cherwell, de março de 1942, só trouxe uma racionalização *post-facto* do que então estava em andamento. A intenção era destruir um terço das moradias urbanas da Alemanha: "A investigação", escreveu Lord Cherwell, "parece mostrar que ter a casa demolida é o que mais prejudica o moral. Os indivíduos parecem se importar mais com isso do que com a morte de amigos ou parentes". Na cidade britânica de Hull, "sinais de tensão" tinham se tornado evidentes quando um décimo das casas foi destruído, e Cherwell vislumbrava causar "dez vezes esse dano" às 58 maiores cidades da Alemanha. "Parece haver pouca dúvida", concluiu, de que "isso alquebraria a coragem do povo".[22]

Cherwell estava enganado, como Hitler e Göring tinham se enganado em 1940. O bombardeio maciço das cidades matou muita gente, mas tinha mais probabilidade de firmar do que de baixar o moral dos sobreviventes. Segundo qualquer definição fundamentada, também era terrorismo e um golpe grave na pretensão aliada de superioridade moral. O governo britânico percebeu tudo isso; o Gabinete de Guerra já tomara a decisão de não contar ao povo britânico essa mudança da política de bombardeio.

No meio da manhã, Stimson recebeu um relatório atualizado do G-2 sobre o comboio japonês no mar da China Meridional que, quando avistado, deixara Roosevelt tão nervoso em 26 de novembro. O autor foi além de noticiar os fatos e especulou longamente sobre onde os cerca de 25 mil soldados a bordo estariam indo. É claro que poderiam ser reforços para o sul já ocupado da Indochina, mas as Filipinas, as Índias Orientais holandesas, a Tailândia e Cingapura pareciam destinos igualmente factíveis.

Stimson considerou o relatório "uma declaração formidável de possibilidades perigosas" e se assegurou de que Roosevelt teria tempo de examiná-lo antes da sessão do Conselho de Guerra ao meio-dia.[23] Não era o único documento na mesa do presidente, que também recebera outro memorando preventivo dos chefes das suas forças armadas implorando tempo e alertando contra ações que pudessem provocar um ataque japonês imediato.

Assim que os outros — Stimson, Knox, Stark e Marshall — chegaram, Hull abriu os trabalhos reiterando a sua crença de que "os japoneses provavelmente atacariam a qualquer momento [...] e podem fazer do elemento surpresa um ponto central da sua estratégia e também

22 Citado em Hastings, Max, *Bomber Command* (Pan, 1999).

23 Citado em Wohlstetter, Roberta, *Pearl Harbor: Warning and Decision* (Stanford University Press, 1962).

atacar vários pontos simultaneamente".[24] O presidente, então, passou ao relatório do G-2, listando os possíveis destinos terrestres do comboio e acrescentando um seu — o desembarque no istmo de Kra. Isso abriria caminho para Rangum e permitiria o estrangulamento na fonte da linha de suprimento da China pela estrada da Birmânia.

Os seis homens ainda achavam difícil acreditar que o Japão atacaria as Filipinas. Por que, afinal de contas, os japoneses atrairiam os Estados Unidos para uma guerra antes que fosse absolutamente necessário? Do ponto de vista de Tóquio, sem dúvida fazia mais sentido atacar um país neutro como a Tailândia pelo qual o Congresso e o eleitor americanos se recusariam a lutar.

"Agora era opinião de todos", escreveu Stimson, "que, caso se permitisse que essa expedição contornasse a extremidade sul da Indochina e seguisse para desembarcar no golfo do Sião, fosse em Bangcoc, fosse mais a oeste, seria um golpe terrível em todas as três potências, a Grã-Bretanha em Cingapura, os Países Baixos e nós nas Filipinas. Foi consenso de todos que isso não deveria ser permitido".[25]

Mas como impedir? Os Estados Unidos não podiam dar um golpe militar preventivo contra o comboio nem simplesmente permitir que prosseguisse; a única opção que restava era traçar uma linha no oceano e avisar aos japoneses que cruzá-la constituiria um *casus belli*. Roosevelt sugeriu incluir esse aviso em um telegrama pessoal ao imperador, mas Stimson se opôs: por um lado, "ninguém avisa um imperador"; por outro, "isso não indicaria ao povo dos Estados Unidos qual era a real natureza do perigo".[26] Seria melhor, pensava ele, dar o aviso por meio de um discurso no Congresso e mandar um apelo separado e mais diplomático ao imperador. Os outros concordaram, e Stimson, Knox e Hull foram encarregados de preparar os rascunhos.

O presidente ia passar o fim de semana em Warm Springs, na Geórgia, e parte da urgência pareceu ir com ele. A sensação de que um ataque na segunda-feira seria possível sumira; a posição do comboio ameaçador, ainda a alguns dias do golfo do Sião, e a interceptação

---

24 *Ibid.*

25 *Ibid.*

26 *Ibid.*

naquela noite da mensagem "de fato rompidas" de Tóquio, que prometia um intervalo diplomático de vários dias, indicavam, ambas, uma crise em algum momento da semana seguinte.

Às oito da manhã, os navios da força-tarefa do almirante Halsey — o porta-aviões *Enterprise*, três encouraçados, três cruzadores pesados e nove contratorpedeiros — começaram a se afastar cautelosamente de Pearl Harbor. Os encouraçados não iam à ilha Wake na missão de entrega de aeroplanos de Halsey e pouco depois partiram para a costumeira área de exercícios; só tinham sido incluídos na partida para dar a impressão de uma missão de rotina.

Com o aviso de guerra da véspera fresco na lembrança, o almirante quase esperava um encontro com os japoneses. "Até que ponto quer que eu vá?", perguntara a Kimmel antes de partir, e em troca recebeu "as melhores ordens já dadas a um homem": "Maldição, use o bom-senso!"[27]

Como Nagumo, Halsey já se considerava em guerra. Os seus navios receberam ordem de armar os torpedos e ficar junto aos canhões. Qualquer avião ou submarino cuja boa-fé fosse duvidosa deveria ser afundado ou derrubado.

---

27 Citado em Prange, Gordon, *At Dawn We Slept* (Penguin, 2001).

SÁBADO, 29 DE NOVEMBRO

Em meados de outubro, o imperador japonês Hiroíto puxou o freio do acelerado avanço militar. Por meio do marquês Koichi Kido, seu líder no Parlamento, ele deixou claro que só aceitaria Tojo como novo primeiro-ministro se este concordasse em realizar uma revisão meticulosa da situação do Japão e das decisões que a tinham configurado.

Tojo o fizera, mas nem ele nem os seus colegas líderes militares conseguiram encontrar falhas no raciocínio anterior, e a máquina de guerra retomou a velocidade uma vez mais. Nessa última semana de novembro, o imperador tentou mais uma vez refreá-la ou, pelo menos, se assegurar de que ele ainda funcionava. O grupamento semiformal de ex-primeiros-ministros conhecidos como *jushin* ainda mantinha certo grau de autonomia do complexo político-militar governante, e Hiroíto pediu que fosse convocado para avaliar a situação corrente.

A reunião começou às 9h30. Tojo e quatro ministros colegas de gabinete estavam à disposição para responder às perguntas dos oito ex-primeiros-ministros, e desde o princípio o andamento da reunião foi difícil. A aceitação despreocupada da ação militar iminente pelo ministro do Exterior Togo foi imediatamente questionada pelo barão Reijiro Wakatsuki, que achava que um período de *gashin-shotan* (tempos difíceis) seria preferível à guerra. E, quando o general Teiichi Suzuki, chefe do Comitê de Planejamento do Gabinete, argumentou que o Japão não teria nenhuma probabilidade de vencer uma guerra se optasse pelo *gashin-shotan*, Wakatsuki considerou isso uma confissão de que os recursos do Japão se esgotavam de forma alarmante. Tojo tentou tranquilizá-lo: conseguiriam obter petróleo suficiente no sudeste da Ásia e "dar um jeito" no que dizia respeito ao combustível de aviação.[1]

O ex-primeiro-ministro almirante Okada perguntou sobre a guerra europeia e a sua relevância para o Japão, e Tojo aproveitou a oportunidade para pintar um quadro positivo. O Japão esmagaria as forças da Grã-Bretanha na Ásia oriental e avançaria para o oeste para fazer a ligação com os alemães, tomando a Índia pelo caminho. Okada não se deixou impressionar. Voltou a discussão para o tópico desagradável dos recursos e recebeu outra garantia insossa de Tojo: "Acho que conseguimos superar. Por favor, confie em nós."[2]

Okada foi direto ao assunto: a Marinha Imperial estava forte a ponto de derrotar os Estados Unidos? Tojo evitou uma resposta direta. Insistiu, com bastante correção, que a Marinha se preparava para uma guerra demorada, mas foi incapaz de afirmar que o seu comandante em chefe tinha confiança no resultado final. Ao ver a expressão cética de Okada e consciente de que não soava nada convincente, Tojo recuou para a posição padrão: "Suponhamos que não lutemos. Qual seria o resultado? Não podemos simplesmente nos curvar à Inglaterra e aos Estados Unidos. Perdemos 160 mil vidas até agora no Incidente da China. Agora mais de dois milhões de pessoas sofrem. Chega de sofrimento! Se continuarmos assim mais alguns anos, perderemos a oportunidade de lutar."[3]

Ou perderiam a oportunidade de perder. Depois de duas horas e meia de discussão, a conferência se transferiu para o palácio, onde o almoço com o imperador foi seguido por outro desencontro de mentes. Convidados a dar as suas opiniões, os ex-primeiros-ministros não se fizeram de rogados. Wakatsuki e Okada não foram os únicos a preferir tempos difíceis à guerra. O príncipe Konoie os apoiou, assim como o almirante Yonai, que só via duas alternativas: tempos difíceis ou ruína.

Tojo manteve a sua posição e afirmou, com certa verdade, que ele e os colegas tinham examinado atentamente a questão de como o

---

1 Citado em Toland, John, *Rising Sun* (Penguin, 2001).

2 *Ibid.*

3 *Ibid.*

Japão se supriria durante uma guerra prolongada, omitindo com cuidado o fato importante de que não surgira nenhuma resposta positiva. Ele também insinuou que sabiam como dar fim a uma guerra dessas, mas tudo o que realmente sugeriu foi a mediação da União Soviética ou do Vaticano.

Não importava; os *jushin* eram impotentes, o imperador estava acima da briga. Com o fim da audiência, Tojo convocou outra conferência das forças armadas. Disse que a Alemanha e a Itália deveriam ser avisadas de que a guerra era iminente. Mas em que dia? Togo e Kaya, o ministro da Fazenda, precisavam saber, o primeiro para avisar os diplomatas, o segundo para organizar um pouso suave para o mercado de ações.

O almirante Osami Nagano, chefe do estado-maior da Marinha, relutou em lhes contar, mas percebeu que não tinha opção. Seria 8 de dezembro, admitiu. Togo, que queria saber por que Nagano não desejava informar aos diplomatas de Washington, finalmente extraiu a confissão de que a Marinha Imperial planejava um ataque de surpresa.

Teria de haver algum tipo de notificação com antecedência, insistiu Togo. Qualquer outra coisa seria "inteiramente inadmissível [...] prejudicial para a honra e o prestígio nacionais".[4]

Alguém respondeu que a nação inteira teria de se assemelhar a Kuranosuke Oishi, o líder samurai de *Chushingura* que se fingiu de bêbado para desarmar as suspeitas do inimigo.

Togo não achou graça e saiu da reunião para redigir os telegramas de aviso que Tojo requisitara. O embaixador Oshima foi instruído a contar a Hitler e Ribbentrop que "ultimamente a Inglaterra e os Estados Unidos adotaram ambos uma atitude provocativa [...] que planejam deslocar tropas militares para vários pontos da Ásia oriental e que, inevitavelmente, teremos de responder também deslocando tropas. Digam-lhes muito secretamente que há extremo perigo de a guerra começar de repente entre as nações anglo-saxãs e o Japão, por meio de algum choque de armas, e que a época de rompimento dessa guerra pode vir mais depressa do que se imagina".[5]

---

4 *Ibid.*

5 *Ibid.*

*

Se havia algo em que os partidários e adversários da Operação Z concordavam era que a chegada da Primeira Frota Aérea às águas havaianas tinha de ser uma surpresa absoluta. Qualquer outra circunstância levaria a uma alta probabilidade de catástrofe total, como os adversários do plano tinham sido perspicazes a ponto de ressaltar. Nagumo fora um deles, e agora fazia tudo em seu poder para garantir que a frota passasse em segredo.

Os navios queimavam apenas o melhor combustível para minimizar a fumaça e, à noite, um blecaute caía sobre toda a frota, com apenas alguns pisca-piscas fracos a ponto de serem quase invisíveis. Na baía de Hitokappu, o lixo da frota foi levado para terra e queimado, e agora era ensacado e armazenado onde houvesse espaço. Os tambores de combustível que se acumulavam rapidamente eram amassados e empilhados nos conveses. Nada era jogado ao mar para evitar um rastro revelador.

O silêncio do rádio era essencial, como tinham descoberto os japoneses no verão anterior. Depois que a Segunda Divisão de Porta-Aviões de Yamaguchi participara da ocupação do sul da Indochina, soube-se que os britânicos tinham seguido os seus movimentos pelas transmissões de rádio dos navios, e uma reprise disso teria de ser evitada a todo custo. Os navios da Kido Butai estavam estritamente proibidos de enviar mensagens, e muitos operadores de rádio incapacitaram o equipamento para evitar transmissões acidentais; um deles chegou a dormir com um componente importante debaixo do travesseiro.

O silêncio podia esconder a frota, mas também levantava suspeitas; mensagens fingindo ser dos navios da frota eram regularmente transmitidas por outros navios no Mar Interior, com a intenção de convencer os ouvintes de que os porta-aviões, principalmente, ainda estavam em águas nacionais.

Era igualmente essencial que a Kido Butai fosse capaz de receber mensagens, especialmente a que a chamaria de volta no caso improvável de uma reviravolta diplomática. Se, como a maioria esperava, o ataque continuasse, Nagumo e Genda precisavam de informações atualizadas, o primeiro sobre as condições do tempo, o segundo sobre os navios que estavam em Pearl Harbor. Relatórios sobre ambos eram enviados regularmente, a maioria em comprimentos de onda da Marinha, alguns anexados a transmissões de aparência inocente da Rádio Tóquio. O encouraçado *Hiei* tinha a melhor recepção, e as mensagens que chegavam costumavam ser transmitidas ao *Akagi* por meio de sinais.

Combinara-se um procedimento de emergência. Se algo totalmente imprevisto ocorresse, Nagumo, fingindo de navio mercante, tinha permissão de enviar uma mensagem a Tóquio, que entraria em contato com ele.

As ambições do 1º Exército Panzer, que já tinham incluído a tomada precoce de Maikop e do seu petróleo, não se estendiam mais à manutenção de Rostov. A ordem de evacuar a cidade fora dada durante a noite, e, naquela manhã, a infantaria da Leibstandarte e da 60ª Divisão Motorizada escapou para oeste por um corredor mantido por panzers que se estreitava cada vez mais. No crepúsculo de sábado, a cidade minada e fumegante estava novamente em mãos soviéticas.

Com desvantagem em termos de armamentos e quase sem munição, a tropa de Manteuffel na cabeça de ponte de Iakhroma corria perigo iminente de ser derrotada. Era 0h20 quando foi dada a ordem de começar a evacuação às cinco horas; às sete, os alemães estavam de volta à margem oeste do canal Moscou-Volga, com uma ponte parcialmente destruída a protegê-los da perseguição soviética.

Perder Reinhardt, o “trampolim para o Oriente”, importava somente se um novo avanço fosse possível ou aconselhável, e não era o caso; os alemães não tinham mais forças para cercar Moscou. Mas estender o seu domínio na margem oeste ao sul de Iakhroma constituía uma oportunidade mais realista: uma linha defensiva ao longo do canal seria o escudo perfeito para um avanço direto sobre a capital soviética. Assim, a 7ª Divisão Panzer foi deixada perto de Iakhroma e a 23ª Divisão de Infantaria se deslocou à direita, deixando a 6ª e a 1ª Divisões Panzer para seguir para o sul pelo largo trecho de campo com datchas e florestas que ficava entre o canal e a estrada de Leningrado.

Desde 15 de novembro, a 6ª Divisão Panzer avançara cerca de 110 quilômetros e outros 55 ainda a separavam de Moscou. Quando o combustível permitia, as cabeças de lança avançavam nas horas abreviadas de luz do dia, usando estradas quando existiam e contornando posições de bloqueio sempre que possível. Por volta do meio da tarde, começavam a procurar abrigo para passar a noite, de preferência alguns edifícios em uma clareira ampla. Assim que se estabelecia um posto de comando central, os tanques formavam um círculo, os canhões apontados para as árvores à frente. As posições de infantaria ficavam à frente dos tanques, em trincheiras ou atrás de elevações baixas onde existissem, em covas de um só homem abertas com dificuldade quando não existiam. À frente deles, postos avançados cuidadosamente situados e patrulhas constantes formavam uma primeira linha de defesa. De acordo com Erhard Raus, comandante da 6ª Panzer, "os russos reconheciam a força dessas medidas protetoras [...] e se resignavam a importunar a área defensiva com fogo de tanques e metralhadoras e algumas salvas de granadas de artilharia".[6]

A 1.500 quilômetros de casa, com mais frio do que já tinham imaginado, os soldados observaram a luz antiaérea surgir sobre a distante Moscou e escutaram Lale Anderson cantar "Lili Marlene" no rádio da tropa, três breves minutos de calor melancólico contra as longas horas de gelo paralisante.

Von Bock encontrou razões de esperança e preocupação no avanço para o sul. Se as defesas soviéticas a noroeste de Moscou desmoronassem nos próximos dias, ótimo. Caso contrário, Von Bock temia uma batalha de atrito no estilo da Primeira Guerra, um "choque frontal e desalmado com um adversário que, aparentemente, dispõe de reservas muito grandes de homens e material bélico, uma segunda Verdun".[7]

Se houvesse algum local soviético qualificado para essa honra duvidosa, provavelmente seria Kriukovo. Rokossovski tinha o seu quartel-general nessa pequena cidade atravessada pela ferrovia Moscou-Leningrado alguns quilômetros a sudoeste da estrada correspondente. O Stavka também reconhecia a sua importância: "Kriukovo é o ponto final da retirada: não pode haver mais recuos. Não há mais para onde recuar. Todas e quaisquer providências têm de ser tomadas rapidamente para conquistar espaço para respirar e deter a retirada."[8]

---

6 Citado em Newton, Steven H., *Hitler's Commander* (Da Capo, *c.* 2004).

7 Bock, Fedor von, *The War Diary* (Schiffer, 1996).

8 Citado em Erickson, John, *The Road to Stalingrad* (Weidenfeld & Nicolson, 1975).

A 316ª Divisão do general Momysh-Uly vinha lutando e recuando havia quase dois meses, e o seu mapa estava acabando; tanto Kriukovo quanto Moscou, descobriu ele em 29 de novembro, ficavam na última dobra. Ao olhar o mapa, ele imaginou "bondes e ônibus elétricos virados, fios de telégrafo pendurados, soldados e civis mortos jazendo nas ruas e tenentes alemães em uniforme de gala, com luvas brancas, bengalas e tudo o mais, passeando com o sorriso insolente do vitorioso no rosto". Era demais. Momysh-Uly pegou o canivete de um subordinado e cortou fora a última seção do mapa. O subordinado se assustou, mas percebeu: "Não precisaríamos achar o caminho entre as estradas, os riachos e as aldeias ou o que quer que existisse atrás de Kriukovo [...] ou derrotaríamos os alemães ou morreríamos em Kriukovo."[9]

Seria por pouco. O último quartel-general de Rokossovski em Lialovo caíra no dia anterior, e o 46º Corpo Panzer se aproximava rapidamente da linha defensiva soviética ainda em formação, que passava por Barancevo, Kriukovo, Matushkino e Klushino. Com a 11ª e a 2ª Divisões Panzer avançando pelos dois lados da estrada e da ferrovia Moscou-Leningrado e a 35ª Divisão de Infantaria logo atrás, os defensores soviéticos enfrentavam muita pressão. "Jogamos na batalha tudo o que tínhamos", recordou Rokossovski, "mas mesmo assim o Posto de Comando do Exército em Kriukovo estava em dificuldades. Com granadas de morteiros e canhões explodindo nas ruas, os nossos soldados resistindo a panzers inimigos nos arredores ao norte e aviões inimigos metralhando os defensores, tivemos de removê-lo para além do alcance do inimigo".[10]

Um bom sinal era o número de sortidas que a Força Aérea Vermelha fazia agora. Rokossovski acreditava que os alemães ainda gozavam de superioridade numérica, mas essa opinião não era a mesma do seu adversário imediato, o comandante Hoepner do 4º Grupo Panzer, que avisou a Von Bock naquele dia que a superioridade soviética, tanto em terra quanto no ar, logo deteria o avanço alemão. Na opinião de

9 Citado em Bek, Alexander, "The Map", em Sevryuk, Vladimir (org.), *Moscow--Stalingrad: Recollections* (Progress, 1970).

10 Rokossovski, Konstantin, *A Soldier's Duty* (Progress, 1970).

Hoepner, novos sucessos dependeriam de o 4º Exército finalmente entrar em combate e tirar parte da pressão da ala norte.

Von Kluge remarcara a ofensiva planejada para 1º de dezembro, mas só sob protesto. Poria em ação o grosso do 4º Exército por duas razões: porque o inimigo diante dele recuava e porque "o Supremo Comando insiste na continuação da ofensiva mesmo que isso signifique arriscar completamente as últimas forças dos nossos soldados".[11] Ele esperava claramente uma prorrogação e disse a Von Bock que só atacaria "se não fosse proibido de fazê-lo", mas o comandante do Grupo de Exércitos Centro declinou o insinuado convite. Von Kluge lhe deu uma última oportunidade naquela noite, mas Von Bock "não viu razões para não atacar".[12]

A ala norte de Hoepner não era a única tropa necessitada de alívio; a ala sul do 4º Grupo Panzer, que avançava de Istra para o leste, e a ala norte do próprio Von Kluge, que avançava lentamente pelas florestas ao norte do rio Moscou, lutavam ambas para progredir contra resistência cada vez mais rija. O tenente Gruman, cuja 87ª Divisão de Infantaria fazia parte desta última força, concluíra com relutância que seria negada à sua unidade "a glória de chegar primeiro a Moscou", mas ainda esperava, de forma bem menos realista, que outros conquistassem esses louros — "as formações da SS", na estrada de Istra, ou "as unidades de tanques de Guderian", ao sul.[13]

As doces ilusões não se limitavam aos tenentes. No quartel-general do Grupo de Exércitos Centro, em Orsha, Von Bock examinou os mapas de mudança de posições à maneira de um técnico de futebol nos últimos dez minutos de jogo. Ao seu time faltava um gol; o empate era inútil, a vitória muito improvável. Mas ainda possível, ainda valia a pena arriscar.

Verdun não era a única batalha na cabeça de Von Bock naquele dia. Como muitos generais alemães da sua geração, ele também era

---

11 Citado em Anders, W, *Hitler's Defeat in Russia* (Henry Regnery, 1953).

12 Bock, Fedor von, *The War Diary* (Schiffer, 1996).

13 Citado em Rzhevskaya, Elena, "Roads and Days: The Memoirs of a Red Army Translator", *Journal of Slavonic Military Studies*, vol. 14, março de 2001.

obcecado por outro fracasso anterior. A Batalha do Marne, em setembro de 1914, fora perdida — e, em consequência, a Primeira Grande Guerra —, ou assim acreditava boa parte do setor militar alemão, quando o alto-comando se recusou a arriscar as últimas reservas no momento crucial. Von Bock, homem muito consciente da sua reputação, não queria ser lembrado como responsável por um erro semelhante capaz de mudar a guerra. Se um último avanço, um último sacrifício resolvesse a questão, como poderia dar a ordem de parar?

Nem Halder nem Hitler o deteriam. Os dois passariam os próximos dias obcecados com a situação ao sul, enquanto o avanço alemão em torno de Moscou reduzia a velocidade até a interrupção.

Por volta do meio-dia, Zoia Kosmodemianskaia foi levada através de Petrischevo até o local da sua execução. Descalça, suja com o próprio sangue, não mostrava sinais de medo. A palavra "incendiária" tinha sido rabiscada grosseiramente no cartaz que pendia do seu pescoço.

Os aldeões, convocados pelos ocupantes alemães e forçados a esperar várias horas na temperatura abaixo de zero, observaram em silêncio a corda ser colocada no pescoço machucado de Zoia. "Vocês não podem enforcar todos nós", disse ela aos carrascos, enquanto os que tinham câmeras preparavam-se cuidadosamente para tirar fotos.[14]

Enquanto o dia se punha em Riga, todos os judeus em boas condições físicas receberam ordens de sair à rua, formar colunas e esperar. Quatro horas depois, foram levados em marcha até o cercado de arame farpado construído dentro do gueto. "É difícil descrever o terror, a confusão que essa nova ordem criou", escreveu mais tarde Frida Michelson. "Os homens corriam para dar o último adeus [...]. Todos pensavam que os homens é que seriam liquidados."[15]

As mulheres, as crianças e os velhos permaneceram em seus quartos, fazendo e refazendo as malas, se perguntando sobre os tiros que conseguiam ouvir a distância. Quando a noite caiu, eles ficaram mais frequentes e, por volta das sete horas, todos receberam dos auxiliares da

14 Citado em Braithwaite, Rodric, *Moscow 1941* (Profile, 2006).

15 Michelson, Frida, *I Survived Rumbuli* (Holocaust Library, *c.* 1979).

polícia letã ordens de sair e formar novamente colunas para a marcha. Durante duas horas lá ficaram, segurando suas posses mais preciosas, se aproximando devagar para se aquecer, escutando as rajadas quase contínuas de fogo distante de canhões, quase enlouquecidos de medo.

E, quando a polícia desapareceu, Frida e os amigos se esgueiraram de volta para dentro das casas, mas ficaram de casaco para o caso de novos chamados. As horas se passaram, a exaustão tomou conta e todos adormeceram "na posição em que porventura estivessem".[16]

Em Kovno, chegaram mais dois trens do Reich. Um deles partira de Viena em 23 de novembro com exatamente mil judeus a bordo; o outro partira de Breslau no mesmo dia com 1.005. Todos foram levados a pé da estação para o Nono Forte, onde novas valas aguardavam. No decorrer de várias horas, 693 homens, 1.155 mulheres e 152 crianças foram fuzilados, os com mais sorte morreram na mesma hora. Todos foram sepultados entre camadas de cal viva.

Outro trem se aproximava de Riga, este com mil judeus de Berlim. Seriam mortos ao chegar, como morriam os que chegavam a Kovno? Todos os judeus agora eram mortos como rotina? Os Einsatzgruppen tinham se mostrado dispostos a matar quem fosse posto diante deles, sem se importar com a falta de diretrizes nítidas, mas os Comissários do Reich para os territórios ocupados de Ostland e Bielorrússia, Heinrich Lohse e Wilhelm Kube, não eram tão sanguinários. A falta de clareza da política oficial da questão judaica não só dificultava sua vida como cobrava do Reich e do esforço de guerra um preço político e econômico.

Em meados de novembro, eles levaram as suas preocupações à atenção do SS Reichsführer Heinrich Himmler. O principal problema de Lohse, compartilhado pela Wehrmacht, era a perda potencial da tão necessária mão de obra especializada; ele deveria matar judeus que ainda fossem economicamente úteis? Kube estava mais interessado em distinguir judeus. Sem dúvida os do Reich, da "nossa esfera cultural própria", seriam mais merecedores da vida do que as "brutas hordas nativas" da

---

16 *Ibid.*

Polônia e da Rússia.[17] E sem dúvida, judeus do Reich com condecorações de guerra, cônjuges arianos ou algum sangue ariano eram mais merecedores do que aqueles sem nada disso.

Até então, o governo de Hitler não tomara providências para implementar um plano coordenado de genocídio; criara leis punitivas e estabelecera um tom assassino, deixando os seus vários subordinados para despachar alguns aqui, matar outros ali. As rédeas dos Einsatzgruppen estavam soltas desde julho, e o número de mortos, pelo menos na Rússia, passara a exceder muito o número dos despachados, mas até então não se impusera nenhuma pena de morte generalizada. Hitler e Himmler podiam supor que a meta suprema de matar todos os judeus era evidente por si só, mas para homens como Lohse e Kube, que metiam as mãos na massa do genocídio, claramente não era. Eles precisavam de uma linha divisória, no mínimo para separar vítimas imediatas de posteriores.

Eram esclarecimentos o que Reinhard Heydrich tinha em mente ao enviar convites, naquele dia, para uma reunião no subúrbio de Wannsee, em Berlim. Em 9 de dezembro, um círculo seleto de autoridades da SS e do governo se encontraria para combinar e autorizar aquela política da questão judaica clara e definitiva de que o Reich tanto precisava.

Enquanto isso, entre os mil judeus no trem que se aproximava de Riga havia vários portadores da Cruz de Ferro de Primeira Classe da Primeira Grande Guerra. Ao recordar os argumentos de Kube e confiante de que a próxima conferência de Heydrich logo resolveria essas anomalias infelizes, Himmler decidiu suspender a execução dessa remessa específica. Por meio de Reinhard Heydrich, mandou uma mensagem ao comandante dos Einsatzgruppen em Riga: "Judeus transportados de Berlim — sem liquidação."[18]

O trem com tropas de Henry Metelmann chegara a Lvov, ou Lemberg, como era então chamada. Era a primeira vez que ele e os camaradas saíam do trem desde que partiram da França, e café e bolos parecia o

17 Citado em Kershaw, Ian, *Hitler 1936-45: Nemesis* (Allen Lane, 2000).

18 Citado em Breitman, Richard, *The Architect of Genocide* (Bodley Head, 1991).

mínimo que mereciam. Sentados à janela do restaurante, sentiram que o seu prazer era um tanto comprometido pela plateia na calçada — um grupo de moleques de olhos vazios e famintos, com estrelas amarelas. Havia judeus por toda parte. "Muitos de nós tínhamos visto um ou outro judeu com a estrela amarela em cidades alemãs; mas isso era tão diferente, de escala tão incomparável, que ao vê-los andando por ali na sua miséria abjeta não soubemos mais se devíamos odiar essas pessoas ou sentir pena delas."

De volta à estação, outro trem parara ao lado do deles. "Notamos então que havia gente no vagão, a maioria dos quais com janelinhas a cerca de 1,80 metro do nível do piso, e dali fomos encarados por olhos fixos. Olhando com mais atenção, pudemos perceber que eram principalmente rostos de pessoas mais velhas, com moças mais novas entre elas — e então também ouvimos vozes de crianças. Uma mulher diante da nossa janela disse baixinho 'pão' e conseguiu pôr a mão para fora. Então dois guardas da SS vieram andando ao longo do trem, cada um deles com um fuzil e uma pistola levados despreocupadamente por cima do sobretudo. Pareciam entediados e mal-humorados e, quando lhes perguntamos se devíamos dar pão à mulher, um deles disse: 'Inferno, claro que não! São judeus, judeus piolhentos, e encheram a pança até a boca ontem mesmo!' Então nada fizemos, só inclinamos a cabeça, meio como a pedir desculpas à mulher, e deixamos a situação assim. Quando, mais tarde, o trem se afastou de nós e vimos os olhos estranhos a fitar de todas as aberturas que passavam, muitos nos sentimos desconfortáveis, para não dizer culpados, mas ninguém disse nada sobre o encontro."[19]

Era o último dia da visita de Hitler a Berlim, e o afastamento do sombrio Wolfsschanze parecia tê-lo deixado animado. Quando Albert Speer sugeriu que se parassem as obras na nova Berlim até a vitória estar assegurada, o Führer rapidamente o corrigiu: "A construção tem de começar enquanto essa guerra continua. Não permitirei que a guerra me impeça de realizar os meus planos."[20]

---

19 Metelmann, Henry, *Through Hell for Hitler* (Stephens, 1990).

20 Citado em Hauner, M., *Hitler: A Chronology of His Life and Time* (Palgrave Macmillan, 2005).

Goebbels também notou o humor confiante de Hitler. Um líder menor poderia ter se deprimido com o revés em Rostov, mas ele o viu como oportunidade: assim que Von Kleist saísse da cidade, a Luftwaffe poderia bombardeá-la até transformá-la em escombros. Afinal de contas, cidades grandes eram mais problemáticas do que valiosas, com todas aquelas mulheres e crianças que precisavam ser alimentadas.

Ele admitia que o planejado cerco de Moscou não era mais possível, mas ainda esperava que a capital soviética caísse. E, quando isso acontecesse, ela também seria deixada em ruínas. Um futuro muito melhor acenava na Crimeia, que seria repovoada por alemães, transformada em província do Reich e renomeada em homenagem aos seus ancestrais, os ostrogodos. Apesar de todas as dificuldades e atribulações, o projeto oriental estava vivo, e "o que não pode ser obtido agora será obtido no próximo verão". Talvez 1942 fosse um ano difícil, mas em 1943 o Cáucaso e a Ucrânia forneceriam o petróleo e os alimentos de que o Reich precisava e "a nossa vitória não correrá mais perigo". A posição das "plutocracias" ocidentais era "desesperadora".[21]

Hitler podia acreditar no que disse a Goebbels — para quem preferisse ignorar as restrições incapacitantes da economia de guerra alemã, a situação militar ainda *pareceria* administrável — ou pode ter decidido que uma fachada de coragem motivaria o seu ministro da Propaganda. Se acreditasse que a vitória alemã ainda era possível, a reunião seguinte deve ter-lhe dado motivos para pensar. À tarde, o prolongado Conselho de Guerra contou com os principais líderes militares — o comandante do Exército Brauchitsch, o marechal de campo e chefe do OKW Wilhelm Keitel e o chefe de operações general Alfred Jodl — e seletos personagens importantes da economia de guerra, notadamente Fritz Todt e Walter Rohland.

Foi Rohland que disse o que ninguém queria escutar com uma descrição longa e meticulosa do que estava errado. Ele apresentou à reunião a sua recente experiência na Rússia e a percepção angustiante de que agora o Exército Vermelho e não a Wehrmacht tinha melhores armas e equipamento. Mostrando ainda mais a ferida, ele usou então

---

21 Citado em Kershaw, Ian, *Hitler 1936-45: Nemesis* (Allen Lane, 2000).

o seu conhecimento e sua prolongada experiência da indústria americana para explicar a enormidade absurda do que o Reich enfrentaria se chegassem a uma guerra transatlântica. A consequência não poderia ser mais clara: assim que os Estados Unidos se unissem à Grã-Bretanha e aos soviéticos, estaria tudo acabado.

Caso esperassem de Todt alguma boa notícia para compensar, Hitler e seus generais se desapontaram. A produção alemã de armamentos, complicada pelo mau planejamento e pela escassez de mão de obra e matéria-prima, era caótica e inadequada. "Esta guerra", concluiu Todt, "não pode mais ser vencida por meios militares".

"Como, então, devo terminá-la?", perguntou Hitler com calma notável.

"Ela só pode ser terminada politicamente", disse-lhe Todt em tom de voz semelhante.

Hitler não tugiu nem mugiu, meramente admitiu que não fazia ideia de como um final desses poderia ser conseguido.[22]

Mais abaixo na Wilhelmstrasse, o ministro do Exterior Ribbentrop recebia Subhas Chandra Bose, exilado e autointitulado líder da oposição não parlamentar ao domínio britânico da Índia. Bose, de 44 anos, servira dois mandatos como presidente do Congresso, mas finalmente rompera com Gandhi quanto à questão da violência. Os britânicos, depois de prendê-lo 11 vezes, não se dispuseram a deixá-lo sair da Índia enquanto a guerra continuasse, mas Bose conseguira escapar, viajando pelo Afeganistão disfarçado de surdo-mudo de alguma tribo. Quando os soviéticos, ainda em paz, lhe recusaram ajuda, ele recorreu a Berlim, onde Ribbentrop lhe deu uma suíte em um hotel, um salário e a oportunidade de formar uma "legião" com os indianos aprisionados no norte da África. O que os alemães se recusaram a fazer foi se comprometer publicamente com a independência indiana. Como ao mufti igualmente esperançoso, disseram a Bose que aguardasse o momento certo.

Esse momento parecia nunca chegar. Bose estava em Berlim desde abril e essa era apenas a segunda audiência com Ribbentrop; Hitler ainda não encontrara espaço na agenda. E o indiano tinha uma ideia fixa.

---

22 Citado em Tooze, Adam, *The Wages of Destruction* (Penguin, 2007).

No *Mein Kampf*, o Führer escrevera que "apesar de tudo", preferia "ver a Índia sob o domínio britânico do que sob qualquer outro". Isso era insultuoso para todos os indianos, e Bose queria uma correção imediata.

Ele acabou conseguindo a reunião com Hitler, mas nunca a correção. Como Husseini, Bose não conseguia perceber a profundidade do racismo dos seus anfitriões nazistas nem como era mentirosa a antiga ideia de que um inimigo mútuo despertaria amizade.[23]

Hitler e Ribbentrop tomaram o trem para a Prússia Oriental naquela noite de sábado, e o ministro do Exterior, ainda obcecado pelas suas últimas palavras a Oshima, aproveitou a oportunidade para conferir a situação. Perguntou a Hitler: o que a Alemanha faria se o Japão atacasse os Estados Unidos? Afinal de contas, o Pacto Tripartite só comprometia os dois países a declararem guerra no caso de um deles ser atacado.

Isso não importava, foi a resposta de Hitler. Se a Alemanha deixasse de dar apoio ao Japão, o Pacto Tripartite de nada valeria. "Os americanos já estão atirando em nós", acrescentou, "logo, já estamos em guerra com eles".[24]

Outro dia de inverno no deserto. Agora os dois lados vinham se enfrentando havia quase uma quinzena, e a maioria dos homens, assim como a maioria dos veículos, estava sem combustível. O frio intenso não ajudava: "À noite, nos deitávamos debaixo de quatro cobertores e, embora estivéssemos inteiramente vestidos e usando sobretudos e balaclavas, o vento gelado passava direto por nós."[25] A quantidade de água era insuficiente para beber, se banhar não podia ser prioridade, e nunca era possível confiar no suprimento de comida. Os neozelandeses, especificamente, estavam com falta de tudo.

Mas se a destruição os aguardava, não seria por falta de suprimentos. Depois do escurecer da véspera, o engenheiro-chefe do XXX Corpo, *brigadier* Clifton, reuniu uma coluna de 260 veículos, carregou-os de munição, comida e água e os levou para noroeste desde a fronteira,

---

23 http://www.revolutionarydemocracy.org/Rdv7n1/Bose.htm

24 Citado em Irving; David, *Hitler's War* (Hodder & Stoughton, 1977).

25 Citado em Pitt, Barry *The Crucible of War: Auchinleck's Command* (Cassell, 2001).

evitando trilhas conhecidas no pressuposto de que acabaria encontrando o Trigh Capuzzo. Como sempre, a posição dos acampamentos alemães e italianos em seu caminho era iluminada por linhas de foguetes de sinalização, e Clifton guiou o seu enorme comboio em torno e entre eles antes de finalmente despejar os seus veículos pela escarpa — disseram que poucos veículos ou motoristas voltaram a ser os mesmos — até chegar à tão procurada estrada. Depois de mais alguns quilômetros e das boas-vindas de uma barragem de artilharia de ambos os lados, o comboio avançou estrondeante até a área controlada pelos neozelandeses.

Menos de uma hora depois, os neozelandeses que guarneciam um posto avançado perto do Ponto 175 receberam um visitante igualmente bem-vindo: o general Von Ravenstein. O comandante da 21ª Panzer estava a caminho de uma reunião com Crüwell, e o seu motorista parara para pedir informações às pessoas erradas. A princípio, Von Ravenstein afirmou que se chamava Schmidt, mas o nome real foi dito sem intenção ao ser apresentado ao general Freyberg. A sua divisão deveria atacar os neozelandeses pelo leste perto de Zaafran, mas passou a maior parte do dia refazendo a estrutura de comando.

A Divisão Aríete italiana, cuja tarefa naquele dia era manter a borda sul do retângulo neozelandês enquanto os alemães golpeavam os lados, teve um dia muito mais produtivo e levou a melhor em uma típica comédia de erros da guerra no deserto. Ao acreditar erroneamente que o Ponto 175 caíra nas mãos da 21ª Panzer, a Aríete foi até o morro defendido pelos neozelandeses acenando as boinas, e esses, alertados para aguardar ajuda da 1ª Brigada sul-africana naquela tarde, acenaram de volta. Quando os dois lados perceberam quem era o outro, foram os blindados italianos que levaram a melhor.

Vinte quilômetros a oeste e cinco além da extremidade ocidental do retângulo, unidades que até recentemente tinham feito parte da guarnição de Tobruk começaram o dia na ocupação dos cumes de El Duda. O seu desalojamento era tarefa atribuída à maior força que restava a Rommel, a 15ª Panzer. Crüwell fez a divisão partir de oeste do campo de pouso de Sidi Rezegh rumo ao norte, de acordo com a sua preferência de forçar os defensores a voltar a Tobruk, mas perto do meio-dia Rommel fez os blindados seguirem para sudoeste e os mandou para El Duda na direção nordeste, obedecendo assim à sua preferência mais ambiciosa de cortar a ligação entre os neozelandeses e a guarnição. A batalha que se seguiu não vencida por nenhum lado. Os alemães assumiram um controle precário de El Duda no final da tarde, mas o perderiam para um contra-ataque australiano nas primeiras horas do dia seguinte.

Fora um dia frustrante para Rommel e Crüwell. Embora sem ajuda e praticamente cercados, os neozelandeses tinham continuado a lutar, perdido apenas o Ponto 175 e cobrado um preço alto dos recursos alemães em rápida redução. Crüwell, especificamente, ficava cada vez mais pessimista, e se as forças britânicas e sul-africanas ao sul tivessem entrado na batalha em vez de encontrar cada vez mais circunlóquios para se manter fora dela, as tropas do Eixo teriam muita dificuldade para continuar.

O *Komet* zarpara novamente depois do escurecer e continuou durante o dia a subir o litoral belga e holandês. O comandante permitiu que os prisioneiros holandeses escutassem a sua rádio nacional, mas a mulher que dera aulas de tricô quando tinham partido vários meses antes ainda estava em plena atividade. Tranquilizado por isso ou pela proximidade de casa, o marinheiro que estava de vigia deixou de avistar a aproximação de um Blenheim britânico voando baixo, que lançou quatro bombas. Três erraram; a quarta passou pela amurada do convés da ponte sem explodir e deixou um jovem oficial alemão a fitar com alegre descrença a seção quebrada da cauda que deixara para trás.

Os quatro grandes do governo americano, acreditando que tinham ao menos um fim de semana de prazo, se separaram. Hull permaneceu na capital à espera da "súbita irrupção" que temia, Roosevelt foi para Warm Springs, e Stimson e Knox pegaram o trem da manhã para Filadélfia, na intenção de dar apoio aos seus respectivos times no jogo de futebol americano entre o Exército e a Marinha. O programa do jogo continha a imagem de um encouraçado com a seguinte legenda: "Vista de proa do USS *Arizona* ao cortar uma imensa onda. É significativo que, apesar das declarações dos entusiastas do ar, até hoje nenhum encouraçado foi afundado por bombas."[26] Os entusiastas só teriam de aguardar oito dias.

26 http://www.usna.edu/LibExhibits/Archives/Armynavy/An1941.htm

Dadas as circunstâncias, as estimativas do G-2 liberadas naquele dia soavam bastante complacentes. Os autores do relatório acreditavam que o ataque japonês era iminente, mas consideravam as forças armadas japonesas incapazes de se concentrar contra qualquer um dos prováveis objetivos com alguma garantia de sucesso. O bloqueio econômico e a ameaça representada pela Frota do Pacífico americana eram os "fatores primários de dissuasão contra a entrada japonesa na guerra como parceiro do Eixo". Assim que os Estados Unidos fossem arrastados à guerra, as tropas navais e aéreas com base nas Filipinas poderiam lançar uma "séria ofensiva" contra o Japão.[27]

Se isso era óbvio para o G-2, não seria óbvio também para os japoneses? Se a Frota do Pacífico americana e as tropas americanas nas Filipinas eram os principais obstáculos na via expansionista do Japão, os japoneses não tentariam removê-los no início das hostilidades por meio de ataques de surpresa? A ligação não foi feita. Um possível ataque às Filipinas só foi citado de passagem e o Havaí sequer foi mencionado.

Em Oahu, um japonês magro de cabelo um pouco longo foi levado ao gabinete de Nagao Kita. Os demais funcionários do consulado o conheciam como Tadashi Morimura, diplomata iniciante que fazia pouco trabalho visível, mas o nome verdadeiro era Takeo Yoshikawa e ele trabalhava para o Serviço Naval de Informações. Era a segunda vez em dois dias que Kita o chamava; a situação se aquecia.

No dia anterior, Tóquio requisitara relatórios sobre "a entrada ou saída de navios importantes e o período em que permanecem fundeados, do momento de entrada no porto até a partida".[28] Isso era material de rotina, o tipo de informação que toda potência naval buscaria obter sobre um possível inimigo. A solicitação daquele dia, contudo, era diferente. "Temos recebido relatórios seus sobre os movimentos dos navios, mas no futuro o senhor também relatará caso não haja movimentos."[29] Kita passou a mensagem sem comentários, mas ambos se abalaram com

27 Citado em Wohlstetter, Roberta, *Pearl Harbor: Warning and Decision* (Stanford University Press, 1962).

28 Citado em Prange, Gordon, *At Dawn We Slept* (Penguin, 2001).

29 *Ibid.*

a inferência: os seus senhores em Tóquio demonstravam interesse incomum nos navios de guerra americanos fundeados e atracados.

Yoshikawa estava no Havaí desde março passado. Era quase um homem do Renascimento: campeão de natação, devoto do kendô e estudioso do zen com uma predileção intensa por gueixas e álcool. Os problemas de saúde decorrentes deste último hábito tinham interrompido uma carreira promissora na Marinha regular, mas um homem com tantos talentos era bom demais para ser desperdiçado, e os seus superiores lhe encontraram um nicho no Serviço Naval de Informações. Em fevereiro de 1941, quando decidiu promover o ataque a Pearl Harbor, Yamamoto pediu um espião adequado no Havaí, e Yoshikawa, com inglês fluente, parecia a escolha ideal.

O seu conhecimento da Marinha americana, como Kita logo percebeu, era enciclopédico; quando via alguma coisa, Yoshikawa costumava saber o que era e a importância daquilo estar onde estava. E fazia todo esforço para ver o máximo possível. Ele começou com viagens por todas as ilhas e se convenceu de que Pearl era a única instalação naval com alguma importância; então se concentrou em descobrir vários pontos privilegiados que dessem para o porto e os campos de pouso vizinhos. Com o passar do tempo, ele começou a complementar os seus dois passeios por semana pelos pontos turísticos militares com excursões ocasionais de barco e avião. Nunca levava câmeras consigo e só usava telescópio em um único local: o quarto do segundo andar do restaurante e casa de gueixas local, com visão panorâmica do porto.

Yoshikawa começou a perceber os padrões da atividade militar americana, e dois especificamente pareceram importantes: os americanos gostavam dos seus fins de semana, e era possível observar a maior parte da frota fundeada aos sábados e domingos; os aviões costumavam sobrevoar o mar, mas quase nunca para o norte.

Nem ele nem Kita foram avisados de um possível ataque, mas ambos receberam pistas. Em 24 de setembro, Tóquio pediu que os futuros relatórios sobre navios americanos no porto de Pearl Harbor fossem organizados geograficamente, com cada navio localizado em uma das cinco subareas. Essa mensagem poderia ser interpretada — como foi pelos interceptadores americanos — como um exercício de meticulosidade, simplificação ou ambos, mas a importância potencial dessas informações para os atacantes era bastante clara. A visita e o questionário de Suzuki no início de novembro deu mais base às suspeitas, assim como a duplicação dos relatórios pedida em 15 de novembro. Agora que os navios que não se moviam interessavam a Tóquio, podia-se perdoar a Yoshikawa aquele estranho voo da fantasia: talvez uma frota de porta-aviões estivesse seguindo para o Havaí.

DOMINGO, 30 DE NOVEMBRO

A mensagem "mais depressa do que se imagina" de Togo partira para Berlim nas primeiras horas e os líderes militares japoneses, conscientes de que a paz tinha mais sete dias, esperavam um domingo de folga. Eles nem pensavam no imperador, que não conseguira entender direito por que a sua Marinha gastara tanto tempo e energia planejando uma guerra que desejava evitar.

O primeiro-ministro Tojo, o ministro Shimada, da Marinha, e Nagano, chefe do estado-maior naval, foram convocados para prestar esclarecimentos.

Estavam prontos para a guerra com os Estados Unidos?, perguntou Hiroíto aos dois homens da Marinha.

Eles lhe disseram que providências adequadas tinham sido tomadas e deixaram de acrescentar que nem as providências mais perfeitas teriam probabilidade de produzir a vitória.

Ao notar a sua "considerável confiança", o imperador disse a Tojo que "continuasse como já combinado".[1]

Os 20 mil homens sob o comando de Nagumo não tiveram descanso. Um quarto dos marinheiros permaneceu nos postos de combate — número que dobraria depois que a Kido Butai ultrapassasse o meio

---

1 Citado em Prange, Gordon, *At Dawn We Slept* (Penguin, 2001).

do caminho — e seis caças em cada um dos seis porta-aviões foram mantidos municiados e prontos para uma decolagem de emergência. Em cada navio, os homens com mais acuidade visual passavam horas examinando o mar vazio atrás do que mais temiam: o periscópio de um submarino americano.

A bordo do contratorpedeiro *Akigumo*, Chigusa, segundo oficial no comando, registrou no seu diário vinte e quatro horas típicas: "Durante a noite, operamos holofotes e luzes de convés devido à neblina pesada para evitar colisões [...]. Esta tarde naveguei o navio e reabastecemos a ré muito devagar. O cabo de reboque rompeu. Muito perigoso, mas felizmente sem feridos. Tentamos reabastecer de novo, mas escureceu e desistimos."[2]

Os aviadores continuavam o treinamento e estudavam modelos e mapas, familiarizavam-se com rotas de aproximação, praticavam jogos de identificação com a projeção de silhuetas de navios americanos. Aqueceram os motores e verificaram os controles, alguns mais meticulosamente do que outros; um piloto a bordo do *Soryu* usou a jaqueta de voo durante a viagem inteira e passava várias horas, pela manhã e à tarde, na cabine do seu avião. Os únicos aviadores entediados eram aqueles que tinham puxado o palito mais curto e receberam a tarefa de sobrevoar a frota como sentinelas, enquanto os camaradas ficavam com a glória de Pearl Harbor.

Fazia frio no norte do Pacífico. Os homens usavam fardamento bastante quente, mas a norma eram banhos frios; só havia água quente no *Shokaku* e no *Zuikaku*, os novos porta-aviões com maior capacidade de transporte de combustível. A guarnição da casa das máquinas jantava em serviço, com os atendentes do rancho levando os bolos de arroz e ameixa salgada até a sauna onde trabalhavam, mas a maioria dos marinheiros e aviadores comia no refeitório. As mesmas mesas recebiam jogos frequentes de *go* e *xogui*, enquanto os mais interessados em passatempos individuais podiam desenhar, pintar ou escrever em qualquer espaço pessoal que pudessem reivindicar para si.

Na ponte e nas cabines melhores, os responsáveis por todas aquelas vidas cuidavam dos seus afazeres; Nagumo se preocupava o tempo

---

2 *Ibid.*

todo com essa ou aquela possível dificuldade, Kusaka buscava de forma igualmente interminável uma equivalente calma zen, Genda movia obsessivamente as peças do seu plano de ataque na busca frenética de perfeição.

Ao largo de Fidji, o submarino japonês I-10 lançou o seu planador para um voo noturno de reconhecimento sobre a baía de Suva. Em 16 de novembro, o submarino partira de Yokosuka, no Japão, e essa era a primeira parada prevista em uma viagem de reconhecimento que incluiria Samoa, ilha Christmas e, depois de lançados os ataques a Pearl Harbor, aquele trecho de oceano a leste do Havaí que quaisquer navios americanos avariados teriam de atravessar a caminho de San Diego.

O piloto do planador não encontrou navios inimigos na baía de Suva e, depois, desapareceu. O I-10 vasculhou a área durante vários dias, mas não encontrou vestígios do avião. Ou os britânicos o derrubaram — e deram o primeiro tiro da Guerra do Pacífico — ou o avião caiu na selva ou no mar.

O principal corpo da Frota Conjunta continuava no Mar Interior, pronto a se deslocar na direção ditada pelos acontecimentos, mas o resto da Marinha japonesa estava agora em alto-mar. Nos últimos dez dias, frotas de invasão rumo a Guam, às Filipinas, à Tailândia e à Malásia tinham deixado o Mar Interior e ido para os seus pontos de partida nas ilhas Bonin, Pescadores e Palau. Enquanto a Quinta Frota, a leste, protegia o acesso ao Japão propriamente dito, a Segunda e a Quarta Frotas partiram para o sul e o sudeste, a primeira para cobrir a planejada invasão da Malásia, das Filipinas e das Índias Orientais holandesas, a segunda para dar apoio à captura de Guam e oferecer qualquer auxílio necessário à Primeira Frota Aérea. A falta de tentativas para esconder esses movimentos foi deliberada; atraíam os olhos do inimigo e o cegavam para o golpe que mais importava.

Em Tóquio, o relatório do embaixador Oshima sobre a reunião com Ribbentrop foi bem recebido. Os alemães venciam a guerra contra britânicos e soviéticos e se dispunham a se unir aos japoneses na guerra deles contra britânicos e americanos. A decisão do governo de abrir as hostilidades estava claramente correta. No entanto, seria bom obter algo por escrito.

Em Clark Field, nas Filipinas, o oficial comandante do 19º Grupo de Bombardeiros, tenente-coronel Eubank, dirigiu-se a seus oficiais e passou um resumo do que o general Brereton, comandante da Força Aérea do Extremo Oriente, dissera a ele e a outros oficiais no dia anterior: a situação era grave e se esperava que todas as unidades mantivessem alto nível de alerta e segurança nos próximos dias. No que dizia respeito ao 19º Grupo de Bombardeiros, a necessidade primária era camuflar os seus B-17 e B-18 e se assegurar de que estivessem municiados e prontos para decolar a qualquer momento. Quando Eubank abriu a fala para perguntas, ninguém pensou em tocar em um problema bem conhecido: não havia tinta verde em quantidade suficiente para camuflar os bombardeiros.

O serviço foi deixado de lado, vítima das circunstâncias e da condenável confusão entre ameaças internas e externas. Assim como Kimmel e Short em Oahu, MacArthur e Brereton tinham recebido de Washington avisos de guerra que enfatizavam demais as primeiras e de menos as segundas. Em alguns casos, as medidas necessárias para enfrentar uma ameaça interna, como concentrar os aviões em uma área pequena, na verdade dificultavam o enfrentamento da ameaça externa, mas mesmo quando não era o caso, o excesso de ênfase na primeira estava fadada a afastar a atenção da última.

O 1º Exército Panzer, agora em plena retirada de Rostov, ainda corria perigo de envolvimento pelo 37º Exército soviético. O marechal de campo Von Rundstedt e o general Von Kleist, que comandavam, respectivamente, o Grupo de Exércitos Sul e o 1º Exército Panzer, passaram semanas se opondo à aventura de Rostov, argumentando que as tropas estavam enfraquecidas demais por baixas, problemas de suprimento e condições climáticas para manter a ofensiva. Estavam certos, mas não adiantaria se gabar do fato e, naquela manhã, quando Von Rundstedt aprovou a retirada do Exército de Von Kleist em um único estágio até o rio Mius, o fez sem pedir aprovação prévia do OKH ou do Führer.

De acordo com Halder, desde que retornara de Berlim, Hitler andava em um "estado de extrema agitação" devido à situação em Rostov e sem nenhuma disposição de aceitar o *fait accompli* de Von Rundstedt. Ele decidiu que o 1º Exército Panzer deveria parar mais a leste — "essa gente não tem nenhuma concepção do estado dos nossos soldados", observou Halder com acidez — e chamou Von Brauchitsch, comandante do Exército, para lhe dizer isso.[3] Não foi uma reunião amistosa. O Führer falou o tempo todo, "despejando repreensões e agressões e berrando ordens tão depressa quanto lhe surgiam na cabeça". Devidamente intimidado, Von Brauchitsch deu as ordens apropriadas.

Durante várias horas e telefonemas, o estado-maior de Von Rundstedt defendeu em vão a rescisão dessas ordens. Finalmente, quando a noite se esgotava, o marechal de campo pendurou as chuteiras. "Se não existe mais confiança na minha capacidade de comando", escreveu a Von Brauchitsch, "peço permissão para solicitar a substituição por alguém que goze da necessária confiança do supremo comando".[4]

Halder viu a resposta e deixou claro no diário o que sentia: "Somente o comandante local pode ter o quadro completo, e é preciso confiar na sua decisão."[5] Ele também observou, de forma mais preocupante, que fora o Führer que tomara a decisão.

Nas primeiras horas daquela manhã de domingo, os líderes militares soviéticos — Stalin, o chefe do estado-maior, Shaposhnikov, e seu vice, general Alexandr Vassilievski, Jukov e outros — se reuniram no Kremlin todo apagado para uma discussão desejada havia muito tempo. Na mesa diante deles havia um mapa adornado com setas apontando para oeste. Nas últimas semanas terríveis, aguardando e torcendo para que o avanço alemão finalmente perdesse sangue e vapor, Shaposhnikov e o seu estado-maior vinham escrevendo e reescrevendo o plano da primeira grande contraofensiva soviética.

Os ataques seriam lançados no centro da linha alemã, mas só para prendê-la onde estava. Os ataques principais, marcados para começar

---

3 Citado em Burdick, C., e Jacobsen, H.-A., *The Halder War Diary* (Greenhill, 1988).

4 Citado em Blumentritt, Gunther von, *Von Rundstedt* (Odhams, 1952).

5 Citado em Burdick, C., e Jacobsen, H.-A., *The Halder War Diary* (Greenhill, 1988).

em 3 e 4 de dezembro, seriam dirigidos contra as alas do Grupo de Exércitos Centro, um visando a Solnetchnogorsk e Istra, rumo a Volokolamsk e Klin, o outro à brecha entre o 2º Exército Panzer de Guderian e o 2º Exército na área de Iefremov. A maioria dos novos tanques e aviões que Stalin tinha acumulado para este momento seria usada nesses setores, onde se esperavam avanços de mais de 80 quilômetros. De acordo com Jukov, a meta "era esmagar as forças de ataque do Grupo de Exércitos Centro [...] jogar o inimigo para o mais longe possível de Moscou, provocando-lhe o máximo de baixas".[6]

Von Bock ainda empurrava os seus subordinados rumo a Moscou e, nesse dia específico, preocupava-se com a falta de progresso do 3º Grupo Panzer ao sul. Uma mensagem de rádio que enfatizava "a importância do avanço rápido" ficou sem resposta, e ele telefonou para Reinhardt. Naquela noite, Von Bock escreveu que "foi surpreendentemente difícil convencê-lo da necessidade".[7]

De fato, os panzers de Reinhardt fizeram progresso constante durante um dia de neve pesada. A 6ª Panzer chegou ao canal Moscou-Volga ao sul de Iakhroma para assumir o seu dever na defesa, e a 1ª Panzer, embora lhe exigissem que passasse boa parte do dia no resgate da 23ª Divisão de Infantaria, quase cercada ao sul de Fiodorovka, progredia bem na ocupação do trecho mais adiante. À direita, a 2ª Divisão Panzer do 4º Grupo Panzer fez um progresso espantoso ao alcançar e tomar naquela tarde a cidade de Krasnaia Poliana, a pouco mais de 30 quilômetros da Praça Vermelha. Enquanto pequenos grupos de combate abriam caminho nas vizinhas Pushki e Katiushki, uma unidade de patrulha com motocicletas do batalhão de engenharia avançou por uma estrada convidativamente vazia, atravessou o terreno do futuro Aeroporto Internacional de Moscou e chegou ao subúrbio de Khimki. Esses homens observaram os moradores fugirem para se protegerem, fitaram os trilhos do bonde cobertos de neve que seguiam para o sul e, talvez, perceberam a situação precária em que se encontravam. Seguiram de volta para o norte depois de chegar a 19 quilômetros do Kremlin.

6 Zhukov, Georgi, *Reminiscences and Reflections* (Progress, 1985).

7 Bock, Fedor von, *The War Diary* (Schiffer, 1996).

Essa presença passageira de alguns motociclistas não representava uma ameaça, mas o peso das forças alemãs que agora se reuniam perto de Krasnaia Poliana era coisa bem diferente. A sua súbita proximidade foi um choque, principalmente para homens ainda profundamente imbuídos do otimismo inebriante da planejada contraofensiva. Mais uma vez, subiu o grito: cidade em perigo! Enquanto os tanquistas levavam os novos T-34 das linhas de montagem suburbanas para a mais nova batalha, todas as fontes disponíveis de transporte motorizado — trens, ônibus, caminhões, táxis, até carros oficiais requisitados — foram mobilizadas para levar outro Exército sortido de soldados siberianos profissionais, milicianos locais e jovens mal treinados do Komsomol rumo ao perigo que assomava.

A oeste de Moscou, outras unidades siberianas desempenhavam um papel fundamental. Embora derrotados em Istra e Vyssokovo, os siberianos de Beloborodov tinham imposto e continuavam impondo um preço alto às divisões alemãs — a 5ª Panzer, a Das Reich e a 10ª Panzer — que combatiam avançando para leste nos dois lados da estrada de Volokolamsk. As condições do tempo também impunham preços altos. "Faz um frio gelado", escreveu um oficial do Regimento SS Deutschland, "e isso quando há pouco abrigo e suprimentos insuficientes para os soldados em combate. Os problemas de suprimento se acumulam. Eles são a principal causa do nosso sofrimento".[8] Nesse momento, os seus piolhentos camaradas pareciam russos, vestidos com casacos e gorros de pele furtados, mas nem uns nem outros os isolavam suficientemente do frio. As culatras emperravam nas armas automáticas, o combustível e a água congelavam nos veículos. Só era possível dar partida nos motores acendendo pequenas fogueiras debaixo do cárter. "Está chegando o dia", escreveu o oficial, "em que não só os soldados estarão no fim das suas forças como as companhias perderão completamente o vigor de combate devido à perda de numerosos feridos, congelados e mortos".[9]

Esse dia ainda não chegara. A batalha móvel do seu regimento com os siberianos chegara à aldeia de Lenino, 3 quilômetros a oeste da

---

8 Citado em Haupt, Werner, *Army Group South* (Schiffer, 1998).

9 *Ibid.*

cidade de Dedovsk. Ambos os comandantes de batalhão foram gravemente feridos no decorrer do dia, mas ao anoitecer os soldados tinham conseguido tomar metade da aldeia e todo o morro que a dominava. "Mas à noite tivemos de entregar tudo de volta", relatou outro oficial, "para nos defender dos contínuos contra-ataques russos. Só precisávamos de mais 13 quilômetros para ter a capital ao alcance dos canhões — mas simplesmente não conseguimos".[10]

Um pouco mais ao sul, outros siberianos foram mobilizados contra a 87ª Divisão de Infantaria do tenente Gruman. A moscovita Natália Kravtchenko, que estava na datcha da família em Nikolina Gora, encontrou-os a caminho da frente de batalha. Ao escutar um ruído estranho, saiu de casa em busca de uma explicação e encontrou a estrada ladeada de soldados siberianos que roncavam em uma pausa para o descanso. "É difícil imaginar a velocidade com que os soldados siberianos avançavam", disse ela. "Costumavam dormir apenas duas ou três horas por dia."[11]

Do outro lado da linha de frente, um oficial da 87ª Divisão tratou das opções que os seus soldados com fardamento leve dispunham para dormir: "As baixas causadas pela exposição ao frio se acumulam tão depressa que os comandantes de companhias são frequentemente forçados a dizer que vale a pena correr o risco de fogo de artilharia em uma casa superlotada." Sem surpresas, "a força emocional dos homens diminuiu perceptivelmente".[12]

A Das Reich não tomara Lenino, muito menos Dedovsk, mas disseram outra coisa a Stalin. Ele telefonou para Jukov: "Sabia que Dedovsk foi capturada?"

Jukov não sabia.

"Um general comandante deveria saber o que acontece na sua frente de batalha", lhe disse Stalin, e ordenou que Jukov e Rokossovski, o comandante do Exército pertinente, organizassem pessoalmente o contra-ataque.

---

10 Citado em Carell, Paul, *Hitler's War on Russia* (Harrap, 1964).

11 Citado em Nagorski, Andrew, *The Greatest Battle* (Aurum, 2007).

12 Citado em Haupt, Werner, *Army Group South* (Schiffer, 1998).

Jukov argumentou que sair do seu quartel-general em um momento tão difícil seria "bastante desaconselhável", mas Stalin não quis saber. "Daremos um jeito", insistiu.

Jukov ligou para Rokossovski, que lhe reafirmou que Dedovsk ainda estava em mãos soviéticas. Era a aldeia de Dedovo, cerca de 6 quilômetros a noroeste, que fora parcialmente ocupada por alemães.

Até aí, tudo bem. Jukov ligou para Stalin com a boa notícia e escutou que ele e Rokossovski deveriam agora supervisionar a recaptura de Dedovo. Não só isso: deveriam chamar o general Govorov, especialista em artilharia e agora comandante do 5º Exército na importante área do vale do rio Moscou, para organizar o fogo de apoio.

"Naquelas circunstâncias", escreveu Jukov depois, "não adiantaria discutir", e, quando Govorov tentou, ele lhe disse a mesma coisa. Os três generais foram para o quartel-general da 78ª Divisão, onde o general Beloborodov, "não muito alegre", explicou a situação em Dedovo. Os alemães tinham capturado algumas casas de um lado de um desfiladeiro profundo, e recapturá-las seria "taticamente inadequado".

Sem querer dizer ao seu subordinado por que, nesse caso específico, ele não se guiava "por considerações táticas", Jukov simplesmente disse a Beloborodov que tomasse as casas de volta e retornou para o seu quartel-general. Ao chegar, encontrou várias mensagens de Stalin perguntando aonde fora.[13]

O colega de Jukov no lado oposto também tinha de lidar com um ditador instável, embora com uma instância intermediária. Naquela tarde, Von Bock falou com o marechal de campo Walter von Brauchitsch, comandante em chefe do Exército e porta-voz do seu senhor em Rastenburg. Hitler elevara Von Brauchitsch à preeminência no início de 1938 como parte da campanha para destruir a autonomia tradicional do Exército, e logo se assegurou de que quaisquer faíscas residuais de discordância lhe fossem arrancadas à base de intimidação. Desde o início da guerra, Von Brauchitsch servira com razoável eficiência de correia de transmissão de indagações, desejos e ordens do Führer.

---

13 Zhukov, Georgi, *Reminiscences and Reflections* (Progress, 1985).

Naquele dia específico, sua mensagem a Von Bock era bastante clara: "O Führer está convencido de que os russos estão à beira do colapso completo. Ele deseja um compromisso definido da sua parte, marechal de campo Von Bock, de quando esse colapso se tornará realidade."

Von Bock, que começara a conversa com uma descrição da fraqueza do seu Grupo de Exércitos — disse a Von Brauchitsch que uma unidade fora recentemente repelida por russos que brandiam pás e martelos —, voltou mais uma vez a essa verdade básica. Os soldados, privados de suprimentos e fardamento de inverno, não tinham mais forças para provocar a decisão.

"Mas os suprimentos de inverno foram entregues", insistiu Von Brauchitsch.

Não, não foram, retorquiu Von Bock, e o fato de não terem sido era "o melhor indicador de que os quartéis-generais mais elevados não conhecem a verdadeira situação daqui".

Von Brauchitsch se recusou a acreditar; os suprimentos de inverno estavam a caminho desde outubro.

"As estatísticas mostrarão", prosseguiu Von Bock, "que os suprimentos de inverno necessários para o meu Grupo de Exércitos estão bem abrigados em depósitos e áreas de armazenamento bem atrás da frente de batalha. Isto é, se é que existem. Repito, marechal de campo Brauchitsch, houve um flagrante erro de cálculo. Infelizmente, o alto-comando do Exército e o Führer superestimaram a situação... Brauchitsch, ainda está aí? Alô! A ligação caiu? Brauchitsch, está me ouvindo?"

O comandante em chefe do Exército alemão escutava o que queria escutar e nada mais. "Sim, estou ouvindo", disse. "O Führer deseja saber quando Moscou cairá."

Mais tarde, na noite daquele domingo, ao anotar a conversa no diário, Von Bock só pôde concluir, com discrição magistral, que "algo não está certo por lá".[14]

Se os suprimentos de inverno realmente estavam "em depósitos e áreas de armazenamento bem atrás da frente de batalha", era porque praticamente não havia trens para levá-los à frente. Setenta por cento das locomotivas estavam enguiçadas, a maioria incapacitada pelo frio, algumas

---

14 Bock, Fedor von, *The War Diary* (Schiffer, 1996).

por sabotagem. As que ainda rodavam costumavam se atrasar dias a fio com a demolição de trilhos e pontes pelos guerrilheiros. Desde o reinício da Operação Tufão em 15 de novembro, o 9º Exército só recebera um trem de combustível. O 4º Grupo Panzer não recebera nenhum suprimento da retaguarda.

A escassez de combustível só era superada pela crescente escassez de veículos. O 3º Grupo Panzer de Reinhardt caíra de 259 tanques em 16 de outubro para 77 em 30 de novembro, e uma das suas divisões, a 6ª Panzer, defendia agora um longo trecho do canal Moscou-Volga usando apenas quatro. A cabeça de lança do Grupo Eberbach, de Guderian, que pusera 110 tanques em campo em 18 de novembro, tinha agora menos de 30. No geral, o Grupo de Exércitos Centro perdera mais de trezentos tanques em uma quinzena.

No mesmo período, sofrera 33.295 baixas, e o total de baixas alemãs na Operação Barbarossa já excedia 750 mil.

Um número desses poderia ser substituído? Não, de acordo com o general Walter Buhle, chefe do ramo organizacional do OKH, que se apresentou a Halder naquela manhã. Depois de observar que o Exército na Rússia estava agora com 340 mil homens abaixo do efetivo nominal, confessou que havia apenas 33 mil disponíveis para preencher as vagas e que "o grosso dos substitutos ainda não tem experiência na rotina da linha de frente e, portanto, o seu valor em combate é limitado".[15] Somente 60% dos caminhões estavam em condições de rodar e seriam necessários seis meses para recuperar o efetivo das importantíssimas divisões panzer. Menos da metade das perdas de motocicletas seria substituível. Havia novo equipamento sendo entregue, mas em ritmo muito lento. Em futuro próximo, apenas uma divisão de infantaria poderia ser convertida em divisão motorizada.

Logo depois de afirmar a sua autoridade sobre os Grupos de Exércitos Sul e Centro, Hitler passou uma noite agradável rememorando os bons tempos e, principalmente, a manifestação nazista definitiva de Coburg em outubro de 1922. Ele levara consigo oitocentos soldados das tropas

---

15 Citado em Burdick, C., e Jacobsen, H.-A., *The Halder War Diary* (Greenhill, 1988).

de assalto no trem de Munique, inclusive Eduard Dietl, agora general, um dos seus hóspedes no Wolfsschanze naquela noite específica. O inimigo aparecera previamente na Estação de Nuremberg: "O nosso trem, que estava embandeirado, não agradara a alguns judeus instalados em um trem parado ao lado do nosso. Schreck pulou no meio deles e começou a desferir golpes para todo lado."

O tom fora dado. Ao chegar a Coburg, continuou Hitler, ele descobriu que seus partidários locais tinham feito um acordo com a esquerda: não haveria marchas em fileiras, bandeiras nem música à frente. Isso era intolerável. Ele formou a sua procissão, com bandeiras, banda de música e tudo, e se pôs à frente.

E lá se foram, cercados de vivas, até a cervejaria alugada para a reunião. Uma vez lá dentro, foram proibidos de sair; a polícia não podia garantir a sua proteção. Não surpreende que Hitler anunciasse que ele e seus homens eram capazes de cuidar de si mesmos e ordenasse que os portões fossem novamente abertos. "Assim que chegamos lá fora, demos tamanha surra neles que em dez minutos a rua estava vazia. Todas as nossas armas foram úteis: os trompetes dos nossos músicos saíram da briga torcidos e amassados."

"Dormimos na palha", continuou o Führer, caso alguém duvidasse das suas credenciais de homem do povo. E, durante a noite, ao saber de ataques a alguns partidários seus, enviou um grupo de resgate. "Três vermelhos me foram trazidos, três vermelhos cujo rosto não era mais humano. Foi nesse momento que um policial me confidenciou: 'O senhor não imagina como sofremos sob a dominação desses cães. Ah, se soubéssemos que o senhor acabaria com a bagunça deles desse jeito!'" No dia seguinte, Hitler e os seus homens desfizeram uma contramanifestação com ferocidade semelhante, e os "cidadãos de Coburg se alegraram com a ideia de que as presas do demônio tinham sido arrancadas".

Mas não completamente; os sindicatos de ferroviários se recusaram a ceder um maquinista para o trem da volta. "'Muito bem', disse eu aos representantes deles, 'começarei tomando vocês como reféns e mandarei prender todos os seus que caírem nas nossas mãos. Tenho maquinistas entre os meus homens; eles nos levarão. E levarei todos vocês a bordo conosco. Se qualquer coisa acontecer, vocês nos acompanharão até o Outro Mundo!' Então mandei prender todos eles, e meia hora depois o 'proletariado' decidiu nos deixar partir."

Esses primeiros dias em Coburg, acrescentou ele com grande satisfação, marcaram "o início de uma nova era".[16]

Na hora anterior ao amanhecer, os habitantes do gueto de Riga tiveram ordens de voltar à rua e formar novamente filas de cinco. Parece que havia gente demais para o que as autoridades tinham em mente, e a polícia letã andou rapidamente pelas fileiras explicando quais moradores da rua iriam e quais poderiam voltar para casa. Frida Michelson, neste último grupo, observou da janela os primeiros serem levados embora. "De repente, diante da nossa janela, um SS alemão começou a atirar com uma arma automática diretamente na multidão. As pessoas foram ceifadas pelos tiros e caíram nos paralelepípedos. Houve confusão na coluna. Pessoas pisavam em quem caíra, forçavam caminho à frente, para longe do louco SS que atirava [...]. A polícia letã berrava: 'Mais depressa! Mais depressa!', e fazia os chicotes estalarem sobre a cabeça da multidão." Michelson se ouviu gritar: "Atiraram nos judeus! Atiraram nos judeus! Venham ver o pesadelo!"[17]

Outros se uniram a ela e depois tentaram puxá-la da janela antes que virasse alvo. Michelson resistiu. Decidida a ser testemunha, ela observou as colunas passarem, movendo-se em meia corrida, pisoteando todos os que não conseguissem manter o ritmo. E, quando a rua finalmente ficou em silêncio, ela fitou os corpos ensanguentados que jaziam espalhados sobre os paralelepípedos. Nas horas que se seguiram, eles foram recolhidos — setecentos deles, ela ouviu dizer — e sepultados em um único túmulo no velho cemitério judeu. Nenhum dos judeus que ficaram para trás soube o que aconteceu com os milhares que foram levados.

Eles e os mil judeus berlinenses que tinham chegado naquela manhã foram levados para fora da cidade pela estrada de Moscou e conduzidos em lotes até o local escolhido para a matança, uma clareira na

---

16 Citado em Trevor-Roper, Hugh, *Hitler's Table Talk* (Weidenfeld & Nicolson, 1953).

17 Michelson, Frida, *I Survived Rumbuli* (Holocaust Library, *c.* 1979).

vizinha floresta de Rumbula. Esse lugar fora escolhido com a costumeira meticulosidade: era próximo o suficiente para andar, distante o suficiente para manter segredo e abençoado com um solo fácil de escavar. Os cambaleantes recém-chegados recebiam ordem de se despir e eram empurrados por um corredor de golpes e pontapés até uma das três valas onde uma dúzia de atiradores movidos à aguardente trabalhava em turnos, forçando cada novo lote a se deitar de bruços sobre os corpos ensanguentados do lote anterior e despachando cada nova vítima com uma única bala das suas automáticas russas.

Matar 12 mil levou doze horas, mas mesmo assim a mensagem de Himmler ordenando clemência chegou várias horas atrasada.

O reformado gueto multifuncional de Theresienstadt recebeu a primeira leva: uma remessa de crianças, mulheres e velhos judeus de Praga. Outra chegaria de Brno dali a três dias. Dos 144 mil que passariam pelos portões do gueto, 17.500 sobreviveriam à guerra.

Na noite anterior, Rommel escrevera à esposa que estava "cheio de confiança", e os fatos das próximas trinta e seis horas confirmariam isso.[18] O seu plano para 30 de novembro era lançar a 15ª Panzer contra as posições da 6ª Brigada da Nova Zelândia na escarpa de Sidi Rezegh, com a 21ª Panzer e a Aríete em duplo papel de apoio, exercendo pressão sobre os neozelandeses pelo leste e segurando as forças britânicas ao sul. A 15ª Panzer levara vários golpes durante a malsucedida batalha de El Duda, mas Rommel não se dispunha a adiamentos e, no início da tarde, a divisão estava pronta para partir. Houve um feroz bombardeio de artilharia que "cobriu tudo com uma pesada mortalha de poeira e fumaça".[19] Os alemães, depois de sobreviver a um ataque da RAF e encontrar um caminho pelos campos minados, mandaram tanques e infantaria. Acima deles, os neozelandeses observaram com desalento os blindados se aproximarem. "A infantaria atravessava a escarpa ao sul e se movia para o norte pela ravina. Os canhões de 25 libras tinham praticamente pa-

---

18 Citado em Macksey, Kenneth, *Rommel* (Arms & Armour, 1979).

19 Citado em Agar-Hamilton, J. e Turner, L., *The Sidi Rezeg Battles 1941* (Oxford University Press, 1957).

rado de atirar [...]. Um a um, os canhões anticarro foram destruídos. Outros dois mandados pelo quartel-general da brigada sofreram destino semelhante depois de dar alguns tiros [...]. A infantaria inimiga se aproximava pelo sul. Quando chegaram mais perto e atravessaram as cristas, os tanques abriram fogo [...]. Os blindados inimigos venceram a escarpa atirando e se abriram em leque pelo terreno mais baixo. O 24º Batalhão foi derrotado [...]. Alguns homens abriram uma brecha e escaparam."[20]

Enquanto os atacantes passavam velozmente pela elevação rumo ao Ponto 175 e desciam para o Trigh Capuzzo, mais de seiscentos dos 855 homens da Brigada da Nova Zelândia foram aprisionados. A 4ª Brigada da Nova Zelândia ainda mantinha Belhamed e Zaafran, agora os únicos morros em suas mãos, e os sobreviventes da 6ª Brigada que escaparam foram mandados para o primeiro, apesar do pedido do comandante para terem permissão de recuar para Tobruk. Supostamente, os sul-africanos ainda viriam para o resgate, e o XIII Corpo não abandonara a esperança de reverter a sua arriscada situação.

Onde estavam os sul-africanos? Onde estava a 7ª Divisão Blindada? Ambos tinham finalmente se posto em movimento, mas, como pretendentes muito tímidos, pareciam dados a perder a coragem com o menor revés. Enfrentada ao sul de Sidi Rezegh, a 7ª Blindada decidiu-se por uma nova rota: virariam a leste para contornar o aparente bloqueio, atacariam e tomariam o Ponto 175 e assim abririam caminho para os sul-africanos se moverem para oeste pelo Trigh Capuzzo e libertarem os neozelandeses. Infelizmente, a 7ª Blindada se mostrou incapaz de arrancar o Ponto 175 da numericamente inferior Aríete, e os sul-africanos desembocaram no Trigh Capuzzo 11 quilômetros mais a oeste, mas recuaram após uma única escaramuça. Agora os sul-africanos estavam mais longe dos desesperados neozelandeses do que pela manhã. Naquela noite, o seu comandante, general Pienaar, recebeu uma mensagem azeda e claríssima do general Freyberg: "A nossa posição é insustentável a menos que o senhor consiga capturar [Sidi Rezegh] antes do alvorecer de 1º de dezembro. Portanto, cumpra essa tarefa imediatamente."[21]

20 *Ibid.*

21 *Ibid.*

A acidez era adequada, a clareza rara e bem-vinda, mas a ordem em si era impossível de cumprir. Pediam a Pienaar, depois de não fazer nada durante vários dias, que marchasse pela Aríete e pela 21ª Panzer em questão de horas, tarefa que até o general Norrie percebia ser demasiada para os sul-africanos. Ele disse à Pienaar que só se movesse às primeiras luzes.

Pouca coisa seria melhor para Rommel, mas ele sabia, tanto quanto Auchinleck, que a situação era bem pior do que parecia. O Afrikakorps entrara na Operação Crusader com 244 tanques, e naquela manhã só restavam sessenta em funcionamento. Outros tinham se perdido durante o dia, e mais ainda se perderiam no planejado ataque a Belhamed no dia seguinte. Durante a batalha daquele dia, Rommel discutira a situação de suprimentos com o general Bastico, seu superior nominal, e eles mandaram aos chefes políticos um apelo conjunto por mais canhões, caminhões e tanques. Se não chegassem, não importaria quem ocupasse Sidi Rezegh ou Belhamed; os reforços britânicos simplesmente superariam o minguado Exército do Eixo.

"Esta noite tentaremos fazer com que um comboio de cinco vapores passe rompendo o bloqueio", escreveu Ciano no seu diário. "Quantos conseguirão?"[22]

Pouco depois das onze horas da manhã, o *Komet*, que voltava para casa, e o *Thor*, de partida, se aproximaram um do outro na embocadura do estuário do Elba. Os comandantes conversaram durante cerca de uma hora antes de se separarem, o *Komet* subindo o rio rumo a Hamburgo, no último trecho de uma viagem que durara 515 dias, o *Thor* partindo em uma viagem costeira de 17 dias até o estuário do Gironde, no sudoeste da França. Depois que o mau tempo e a atividade inimiga o detiveram durante várias semanas, o *Thor* começaria a sua segunda viagem épica em 17 de janeiro. Duraria oito meses, afundaria dez navios mercantes inimigos e acabaria em uma bola de fogo — o navio sucumbiria a uma explosão acidental no porto de Yokohama.

22 Ciano, conde Galeazzo, *Diaries*, org. Muggeridge, Malcolm (Heinemann, 1947).

*

Sem que Brooke-Popham soubesse em Cingapura, a agonia de Londres com a Operação Matador fora terceirizada nos domínios do Império. As respostas que chegavam refletiam as divisões da situação político-militar britânica a respeito da sensatez da ação preventiva. Os australianos eram totalmente favoráveis a ir em frente, com ou sem apoio americano; os neozelandeses eram mais cautelosos e só recomendavam a ação caso os americanos estivessem "em concordância geral [...] dispostos a oferecer garantias de assistência conforme permita a [sua] situação constitucional".[23] Os sul-africanos confiavam no apoio americano; os canadenses, cuja resposta chegou cedo no dia seguinte, se opunham. "Enquanto houver incerteza sobre o grau e o imediatismo do apoio americano", dizia a proposta destes últimos, "seria um erro terrível adotar qualquer rumo de ação que possa resultar em guerra entre o Japão e a Comunidade Britânica de Nações".[24]

Os chefes do estado-maior britânico concordavam com os canadenses.

Em Washington, as informações britânicas sobre um ataque japonês iminente à Tailândia, inclusive ao istmo de Kra, chegou à mesa de Hull. A edição de domingo do *New York Times*, que estava ao lado, exibia trechos de um discurso recente e especialmente beligerante de Tojo. As informações estavam erradas, o discurso não era de Tojo nem estava traduzido com exatidão, mas ambos pareceram a Hull bastante dignos de crédito. Ele telefonou para Roosevelt em Warm Springs e insistiu no retorno imediato a Washington.

---

23 Citado em Parkinson, R., *Blood, Toil, Tears and Sweat* (Hart-Davis MacGibbon, 1973).

24 *Ibid.*

SEGUNDA-FEIRA, 1º DE DEZEMBRO

A Kido Butai seguia o horário japonês, e era apenas 1h34 quando o sol se pôs atrás dos navios de Nagumo. Pouco depois, a frota atravessou a Linha Internacional da Data e se viu rapidamente de volta a novembro. Estava então a meio caminho do projetado ponto de lançamento ao norte de Oahu.

A bordo do *Akagi*, a ansiedade de Chuichi Nagumo não dava sinais de se reduzir. O vice-almirante de 54 anos gozara de uma carreira longa e variada na Marinha, com muitos anos no mar, alguns no estado-maior geral e um ano estudando outras marinhas na Europa e nos Estados Unidos. Mas não tinha experiência com aviação naval, e fora o tempo de serviço e não a aptidão que o levara, sete meses antes, a ser nomeado comandante da Primeira Frota Aérea. Os seus subordinados imediatos — Kusaka, Genda e Fuchida — tinham a experiência que lhe faltava e Nagumo fora profissional a ponto de seguir as suas opiniões, mas a sua desconfiança instintiva da operação de Pearl Harbor persistia, e na hora decisiva as 20 mil vidas da Primeira Frota Aérea seriam responsabilidade sua.

Nagumo era popular entre os homens e os oficiais, mas a primeira impressão de Fuchida foi de conservadorismo. Nem mesmo o autor do plano negara que aquela operação era arriscada, e Nagumo era mais avesso a riscos do que a maioria. Em setembro, quando um dos testes em jogos de mesa acabou com dois dos seus porta-aviões afundados, dois avariados e perdas americanas insignificantes, ele considerara esse resultado confirmação das suas dúvidas. Quando outro teste foi bem-sucedido, ele ressaltou que, na verdade, o mar era mais revolto. Caso chegasse um momento no qual as circunstâncias exigissem optar entre aumentar a aposta e recolher um ganho modesto, havia poucas dúvidas sobre o que Nagumo preferiria. Podia estar preso ao plano de um jogador, mas não era jogador.

Em Tóquio, uma Conferência Imperial se iniciou às 14h05, na Sala Leste Um do Palácio Imperial, com o imperador Hiroíto empoleirado sobre o seu tablado acima dos líderes políticos e militares. Na agenda, dois itens inter-relacionados: o fracasso das negociações com os Estados Unidos e o desejo do governo de declarar guerra aos Estados Unidos, à Grã-Bretanha e aos Países Baixos.

O primeiro-ministro Tojo abriu os trabalhos com uma declaração geral da posição. Os Estados Unidos, disse ele, tinham se recusado a fazer concessões e chegaram a acrescentar novas exigências — mais notadamente a retirada completa da China e o abandono japonês do Pacto Tripartite. "Além de amesquinhar a dignidade do nosso império", continuou, "e tornar impossível colher os frutos do Incidente da China, isso também ameaçou a própria existência do império". A diplomacia fracassara e o tempo se esgotava para as forças armadas. "Nessas circunstâncias, o nosso império não tem alternativa senão começar a guerra."[1]

Togo, o ministro do Exterior, assumiu a palavra e fez uma descrição mais detalhada das negociações. Os americanos tinham se apegado aos seus princípios sem parar para pensar se eram pertinentes à "situação real" da Ásia oriental e sem mostrar nenhum "indício de boa vontade de negociar". Ao contrário, a sua proposta de 26 de novembro representara "um retrocesso visível". Se o Japão a aceitasse, "a posição internacional do nosso império se reduziria a uma condição mais baixa do que antes do Incidente da Manchúria, e a nossa própria sobrevivência estaria inevitavelmente em jogo".[2]

1 Citado em Ike, Nobutaka (org.), *Japan's Decision for War* (Stanford University Press, 1967).

2 *Ibid.*

Depois que Nagano, o chefe do estado-maior, anunciou a prontidão da Marinha para começar as operações, Tojo ressaltou o apoio do povo ao governo e depois quase estragou o efeito ao exigir medidas de segurança "rigorosas" contra comunistas, extremistas nacionalistas, estrangeiros, espalhadores de boatos e pessoas comuns que exprimissem temores a respeito da próxima refeição.[3]

Kaya, ministro da Fazenda, achou que a economia nacional aguentaria, mas admitiu que outros países envolvidos na luta de sobrevivência do império poderiam ter razões para se preocupar. Os países do sudeste da Ásia prestes a serem invadidos eram grandes importadores e sofreriam quando o seu salva-vidas econômico lhes fosse tirado. O Japão não tinha reserva suficiente para compensar a diferença, disse Kaya, antes de acrescentar, em um eco arrepiante do debate nazista que precedera a invasão da União Soviética, que "por um bom tempo não será possível nos preocuparmos com a sobrevivência da população dessas áreas".[4] Para piorar o crime pretendido, Ino, ministro da Agricultura, ressaltou que o próprio Japão teria de importar mais arroz desses países.

Seguiu-se uma sessão de perguntas e respostas, com Yoshimichi Hara, presidente do Conselho Privado, fazendo as perguntas em nome do imperador. A definição americana de China incluía a Manchúria? Ninguém parecia saber. Os Estados Unidos e a Grã-Bretanha eram poderosos demais para o Japão? De jeito nenhum. Tomaram-se providências para enfrentar os inevitáveis ataques aéreos? Esperava-se que quem tivesse o lar incendiado pudesse se refugiar "em outro lugar" ou em "abrigos simples" ainda a serem construídos. Essa última resposta, que exemplificava a natureza ridiculamente improvisada do projeto como um todo, fez até Hara parar para refletir: "Não basta meramente ter pensado no assunto", disse ele com severidade. "Os seus planos são inadequados."[5]

E realmente eram, em muitos níveis. Mas, como todo mundo na Sala Leste Um, Hara estava ocupado demais se deleitando com o orgulho nacional — "a nossa nação [...], do ponto de vista espiritual,

---

3 *Ibid.*

4 *Ibid.*

5 *Ibid.*

sem dúvida não é superada no mundo inteiro" — para realmente se preocupar com os interesses das pessoas comuns, japonesas ou não. Os Estados Unidos se mostravam "totalmente arrogantes, obstinados e desrespeitosos", disse, e uma atitude dessas não podia ser tolerada. "Caso cedêssemos, abriríamos mão, em um só golpe, não só das nossas conquistas nas guerras sino-japonesa e russo-japonesa como dos benefícios do Incidente da Manchúria. Isso não podemos fazer."[6]

A guerra era mesmo inevitável, e uma guerra de longo prazo, aliás. Hara considerou importante "provocar um acordo precoce" e "começar a pensar agora em como terminar a guerra". Tojo concordou. Embora o Japão estivesse "completamente preparado para uma guerra longa", ele também ansiava por "uma conclusão rápida". Mas, assim como Hara e todos os seus colegas de costas eretas na Sala Leste Um, ele não fazia ideia de como conseguir isso; tinha apenas a esperança temerária de que algum golpe de imensa sorte confundisse a probabilidade desfavorável. O veículo seria posto em movimento; a falta de freios, deixada para consideração posterior. E tudo com o objetivo de "tranquilizar a mente de Sua Majestade".[7]

A bordo do *Nagato*, Yamamoto recebeu um chamado do Palácio Imperial: o imperador desejava vê-lo às 10h45 de quarta-feira. Como sabia a maioria dos japoneses, era tradicional que os imperadores dessem bons votos aos seus comandantes às vésperas de uma guerra, e Yamamoto, não querendo alarmar o público, embarcou com roupas civis no trem das quatro horas da tarde para Iwakuni. Se a notícia fosse a que esperava, o seu estado-maior mandaria a Nagumo a mensagem padrão.

Nas Filipinas, um avião não identificado, presumivelmente japonês, foi avistado sobrevoando Clark Field. Nos dois dias seguintes, vários outros seriam avistados, levando o chefe dos interceptadores de Brereton a observar: "Agora eles têm tudo o que precisam. Da próxima vez, não vão brincar. Entrarão sem bater."[8]

---

6 *Ibid.*
7 *Ibid.*
8 Citado em Manchester, William, *American Caesar* (Arrow, 1979).

Os aviões, muito provavelmente, vinham de Formosa, o que levantou a questão do reconhecimento americano. Os seus aviões não deveriam estar sobrevoando os campos de pouso japoneses naquela ilha? Brereton achava que sim e requisitou permissão a MacArthur para criar "missões fotográficas de altitude no sul de Formosa, principalmente na região de Takao, grande base japonesa na qual foram previstos os primeiros sinais de ação".[9]

MacArthur negou a solicitação. O aviso de guerra proibira quaisquer "atos notórios" contra os japoneses, e ele temia que tais missões pertencessem a essa categoria.

À uma hora da madrugada, Rundstedt recebeu a notícia de que a sua demissão fora aceita. O seu substituto, marechal de campo Von Reichenau, comandante do 6º Exército, recebeu ordens de interromper a retirada do 1º Exército Panzer em uma linha a cerca de 10 quilômetros do Mius. Quando essas ordens foram transmitidas, seguiu-se o caos, com unidades motorizadas que já tinham chegado ao rio voltando pelo mesmo caminho das que não tinham.

Von Kleist foi inflexível ao sustentar que não poderia defender a linha escolhida por Hitler e continuou a insistir na linha do rio Mius. Tinha o apoio do general Georg von Sodenstern, chefe do estado-maior do Grupo de Exércitos Sul, mas não do seu novo superior; na verdade, Von Reichenau interrompeu uma conversa telefônica entre Halder e Von Sodenstern para confirmar que concordava com as ordens de Hitler. Halder, então, falou com o coronel Zeitzler, chefe do estado-maior de Von Kleist, e teve mais indícios em apoio à opinião oposta. As divisões do 1º Exército Panzer estavam com o efetivo tão reduzido que dois comandantes sofreram colapsos nervosos totais, disse Zeitzler, e na linha de defesa escolhida por Hitler a infantaria não teria opção além de "deitar-se sem proteção no chão congelado".[10] Agora a maior parte da artilharia estava de volta à linha do Mius, onde já existiam posições defensivas substanciais. Nem Zeitzler nem Von Kleist conseguiam entender por

9 Brereton, Lewis H., *The Brereton Diaries* (William Morrow, 1946).

10 Citado em Burdick, C., e Jacobsen, H.-A., *The Halder War Diary* (Greenhill, 1988).

que os soldados "teriam de ficar aqui e ver o inimigo furar a sua linha quando 9 quilômetros atrás deles há uma posição muito melhor".[11]

Depois de ouvir de Von Sodenstern que Von Reichenau não mostrava "tendência a endossar os argumentos apresentados", Halder levou a questão a Jodl e pediu-lhe que "apresentasse os fatos" ao Führer.[12] Jodl passou o problema a Von Brauchitsch, que chegou à presença de Hitler com certo receio. Mas, nessa ocasião, a sorte estava do lado do comandante do Exército. Antes que pudesse abordar o assunto, chegou um telefonema de Von Reichenau: as forças soviéticas tinham aberto uma brecha naquela parte da nova linha mantida pela Divisão SS Leibstandarte "Adolf Hitler" e ele queria permissão para recuar para a linha do Mius. Hitler não teve opção senão concordar. "Agora estamos onde poderíamos estar ontem à noite", observou Halder. "Foi um desperdício sem sentido de força e tempo, e para piorar perdemos Von Rundstedt."[13]

Trinta quilômetros ao norte de Moscou, o rolo compressor alemão finalmente emperrara, as rodas girando loucamente em um vácuo gelado. Krasnaia Poliana, Pushki, Gorki e Katiushki tinham sido ocupadas com a costumeira e abrupta ferocidade, a ferrovia da vizinha Lobnia explodida por um grupo de ataque, mas os soviéticos já golpeavam de volta com os seus T-34 aterradores e eficazes e com a infantaria que parecia inesgotável. Katiushki, a aldeia que ficava mais ao sul, mudou de mãos mais de uma vez no decorrer do dia, e nenhuma das cidades recém-ocupadas podia ser considerada remotamente segura. Novos avanços, pelo menos por enquanto, estavam fora de questão.

A situação era a mesma ao longo do canal Moscou-Volga, onde ataques repetidos do 1º Exército de Choque forçavam ao limite o 3º Grupo Panzer. Apenas cinco dias depois de tomar o seu "trampolim para o Oriente", Reinhardt dizia a Von Bock que novos avanços eram impossíveis e insistia na necessidade de ocupar uma linha defensiva.

O mesmo acontecia no eixo Moscou-Leningrado, onde os outros corpos panzer de Hoepner, depois de tomar Klushino, Matushkino e o

11 *Ibid.*

12 *Ibid.*

13 *Ibid.*

terminal de Kriukovo de uma ferrovia suburbana de Moscou, descobriram de repente que não podiam tomar mais nada.

O mesmo acontecia na estrada de Volokolamsk, onde os soldados da Divisão SS Das Reich passaram aquela segunda-feira em outra tentativa vã e sangrenta de arrancar de Lenino os siberianos de Beloborodov.

Os únicos sucessos alemães aconteceram mais ao sul. Várias aldeias foram tomadas em pequenos avanços da infantaria ao norte do rio Moscou, e a ofensiva muito adiada do 4º Exército se iniciou, embora com um único corpo de Exército. As quatro divisões tiveram sorte diversa. Enquanto a 292ª de Infantaria rompeu até Akulovo, no flanco oposto a 183ª de Infantaria fez pouco progresso. Entre elas, a 3ª Motorizada atravessou Naro-Fominsk e chegou ao outro lado, e a 258ª de infantaria deu um passo gigantesco na direção de Moscou ao avançar mais de 15 quilômetros antes do anoitecer. Ao chegar à aldeia de Iushkovo, cerca de 1,5 quilômetro ao norte da estrada de Kiev, o destacamento de vanguarda buscou abrigo contra o frio em uma linha de casamatas de concreto. Estavam a 50 quilômetros do Kremlin.

Como Von Bock relatou durante o dia, agora somente "sucessos locais" seriam possíveis. E para o caso de Von Brauchitsch, Halder e Hitler ainda não terem entendido a mensagem — suposição mais do que sensata, dada a conversa com Von Brauchitsch na véspera —, mandou também um telegrama de confirmação. Os ataques em andamento poderiam "resultar em ganhos modestos", mas "dificilmente terão efeito estratégico". Como demonstraram os combates da quinzena anterior, qualquer ideia de colapso soviético seria um sonho enlouquecido. Presos onde estavam, nos portões do eixo de transporte russo, os seus exércitos estavam fadados a travar uma batalha defensiva contra um efetivo muito maior. "As forças deste grupo de exércitos", insistiu Von Bock, não se igualavam àquele, "nem por tempo limitado". Supondo que "o improvável se torne possível e Moscou seja alcançada", as suas forças "não seriam sequer suficientes para cercar Moscou e isolá-la a sudeste, leste e nordeste". Como tal, "o ataque parece não ter sentido nem propósito".[14]

---

14 Bock, Fedor von, *The War Diary* (Schiffer, 1996).

Em Orsha, finalmente se deram conta, mas não em Rastenburg. Durante a tarde, Hitler falou ao telefone com Von Bock e exigiu saber por que aquelas unidades do 4º Exército que tinham rompido a linha soviética avançavam agora rumo a Moscou, em vez de virar a leste para cercar as unidades soviéticas que antes estavam à sua frente. Von Bock, cansado, explicou que ele e Von Kluge não tinham mais efetivo para esses cercos e agradeceu à sorte por Hitler estar ocupado demais com a obsessão com Rostov para insistir na questão.

O Führer não era o único a se agarrar a sonhos enlouquecidos. Halder ainda louvava o argumento das "últimas reservas", primeiro em uma conversa telefônica com Von Bock, depois consigo mesmo no diário: "É preciso fazer um esforço para deixar o inimigo de joelhos aplicando o último grama de força. Assim que se demonstre conclusivamente que isso é impossível, tomaremos novas decisões."[15] É claro que ele estava "preocupado com o sacrifício humano", mas não mostrava sinais de perder o sono por isso. Nem mesmo, na verdade, com a possibilidade de uma contraofensiva soviética. Como os russos conseguiriam organizá-la? Como tanto ele quanto Von Brauchitsch ressaltaram naquele dia, o Exército Vermelho não tinha reservas significativas.

Se fossem dados a metáforas, talvez Von Bock e Halder comparassem a situação diante de Moscou a dois boxeadores que empregavam a última reserva de energia antes de desmoronar onde estavam. O escritor russo Konstantin Simonov via a situação de outro modo; na sua opinião, a energia despendida em cada golpe alemão se transferia para o destinatário, dando peso a um contra-ataque inevitável. A energia dos alemães podia estar se esgotando, mas os adversários soviéticos "começavam a se sentir como uma mola comprimida por força terrível, mas que, por mais comprimida que esteja, sempre preservará elasticidade suficiente para pular de volta. Era exatamente essa sensação de vigor físico e moral, essa convicção mais íntima de que poderiam enfrentar qualquer dificuldade e revidar na primeira oportunidade, que animava os homens".[16]

---

15 Citado em Burdick, C., e Jacobsen, H.-A., *The Halder War Diary* (Greenhill, 1988).

16 Simonov, Konstantin, *The Living and the Dead* (Greenwood, 1968).

Von Clausewitz concordaria com Simonov. O invasor que de repente se visse forçado à defensiva atingira "o ponto culminante". Além dele, estava "a virada, o ricochete", cujo poder era "geralmente muito maior que a força do avanço".[17]

Em Leningrado, uma imagem e um som específicos tinham se tornado familiares: um trenó de criança de cores vivas carregado com um cadáver amortalhado em um lençol, as lâminas a guinchar e ranger no chão gelado. Mais de 11 mil habitantes da cidade tinham morrido de fome até então, e o inverno apenas começava.

Os tanques da 15ª Panzer partiram às quatro horas da manhã e chegaram ao sul da encosta de Belhamed quando a escuridão passava para um amanhecer nebuloso. A artilharia divisionária abriu fogo no alto da encosta, envolvendo todo o campo de batalha em nuvens descendentes de pó e cegando os artilheiros inimigos. As perdas e a tensão dos últimos dias tinham desorganizado os neozelandeses, e as minas levadas pelo comboio de Clifton não haviam sido instaladas. Alguns soldados de infantaria ainda preparavam o chá da manhã, outros enterravam os mortos do dia anterior quando os tanques alemães assomaram à meia-luz. Os poucos canhões apontados na direção certa só tiveram tempo para uma salva ou duas antes que os artilheiros caíssem sob o alcance das metralhadoras dos panzers.

Belhamed ocupado, os panzers seguiram rumo ao quartel-general da divisão neozelandesa, onde Freyberg tentava desesperadamente falar com Norrie pelo rádio. Enquanto seus artilheiros se rendiam a apenas 200 metros dali, Freyberg obteve a promessa de Norrie de que os sul-africanos manteriam a Aríete e a 21ª Panzer ocupadas enquanto a 4ª Brigada Blindada ajudaria a cobrir a retirada dos neozelandeses.

A 4ª Brigada Blindada já estava a caminho, com Crisp e seus camaradas acordados antes do amanhecer com a notícia de que os neozelandeses corriam o risco de serem vencidos. "Foi um choque para nós", escreveu ele depois, "descobrir que a nossa completa ignorância

17 Citado em Reinhardt, Klaus, *Moscow: The Turning Point* (Berg, 1992).

do curso que a batalha tomava, a não ser na nossa limitada vizinhança, escondia um revés dessa magnitude".[18]

Como tudo o mais naqueles poucos dias, a tentativa de salvar algo substancial do desastre foi muito mal organizada pelos britânicos e pelos comandantes aliados, com a 4ª Brigada Blindada limpando uma rota segura ao sul enquanto os neozelandeses seguiam para leste, rumo a Zaafran. Felizmente para esses últimos, a Aríete e a 21ª Panzer ignoraram a ordem direta de ficar onde estavam — uma bigorna para o martelo da 15ª Panzer — e seguiram para oeste, rumo a Sidi Rezegh, abrindo portanto uma rota de escape a leste para Freyberg e os seus colegas sobreviventes.

Esses eram pouquíssimos, todos evacuados para a fronteira. Dois mil e quinhentos homens, 45 canhões e uma montanha de equipamento caíram em mãos alemãs; em três dias de luta, a divisão fora praticamente destruída. El Duda continuava em mãos britânicas, mas só como posto avançado de uma Tobruk novamente isolada. Os alemães controlavam Sidi Rezegh e os principais cumes ao norte e a oeste, com os britânicos lambendo as feridas no deserto distante. Assim como a primeira batalha de Sidi Rezegh, parecia uma vitória decisiva.

Mas o custo cumulativo fora alto demais, e os alemães, do comandante do corpo ao soldado raso, sabiam disso muito bem. Crisp, na serra de Sidi Rezegh, ao observar de binóculo os alemães vitoriosos, achou nunca ter visto "um grupo de homens tão esgotados, tão desanimados. Muitos estavam sem cobertura, e os raios inclinados do sol matutino revelavam nitidamente a sujeira e o desleixo, o cansaço do espírito refletido naqueles rostos fatigados [...]. Embora o inimigo tivesse acabado de vencer outra batalha de Sidi Rezegh, aqueles sujeitos não sabiam disso".[19]

Um oficial alemão que falou com Kippenberger, o general neozelandês capturado, foi bastante claro: "Tomamos Belhamed e nossas forças a leste e a oeste se deram as mãos. Mas não adianta. Perdemos a batalha. As nossas baixas são pesadas demais."[20] Von Mellenthin

---

18 Crisp, Robert, *Brazen Chariots* (Corgi, 1960).

19 *Ibid.*

20 Citado em Humble, Richard, *Crusader* (Leo Cooper, 1987).

foi igualmente sucinto: "No papel, parece que vencemos a batalha da Operação Crusader. Mas o preço foi alto demais; o Panzergruppe se exauriu."[21]

Os soldados do Eixo precisavam desesperadamente de descanso e suprimentos. Não teriam nenhum dos dois.

A Marinha italiana ainda tentava, sem conseguir, levar suprimentos a Rommel. Avisados por uma mensagem interceptada, quatro cruzadores leves e três contratorpedeiros da Força K tinham partido de Malta no final de 30 de novembro. Por volta das 3h30 de 1º de dezembro, encontraram e afundaram o *Adriatico*, navio mercante que levava suprimentos militares, e, algumas horas depois, cerca de 100 quilômetros ao norte de Trípoli, encontraram e afundaram o navio-tanque *Iridio Mantovani* e o contratorpedeiro *Alvise da Mosto*.

Isso não foi "brilhante", admitiu Ciano. Nem as fotografias de prisioneiros italianos jogando futebol e assistindo a concertos no Egito, publicada em um jornal do Vaticano. Incomodado, Mussolini insistira em um protesto formal. O Duce considerava um fato bem conhecido que os seus soldados "tendiam a se deixar aprisionar. Se virem como os camaradas estão se divertindo por lá, quem conseguirá segurá-los?".[22]

E o domínio da Itália sobre as províncias mais distantes do novo Império Romano não era tão firme quanto deveria. O encontro de Ciano com o líder croata Pavelić em Zagreb fora adiado; a polícia local não poderia garantir a sua segurança.

A segunda-feira de Hitler terminou com outra discussão filosófica sobre os judeus. Quando um auxiliar sugeriu que as mulheres arianas que tinham se divorciado dos maridos judeus depois de 1933 eram culpadas de um conformismo não muito digno de crédito e outro argumentou que, ao contrair o casamento original, as mulheres já tinham demonstrado uma falta lamentável de instinto racial, Hitler interrompeu para dizer que, antes da tomada do poder pelos nazistas, "a nossa classe

21 Mellenthin, F. W. von, *Panzer Battles* (University of Oklahoma, 1956).

22 Ciano, conde Galeazzo, *Diaries*, org. Muggeridge, Malcolm (Heinemann, 1947).

intelectual não tinha a mínima ideia do que era um judeu". Era por isso que ele criara as suas leis raciais.

Ele admitia que "há judeus na Alemanha que se comportaram corretamente — no sentido de que evitaram invariavelmente causar danos à ideia alemã". O problema, claro, era que esses judeus tinham deixado de discutir com os seus correligionários mais destrutivos. Ele reconhecia que a maioria dos judeus não tinha consciência do "poder destrutivo que representam", mas ainda assim se recusava a desculpá-los: "Quem destrói a vida se arrisca a morrer. Esse é o segredo do que está acontecendo com os judeus."

Dito isso, o judeu sem dúvida desempenhava um papel útil. A natureza fizera dele "o fermento que provoca a decadência dos povos, oferecendo assim a esses povos a oportunidade de uma reação saudável". Judeus poderosos e destrutivos — homens como São Paulo e Trotski — eram realmente os melhores amigos do ariano: "pela sua presença, provocam a reação defensiva do organismo atacado".[23]

Hermann Göring permanecia como sucessor de Hitler e líder da Luftwaffe, com outras responsabilidades mal definidas de administrar a economia de guerra alemã. Enquanto batalhas potencialmente decisivas ferviam junto a Moscou e Tobruk, ele percorreu a pequena distância entre Paris e Saint-Florentin para uma reunião com o marechal Pétain, líder colaboracionista francês. Os dois tinham um acordo simples a assinar — o uso alemão das instalações navais francesas no norte da África em troca da libertação de prisioneiros de guerra franceses — e Göring esperava que vinte minutos bastassem. Saiu de lá zangado três horas depois. O acordo fora devidamente assinado, mas parecia que Pétain se esquecera de que o país derrotado era o dele e apresentara a Göring uma lista de condições francesas para a futura colaboração. Quando Göring as recusou, o francês estendeu a mão e as enfiou no bolso do peito do alemão.

O Reichsmarschall voltou a Paris, onde trabalho de verdade o aguardava. Uma estada prolongada no Jeu de Paume e visitas mais curtas a várias pequenas galerias resultaram em uma grande remessa de

---

23 Citado em Trevor-Roper, Hugh, *Hitler's Table Talk* (Weidenfeld & Nicolson, 1953).

pinturas que partiria no dia seguinte para a sua propriedade em Carinhall. Longe de se saciar, Göring e o seu trem particular seguiram para Antuérpia, Haia e Amsterdã, onde galerias virgens o aguardavam. Mais alguns dias e ele estaria de volta a Paris, fazendo compras para a esposa no costureiro preferido dela, parecendo esquecido do rumo que a guerra do seu partido tomara.

O embaixador Oshima também andara apreciando as artes — um festival de Mozart na Áustria — quando a sua equipe o chamou de volta a Berlim. Os seus patrões em Tóquio queriam por escrito a promessa da Alemanha de uma declaração de guerra, e a queriam imediatamente.

Ribbentrop, com quem Oshima conseguiu se encontrar tarde da noite, estava furioso como sempre. Embora pessoalmente ansioso para aceder, ele não poderia de jeito nenhum assinar um acordo formal sem antes consultar o Führer. O dia seguinte teria de bastar.

Em Londres, o Gabinete de Guerra debateu a exigência soviética de declarações de guerra britânicas à Finlândia, Romênia e Hungria. Não havia entusiasmo por um passo desses, mas, no que dizia respeito aos dois últimos países, também não havia muita relutância: ambos eram regimes desagradavelmente fascistas e tinham cedido soldados voluntariamente para a Operação Barbarossa.

A Finlândia era outra questão. Churchill falara por boa parte do mundo anglófono ao descrever a feroz resistência dos finlandeses à invasão soviética de novembro de 1939 como "heroica, não, sublime", e parte da simpatia sobrevivera ao embarque finlandês no bonde Barbarossa.[24] Churchill se irritara a ponto de exigir a sujeição dos finlandeses a "toda inconveniência em nosso poder", mas fora compreensivo a ponto de não insistir mais na questão.[25]

Para Stalin, inconveniência não bastava; ele queria declarações de guerra britânicas a todos os três países, especialmente à Finlândia. Churchill argumentou que elas eram tanto desnecessárias — "o nosso

---

24 Citado em Gilbert, Martin, *Finest Hour: Winston Churchill 1939-41* (Heinemann, 1983).

25 *Ibid.*

bloqueio extremo já é contra eles"[26] — quanto contraproducentes: essas declarações prenderiam os três países com mais firmeza à aliança com a Alemanha e, no caso da Finlândia, irritariam os americanos, seus simpatizantes. "Não suponha, peço-lhe", escreveu Churchill a Stalin, "que seja falta de zelo ou camaradagem que nos faz duvidar da vantagem desse passo".[27]

O líder soviético não se deixou impressionar; a constante recusa britânica a declarar guerra à Finlândia era "intolerável".[28] Churchill reiterou os seus argumentos de 21 de novembro, mas acompanhou esse apelo final com a promessa de declarar guerra se os finlandeses se recusassem a parar de lutar na próxima quinzena. Em 28 de novembro, ele escreveu ao marechal Mannerheim, o líder finlandês, e insistiu para que fizesse exatamente isso. Churchill disse estar "profundamente pesaroso com o que estava por vir" e acrescentou que "seria muito doloroso para os muitos amigos do seu país na Inglaterra se a Finlândia se visse no banco dos réus com os nazistas derrotados".[29]

Nenhuma resposta chegara quando o Gabinete de Guerra se reuniu em 1º de dezembro e foi tomada uma decisão: os finlandeses teriam cinco dias para retirar os seus soldados de solo soviético. A resposta chegou um dia depois: "Tenho certeza de que o senhor perceberá", escreveu Mannerheim a Churchill, "que para mim é impossível interromper as atuais operações militares antes que os meus soldados cheguem a posições que, na minha opinião, nos dariam a segurança necessária". Ele acrescentava que foi "muito gentil da sua parte me enviar uma mensagem pessoal nesses dias difíceis".[30]

Essa era a primeira reunião do Gabinete de Guerra do general Alan Brooke, o novo chefe do estado-maior geral imperial. Ele passara o dia se familiarizando com a atual situação. A Operação Crusader ainda parecia

26 *Ibid.*

27 *Ibid.*

28 *Ibid.*

29 Citado em Parkinson, R., *Blood, Toil, Tears and Sweat* (Hart-Davis MacGibbon, 1973).

30 *Ibid.*

estar no páreo e a situação russa, com exceção de Rostov, a milímetros do desastre. A ameaça japonesa assomava e Dill, antecessor de Brooke, como ele mesmo admitia, não "fizera praticamente nada" para enfrentá-la.[31]

Nessa mesma reunião, Churchill fez referência à demissão de Cunningham por Auchinleck cinco dias antes. "Era de se duvidar", acrescentou, "que essa ação fosse da competência do general Auchinleck". Ninguém pareceu se importar.[32]

Oito dias tinham se passado desde o afundamento do *Atlantis*, cinco desde a transferência da tripulação para o relativo conforto do navio de suprimentos *Python*. Este último teria de reabastecer e ressuprir três submarinos no dia anterior, mas só um, o U-68, aparecera. Outro, o U-A, chegou naquele dia e recebia combustível quando o alarme soou. Para os tripulantes do *Atlantis* que observavam, o surgimento súbito no horizonte de um navio com três chaminés foi um *déjà vu* do tipo mais deprimente.

Os alemães agiram rapidamente. O U-A foi logo solto, mas o U-68, que recebia torpedos por escotilhas abertas no convés, levou um tempo interminável para se libertar. Enquanto isso, os botes do *Python* foram preparados; o navio de suprimentos, sem nenhum meio de se defender, era uma causa perdida.

Sabendo que havia submarinos na área e ansioso para evitar o destino do *Dunedin*, o comandante do *Dorsetshire* avançou em uma linha oblíqua sem reduzir a velocidade. As suas mensagens não foram respondidas, mas os tiros de aviso tiveram o efeito desejado: os alemães se apressaram a sair correndo e abandonaram o condenado *Python*. O *Dorsetshire* seguiu em frente, sem perceber que o U-A errara cinco torpedos.

Assim que os britânicos se afastaram totalmente, os dois submarinos emergiram outra vez e cerca de cem homens do *Atlantis* e do *Python* foram amontoados a bordo de cada um, deixando o resto em uma flotilha de botes. Outros submarinos alemães e quatro italianos acabariam dividindo a tarefa de rebocá-los até a França.

---

31 Citado em Bryant, Arthur, *The Turn of the Tide* (Fontana, 1965).

32 Citado em Parkinson, R., *Blood, Toil, Tears and Sweat* (Hart-Davis MacGibbon, 1973).

*

Uma mensagem de Churchill aguardava o retorno de Roosevelt, longa em cortesia, longa em sugestões. "Parece-me que um método importante permanece sem uso para evitar a guerra entre o Japão e os nossos dois países", escreveu o primeiro-ministro britânico, "ou seja, uma declaração simples, secreta ou pública, como se achar melhor, de que qualquer novo ato de agressão do Japão levará imediatamente às mais graves consequências. Percebo as suas dificuldades constitucionais [...]. Perdoe-me, meu caro amigo, pela presunção de lhe indicar tal curso, mas estou convencido de que pode fazer toda a diferença e evitar uma extensão melancólica da guerra".[33] É claro que a extensão só se mostraria melancólica se os Estados Unidos não fossem atraídos para uma guerra nipo-britânica — daí o interesse de Churchill em um ultimato conjunto. Roosevelt não era pessoalmente avesso a esse passo, mas as "dificuldades constitucionais" a que Churchill aludiu — a sua incapacidade de dar certos passos sem a aprovação do Congresso — eram bastante reais.

Do outro lado da cidade, Nomura e Kurusu estavam reunidos com Hull no Departamento de Estado. A discussão seguia uma linha conhecida: os três simplesmente cumpriam formalidades e sabiam disso. Hull então discutiu toda a situação com Roosevelt na Casa Branca. Ambos viam alguma vantagem em um apelo direto ao imperador, mas Hull, que na verdade preparara alguns esboços, ainda considerava essa tática o último recurso. A ideia de Churchill de um alerta final também foi deixada em espera.

Naquela tarde de segunda-feira, Roosevelt recebeu o embaixador britânico Lord Halifax, e a ausência de Hull — o secretário não se sentia bem — pode ter reduzido as inibições políticas do presidente. Os dois discutiram numerosas situações hipotéticas envolvendo a agressão japonesa, e o presidente praticamente prometeu apoio americano à reação britânica a cada uma delas. "No caso de qualquer ataque direto a nós ou aos holandeses", foram as palavras do presidente no relato de Halifax, "obviamente estaríamos

---

33 Citado em Parkinson, R., *Blood, Toil, Tears and Sweat* (Hart-Davis MacGibbon, 1973).

todos juntos".[34] Ao buscar aprovação americana à Operação Matador, Halifax informou erradamente a Roosevelt que só estavam planejadas ações preventivas *navais* contra o desembarque japonês no istmo de Kra, e o presidente reiterou que os britânicos podiam contar com o apoio americano.

Os sinais de alarme soavam mais alto. Um relatório atualizado do ONI afirmava que as relações nipo-americanas tinham sido rompidas e insinuava que a guerra era iminente. O ONI ainda não se dispunha a adivinhar para que lado pulariam os japoneses, mas os indícios apresentados no relatório apontavam todos para o sul. Observara-se um imenso acúmulo de soldados na Indochina e em Formosa, além de um deslocamento apropriado de navios mercantes e de guerra. Supostamente, todos os porta-aviões japoneses estavam em águas nacionais ou no sudeste do Pacífico. Civis japoneses eram evacuados de Hong Kong, das Filipinas, das Índias Orientais holandesas, de Cingapura e da Índia.

O comandante McCollum, líder do escritório do Extremo Oriente do ONI, sentiu-se suficientemente alarmado para redigir um memorando anexo que explicava melhor os indícios e acrescentava detalhes. Em uma reunião naquela manhã, ele o leu em voz alta para o almirante Stark e outros líderes navais. Sem nada saber dos avisos de guerra enviados em 27 de novembro, McCollum perguntou ansiosamente se os seus superiores acreditavam que a Frota do Pacífico fora suficientemente alertada. Eles lhe asseguraram que sim.

Dois outros eventos confirmaram os temores de McCollum. Em Washington, a mensagem "essa guerra pode vir mais depressa do que se imagina" de Togo a Oshima foi decifrada e traduzida. E, no Havaí, a unidade de acompanhamento de frotas inimigas de Rochefort percebeu, chocada, que os japoneses tinham mudado de novo os seus prefixos depois de apenas um mês. Isso nunca acontecera. Como explicou o resumo diário da unidade, essa mudança representava "um passo progressivo adicional na preparação de operações ativas em grande escala".[35]

---

34 Citado em Gilbert, Martin, *Finest Hour: Winston Churchill 1939-41* (Heinemann, 1983).

35 Citado em Wohlstetter, Roberta, *Pearl Harbor: Warning and Decision* (Stanford University Press, 1962).

TERÇA-FEIRA, 2 DE DEZEMBRO

O almirante Nagano e o general Sugiyama, os dois chefes do estado--maior japonês, chegaram ao palácio imperial no final da manhã. O imperador, que já aprovara a decisão da guerra, foi então informado de que as hostilidades estavam marcadas para começar em 8 de dezembro — 7 de dezembro no Havaí. Era um domingo, explicou Nagano, e a maioria dos navios de guerra americanos estaria no porto. A lua ficaria no céu até o nascer do sol, o que ajudaria o ataque. Sem fazer perguntas, o imperador deu a sua aprovação.

De volta ao quartel-general, Sugiyama enviou uma mensagem de duas palavras — *Hinode Yamagata* — para o general Terauchi, comandante do Exército do Sul do Japão. Esse código pré-combinado confirmava a data de 8 de dezembro para iniciar a guerra e, em consequência, todas as outras datas e horários no longo calendário de preparativos do Exército.

No quartel-general de Yamashita em Samah, a luta para aprontar tudo a tempo já testava os nervos do estado-maior. Dali a seis dias, os soldados estariam em combate, abrindo caminho para as praias tailandesas e malaias, e a frota de que precisava para levá-los até lá, reunida em portos de toda a Ásia oriental, ainda chegava aos poucos. As embarcações que já tinham chegado eram carregadas com muito esforço; Samah não tinha cais e todos os suprimentos tinham de ser transferidos de balsa da margem até o navio. Também havia disputas sobre o que levar: o Terceiro Grupamento Aéreo, que parecia indiferente à regra de um baú para dois oficiais, carregara despreocupadamente "camas de ferro, banheiras e sofás".[1] Isso foi demais para o oficial de embarque Kera, que anunciou, com um forte soco na mesa, que toda bagagem supérflua seria jogada no mar.

A bordo do *Nagato*, Matome Ugaki, chefe do estado-maior de Yamamoto, recebeu do vice-almirante Ito, representante de Nagano, a ordem de ir em frente. Às 17h30, ele mandou à Kido Butai uma instrução simples combinada com antecedência: *Niitaka-yama nobore* (Escale o monte Niitaka) 1208. O sempre pessimista Nagumo recebia ordens de escalar a montanha mais alta do império japonês.

Não que o seu chefe imediato se sentisse especialmente confiante a respeito da operação agora em andamento, como deixou claro em uma conversa particular no Ministério da Marinha. "Considerando que me oponho à guerra, eu deveria, propriamente falando, ter pedido exoneração", disse Yamamoto a Takei Daisuke naquela tarde de terça-feira. "Mas não foi possível. Uma coisa que podemos fazer agora é dispersar o máximo possível de submarinos pelo sul do Pacífico para fazer o outro lado pensar que estão sendo atacados por um enxame de vespas. Quando as vespas zumbem bastante, até um animal corpulento como um cavalo ou uma vaca ficará pelo menos preocupado. A opinião pública americana sempre foi muito instável, e a única esperança é fazer com que sinta o mais cedo possível que não adianta atacar um enxame de ferroadas letais."[2]

Isso era de um otimismo fantasioso, e Yamamoto sabia muito bem.

No Ministério do Exterior, enviaram-se as costumeiras instruções prévias de uma guerra — destruir códigos e máquinas a eles relacionadas. As embaixadas e os consulados japoneses em Londres, Hong Kong, Cingapura, Jacarta e Manila já as tinham recebido; agora era a vez do hemisfério ocidental. Os funcionários da embaixada de Washington

---

1 Tsuji, Masanobu, *Singapore: The Japanese Version* (Mayflower-Dell, 1966).

2 Citado em Agawa, Hiroyuki, *Yamamoto, Reluctant Admiral* (Harper & Row, 1979).

receberam instruções de destruir todos os códigos com exceção de alguns poucos e uma das duas máquinas de encriptação; os consulados de Havana, Panamá, Vancouver, Ottawa, Portland, Seattle, Los Angeles e Honolulu também foram alertados para "não despertar suspeitas de quem está de fora". Esperava-se uma "situação de emergência" e todos os funcionários de Tóquio foram instruídos a "manter a calma".[3]

Havia engodos por toda parte. No porto de Yokohama, o navio de linha japonês *Tatuta Maru* zarpou para atravessar o Pacífico com a aparente intenção de devolver americanos expatriados ao seu país e trazer de volta japoneses expatriados. A viagem fora muito anunciada nos Estados Unidos e no Japão; o itinerário incluía São Francisco, Manzanillo, no México, e Balboa, no Panamá, com retorno marcado para início de janeiro.

O comandante do navio não fazia ideia de que a Kido Butai chegaria antes dele ao Havaí, mas sabia que se tramava alguma coisa. Tinham lhe dito que aguardasse instruções em 8 de dezembro e lhe dado uma caixa grande para abrir quando chegasse. As instruções eram de voltar, e a caixa estava cheia de pistolas para sufocar um possível motim dos passageiros.

Nas Filipinas, o major Gregg, recém-nomeado oficial de suprimentos de Brereton, fazia uma série de descobertas desagradáveis. A capacidade era insuficiente para reparar o motor dos aviões então nas Filipinas, sem falar dos necessários reforços esperados. Havia escassez de munição para os pilotos de caça treinarem e muito menos do que o suficiente para combater os japoneses: apenas um sexto da estimativa necessária. E havia falta de bombas, principalmente das incendiárias exigidas para cumprir a intenção declarada de Marshall de pôr em chamas as cidades de papel do Japão.

A estimativa de entrega de munição e bombas era março de 1942, o que seria ótimo se os japoneses provassem que MacArthur estava certo e adiassem o ataque para abril. Mas isso parecia cada vez mais improvável

3 Citado em Wohlstetter, Roberta, *Pearl Harbor: Warning and Decision* (Stanford University Press, 1962).

para muitos dos seus subordinados que observavam o aumento da frequência dos voos japoneses de reconhecimento sobre Luzon e insistiam em missões próprias de reconhecimento sobre Formosa. No entanto, MacArthur se recusou a se mexer.

O encouraçado *Prince of Wales* e o cruzador de batalha *Repulse* lançaram as suas majestosas âncoras na base naval de Sembawang, em Cingapura: chegara a salvação. “Os japoneses estão presos na armadilha que eles mesmos armaram”, trombeteou o *Malaya Tribune*. “Por terra, por mar e por ar eles não têm sequer um vislumbre de possibilidade de vitória.”[4] Esse prognóstico era comum a muitos. “Todos ouviram dizer que a frota japonesa era absolutamente inútil”, recordou Richard Smith, jovem marinheiro do *Repulse*; “era apenas um monte de barbante e papel de arroz. Iríamos até lá, acabaríamos com ele e provocaríamos o caos; seria um passeio e nos divertiríamos. Era essa a mentalidade de todos enquanto estávamos no porto com todas as luzes acesas. Todo mundo estava em terra comendo e bebendo e todos os colonos que encontrávamos faziam festa e se divertiam muito. A Frota chegara e agora o Japão não entraria na guerra”.[5]

Como MacArthur nas Filipinas, os militares britânicos na Malásia esperavam um ataque japonês em algum momento futuro. E como ele, subestimaram absurdamente o preparo e a capacidade militar dos japoneses, como deixou bastante claro o esboço mais recente da Operação Matador. Depois da pergunta pertinente — quanto tempo as forças britânicas levarão para chegar às praias tailandesas relevantes? —, vinha uma resposta detalhada: doze horas para perceber a frota de invasão e pedir a ordem de avançar, as trinta e seis horas já combinadas com Londres para a autorização, seis horas para ordenar o avanço, quarenta e oito horas para chegar às praias e vinte e quatro horas finais para entrar em ação — ou mais de cinco dias no total. O que ninguém explicou foi como chegar lá antes do inimigo, que estava a apenas quatro dias de viagem. Ou como os soldados britânicos agiriam se ainda estivessem

4 *Malaya Tribune,* 2 de dezembro de 1941.

5 Citado em Thompson, Peter, *The Battle for Singapore* (Portrait, 2006).

a caminho quando os japoneses desembarcassem e fossem forçados a travar uma batalha de choque em terreno não preparado.

A situação no sul e a frustração dos seus desejos pelos generais e pelo destino ainda retiniam na mente de Hitler. Com as importantíssimas batalhas perto de Moscou ainda oscilando na balança, ele tomou a decisão extraordinária de fazer uma visita ao 1º Exército Panzer, que, na prática, abandonara as operações durante o inverno. Três esquadrilhas o levaram, por Kiev e Poltava, até Jdanov, onde o general Von Kleist e o comandante da SS Leibstandarte, general Sepp Dietrich, o aguardavam.

Hitler estava mais do que disposto a não acreditar em Von Kleist — essa gente do Exército regular, sempre protegendo uns aos outros —, mas o comandante da Leibstandarte era outra questão. Dietrich comandara a sua guarda pessoal desde 1928 e viajara pela Alemanha com ele quando o poder era apenas um sonho. Se podia confiar em alguém, era nele. Dietrich apoiou Von Kleist, assim como a pilha de relatórios de advertência que o 1º Exército Panzer redigira desde meados de novembro e que o Führer não vira. Hitler baixou a crista e voltou para casa.

O clima tinha outros planos e o prendeu durante a noite no quartel-general do Grupo de Exércitos Sul, em Poltava, onde Von Sodenstern estava à disposição para resolver o mistério dos relatórios não lidos. Parecia que tinham sido enviados a Jodl e Keitel, juntamente com muitas advertências semelhantes de natureza verbal. Hitler, então, pediu para ver Von Rundstedt, que aguardava em outra sala. Como o marechal de campo disse logo depois a Von Sodenstern, "uma cena de reconciliação se sucedeu, na qual Hitler pediu desculpas com base em um 'mal-entendido', pediu ao marechal de campo que cuidasse da saúde com um período de licença e depois, mais uma vez, pusesse à sua disposição os seus incomparáveis serviços".[6]

Von Rundstedt não foi reintegrado. Pedir desculpas em particular era uma coisa; admitir erros publicamente era outra bem diferente.

Ao norte e noroeste de Moscou, os 16º, 20º e 1º Exércitos de Choque soviéticos combateram o 3º e o 4º Grupos Panzer alemães até

---

6 Citado em Blumentritt, Gunther von, *Von Rundstedt* (Odhams, 1952).

praticamente chegarem a um impasse. Ainda havia batalhas ao longo do canal Moscou-Volga, na linha que ia de Krasnaia Poliana a Lenino, passando por Kriukovo, mas apenas trechos insignificantes de terreno coberto de neve trocavam de mãos. Um relatório do 4º Grupo Panzer sobre a 10ª Divisão Panzer afirmava que esta não tinha mais condições de atacar — "os homens estão tão amortecidos que pouco se pode fazer com eles".[7] Essas tropas alemãs só alcançariam Moscou se um rompimento mais ao sul afastasse deles as tropas soviéticas à sua frente.

Ainda havia movimento. Mais ao sul, o 9º e o 20º Corpos de Infantaria de Von Kluge conseguiram penetrar pelos dois lados do 5º Exército soviético, o primeiro avançando na direção sudeste rumo à confluência dos rios Istra e Moscou, o segundo na direção nordeste entre as estradas de Kiev e Mojaisk. Se esses dois braços da pinça conseguissem se juntar com alguma força, o cerco e a destruição do 5º Exército pareciam possíveis.

Depois de passar uma noite gelada nas casamatas de concreto de Iushkovo — trinta homens tinham dedos das mãos e dos pés congelados quando a manhã chegou — o destacamento de vanguarda do 30º Corpo da 258ª Divisão de Infantaria forçou o avanço e atravessou a estrada Golitsyno-Petrovskoie, onde as chaminés fumegantes de outra aldeia prometiam um calor salva-vidas. Burtsevo foi tomada com pouca dificuldade e deu aos ocupantes a possibilidade de aquecer a si e as armas.

Não tiveram muito tempo para se sentar junto aos fogões. O seu avanço no dia anterior provocara a costumeira reação de Jukov para apagar o fogo e unidades de reserva do 33º e do 43º Exércitos soviéticos já estavam a caminho para sufocar aquelas labaredas específicas. Pouco depois do escurecer, uma brigada de T-34 apoiada por artilharia e um único canhão antiaéreo expulsou a infantaria alemã de volta para o outro lado da estrada e o abrigo duvidoso de Iushkovo já em chamas.

Ainda mais ao sul, a última tentativa de Guderian de cercar Tula estava em andamento. A partir de uma posição a cerca de 20 quilômetros a nordeste da cidade, o 3º e o 4º Grupos Panzer atacaram rumo oeste e, apesar da temperatura de -30°C, conseguiram romper as forças

7 Citado em Reinhardt, Klaus, *Moscow: The Turning Point* (Berg, 1992).

soviéticas que defendiam a estrada e a ferrovia de Tula. Depois de alcançar e explodir a ferrovia em Reviakino, o Batalhão de Reconhecimento do 4º Grupo Panzer avançou até a estrada, aproximadamente 10 quilômetros a oeste. Atacado por tropas soviéticas e sem apoio, foi forçado a recuar. Os blindados na retaguarda e o outro braço da tentativa de cerco já tinham sido paralisados pela crescente resistência soviética.

Von Bock achou estimulante o avanço inicial e ainda buscava migalhas de consolo onde quer que as encontrasse. Naquela noite, disse a todos os comandantes do corpo que "o momento de crise indubitavelmente grave que os defensores russos enfrentam tem de ser explorado onde a oportunidade se apresentar", mas depois, em particular, admitiu ao diário que duvidava que alguma das suas "unidades exaustas" fosse capaz disso.[8]

Antes, naquele mesmo dia, um grupo que representava a cidade de Smolensk lhe entregara um documento agradecendo pela libertação do bolchevismo.

Os soldados de pés dormentes de Iushkovo não tinham descalçado as botas por saberem muito bem que a pele sairia com elas. No final do turno de sentinela, os homens não ousavam se deitar, porque a testa já doía e só se mantendo aquecidos conseguiriam evitar as geladuras. Os soldados que se ajoelharam na neve ficaram com os joelhos congelados no chão, enquanto os que se deitaram viram que se formava gelo entre a túnica e o capote. As mãos dos que não tinham luvas colaram nos rifles, provocando o esfolamento de tiras de pele, e o sangue logo se congelava.

O frio também desumanizava. Privados de fardamento de inverno pela incompetência dos superiores, os soldados alemães roubavam os russos. "Arrancávamos as botas de velhos e mulheres nas ruas quando as nossas acabavam", recorda Willy Reese. "A tortura das marchas nos deixou tão amargurados que ficamos impermeáveis ao sofrimento dos outros." Com a situação crônica dos suprimentos, a fome era outra companheira constante, mais uma razão para o mau comportamento. Reese e os camaradas "não se incomodavam com lágrimas, gestos nem maldições. Éramos os vitoriosos. A guerra desculpava os nossos roubos

---

8 Bock, Fedor von, *The War Diary* (Schiffer, 1996).

e estimulava a crueldade, e a necessidade de sobreviver não se dava ao trabalho de pedir permissão à consciência". Em uma casa de fazenda perto de Schigry, no setor do 2º Exército, Reese viu um sujeito engolir a refeição de pão e leite que lhe ofereceram e exigir mel, farinha e banha. "O fazendeiro implorou, a esposa chorou e, com medo de passar fome, o casal tentou lhe arrancar o butim. O soldado esmagou o crânio do fazendeiro, atirou na mulher e, furioso, pôs fogo na casa."[9]

Certa manhã, três semanas depois, os cidadãos de Varsóvia saíram de casa e encontraram o lema: "A Polônia viverá! A Polônia vencerá!", rabiscado ou pintado em centenas de muros e prédios, cercas e calçadas. As autoridades alemãs reagiram rapidamente e ameaçaram de punições graves os artistas e os proprietários das superfícies em questão. Os poloneses decidiram que a ação falaria mais alto do que palavras. Naquela terça-feira, grande número de fábricas no distrito de Tarnow, no sul da Polônia, ficou de repente sem energia; uma enorme explosão de madrugada destruíra vários edifícios e fornalhas da usina local de geração de eletricidade.

Os poloneses não estavam sozinhos. Na Bulgária, aliada da Alemanha, os soldados mandados para combater os sérvios rebeldes a oeste se recusaram a ir e aumentaram os incidentes de sabotagem dentro do país: três trens de petróleo explodiram em setembro, quatro aviões alemães foram incendiados em outubro, uma refinaria de petróleo foi atacada em novembro. Na Romênia aliada, a produção dos campos petrolíferos de Ploesti, única grande fonte de petróleo cru da Alemanha, reduzira-se acentuadamente em novembro depois do sucesso de vários atos de sabotagem cometidos por trabalhadores locais. Na Grécia, a situação de quase fome alimentava a nascente resistência comunista, e na Iugoslávia os alemães já tinham em mãos uma guerra em grande escala. A Europa oriental, parte substancial do terreno ocupado que Hitler esperava organizar para a vitória, mostrava todos os sintomas de uma epidemia de resistência.

Na Cirenaica, os dois exércitos passaram um dia de céu nublado e chuva intermitente se ajustando a outra vitória de Pirro alemã. Na noite

---

9 Reese, Willy Peter, *A Stranger to Myself* (Farrar Straus Giroux, 2006).

anterior, Auchinleck caíra sobre o quartel-general dos comandantes do seu Exército, exatamente como fizera depois da última quase destruição de uma brigada aliada no *Totensonntag*. Mas a semelhança acabou aí: Auchinleck não percebera em Ritchie nenhum desejo de sair correndo, e houve concordância geral de que a derrota dos neozelandeses basicamente não mudara a situação estratégica. Depois de duas semanas da Operação Crusader, o 8º Exército ainda estava profundamente assentado em território antes ocupado pelo inimigo, e o domínio de Tobruk pelos britânicos agora parecia mais forte do que o controle das defesas de fronteira pelo Eixo.

Auchinleck tinha notícia de mais reforços. O resto da 1ª Divisão Blindada — a 2ª Brigada Blindada com 166 tanques, a artilharia divisionária e um regimento de carros blindados — logo seria mandado à frente, juntamente com brigadas de infantaria de Chipre e da Índia, mais carros blindados da Síria e um batalhão de reconhecimento da Palestina. Enquanto isso, a 11ª Brigada indiana avançaria para a área ao sul de Sidi Rezegh, na primeira movimentação de uma série que faria a 4ª Divisão Indiana substituir os neozelandeses vencidos.

O plano mais recente de Ritchie era muito parecido com o original de Cunningham. Depois de quarenta e oito horas de reagrupamento, reposicionamento e reabastecimento, as suas intenções, como as de Cunningham, eram a destruição dos blindados alemães e a libertação de Tobruk. A 11ª Brigada Indiana tomaria Bir el Gubi — ainda mantida pelos italianos 11 dias depois do primeiro ataque abortado dos sul-africanos — e protegeria o flanco esquerdo de um avanço da 4ª Brigada Blindada sobre El Adem, ao sul de Tobruk. Esse avanço empurraria os panzers de Rommel para o sul e o oeste, e abriria caminho para que o XIII Corpo criasse um novo corredor até Tobruk.

Rommel não tinha reforços para usar, só aquelas forças agora exaustas e muito reduzidas com que começara a batalha. Mas acabara de conquistar uma vitória e o seu primeiro instinto foi aproveitá-la. Havia também o problema das guarnições de fronteira, agora praticamente isoladas. Outra "investida contra a cerca" mataria dois coelhos com uma só cajadada: socorreria as guarnições e manteria os britânicos desestabilizados. Nas primeiras luzes de 3 de dezembro, grupos de batalhões de cada divisão panzer partiriam ao longo da Via Balbia e do Trigh Capuzzo rumo a Bardia e Sidi Azeiz, com tanques indo atrás assim que estivessem prontos. Enquanto isso, a reinstauração completa do cerco exigiria o fortalecimento das tropas no perímetro e a recaptura de El Duda. E as tropas britânicas ao sul de Sidi Rezegh ainda tinham de ser vigiadas e, talvez, detidas, o que exigiria mais do que alguns carros blindados.

Os subordinados de Rommel ficaram horrorizados. Ele parecia decidido a repetir o erro de 24 de novembro e cometer, como disse Crüwell, "o equívoco de entregar ao inimigo um campo de batalha no qual o Afrikakorps conseguira uma vitória e realizar outra operação a certa distância em vez de destruir o inimigo completamente".[10] Crüwell acrescentou que, se Rommel pretendia outra "investida contra a cerca", deveria lhe dedicar todas as suas forças em vez de dispersá-las em todas as direções no estilo de Cunningham. A preferência dele era se concentrar na captura de El Duda.

Tanto Rommel quanto Crüwell estavam errados por uma razão simples: as tropas do Eixo à sua disposição não tinham mais a força suficiente para impor uma decisão favorável nessa batalha. Provavelmente conseguiriam reunir forças para tomar El Duda, como insistia Crüwell, mas um sucesso local como aquele não teria importância duradoura. O plano de Rommel tinha a possibilidade de um rompimento estratégico real, mas só se houvesse recursos para implementá-lo, e não havia.

Na Itália, Mussolini se perguntava como alimentar a população nos próximos meses. Provavelmente conseguiria da Alemanha o empréstimo necessário de meio milhão de toneladas de cereais e pagaria tudo quando viesse a colheita italiana em julho, mas pedir ajuda a Hitler nesse aspecto seria um tanto humilhante. Mas é claro que, se não o fizesse, haveria revoltas por comida.

*

10 Citado em Lewin, Ronald, *Rommel as a Military Commander* (Batsford, 1968).

Para os britânicos, a notícia da expulsão de Von Kleist de Rostov fora o primeiro vislumbre bem-vindo de luz no final do túnel aparentemente interminável do aliado. O *Daily Mirror* de terça-feira trazia uma charge comemorativa: um Goebbels coberto de frases — "Agora todos os soldados russos estão mortos! A guerra na Frente Oriental terminou!" — fugia precipitadamente do gigante russo que se aproximava.[11]

O Gabinete de Guerra britânico finalmente viu os Dez Pontos de Hull e os considerou adequadamente duros. Em seguida, recebeu notícias ainda melhores: Roosevelt prometera apoio americano contra um ataque japonês. "À luz dessa garantia", disse Churchill, "podemos agora dizer aos holandeses que, se houver algum ataque do Japão a eles, iremos imediatamente em seu auxílio, e que temos toda a confiança de que os Estados Unidos farão o mesmo".[12]

Em Washington, o dia foi tranquilo na frente diplomática, como se Roosevelt e Hull ainda se recuperassem do ataque de precipitação ao garantir efetivamente os impérios britânico e holandês no sudeste da Ásia. O principal editorial do *New York Times* tratava da Doutrina Monroe.[13] À primeira vista, parecia uma estranha escolha de tema, mas as razões do jornal logo ficaram nítidas. Claramente, a doutrina definida pelo jornal — "que os Estados Unidos se oporiam com todas as forças a qualquer extensão da soberania não americana no hemisfério ocidental e se oporiam igualmente à transferência de qualquer parte do hemisfério ocidental de uma potência não americana a outra" — era pertinente na situação da época, principalmente na rejeição clara de qualquer possível transferência da Guiana Francesa para o controle alemão.

Entretanto, essa não era a questão principal: o jornal estava muito mais impressionado com o atrevimento dos japoneses, que afirmaram que a sua Esfera de Coprosperidade da Grande Ásia Oriental era, em essência, uma "Doutrina Monroe para a Ásia". A própria essência da

---

11 *Daily Mirror,* 2 de dezembro de 1941.

12 Citado em Parkinson, R., *Blood, Toil, Tears and Sweat* (Hart-Davis MacGibbon, 1973).

13 *New York Times,* 2 de dezembro de 1941.

versão americana, trovejou o *New York Times*, era o "direito à autodeterminação — isto é, o direito de toda nação que viva neste hemisfério de decidir o próprio destino". A intenção japonesa, ao contrário, era "vigiar uma área na qual a influência de todas as outras potências seja impedida e que possam dominar e saquear à vontade". Caso o leitor não conseguisse ver a diferença, o redator explicou mais uma vez: a Doutrina Monroe americana "exige e recebe respeito escrupuloso aos direitos de cada uma das repúblicas americanas, tanto grandes quanto pequenas".

Isso provocaria certa preocupação ao sul do Rio Grande.

Naquela noite de terça-feira, no Waldorf-Astoria, do outro lado da cidade, outros Estados Unidos estavam em exposição. Mil e cem convidados compareceram para homenagear Ed Murrow, o principal correspondente europeu da rede de TV CBS, que, mais do que qualquer outro jornalista, levara a realidade da Europa aos lares americanos. Murrow falava sobre a guerra, essa guerra de um tipo novo e terrível que "distorce e dilacera o tecido social, político e econômico do mundo" e da qual os Estados Unidos ainda se mantinham à parte. A Grã-Bretanha e a Rússia não tinham possibilidade de vencer a guerra sozinhas, dizia Murrow, por mais ajuda material que recebessem dos Estados Unidos. Ele compreendia o desejo britânico comum de que os Estados Unidos aceitassem a sua responsabilidade de maior potência do mundo e entrassem na briga. "Quem morou e trabalhou em Londres nos últimos três anos não tem dúvidas", disse ele, "de que a decisão importante, talvez a decisão final que determinará o rumo dos assuntos humanos não será tomada diante de Moscou, nem nas areias da Líbia, mas às margens do Potomac".[14]

Murrow não sabia que a decisão já fora tomada, e em Tóquio em vez de Washington.

A instrução de destruir códigos não foi a única que o cônsul Kita recebeu naquele dia. "Em vista da presente situação", informava-lhe Tóquio, "a presença nos portos de navios de guerra, porta-aviões e cruzadores tem máxima importância. Daqui para a frente, no máximo da sua capacidade, informe-me dia a dia. Mande-me um telegrama caso haja ou não

14 Citado em Ketchum, Richard, *The Borrowed Years* (Anchor, 1991).

balões de observação acima de Pearl Harbor ou se há alguma indicação de que subirão. Também me avise se as belonaves estão ou não equipadas com redes contra torpedos".[15]

Não havia como não entender o significado dessa mensagem — só candidatos a atacantes com bombas e torpedos precisavam saber de balões e redes — e ela foi devidamente interceptada pelo serviço secreto americano. Mas, quatro semanas depois, quando esse aviso claríssimo foi finalmente traduzido, ele já estava com a validade vencida.

A mudança de indicativos de chamada da véspera deixara Kimmel e os chefes do seu serviço secreto preocupados, principalmente por coincidir com uma redução marcante do tráfego do rádio da frota japonesa. Se aquela, juntamente com o óbvio atrito diplomático, indicava iminência de guerra, esta última sugeria a Marinha inimiga já em alto-mar.

Mas onde, exatamente? Kimmel pedira a Layton que fizesse contato com o seu correspondente em Cavite e apresentasse um mapa de localização atual da Marinha Imperial; agora, vinte e quatro horas depois, ele o tinha diante de si. A Primeira e a Segunda Divisões de Porta-Aviões japonesas não estavam em lugar nenhum. Layton não sabia onde estavam?

Layton admitiu que não. "Acho que estão em águas domésticas, mas não *sei* onde estão."

"Quer dizer que podem estar contornando a cratera de Diamond Head sem que você saiba?", perguntou Kimmel.

"Espero que agora já teriam sido avistados", foi a melhor resposta que Layton pôde dar.[16]

Depois de atravessar a Linha Internacional de Data, Nagumo realmente recebeu a ordem de escalar o monte Niitaka na véspera do envio — às oito horas da noite de 1º de dezembro. Mas a Kido Butai ainda mantinha o horário de Tóquio, e os calendários da frota, menos desorientadores, mostravam 2 de dezembro. A hora era mais problemática, porque cada dia o avanço para o leste tornava os relógios mais dessincronizados

---

15 Citado em Prange, Gordon, *At Dawn We Slept* (Penguin, 2001).

16 *Ibid.*

com o Sol. No 2 de dezembro da Kido Butai, ele se pôs às 13h01, o que parecia um pouco cedo.

À noite, toda a tripulação foi reunida para informações, e todos os homens da frota souberam aonde iam. Masuda Shogo, oficial de voo do *Akagi* que se comparara a um dos 47 *ronin* na baía de Hitokappu, registrou no diário que "tudo está decidido; não há aqui nem lá, nem tristeza nem júbilo".[17]

---

17 Citado em Agawa, Hiroyuki, *Yamamoto, Reluctant Admiral* (Harper & Row, 1979).

QUARTA-FEIRA, 3 DE DEZEMBRO

Às 10h45, Yamamoto, fardado, participou de uma conversa formal com o seu imperador, fez uma reverência e se retirou, segurando com força o edito imperial que lhe permitia iniciar uma guerra. O imperador, como Yamamoto diria a Ugaki dois dias depois, parecia "sereno depois de perceber por completo a inevitabilidade de entrar em guerra".[1]

O próprio Ugaki estava se empolgando. A Kido Butai encontrava mares incomumente calmos, o que só podia ser algum tipo de sinal. Roosevelt e os seus líderes militares faziam as suas reuniões, mas não tinham ideia do que se preparava para cair sobre eles, que "a mão maior estará na sua garganta daqui a quatro dias".[2]

Em Samah, Yamashita falou aos soldados e "não se ouviu sequer um pigarro" enquanto lia as ordens do seu Exército. "Elas infundiram vida nova na nossa decisão de desafiar a morte", escreveu o observador Masanobu Tsuji: "Foi uma cena de profunda emoção. Tanto os homens quanto os oficiais deram vazão a lágrimas."[3]

Cenas semelhantes ocorreram em bases japonesas de toda a Ásia oriental e no sudoeste do Pacífico. Na base aérea de Tainan, em

---

1 Citado em Prange, Gordon, *At Dawn We Slept* (Penguin, 2001).

2 *Ibid.*

3 Citado em Tsuji, Masanobu, *Singapore: The Japanese Version* (Mayflower-Dell, 1966).

Formosa, os pilotos foram rapidamente informados da decisão de ir à guerra e ouviram um discurso emocionante do comandante Kozono, o seu vice-líder. Ele disse que o Japão enfrentava "a ameaça mais grave que já houve à sua existência [...] cercado pelas potências ABCD lideradas por americanos e britânicos que impedem o nosso suprimento de matérias-primas". O embargo do petróleo aleijava o Japão, e só havia uma resposta: "Se não nos vendem, vamos tomá-lo à força!"[4]

Hitler percebeu um nível incomum de hostilidade durante a noite que passou em Poltava e disse ao criado de quarto Heinz Linge que nunca mais abandonaria o seu quartel-general para ter contato direto com os comandantes do Exército. A paranoia transbordou para o voo subsequente. "Fico contente por estar sentado atrás de mim", disse ao fiel Linge, "em vez de um Gruppenführer que poderia me dar um tiro pelas costas!".[5]

Diante de Moscou, a balança começava a virar. O 3º Grupo Panzer, que Von Bock ainda tinha esperanças que ajudasse o 4º Grupo Panzer a avançar, estava no fim das suas forças coletivas: a 6ª Divisão Panzer relatou oitenta casos de soldados que sofreram colapso por exaustão em quarenta e oito horas. No quartel-general do 4º Grupo Panzer, Hoepner encerrou unilateralmente as atividades. As razões dadas, de acordo com o diário de combate divisionário, foram "excesso de esforço físico e emocional, baixas inaceitáveis e proteção inadequada contra o inverno".[6]

Os comandantes de exércitos e grupos panzer podiam saber que tudo acabara, mas muitos soldados que passaram pelo sofrimento tiveram dificuldade para se ajustar. Os homens de um regimento SS ainda acreditavam que podiam "contar em uma só mão os dias até entrarem em Moscou", e muitos dos menos comprometidos com a ideologia torciam para os reveses de então serem apenas temporários, que uma simples transfusão de combustível e fardamento de inverno transformasse

4 Citado em Bartsch, William, *December 8, 1941* (Texas A&M University Press, 2003).

5 Citado em Hauner, M., *Hitler: A Chronology of His Life and Time* (Palgrave Macmillan, 2005).

6 Citado em Haupt, Werner, *Assault on Moscow 1941* (Schiffer, 1996).

novamente a situação.[7] Um relatório da situação da 11ª Divisão Panzer exemplificava esse estado de espírito. Depois de listar tudo o que os soviéticos lançavam contra a sua divisão em Kriukovo — "cinco novas baterias inimigas e Órgãos de Stalin que disparam as temidas salvas de foguetes [...] vários tanques pesados" —, o redator supunha alegremente que "a linha original pode se restabelecer com um contra-ataque". Depois, explicava como ele e os amigos sepultavam os camaradas caídos: cavavam um buraco pequeno no chão congelado, inseriam uma granada de mão e a explodiam para obter uma cova rasa. "Isso é tudo o que conseguimos fazer por eles aqui."[8]

Mais ao sul, os últimos espasmos da Operação Barbarossa expiravam em uma mistura semelhante de bravata e emoção. Ao norte de Tula, em uma violenta nevasca, o 24º Corpo Panzer de Guderian viu-se sem combustível, incapaz de avançar e com risco de ser isolado por fortes ataques soviéticos vindos do norte. O 43º Corpo de Infantaria não fez nenhum progresso. Primeiro a estrada e depois o ramal ferroviário foram recapturados pelo Exército Vermelho. Tula não cairia.

Enquanto unidades da sua divisão chegavam à borda de uma floresta a leste de Maslovo, perto de onde o Istra desaguava no rio Moscou, o diarista de combate da 87ª Divisão registrou um clímax imaginário. Estavam a apenas 20 quilômetros de Moscou, escreveu ele, e as torres da cidade eram visíveis a distância. Parece que essa visão duvidosa — na verdade, eles estavam a 30 quilômetros da cidade — foi suficiente. Os homens agora podiam "gabar-se com orgulho, juntamente com todos os soldados alemães, de que na Segunda Guerra Mundial a capital do Império Russo foi deles!".[9]

Em Iushkovo, os soldados estavam ocupados demais lutando para procurar cúpulas douradas no horizonte a leste. A batalha continuara noite adentro e, embora os alemães tivessem derrotado os T-34 — seis deles ainda fumegavam ali na frente —, toda possibilidade de continuar o avanço sumira. Quando chegou a ordem de recuar, os mortos foram deixados insepultos e os feridos acalmados com morfina levados em

7 *Ibid.*

8 *Ibid.*

9 *Ibid.*

carroças puxadas a cavalo e trenós improvisados. Para um participante, tudo lembrava demais um filme sobre Napoleão na Rússia.

Pouco depois de deixarem Iushkovo, os soviéticos começaram a alvejar a coluna, primeiro pela retaguarda com artilharia, depois pelo flanco com tanques. Dois cavalos foram atingidos e as carroças viraram, derrubando a carga humana, e o pânico só foi evitado quando um médico puxou a arma e supervisionou o recarregamento dos veículos. Cerca de uma dúzia de homens em melhor forma ocupou o lugar de cada cavalo e assim as carroças foram levadas para o abrigo das árvores mais próximas.

Von Kluge também não aguentava mais. Primeiro recuou a sua ponta de lança e depois pediu permissão a Von Bock para recuar todo o 20º Corpo de volta à linha de partida atrás do rio Nara. Von Bock pediu algumas horas para pensar, mas Von Kluge agiu assim mesmo e afirmou que novos ataques soviéticos à ala esquerda do 20º Corpo ameaçavam isolar as unidades avançadas. A ofensiva do 4º Exército, preparada durante tanto tempo, durara menos de três dias.

Era o 61º aniversário de Von Bock, e para se alegrar ele só tinha um telegrama do Führer. Na noite daquela quarta-feira, conversou com Halder ao telefone e disse-lhe que os soldados estavam quase no fim das forças. Halder ressaltou "o que envolveria passar à defensiva. As desvantagens dessa política", acrescentou, "foram uma das razões para nos apegarmos à ofensiva".[10]

O reconhecimento alemão continuava ruim. Novas concentrações soviéticas foram observadas — na véspera mesmo o terceiro Grupo Panzer vira "indícios de aumento de concentrações de veículos motorizados e puxados a cavalo" nos bosques a leste do canal Moscou-Volga —, mas interpretadas erradamente.[11] Tudo tinha de se encaixar no quadro maior distorcido do OKH: como faltavam reservas substanciais aos soviéticos, quaisquer novas concentrações tinham de refletir o movimento de soldados de uma parte a outra da frente. Não havia ameaça crescente.

10 Citado em Burdick, C., e Jacobsen, H.-A., *The Halder War Diary* (Greenhill, 1988).

11 Citado em Reinhardt, Klaus, *Moscow: The Turning Point* (Berg, 1992).

Os soviéticos se mostravam bem mais capazes de adivinhar o poderio do inimigo naquele momento. Nos últimos dias, depois de tomada a decisão de começar a contraofensiva, tinham enviado patrulhas com o propósito específico de fazer prisioneiros. Os interrogatórios subsequentes deixaram muito claro que o soldado alemão diante de Moscou estava perigosamente próximo do fim das forças.

Como Rostov ao sul, Tikhvin, ao norte, se mostrava um passo grande demais. Desde a admissão de Von Leeb, em 22 de novembro, que a cidade estava "mais ou menos cercada", a pressão soviética e as baixas alemãs continuaram a crescer. Como em outras regiões, a leve superioridade numérica soviética foi menos importante do que o fracasso alemão de fornecer aos soldados alimentação adequada, combustível, fardamento de inverno e veículos e armas que funcionassem em temperatura abaixo de zero. Tikhvin não poderia mais ser mantida, relatou o 39º Corpo Panzer, mas ninguém parecia escutar. Halder decidira que a situação "ainda não está bastante clara".[12]

O trem de transporte de tropas de Henry Metelmann atravessara o Dnieper, viajara para leste e chegara a um patiozinho de manobras na região de Donbass. "Assim que chegamos, vimos que algo dera muito errado [...] soldados, oficiais e tudo o mais corriam de um lado para outro em pânico, e o comandante da nossa companhia teve de se apresentar imediatamente ao quartel-general." Os homens ficaram sentados em silêncio nos compartimentos, com a consciência deprimente que logo teriam de sair dali. "Alguém lá fora disse que o Exército Vermelho tinha rompido em algum lugar e vinha atrás de nós. Não foi uma ideia agradável."[13]

Em Berlim, o embaixador Oshima pediu novamente a Ribbentrop que fizesse por escrito as suas promessas anteriores de apoio alemão e ouviu mais uma vez que o Führer, único capaz de sancionar um acordo daqueles, continuava incomunicável.

---

12 Citado em Burdick, C., e Jacobsen, H.-A., *The Halder War Diary* (Greenhill, 1988).

13 Metelmann, Henry, *Through Hell for Hitler* (Stephens, 1990).

Mussolini, não. Depois de conseguir uma audiência, o embaixador japonês em Roma se aventurou em um histórico longo e detalhado das tentativas do seu país de obter um acordo negociado com os Estados Unidos — tentativas que, infelizmente, terminaram em fracasso. As hostilidades logo começariam e, quando começassem, o seu governo ansiava e esperava que os aliados do Pacto Tripartite primeiro declarassem guerra aos Estados Unidos e depois se comprometessem a não fazer a paz em separado.

O Pacto Tripartite exigia que os membros se apoiassem entre si em caso de ataque, mas Mussolini, com tato, evitou ressaltar isso. Precisaria consultar os alemães, disse, mas não antevia problemas. E, assim que o embaixador se retirou, o seu ego tomou conta. "Então agora chegamos à guerra entre continentes, que previ desde setembro de 1939."

Ciano estava mais preocupado com as prováveis consequências da globalização da guerra. Ele acreditava que Roosevelt manipulava os japoneses para atacar os Estados Unidos porque era a única maneira de conseguir que o seu país entrasse na guerra europeia. E a intervenção americana na Europa significava uma guerra longuíssima. "Quem terá mais perseverança?", perguntou-se Ciano, antes de observar, quase de passagem, o sucesso da "inesperada ofensiva soviética" em torno de Rostov.[14]

NAZISTAS ISOLAM TOBRUK OUTRA VEZ — PERDEMOS REZEGH, dizia a manchete desatualizada do *Daily Mirror* de quarta-feira, mas abaixo, em letras menores, o redator demonstrou uma confiança que Auchinleck apreciaria: o subtítulo afirmava: "Isso pode atrasar mais alguns dias o último capítulo."[15]

Os grupos de combate Geissler e Knabe, que seguiam para leste pela Via Balbia e pelo Trigh Capuzzo para libertar as guarnições de fronteira do Eixo, foram ambos avistados do ar. Organizaram-se recepções adequadas; o Grupo de Combate Geissler foi vítima de uma emboscada neozelandesa a 15 quilômetros de Bardia e o Grupo de Combate Knabe deu com uma tropa mais forte de artilharia e blindados britânicos. Ambos foram forçados a recuar cerca de 30 quilômetros e sofreram baixas

14 Ciano, conde Galeazzo, *Diaries*, org. Muggeridge, Malcolm (Heinemann, 1947).

15 *Daily Mirror*, 3 de dezembro de 1941.

significativas sem nenhum ganho. A oeste, o planejado ataque alemão a El Duda foi adiado até o dia seguinte. De acordo com o seu comandante general Sümmermann, a 90ª Divisão de Infantaria (Divisão Afrika até 27 de novembro) não estava mais "em condições adequadas para atacar".[16]

Enquanto isso, os britânicos terminavam os preparativos para o avanço planejado de Ritchie sobre El Adem. A 4ª Brigada Blindada avançou de Bir Berraneb até uma posição de bloqueio cruzando a estrada entre El Adem e Bir el Gubi, enquanto a 11ª Brigada Indiana começou uma marcha noturna de 75 quilômetros rumo à agora isolada Bir el Gubi na intenção de atacar ao amanhecer.

Em Londres, o Gabinete de Guerra e o Comitê de Defesa se reuniram para discutir a nova ajuda britânica à União Soviética. Sugeriram-se tanques, aviões e duas divisões para a defesa do Cáucaso, mas tudo enfrentava o mesmo problema: eram necessários no norte da África.

Sem dúvida a situação soviética parecia gravíssima, e as consequências para a Grã-Bretanha de um colapso soviético eram demasiado evidentes: um Exército alemão reabastecido com os campos petrolíferos do Cáucaso, o Oriente Médio sob ataque de outra direção, grandes forças alemãs liberadas para organizar uma invasão das Ilhas Britânicas. Churchill estava inclinado a enfraquecer as forças britânicas no norte da África se fosse a única maneira de ajudar Stalin.

O general Brooke, que começara a trabalhar como novo chefe do estado-maior geral imperial na segunda-feira anterior, discordou. Achava que "a concepção era louca" e previu enormes dificuldades administrativas. O seu plano para as forças da Grã-Bretanha era muito mais concentrado do que o do chefe político. Se duas divisões fossem enviadas a Stalin, Auchinleck teria de encerrar a Operação Crusader, e Brooke estava convencido de que a derrota precoce de Rommel era vital. "Para mim estava claro que tínhamos de limpar o norte da África para abrir o Mediterrâneo e, enquanto não o fizéssemos, nunca teríamos embarcações suficientes para realizar operações maiores."[17]

---

16 Citado em Agar-Hamilton, J. e Turner, L., *The Sidi Rezeg Battles 1941* (Oxford University Press, 1957).

17 Citado em Bryant, Arthur, *The Turn of the Tide* (Fontana, 1965).

Churchill não se convenceu, e a decisão foi adiada até o dia seguinte.

Em Washington, aparentemente Nomura e Kurusu tinham decidido que Hull era a principal pedra no caminho da negociação. No dia anterior, por meio de terceiros, Kurusu entrara em contato com Bernard Baruch, amigo de Roosevelt, e perguntara se Bernard não conseguiria uma reunião particular com o presidente. Este recusou, mas pediu a Baruch que descobrisse o que Kurusu queria. O embaixador afirmou que ele, o imperador e o povo japonês estavam sendo empurrados à guerra pelo governo dominado pelas forças armadas, e que a única solução seria Roosevelt apelar diretamente ao imperador.

Roosevelt recebeu a mesma mensagem de outra fonte: o famoso missionário metodista dr. Stanley Jones. Quando o presidente disse ao visitante da Casa Branca que evitara entrar em contato direto com Hiroíto por medo de pôr os enviados japoneses em situação difícil, Jones disse-lhe que Nomura e Kurusu eram favoráveis: "Eles me pediram que pedisse ao senhor que mandasse um telegrama. Mas também disseram que não poderia haver registro, porque caso se soubesse que tinham passado por cima dos chefes do governo japonês para chegar ao imperador, a cabeça deles não valeria muita coisa."[18]

Roosevelt decidiu que poderia contornar Tojo e colegas mandando o telegrama ao seu embaixador em Tóquio. Então, Grew o transmitiria ao imperador.

Hull foi contra. Na sua cabeça, o apelo a Hiroíto ainda era o último recurso. Afinal de contas, o imperador era apenas uma figura de proa. Ignorar o governo real, sem dúvida alguma, seria considerado um insulto e, possivelmente, sinal de fraqueza.

Roosevelt concordou em esperar. Em outra reunião com Lord Halifax naquela tarde, usou a ideia de um apelo direto para desviar a sugestão reiterada do embaixador de um último aviso ao Japão, mas se recusou a marcar uma data. Disse que ainda aguardava uma resposta japonesa formal aos Dez Pontos de Hull.

---

18 Citado em Toland, John, *Rising Sun* (Penguin, 2001).

Halifax estava preocupado principalmente em confirmar a sua interpretação do que o presidente lhe dissera dois dias antes. "Estarmos todos juntos" significava apoio *militar* americano, não era? O presidente lhe assegurou que sim.

A mensagem interceptada em 15 de novembro requisitando que o consulado de Honolulu enviasse relatórios duas vezes por semana sobre as belonaves em Pearl Harbor foi finalmente traduzida e interpretada, de forma bastante sensata, como intensificação do esforço japonês para verificar a localização de todas as unidades navais americanas na área do Pacífico.

Essas mensagens revelavam aos americanos que a guerra estava chegando, mas não davam pistas de onde os japoneses poderiam atacar. Se, como parecia mais provável, os alvos primários ficassem ao sul, o paradeiro da frota de Kimmel seria uma preocupação vital. Belonaves que estivessem em Pearl Harbor não poderiam estar em Cavite.

A mensagem do dia anterior que ordenava à embaixada do Japão em Washington que destruísse códigos e uma máquina de codificação também foi traduzida, e um agente do G-2 foi despachado para dar uma olhada por cima do muro. Não surpreende que visse os funcionários jogando papéis em uma fogueira.

Em Honolulu, indícios de atividade semelhante foram verificados pelo grampo telefônico nos aposentos do cozinheiro do consulado japonês. O cônsul queimava os seus documentos, disse alegremente o cozinheiro a um amigo japonês em outro ponto da ilha. O Sol Nascente, obviamente, entraria em guerra em futuro bem próximo, mas não havia temores reais de que a guerra chegasse ao Havaí. De acordo com o *Advertiser* daquele dia, não havia necessidade de medo e ponto final. O Japão era "a nação mais vulnerável do mundo para atacar e bloquear. Não tem recursos naturais. Quatro anos de guerra já deixaram cicatrizes profundas. Tem Marinha, mas não força aérea para apoiá-la."[19] Os aviões de Fuchida seriam quase uma surpresa para os leitores do *Advertiser*.

---

19 *Honolulu Advertiser*, 3 de dezembro de 1941.

*

A Kido Butai estava cerca de 2.400 quilômetros a nor-noroeste de Oahu. Às duas horas da tarde, as últimas informações de Yoshikawa chegaram ao *Akagi* via Tóquio: seis encouraçados, 11 cruzadores, 18 contratorpedeiros, quatro submarinos e um porta-aviões — o *Lexington* — estavam em Pearl Harbor no sábado anterior.

QUINTA-FEIRA, 4 DE DEZEMBRO

Depois de tomar a decisão de entrar em guerra, o governo japonês foi forçado a pensar na maneira de anunciar as hostilidades. Em 1904, a Marinha Imperial usara o expediente simples de atacar a frota russa no ancoradouro de Port Arthur para anunciar o estado de guerra e fora louvada pela ousadia por pelo menos um jornal americano, mas o governo atual mostrava estranha relutância em seguir o exemplo do antecessor. Embora totalmente favorável a uma guerra agressiva, desejava pelo menos dar a impressão de respeito aos padrões internacionais. Algum tipo de aviso teria de ser dado.

Mas exatamente quando? Quanto maior a antecedência do aviso, maior o respeito; quanto menor, mais difícil seria para os americanos prepararem uma reação eficaz. Como de costume no Japão imperial, a necessidade dos militares superou a necessidade dos políticos. O almirante Ito disse na reunião que o anúncio deveria ser entregue em Washington às 12h30 (7h30 da manhã no Havaí) de 7 de dezembro. Em Tóquio, nas Filipinas e na Malásia isso seria na madrugada de 8 de dezembro, respectivamente às duas horas, uma hora e 0h10. Seria antes dos ataques?, quiseram saber Tojo e Togo. Ito lhes assegurou que seria, antes de acrescentar que a necessidade de segredo operacional o impedia de revelar a extensão do intervalo.

A natureza do anúncio também foi discutida. Somente Togo era favorável a uma declaração de guerra formal; os outros não viam razão para ir além de uma admissão pesarosa de que as negociações tinham fracassado. Os americanos poderiam deduzir as prováveis consequências no tempo que Ito lhes deixasse para tais elucubrações.

Depois de passar uma noite rara na casa da família, pela manhã Yamamoto foi a uma festa de despedida no Ministério da Marinha e a um almoço com Chiyoko antes de embarcar no trem das três horas da tarde na Estação Ginza. Chegaria a Miyajima antes do amanhecer do dia seguinte e estaria de volta a bordo do *Nagato* a tempo de um desjejum tardio. As sessenta e sete horas seguintes seriam passadas em espera e torcida enquanto a miríade de braços do ataque que tramara avançavam lentamente pelo mapa de operações rumo aos alvos previstos.

Grande parte da tropa de Yamashita para a invasão da Malásia zarpou de Samah ao amanhecer. De acordo com Masanobu Tsuji, era uma bela manhã, com o sol nascente e a lua poente espalhando ondulações douradas e prateadas pelo porto. Enquanto observava os 18 navios mercantes com a sua escolta de cruzadores e contratorpedeiros seguirem para alto-mar, Tsuji se enredou em pensamentos sobre a família que deixava para trás, e uma introspecção semelhante parecia generalizada. "O comboio navegava em silêncio. Nenhuma voz se ouvia dos 2 mil oficiais e tripulantes a bordo do navio. Tudo estava em paz."[1]

Essa frota deveria se encontrar com dois comboios menores — um de Vung Tau, ao sul de Saigon, o outro da ilha de Phu Quoc, ao largo do litoral cambojano — nos próximos dois dias. Os três comboios, então, navegariam como um só até uma posição no golfo do Sião, pouco mais de 320 quilômetros ao norte de Khota Baru, antes de se dispersar na direção de três alvos maiores e três menores.

Qualquer movimento de forças militares nessa escala despertaria suspeitas, mas os observadores do comboio principal durante os dois primeiros dias da sua viagem não tinham certeza de que esse movimento específico fosse algo além de reforços às tropas japonesas no sul da Indochina. Porém, quanto mais os navios penetravam no golfo do Sião, menos verossímil se tornava esse destino e mais certeza teria o

---

1 Citado em Tsuji, Masanobu, *Singapore: The Japanese Version* (Mayflower-Dell, 1966).

observador de que aquela era uma força invasora que se dirigia à Tailândia e/ou Malásia. A rota fora estabelecida para manter o inimigo em dúvida até o último momento possível, mas o vice-almirante Ozawa, responsável pela frota e pelos seus 27 mil passageiros, não abandonara a esperança de que a frota chegasse ao destino sem ser vista. O clima local nessa época do ano prometia céus carregados, chuvas fortes e frequentes e pouca visibilidade.

Como Ozawa sabia, desembarcar os soldados em segurança seria vencer mais da metade da batalha. Essas unidades do Exército japonês tinham muito mais experiência de guerra do que os homens que combateriam: a 5ª Divisão, encarregada da captura de Singora e Patani, no istmo de Kra, estivera na China desde 1937; a Força Takumi, que recebera a tarefa de capturar Khota Baru, na Malásia, fazia parte da 18ª Divisão, que também participara extensamente da Guerra Sino-Japonesa. Também estavam mais bem treinados e equipados para a guerra na selva, mais bem armados e com melhor apoio. Yamashita levava 230 tanques leves e médios para a Malásia, onde os britânicos não possuíam nenhum; tinha 534 aviões modernos ao seu dispor contra os 158 da RAF, na maioria de tipos obsoletos. A expectativa de vitória de Tsuji estava bem alicerçada.

Em cada uma das últimas quatro noites, o Comando de Interceptação das Filipinas tinha observado pequenas formações de bombardeiros voando de Formosa para a área do golfo de Lingayen, algumas centenas de quilômetros ao norte de Manila. "Presumivelmente", escreveu Brereton no diário, "faziam voos de teste de navegação para se familiarizar com a rota aérea".[2]

Diante de Moscou, o tempo piorou ainda mais e a temperatura despencou para -35°C. Era cada vez mais improvável que veículos e rádios funcionassem; os casos de geladura se multiplicaram e os piolhos que empesteavam os soldados rasos pareciam ainda mais insistentes. Aplicar o ferro quente às costuras das roupas era um antídoto parcial, mas a questão era que só havia um ferro de passar por regimento.

---

2 Brereton, Lewis H., *The Brereton Diaries* (William Morrow, 1946).

O Grupo de Exércitos Centro obteve um sucesso quando a 134ª Divisão de Infantaria finalmente entrou na cidade ferroviária de Ielets, mais de 300 quilômetros ao sul de Moscou. No entanto, ao norte e ao sul de Ielets as alas do 2º Exército sofriam pressão crescente, e havia um risco óbvio de os alemães se enterrarem em um saco que se fechava.

Em outros locais, a notícia era de resistência e retirada. Von Bock observou a pressão crescente sobre a linha de defesa do 3º Grupo Panzer no canal de Moscou, e a 2ª Divisão Panzer do 4ª Grupo Panzer, que ainda lutava pelo controle das aldeias em torno de Krasnaia Poliana, passou "um dia inteiro de ataques sistemáticos repetidos ao sul e a sudoeste".[3] Agora todo o 4º Exército estava de volta atrás do Nara.

Guderian fez uma última tentativa de cercar Tula com um ataque a partir do oeste com a 31ª Divisão de Infantaria. As baixas elevadas em combate e as baixas ainda maiores por exposição ao frio logo forçaram o abandono. Ele foi até o quartel-general da divisão e depois ao batalhão onde começara a carreira para uma conversa prolongada com os comandantes das companhias. A sua disposição de tentar de novo foi estimulante, mais do que se poderia dizer da viagem de volta. Essa foi rudemente interrompida quando o seu tanque caiu em uma vala profunda e obrigou o comandante do 2º Exército Panzer a pegar carona em um caminhão de comunicações que passava.

O registro do Diário de Guerra do OKH naquela quinta-feira estava cheio de ataques inimigos repelidos, rechaçados, evitados, com praticamente nenhuma menção a ataques alemães, bem-sucedidos ou não, mas tanto o OKH quanto o Grupo de Exércitos Centro continuavam a relutar em cancelar a coisa toda. Von Bock ainda afirmava que "a fraqueza óbvia do inimigo teria de ser explorada forçando as tropas alemãs ao limite" e, em uma conversa telefônica com Halder, o seu chefe do estado-maior, general Von Greiffenberg, disse que esperava que o 3º e o 4º Grupos Panzer retomassem a ofensiva em 6 de dezembro e que não via razões para Guderian cancelar a ofensiva contra Tula.[4] Halder, por sua vez, não fez objeções.

---

3 Bock, Fedor von, *The War Diary* (Schiffer, 1996).

4 *Ibid.*

Nem ele nem Von Bock demonstraram nenhum indício de alarme no registro dos seus respectivos diários naquele dia. E por que deveriam? De acordo com o Grupo de Exércitos Centro, a força de combate dos soviéticos não era "considerada grande a ponto de montarem alguma contraofensiva respeitável com as tropas que estão diante da frente de batalha do grupo de exércitos".[5] A Seção Leste de Exércitos Estrangeiros do OKH concordava: os soviéticos "estavam completamente esgotados e agora incapazes de criar contra-ataques"; não havia possibilidade de o inimigo iniciar "uma ofensiva em grande escala neste momento sem aumento substancial dos reforços".[6]

Naquela manhã, o estado-maior de Rommel lhe apresentou dados atualizados sobre as baixas alemãs na Operação Crusader. Cerca de 3.800 homens estavam mortos ou gravemente feridos, inclusive 16 oficiais comandantes, e 142 tanques, 25 carros blindados, 390 caminhões, oito canhões de 88 mm e 34 canhões anticarro tinham sido destruídos. Os caminhões tinham sido quase todos substituídos por veículos inimigos capturados, embora o combustível para movê-los estivesse acabando. O resto todo era insubstituível e assim continuaria até que o aperto de Malta na garganta mediterrânea de Rommel se afrouxasse.

Pelo menos por enquanto, ele se recusou a desviar. Com a presença da maior parte da 15ª Divisão Panzer, o Grupo de Combate Knabe partiu mais uma vez pelo Trigh Capuzzo e, ao meio-dia, conseguira expulsar os britânicos de Sidi Azeiz. Bardia parecia ao alcance, mas nessa hora todas as outras notícias que chegavam a Rommel eram ruins. O ataque a El Duda fora derrotado pelo fogo de artilharia, parte vindo da direção esperada, parte de uma nova posição inimiga do outro lado do Trigh Capuzzo. Nas tropas alemãs, crescia a impressão de que o inimigo praticamente adquiria propriedades de uma hidra: corte-lhe uma cabeça e outra simplesmente aparece no lugar. Havia algum tempo que o 7º Grupo de Apoio Blindado, as "colunas de Jock", era um incômodo persistente, mas não era só isso. Pareciam brotar tropas britânicas por toda parte. Era quase — não pensemos nisso — como

---

5 Citado em Reinhardt, Klaus, *Moscow: The Turning Point* (Berg, 1992).

6 *Ibid.*

se cada unidade fizesse tudo por conta própria e inventasse a batalha enquanto avançava.

E, como Rommel descobriu então, tinham acabado de brotar mais duas, uma escondida com más intenções na estrada ao sul de El Adem, a outra em um ataque matutino às posições italianas perto de Bir el Gubi. Com outra ameaça grave a Tobruk aparentemente se preparando ao sul de Sidi Rezegh, ele não teve escolha senão chamar a 15ª Panzer de volta de Sidi Azeiz.

Não precisava ter se dado ao trabalho. Com apenas italianos para derrotar, a 11ª Brigada Indiana renegara a necessidade de reconhecimento e pagara o preço apropriado. O batalhão Coorto de Camisas Negras tinha participado com a Aríete da defesa bem-sucedida de Bir el Gubi 15 dias antes, e agora exibia quase a mesma determinação e valentia em papel solo; quando a noite caiu, ainda se agarrava a uma das duas principais posições. A 4ª Brigada Blindada poderia ter sido deslocada alguns quilômetros para o sul para ajeitar a situação, mas o avanço de Knabe sobre Bardia abalara Ritchie e, no fim do dia, ele finalmente decidiu mover a sua principal formação blindada de volta à fronteira supostamente ameaçada. "Para nosso grande espanto", escreveu Bob Crisp, "viramos os nossos tanques rumo ao sol nascente assim que acordamos e retumbamos de volta à nossa velha querência em Bir Berraneb".[7]

Rommel não estava mais perto da fronteira, Ritchie não estava mais perto de El Adem.

Em Roma, Ciano recebeu uma carta do general Gambara, entregue em mãos por um dos oficiais do serviço de informações. Embora Gambara dedicasse a maior parte da missiva a criticar Rommel e lamentar a decisão de Mussolini de pôr o alemão no comando operacional, o oficial de informações tinha algumas notícias reais a transmitir: "Que a exaustão dos nossos soldados é perceptível, que a infiltração do inimigo chega a todos os pontos da Cirenaica e que, finalmente, não estamos em condições de resistir a outra ofensiva dos britânicos. 'Os nossos homens vão para a morte gloriosamente', conclui ele, 'o que não muda o fato de que morrem'."[8]

7 Crisp, Robert, *Brazen Chariots* (Corgi, 1960).

8 Ciano, conde Galeazzo, *Diaries*, org. Muggeridge, Malcolm (Heinemann, 1947).

A guerra estava prestes a se expandir e, depois do apelo japonês aos seus dois governos, Ciano vinha tentando, sem sucesso, arrancar de Ribbentrop uma resposta definitiva. Achava que os alemães não estavam nada empolgados com a possibilidade de intervenção americana.

Enganava-se. A falta de resposta alemã favorável ao pedido de apoio incondicional do Japão nada tinha a ver com alguma relutância por parte de Ribbentrop ou Hitler. Este último, pulando de avião em avião no caminho de ida e volta de Rastenburg à Ucrânia, estivera sem comunicação com Berlim, e o primeiro, apesar de ampla autorização prévia, tinha simplesmente medo demais de agir por conta própria. Naquela manhã, depois de finalmente entrar em contato com Hitler pelo telefone com misturador e receber mais um cheque em branco em nome de Tojo, Ribbentrop passou o resto do dia montando uma revisão do Pacto Tripartite.

Às três horas da manhã seguinte, o documento chegou a Ciano para exame. Mackensen, o embaixador alemão em Roma que o levou pessoalmente, sugeriu que acordassem Mussolini. "Isso eu não fiz", escreveu Ciano com orgulho, "e o Duce ficou muito contente".[9]

Em Londres, o Gabinete de Guerra retomou a discussão sobre a ajuda que deveria mandar à Rússia. Churchill propôs o despacho imediato de dez esquadrões da RAF do norte da África para a região do Cáucaso e de Rostov, e é compreensível que perdesse a calma quando o consenso decidiu que não. Os chefes de estado-maior não tinham ideias próprias, enfureceu-se, e só sabiam se opor às dele. Attlee e Eden tentaram acalmá-lo, mas não adiantou. Depois de se entregar a um ataque longo e incisivo de mau humor, o primeiro-ministro encenou uma saída teatral e desaprovadora. Como escreveu Brooke, foi "patético e totalmente desnecessário. É o resultado de trabalhar demais e ficar acordado até tarde [...]. Só Deus sabe onde estaríamos sem ele, mas só Deus sabe aonde iremos com ele!".[10]

Naquela noite de quinta-feira, 24 políticos e industriais importantes se reuniram para jantar no Carlton Hotel de Washington. Supostamente, era um evento em homenagem ao vice-presidente William Wallace,

---

9 *Ibid.*

10 Citado em Bryant, Arthur, *The Turn of the Tide* (Fontana, 1965).

mas na verdade fora marcado para apressar a aceleração da economia de guerra americana e os primeiros discursos pós-prandiais foram todos sobre a união de democratas e republicanos para pôr mãos à obra.

Então, Knox, ministro da Marinha, se levantou para falar. A guerra estava muito próxima, disse aos comensais: poderia até já ter começado naquela noite. Mas ele queria que soubessem que "não importa o que acontecer, a Marinha dos Estados Unidos está pronta! [...] Haja o que houver, a Marinha não será pega cochilando".

Um burocrata pouco conhecido de Washington achou tudo isso meio exagerado. Quando chegou a sua vez de falar, Robert Wyman Horton descreveu uma visita ao Ministério da Marinha na véspera na qual quase fora pisoteado em uma corrida para o campo de golfe no meio da tarde. "A mim pareceu", disse Horton, "que o pessoal de alto escalão do ministério estava largando o serviço meio cedo demais para estarmos tão próximos da guerra".

"Quem é esse filho da mãe?", sibilou Knox ao vizinho.

Horton continuou e descreveu uma viagem recente pelo estaleiro da Marinha em Norfolk e em Hampton Roads em uma lancha de patrulha. Ele e os companheiros viram todos os navios de guerra que quiseram e chegaram a desembarcar e perambular pelos atracadouros, mas ninguém achou por bem questionar o seu direito de estar ali. "Poderíamos ser espiões, sabotadores, qualquer coisa... poderíamos ter explodido e feito tudo em pedacinhos apesar de todos os obstáculos que a Marinha pôs no nosso caminho.

"Senhor secretário", concluiu Horton à guisa de chave de ouro, "acho que a sua Marinha *não está* pronta".[11]

No norte do Pacífico, o mar estava revolto e o reabastecimento foi impossível. A frota continuava avançando, ainda sem ser observada, rumo ao seu alvo. E, conforme Oahu se aproximava cada vez mais, a probabilidade de que algo além do rompimento diplomático detivesse Nagumo e os seus aviões ficava ainda mais remota. No dia anterior, ele dissera à frota que a guerra poderia "explodir a qualquer momento" e que, se realmente fosse deflagrada antes que chegassem ao ponto de lançamento,

---

11 Citado em Ketchum, Richard, *The Borrowed Years* (Anchor, 1991).

ele pretendia, com ou sem surpresa, "operar como programado" e atacar Pearl Harbor.[12] Às 10h40 ele ordenou que qualquer navio encontrado, neutro ou inimigo, fosse impedido de mandar notícias da sua presença. Se o navio permitisse que um grupo de abordagem destruísse o equipamento de comunicação, tudo bem. Caso contrário, teria de ser afundado.

Enquanto os navios abriam caminho pelo mar bravio, os pilotos continuavam os seus exercícios, verificavam os aviões, estudavam os mapas, brincavam de "onde está o encouraçado americano". Se a frota chegasse ao ponto de lançamento sem ser notada, o futuro de 20 mil homens estaria nas mãos dos quatrocentos pilotos que entrariam na toca do leão, e eles não eram refratários a gozar a nova condição de celebridades. Houve banhos extras e rações de leite e ovos a mais para os futuros heróis.

O tenente aeronauta Genda tinha total confiança nos seus pilotos e bem menos nos superiores Nagumo e Kusaka. Estava especialmente consternado com a intenção deles, muitas vezes repetida, de fazer uma retirada apressada depois de um único ataque em duas ondas a Pearl Harbor. Essa abordagem era rígida demais para Genda, que queria tomar a decisão sobre o que fazer depois de avaliar o resultado daquele primeiro ataque. Os americanos poderiam estar à espera deles e uma retirada rápida talvez fosse necessária, mas Genda também podia imaginar circunstâncias em que um segundo ataque seria necessário.

Se conseguissem agir com surpresa e se a capacidade americana de revidar contra a Kido Butai ficasse gravemente comprometida ou totalmente destruída, Genda via várias razões para impor a vantagem japonesa. A frota poderia ficar na área durante vários dias antes de voltar pela rota do norte ou aproveitar o tempo e passar por Oahu em uma rota mais ao sul; as duas ofereceriam oportunidades de vários ataques e da destruição abrangente da presença militar americana em Oahu. Talvez até fosse possível uma invasão.

Mas Genda conseguiria convencer os seus superiores a levar a sério essas opções? Desde que partira da baía de Hitokappu, ele aproveitara todas as oportunidades para recomendar flexibilidade, mas, até então, Nagumo e Kusaka não tinham demonstrado tendência a escutar.

---

12 Citado em Prange, Gordon, *At Dawn We Slept* (Penguin, 2001).

SEXTA-FEIRA, 5 DE DEZEMBRO

Em Tóquio, o vice-almirante Ito fez uma visita ao Ministério do Exterior. A nota aos americanos deveria ser enviada meia hora depois do momento combinado, disse a Togo. Por que a mudança de ideia?, quis saber o ministro. Um erro de cálculo, disse-lhe Ito, despreocupado.

Togo perguntou outra vez sobre o intervalo entre notificação e ataque e, embora novamente se recusasse a dar uma resposta direta, Ito conseguiu transmitir os limites do cronograma ao insistir na importância de que a notificação não chegasse aos americanos antes da hora marcada. Como Ito sabia e Togo não, havia agora apenas uma diferença de meia hora entre a entrega prevista em Washington e a chegada marcada de Fuchida a Pearl Harbor.

Se rezou para os deuses do clima, a oração do almirante Ozawa foi atendida: ao seguir para sul e sudoeste para contornar a cabeça abaixada da Indochina, a força de invasão da Malásia se viu amortalhada em densas cortinas de chuva tropical. Esse céu e esse mar, um flagelo para aviões e submarinos, permitiam relaxar, pelo menos por algum tempo, e acrescentar as enguias secas compradas em Formosa às rações sem graça de sopa de feijão e arroz cozido do navio.

Se a Força Z zarpara para resgatar Malásia e Cingapura, agora a salvação teria de esperar um pouco. Com o relativamente novo *Prince of*

Wales atracado para consertos na caldeira, o *Repulse* partiu para Darwin, onde poderia tranquilizar os australianos e a vulnerabilidade do navio a ataques aéreos não seria um problema. O almirante Phillips pegou um Catalina para Manila para um encontro há muito marcado com o seu colega americano almirante Hart. Se os japoneses atacassem a Malásia nos próximos dias, a Força Z estaria longe da linha de frente.

Não que essa eventualidade fosse provável, como deixaram claro os anfitriões americanos de Phillips. O general MacArthur e o seu chefe do estado-maior, general Sutherland, que se uniram aos dois almirantes para a primeira rodada de discussões, disseram ao incerto Phillips que os seus navios estariam perfeitamente a salvo na baía de Manila. "A incapacidade de um inimigo lançar um ataque aéreo a essas ilhas é a nossa maior segurança", acrescentou MacArthur, dourando demais a pílula.[1]

Os voos experimentais japoneses sobre as Filipinas continuavam — uma Formação de Zeros avistada aqui, mais bipes inexplicáveis no radar ali —, mas a única nota de urgência na reação americana foi a partida final, pouco depois do escurecer, de dezesseis B-17 para Del Monte Field, na ilha de Mindanao, ao sul. Brereton propusera essa transferência em 26 de novembro, e o novo lar dos B-17 finalmente estava pronto para recebê-los, embora com nível mínimo de conforto.

MacArthur e o seu estado-maior tinham sancionado essa aparente retirada com relutância. O céu podia estar cheio de aviões japoneses, mas os seus preparativos mentais ainda giravam em torno de ataques aéreos americanos ao Japão, não ataques aéreos japoneses às Filipinas.

A última palavra sobre a Operação Matador chegou a Cingapura. Roosevelt prometera apoio armado em várias contingências, disse Churchill a Brooke-Popham, e passou a listá-las. Poderia mandar as tropas britânicas para a neutra Tailândia caso os japoneses fizessem ou tentassem fazer o mesmo ou se atacassem a Malásia ou as Índias Orientais holandesas. Brooke-Popham poderia até implementar a Operação Matador se tivesse "boas informações de que uma expedição japonesa avança com a aparente intenção de desembarcar no istmo de Kra".[2]

---

1 Citado em Bartsch, William, *December 8, 1941* (Texas A&M University Press, 2003).

2 Citado em Allen, Louis, *Singapore* (Davis-Poynter, 1977).

O que parecia claro em Whitehall estava menos claro em Cingapura, pelo menos no que dizia respeito a Brooke-Popham. Se os japoneses invadissem a Tailândia, ele sabia o que fazer. Mas e se atacassem a Malásia e deixassem a Tailândia em paz? Ainda deveria ou poderia ocupar aquelas posições no istmo de Kra que o Exército considerava um tijolo necessário ao muro de defesa da Malásia? Ele sentiu necessidade de esclarecimentos.

Sem que o OKH soubesse, o Stavka conseguira, nas últimas semanas, acumular um número formidável de formações de reserva. Muitas eram unidades transferidas do Extremo Oriente e da Ásia central, liberadas por uma combinação de informações de Sorge com o conhecimento de que um ataque japonês bem-sucedido tão perto do fim do ano siberiano seria quase impossível. Algumas já tinham sido mandadas para a frente quando assomavam brechas perigosas, mas a maioria fora guardada para esse momento. Às três da madrugada de 5 de dezembro, o Exército Vermelho deu os primeiros passos de uma contraofensiva poderosa e abrangente contra o Grupo de Exércitos Centro, que de nada suspeitava.

O plano do Stavka era bastante simples. Os braços convergentes do Grupo de Exércitos Centro — o 3º e o 4º Grupos Panzer a noroeste, o 2º Exército Panzer a sudoeste — representavam a maior ameaça a Moscou, e o objetivo primário do novo contra-ataque soviético era, na pior das hipóteses, forçá-los a recuar e, na melhor, cercá-los e destruí-los. Dos dois lados de Kalinin, o 29º, o 30º e o 31º Exércitos soviéticos atacariam, ao sul e a sudoeste, o 9º Exército alemão e o flanco exposto do 3º Grupo Panzer, excessivamente espalhado. Entre Iakhroma e Krasnaia Poliana, o 1º Exército de Choque e o 20º Exército golpeariam os lados leste e sul do saliente mantido pelo 3º e pelo 4º Grupos Panzer, enquanto ao sul de Istra o 5º e o 16º Exércitos atacariam a noroeste a retaguarda do 4º Grupo Panzer. Mais ao sul, duas outras pinças soviéticas tentariam perfurar o grande bolsão centrado em Venev mantido pelo 2º Exército Panzer, a leste e nordeste de Tula, e o saliente mais achatado mantido pelo 2º Exército alemão em torno de Ielets.

Era um programa extremamente ambicioso e tinha mais do que a surpresa a seu favor. A superioridade numérica dos soviéticos era apenas marginal, mas os seus homens, tanques e aeroplanos estavam muito mais bem equipados para aguentar as condições em que teriam de atuar. Os soldados tinham fardamento camuflado de inverno, óculos de proteção, esquis e armas automáticas que não congelavam; os tanques tinham lagartas mais largas e usavam combustível à prova de frio; as aeronaves eram guardadas em hangares aquecidos. Enquanto os cavalos alemães morriam de frio, os pôneis das estepes russas continuavam andando.

A ideia do Stavka era escalonar o início da contraofensiva durante vários dias e torcer para deixar os alemães cambaleantes com uma sucessão de golpes bastante dispersos. O primeiro foi desferido no norte, onde o 31º e o 29º Exércitos iniciaram o ataque respectivamente às três e às onze horas da manhã. O primeiro conquistou mais terreno do que o segundo, mas ao anoitecer ambos os exércitos tinham assegurado cabeças de ponte na margem sul do Volga congelado e, de repente, o domínio do 9º Exército alemão sobre Kalinin pareceu mais precário.

Não houve mais ofensivas soviéticas planejadas para esse dia, mas outros setores não ficaram nada tranquilos, pois cada lado buscava ajustar a seu favor trechos da linha de frente. No quartel-general de um regimento, alguns quilômetros a oeste do canal Moscou-Volga, o comandante alemão e os comandantes das companhias examinavam com otimismo um mapa recém-entregue da cidade de Moscou quando tudo foi pelos ares: "Fogo furioso de metralhadora vindo de três lados e as primeiras granadas de canhões anticarro caídas bem na aldeia indicam que o inimigo lançou um contra-ataque. Num segundo, todos estão do lado de fora. O telhado da cabana do quartel-general já está em chamas."[3]

Alguns quilômetros mais ao sul, a 2ª Divisão Panzer foi forçada a sair de Katiushki. O 3º Grupo Panzer recebeu permissão um tanto supérflua de passar à defensiva, enquanto o planejado ataque do 4º Grupo Panzer no dia seguinte foi cancelado, sem surpreender ninguém. Ambos os grupos panzer receberam ordem de fazer preparativos para uma retirada provável para uma linha que ia do reservatório do Istra a Solnetchnogorsk e Rogatchevo.

O 2º Exército Panzer não estava sob ataque, e a 31ªs Divisão de Infantaria fez outra tentativa desesperada de se unir à 3ª e à 4ª Divisões

---

3 Citado em Piekalkiewicz, Janusz, *Moscow 1941* (Arms & Armour, 1981).

Panzer ao norte de Tula — mais um gesto final do que uma última arremetida. Com ameaças crescentes aos flancos, 38 graus negativos e nenhuma ajuda do vizinho 4º Exército, Guderian decidiu que bastava. Naquela noite, deu ordens para suspender os ataques e recuou as unidades de vanguarda para uma linha geralmente defensável. Foi "a primeira vez durante a guerra em que tive de tomar uma decisão desse tipo, e nenhuma foi mais difícil [...]. O nosso ataque a Moscou desmoronara. Todos os sacrifícios e a resistência dos nossos bravos soldados tinham sido em vão".[4]

O Grupo de Exércitos Centro, como deixou claro o registro daquele dia no diário de Von Bock, não sabia o que Jukov lhe reservava. Mais a oeste, na floresta da Prússia Oriental, Halder anotou os ataques cancelados do Grupo Panzer e "uma penetração inimiga a leste de Kalinin", mas estava mais preocupado com os problemas enfrentados pelos Grupos de Exércitos Norte e Sul. Adivinhando de forma inconsciente o que estava por vir, observou que "uma série de ordens do Führer" tinha "causado alguma confusão" e mencionou, quase de passagem, que Von Brauchitsch decidira pedir exoneração do cargo de comandante em chefe do Exército.[5] Esse pedido seria recusado, mas a segunda tentativa, quinze dias depois, teria sucesso. O fracasso do Exército diante de Moscou estava longe de ser o último, mas, daí para a frente, boa parte da culpa seria do Führer e da sua crença, confidenciada a Halder, de que "esse probleminha do comando operacional é coisa que qualquer um pode fazer".[6]

A cidade polonesa de Novogrudok caíra diante dos alemães na segunda semana da Operação Barbarossa. Os judeus moravam lá desde o século XV e agora constituíam a maioria dos 12 mil habitantes da cidade, com escolas, hospital, orfanato, sociedade de empréstimos e clube esportivo próprios. Cem foram mortos quase imediatamente, e outros pequenos grupos foram levados embora e assassinados a intervalos regulares a

---

4 Guderian, Heinz, *Panzer Leader* (Futura, 1974).

5 Citado em Burdick, C., e Jacobsen, H.-A., *The Halder War Diary* (Greenhill, 1988).

6 Citado em Strawson, John, *Hitler as Military Commander* (Sphere, 1973).

partir daí, mas no que dizia respeito à ampla maioria, os alemães pareciam se contentar com agressões e humilhações.

Naquela manhã bem cedo, todos os 7 mil judeus da cidade receberam ordens de ir para o pátio do tribunal. Ficaram lá em pé, em temperatura abaixo de zero, até escurecer e depois foram enfiados no tribunal propriamente dito, cujo espaço era tão pequeno que a maioria foi forçada a ficar em pé. No dia seguinte, imaginavam, descobririam qual seria o seu destino.

No norte da África, o dia começou com Rommel concentrando os blindados e a artilharia logo a oeste de El Adem antes de vencer um ataque britânico ou lançar um ataque próprio na direção de Bir el Gubi. Fosse como fosse, ele previa um choque importante e, contra todas as esperanças, possivelmente decisivo entre a 4ª Brigada Blindada e o seu Afrikakorps, em lamentável desvantagem numérica, mas ainda potente.

Não seria assim. Ritchie, nada cooperativo, tirara do caminho a 4ª Brigada Blindada — Crisp e Cia. passaram o dia treinando um novo sistema de sítio em Bir Berraneb — e os panzers de Crüwell só encontraram a 11ª Brigada Indiana a caminho de socorrer os Camisas Negras em Bir el Gubi. Sem saber que enfrentava apenas uma única brigada de infantaria, Crüwell não aproveitou a vantagem, e os britânicos, sem saber que a sua força escassa era realmente o Afrikakorps, ordenaram alegremente que a 22ª Brigada da Guarda fosse em auxílio da 11ª Indiana.

Se Crüwell soubesse e se os britânicos tivessem adotado uma abordagem hipercautelosa, o Afrikakorps poderia ter acrescentado a 11ª Indiana à lista de brigadas recentemente estilhaçadas e sem conserto imediato. Mas pouco mudaria. As forças do Eixo ainda estariam em desvantagem numérica em homens, tanques e canhões. Naquela noite, Rommel recebeu uma visita de Roma — um certo coronel Montezemolo, do supremo comando italiano. Montezemolo dera ao general Bastico, superior nominal de Rommel, a má notícia sobre a noite da véspera e agora a explicava para o comandante do Panzergruppe. Dos 22 navios italianos que zarparam para o norte da África no mês de novembro, 14 tinham sido afundados, além de 62% da carga total. A perda de suprimentos era grave por si só, a perda de embarcações mais ainda, e não havia nenhuma probabilidade de envio de comboios maiores antes do início de janeiro, quando a *Luflotte* 2 estaria pronta na Sicília e capaz de dar proteção significativa. Enquanto isso, Rommel teria de viver e lutar com o que tinha. Poderia haver uma quantidade módica de combustível e munição, mas nenhum homem, tanque ou avião a mais.

Rommel disse a Montezemolo que compreendia e aceitava a situação, mas questionou se os seus superiores compreendiam e aceitavam as prováveis consequências. Com menos de quarenta tanques ainda funcionando e combustível e munição insuficientes para novas grandes batalhas, as suas forças teriam de encontrar uma linha defensável e ficar atrás dela. E se não conseguissem recuperar a linha original na fronteira, o que parecia muito improvável, seria bem difícil encontrar outra antes de El Agheila. Toda a Cirenaica teria de ser abandonada.

Churchill apareceu mais afável na reunião de sexta-feira do Gabinete de Guerra e concordou que as circunstâncias no norte da África determinariam quando e se esquadrões da RAF seriam enviados para ajudar os soviéticos. Brooke se reuniu com todos os adidos militares estrangeiros, inclusive os japoneses, que pareciam soturnos e o fizeram se perguntar "se os teremos conosco por muito tempo".[7]

Washington ainda aguardava a resposta formal do governo japonês aos Dez Pontos de Hull. A guerra ainda era esperada, mas não havia uma urgência visível a respeito de quando nem ideias sagazes sobre onde irromperia.

Quem lesse a última estimativa do G-2 a respeito das intenções japonesas antes do início da guerra, divulgada naquele dia, concluiria que a ameaça se reduzira. As dificuldades alemãs na Rússia teriam amortecido a tal ponto o entusiasmo japonês que "*eles podem desrespeitar as suas obrigações e até sair do Eixo*". O G-2 reconhecia a abrangência da ambição japonesa, mas achava que os líderes daquele país tinham consciência dos riscos das aventuras militares: "*querem evitar uma guerra geral no Pacífico*".[8]

---

7 Citado em Bryant, Arthur, *The Turn of the Tide* (Fontana, 1965).

8 Citado em Wohlstetter, Roberta, *Pearl Harbor: Warning and Decision* (Stanford University Press, 1962). Os itálicos são do original.

Os preparativos americanos continuaram e o reforço militar das Filipinas recebeu prioridade. Mais de 130 bombardeiros seriam despachados nas dez semanas seguintes e 52 bombardeiros de mergulho já estavam a caminho, com data prevista de chegada próxima do Natal. Outro lote de caças P-40 embarcaria naquele dia e estava marcada a partida de 21 mil soldados na semana seguinte.

Enquanto isso, outra pista do alvo primário da Marinha Imperial passou batida. Foi esse o dia em que o Escritório de Informações Navais traduziu o pedido de informações de Tóquio sobre aqueles navios que permaneciam em Pearl Harbor e decidiu que refletia meramente a paixão japonesa por detalhes.

Em Oahu, Yoshikawa fez outra rodada de turismo militar. Do seu costumeiro posto privilegiado acima de Pearl Harbor, notou que o *Lexington*, único porta-aviões restante, e cinco cruzadores pesados não estavam mais no porto. Na verdade, tinham partido naquela manhã, o porta-aviões carregado de aeronaves do Corpo de Fuzileiros para reforçar o atol de Midway. A sua volta só era esperada depois de 9 de dezembro.

A Kido Butai estava a menos de 1.600 quilômetros de Pearl Harbor, e era muito mais fácil captar as estações de rádio de Honolulu do que as de casa. Naquela manhã, depois de um penúltimo reabastecimento, os três navios-tanque e o contratorpedeiro de escolta do Grupo de Suprimentos Dois foram deixados para trás. Enquanto as tripulações acenavam despedidas à força-tarefa, um comandante transmitiu a sua esperança de que a "brava missão" fosse "honrada com o sucesso". De acordo com Chigusa, todos ficaram "profundamente comovidos".[9]

O medo de serem descobertos continuava. Na noite anterior, Tóquio captara mensagens de rádio na vizinhança da frota — um possível submarino americano. Nagumo se apavorara, convencido de que a frota estava sendo seguida, e tirou da cama o comandante de esquadrilha Fuchida para ter uma segunda opinião. Fuchida se irritou. "Se fosse verdade", disse ele depois, Nagumo "deveria ter tomado providências apropriadas. Seria compreensível que consultasse o chefe do estado-maior

---

9 Citado em Prange, Gordon, *At Dawn We Slept* (Penguin, 2001).

[Kusaka], mas um comandante em chefe chamar um comandante de esquadrilha para lhe perguntar uma coisa daquelas era pura estupidez".[10]

Não se encontraram vestígios do submarino nem de nenhum dos navios mercantes soviéticos que Tóquio também captara na área. Nagumo tinha seis caças com o motor ligado, prontos para decolar em caso de serem avistados, mas não estava disposto a mandá-los subir e arriscar que fossem vistos à toa. Mais tarde, no mesmo dia, um sinal claro da tensão crescente foi o pânico súbito devido a uma luz misteriosa no céu que fez os artilheiros correrem para os seus postos. Era apenas um balão iluminado solto pelo *Kaga* para verificar o vento.

10 Citado em Agawa, Hiroyuki, *Yamamoto, Reluctant Admiral* (Harper & Row, 1979).

SÁBADO, 6 DE DEZEMBRO

Dois dias antes, as autoridades militares britânicas de Cingapura ordenaram a intensificação dos voos de reconhecimento de Khota Baru ao cabo Camboja, passando pela garganta aberta do golfo do Sião. Durante 48 horas, o tempo estivera proibitivo, mas um dos Lockheed Hudson australianos lotados em Khota Baru finalmente decolou no final da manhã e, apesar da cobertura de nuvens baixas, conseguiu descobrir o que os seus superiores temiam. A primeira coisa que o piloto avistou foi um cruzador e três navios de transporte de tropas; a segunda, meia hora depois e 220 quilômetros a sudeste do cabo Camboja, foi a força principal de Ozawa, com 18 navios de transporte de tropas e a metade disso em belonaves. Com cuidado para se manter fora do alcance dos canhões antiaéreos japoneses, o piloto relatou o que estava abaixo dele.

No *Chokai*, a nau capitânia, Ozawa podia ver o avião distante entrando e saindo das nuvens rápidas. Deveria tentar derrubá-lo e começar uma guerra dois dias antes da data marcada? Dificilmente poderia permitir que seguisse a frota durante horas, relatando cada detalhe da força invasora. Sim, decidiu finalmente, deveria derrubá-lo. Mas já era tarde demais. Antes que um interceptador decolasse, o avião inimigo desapareceu.

A notícia da passagem do comboio fora dada. Os britânicos poderiam engolir o engodo e acreditar que seguia apenas para o Camboja, mas Ozawa duvidava muito disso. Eles reconheceriam a frota de invasão e trabalhariam com a suposição de que seguia na direção deles.

A notícia da descoberta chegou a Phillips, em Manila, naquela tarde de sábado. Ele tomou providências para retornar a Cingapura de avião e mandou uma mensagem chamando de volta o *Repulse*, a caminho da Austrália. Nesse momento não havia probabilidade do cruzador de batalha retornar a tempo de interceptar o comboio, caso fosse realmente uma força de invasão japonesa. Mandá-lo fora um erro, o primeiro de vários.

Percival, comandante do Exército, recebeu a notícia em Kuala Lumpur, onde se reunia com o general Heath, comandante do III Corpo Indiano designado para a Operação Matador. Depois de avisar a Heath que as ordens para implementar a operação provavelmente chegariam a qualquer momento, Percival fez o voo de duas horas de volta a Cingapura. Ao chegar ao seu quartel-general pouco depois das 18h30, o comandante do Exército, para seu espanto, descobriu que Brooke-Popham não achara adequado pôr a operação em andamento.

Brooke-Popham recebera a notícia do avistamento da esquadra pouco depois das duas horas da tarde e desde então hesitava. O comboio japonês podia ser inocente, podia estar se dirigindo — ou pelo menos assim lhe disseram os seus assessores navais — para o abrigo da baía da ilha de Kao Rong, ao largo do Camboja. Um grupo de navios fora avistado seguindo naquela direção. E mesmo que fossem para oeste, rumo à Tailândia e à Malásia, as consequências não pareciam nada claras. Os esclarecimentos que requisitara ainda não tinham chegado de Whitehall e, conforme a tarde acabava, Brooke-Popham conseguiu se convencer de que a Operação Matador seria impraticável no caso de um ataque japonês à Malásia que evitasse comprometer a neutralidade tailandesa. Não importava que, no caso de um ataque japonês à Malásia, a fúria tailandesa contra os britânicos fosse a menor das preocupações. Não importava que a única estratégia britânica para defender a Malásia se baseasse em negar aos japoneses a oportunidade de desembarcar exércitos no sul da Tailândia e no norte da Malásia. Brooke-Popham não autorizaria a incursão da Operação Matador em território tailandês a menos que tivesse certeza absoluta de que os japoneses também estivessem no processo de invadir a Tailândia. Ou, com outras palavras, até que fosse tarde demais para impedir a invasão. Ele ordenou mais reconhecimentos, mas os Catalinas enviados para o norte naquele fim de tarde e durante a noite não acharam os comboios japoneses.

Depois que Phillips partiu apressado para Cingapura, MacArthur deu, em off, uma entrevista coletiva à imprensa. A guerra se aproximava, disse aos jornalistas reunidos, mas provavelmente só começaria no ano seguinte. O que os japoneses teriam a ganhar com a espera não foi explicado.

Ele também enviou um relatório confidencial ao Departamento de Guerra, em Washington. Afirmava que as suas bases aéreas estavam em estado de alerta, os aviões adequadamente dispersados, mas a ênfase de guardas em torno de aeroplanos e instalações e na organização em andamento de atividades antissubversivas, assim como a obsessão semelhante do general Short, deveria ter provocado algumas dúvidas em Washington. O fato de esses dois generais ainda considerarem os sabotadores locais uma ameaça maior do que a força aérea japonesa era um sinal certo de que não estavam prestando atenção.

Se MacArthur estivesse correto ao afirmar que as suas bases aéreas estavam em alerta, seria o alerta das galinhas que aguardam a raposa em campo aberto. Na importante base aérea de Clark Field, cavaram-se trincheiras e encheram-se tambores de combustível com areia, mas só tinham sido construídos abrigos defensivos para dois dos B-17 restantes. Canhões antiaéreos cercavam a base, mas a escassez constante de munição significava que poucos tinham feito testes de fogo. E ainda havia espaço insuficiente para dispersar os B-17, mesmo com metade da força enviada para Del Monte. Os caças eram velhos e ultrapassados ou novos e, basicamente, não testados.

Nas outras bases aéreas, a situação costumava ser pior. Em Iba Field, por exemplo, os caças não eram protegidos por canhões antiaéreos nem por abrigos. Os aviões eram novos e o treinamento dos pilotos fora mínimo. Ainda não tinham se adaptado a voos em altitude acima de 4.500 metros e os canhões das asas ainda não tinham sido testados. A força aérea de MacArthur podia estar em alerta, mas não estava nada preparada.

E alguns sabiam muito bem disso. Ao falar a pilotos de caça reunidos no Clube de Oficiais de Forte Stotsenburg, o coronel

George, oficial de suprimentos de Brereton, aconselhou-os a redigir e registrar os seus testamentos nos próximos dias. "Vocês não são necessariamente um esquadrão suicida", disse-lhes, "mas estão muito perto disso".[1]

Nas primeiras horas do sábado, alguns quilômetros ao norte de Dedovsk, mantida pelos soviéticos, um solitário tanque KV vadeou o pequeno rio que marcava a linha de frente entre os exércitos. O destino almejado era a pequena aldeia de Nefedievo, onde se dizia que os 18 tanques restantes da 10ª Divisão Panzer passavam a noite. O tenente Pavel Gudz e a sua tripulação de cinco soldados tinham recebido a tarefa — uma provável missão suicida — de destruí-los com um ataque ao amanhecer.

Gudz já verificara a rota a pé e, quando o KV se aproximou mais da aldeia dominada pelos alemães, o bombardeio de artilharia já combinado na floresta vazia ajudou a mascarar o som da sua aproximação. Ainda havia velas acesas dentro de algumas cabanas e, quando o tanque parou nos arredores da aldeia, o som de vozes alemãs e de um acordeão subiu do silêncio súbito. Com a aurora se aproximando e os panzers visíveis à meia-luz, Gudz e a tripulação abriram fogo. Oito estavam em chamas quando os alemães conseguiram reagir, e suas granadas ricochetearam na espessa blindagem russa, machucando e sacudindo os ocupantes sem provocar danos graves. Enquanto os motoristas alemães removiam os panzers sobreviventes para longe da linha de fogo, a infantaria correu para o KV e foi derrubada pelo metralhador do tanque. Quando a infantaria soviética apareceu, os alemães decidiram abandonar a aldeia. Gudz foi atrás deles e atirou nos panzers em retirada até terminarem todas as suas granadas.

Esse foi um ataque isolado, parte dos preparativos para a ofensiva mais ampla planejada para esse setor em 8 de dezembro. Em outras regiões, exércitos soviéticos inteiros estavam em movimento, com o 30ª e o 20º Exércitos e o 1º de Choque avançando contra o flanco fraco e excessivamente espalhado do 3º Grupo Panzer. As muito reduzidas 14ª

1 Citado em Bartsch,William, *December 8, 1941* (Texas A&M University Press, 2003).

e 36ª Divisões Motorizadas alemãs, dispostas ao longo dos 65 quilômetros da frente de batalha entre Iakhroma e a área ao norte de Klin, logo caíram sob pressão intensa do 30º Exército de Leliushenko. A situação era grave: a própria Klin ficava no meio da única via de escape do 3º Grupo Panzer.

À noite, unidades do 1º Exército de Choque tinham conseguido abrir caminho lutando até Iakhroma. Mais ao sul, o resto do 1º Exército de Choque e o 20º Exército do general Andrei Vlassov tinham assegurado mais cabeças de ponte na margem oeste do canal Moscou-Volga e forçavam o avanço contra a resistência cada vez mais desesperada da infantaria e da artilharia do 3º Grupo Panzer. Reinhardt, decidido a manter Klin e cobrir a retirada do seu grupo, adotou o curso sensato de afastar os seus blindados da linha de frente. No processo, desprotegeu o flanco esquerdo do vizinho 4º Grupo Panzer. Era como tapar buracos de um dique com o dedo: um furo tapado era outro aberto.

Do outro lado de Moscou, os soviéticos fizeram um progresso ainda maior. O 10º Exército, que gozava de superioridade de três para um sobre as forças que guardavam o flanco direito de Guderian, obteve o maior avanço do dia e percorreu cerca de 25 quilômetros, enquanto o 13º Exército, com ataques convergentes nos dois lados de Ielets, fez incursões ameaçadoras na retaguarda alemã.

"Às três horas fomos subitamente acordados do nosso cochilo inquieto", relatou um alemão. Os soviéticos atacaram, usando toda a cobertura oferecida pelo terreno ondulado para avançar até as posições alemãs. "Logo estavam tão perto que ouvimos os berros de incitação dos oficiais e comissários e os gritos de guerra ardentes dos bolcheviques, com os quais tentavam despertar a sua coragem." Os soviéticos, correndo sem cobertura, simplesmente atacaram, e as armas automáticas alemãs assumiram vida própria: "Derrubamos muitos atacantes, quer ao acertá-los, quer ao forçá-los a se jogar no chão pelo efeito do nosso fogo. Foi um espetáculo pirotécnico fantástico. Os sacos de palha diante das nossas posições explodiram em chamas. A munição traçadora leve assoviava no ar por todos os lados com relâmpagos de luz refletindo-se no chão duro como pedra, catapultada no ar para sair zumbindo sem direção. As casas das aldeias vizinhas que os atacantes usaram como proteção estavam cobertas de chamas e iluminavam o campo de batalha."[2]

Esse ataque foi rechaçado, mas muitos outros não foram. Expulsos de Iakhroma, Von Luck e os seus homens agora recuavam por duas rotas abertas às pressas. A neve formava pilhas altas nos dois lados dessas "estradas", transformando-as em longos desfiladeiros, e "o efeito dos ataques aéreos inimigos foi devastador. Como ninguém nas rotas de fuga poderia escapar e como os russos sempre vinham do leste, portanto de trás, a infantaria foi a primeira a receber grande parte deles. As vítimas seguintes foram as unidades de suprimentos com tração animal e as de artilharia. Não demorou para as estradas estreitas estarem atulhadas de cadáveres de cavalos e veículos avariados. Os homens abriram caminho lutando a pé rumo oeste e foram muitas vezes atacados pelos flancos por patrulhas de esquiadores russos".[3]

O comandante do 39º Corpo Panzer, que ainda se agarrava a Tikhvin com as unhas incrustadas de gelo, relatou que os seus homens "já tinham ido além dos limites da resistência física [...] os soldados e agora até os comandantes de companhias e batalhões estão ficando apáticos e indiferentes".[4] Como outra longa batalha deixaria as suas quatro divisões móveis totalmente fora de ação, o comandante do corpo sugeriu a retirada imediata da cidade.

Naquela noite, o general Brennecke, chefe do estado-maior de Von Leeb, telefonou para o OKH. Halder percebia como era grave a situação em Tikhvin? Halder disse que sim. No entanto, o Führer insistia na manutenção da cidade.

Naquela tarde, Hitler convocou uma reunião para discutir a situação e o que se deveria fazer a respeito. Começou citando estatísticas — "ele tem os números na cabeça", observou Halder secamente — para provar a fraqueza subjacente do inimigo. Afirmou que o Exército Vermelho perdera entre 8 e 10 milhões de homens, a Wehrmacht apenas meio milhão.

---

2 Citado em Haupt, Werner, *Assault on Moscow 1941* (Schiffer, 1996).

3 Luck, Hans von, *Panzer Commander* (Cassell, 2002).

4 Citado em Reinhardt, Klaus, *Moscow: The Turning Point* (Berg, 1992).

Os russos, depois de perder 78 mil canhões, não tinham mais nenhum. "Se perdemos 25% do nosso poder de combate", continuou Hitler, "os russos perderam muito mais, apesar do aumento de 300% em unidades recém-ativadas". E a prova: "se as nossas divisões conseguem manter 30 quilômetros [de frente], isso prova a força deficiente do inimigo. Os números não provam nada", concluiu, sem ironia aparente.

A situação era muito melhor do que parecia. Tikhvin podia parecer em perigo, mas Hitler ainda esperava a ligação com os finlandeses e a imposição de um anel impossível de romper em torno de Leningrado. Rostov podia ter caído, mas ele não tinha nenhuma intenção de desdenhar a cidade pelo resto do inverno; o inimigo sofrera enormes baixas e se desgastara. Quanto ao centro, "os russos não abandonaram nenhum lugar voluntariamente; também não podemos fazer isso".

Um "tempo decente" e "reforços contínuos" resolveriam a questão. Mas de onde viriam esses últimos? Não do oeste; a possibilidade de ação anglo-americana já assomava na sua mente. Não dos Bálcãs, onde italianos e húngaros claramente não davam conta. Havia soldados alemães sobrando na Romênia, mas a maioria dos reforços teria de sair da própria Alemanha, de soldados em licença e soldados de unidades motorizadas que não tinham mais motor, de jovens operários das minas e fábricas cujo serviço pudesse ser feito por prisioneiros soviéticos. A guerra tinha apenas 27 meses e Hitler já raspava o fundo do barril.

Finalmente, cerca de seis meses tarde demais, o Führer deu atenção às locomotivas. O Exército alemão no leste, informou à reunião, não precisava de motores perfeitos, apenas dos "mais simples que durem cinco anos".[5]

Em Novogrudok, chegaram oficiais alemães para realizar um processo de seleção. Fizeram-se perguntas sobre profissão e filhos, mas as respostas pareciam irrelevantes: um seleiro com dois filhos foi mandado para um lado, outro seleiro com dois filhos para o outro. No final do processo havia um grupo de 2 mil judeus e outro de 5 mil.

---

5 Citado em Burdick, C., e Jacobsen, H.-A., *The Halder War Diary* (Greenhill, 1988).

O primeiro grupo foi levado para a aldeia vizinha de Pereshike, espremido em 22 casas roubadas e postos a trabalhar fazendo luvas e botas para a gloriosa Wehrmacht. O segundo grupo foi levado 1,5 quilômetro além até uma ravina próxima à aldeia de Skridlewe, para execução imediata.

Não houve sobreviventes desse massacre, mas alguns judeus de Novogrudok já tinham se salvado, fugindo da cidade, um aqui, dois ali, nos meses anteriores. Esses rapazes e moças se tornaram o núcleo do grupo guerrilheiro de Bielski que acabaria por oferecer lares subterrâneos para mais de 1.200 mulheres e crianças judias na vizinha floresta de Nabilocka.

Rommel continuava relutando em aceitar a derrota. Decidiu que um ataque combinado das divisões panzer e motorizadas do Eixo às tropas britânicas em torno de Bir el Gubi ainda poderia dar resultado. Se não desse, "então, em vista das nossas pesadas baixas em homens e material bélico, teremos de pensar em interromper a batalha, recuar para a posição de Gazala e, mais tarde, evacuar totalmente a Cirenaica".[6]

O elemento "combinado" do ataque proposto se mostrou problemático. Os italianos se declararam exaustos e pediram em vão para serem liberados. Recusado o dia de descanso, mesmo assim eles o tiraram, preparando-se interminavelmente para uma viagem que nunca começou. Enquanto Crüwell os aguardava, os britânicos formaram um forte arco de forças — a 11ª Brigada Indiana, a 22ª da Guarda, a 1ª Sul-Africana e a 4ª Blindada — cerca de 8 quilômetros a sudeste. Durante várias horas, os dois lados se contentaram com patrulhas de sondagem e trocas de fogo de artilharia de longo alcance.

Às três horas da tarde, Crüwell desistiu de aguardar os italianos — o seu "cadê Gambara?" logo adquiriu status de refrão do Afrikakorps — e iniciou o ataque sem eles. Os panzers conseguiram empurrar para trás a 22ª Brigada da Guarda, mas não houve rompimento que justificasse as pesadas baixas causadas pelo fogo das granadas inimigas — Neumann-Silkow, comandante da 15ª Panzer, foi uma das vítimas — e,

6 Citado em Agar-Hamilton, J., e Turner, L., *The Sidi Rezeg Battles 1941* (Oxford University Press, 1957).

pouco depois do escurecer, Crüwell foi forçado a encerrar as atividades. Sabedor de que a cunha tão duramente conquistada na linha britânica poderia se transformar em armadilha, pediu permissão de recuar as tropas. Não recebeu — Rommel queria tentar uma última vez na manhã seguinte —, porém, mais tarde, o comandante do Afrikakorps também foi instruído a fazer o reconhecimento de possíveis rotas de retirada. Rommel não esperava mais o sucesso, apenas relutava em desistir de um milagre.

Os britânicos finalmente perceberam que a extremidade leste do perímetro de Tobruk fora abandonada pelos ocupantes do Eixo e, naquela noite, alguns carros blindados do 11º Regimento de Hussardos restabeleceram a ligação do XIII Corpo com a guarnição. Também sabiam, tanto quanto Rommel, que o oeste da Cirenaica não tinha linhas defensáveis e que qualquer retirada do Eixo estava condenada a ser longa.

Hermann Göring estava de volta a Amsterdã para uma última exploração dos antigos bazares judeus. "Visitas a negociantes de arte e compras" foi o seu resumo de um dia muito satisfatório e, quando o seu trem particular partiu naquela noite, as provisões do dia estavam bem embalados em um dos vagões (nos outros havia barbearia, hospital, teatro e uma enorme banheira).[7] O *Ásia* seguia para leste, rumo a Berlim, como se o seu dono tivesse sentido de algum modo a queda da lâmina de Nagumo.

Quando a aurora rompeu no Havaí, a Kido Butai começou o último reabastecimento, pouco menos de mil quilômetros ao norte. Era o momento de máximo perigo para a força-tarefa de Nagumo, ao alcance dos B-17 de Short, mas ainda incapaz de chegar a Oahu com os seus aviões. Mas o mar estava misericordiosamente calmo e o serviço terminou em três horas. Os quatro últimos navios-tanques com o contratorpedeiro da escolta se afastaram enquanto as belonaves avançavam.

Às 11h30, viraram para o sul e aumentaram a velocidade. Quando o *Akagi* transmitiu a mensagem final de Yamamoto ao resto da frota — "O destino do império descansa sobre essa batalha; todo homem

7 Citado em Irving, David, *Göring* (Macmillan, 1989).

cumprirá o seu dever" —, a famosa bandeira Z de Tsushima, do almirante Togo, foi içada com vivas entusiasmados. Em cada navio da tropa, todos os homens disponíveis se reuniram no convés para ouvir a leitura da mensagem em voz alta.

Na Washington invernal, ainda parecia difícil imaginar uma guerra entre o Japão e os Estados Unidos. Às 10h40 daquela manhã, chegou a notícia de que os britânicos tinham avistado o comboio de Ozawa, o que fez Knox, secretário da Marinha, a perguntar aos líderes navais reunidos se os japoneses os atacariam. "Não, sr. secretário", respondeu o contra-almirante Turner, "eles vão atacar os britânicos. Ainda não estão prontos para nós".[8]

Na embaixada japonesa, Kurusu também torcia por um indulto. Em uma conversa com Ferdinand Mayer, velho amigo americano, explicou que a ocupação da Indochina só fora sancionada pelo seu governo porque as forças armadas exigiam algum tipo de ação e todas as outras opções tinham parecido ainda mais provocativas. Kurusu queria que Mayer se assegurasse de que Hull entendia isso e não acuasse Tóquio. Com o tempo, ele tinha certeza de que "os melhores elementos do Japão estavam realmente a caminho de controlar a situação".[9]

Agora fazia oito dias que Roosevelt sugerira uma mensagem pessoal ao imperador japonês, e naquela tarde ele finalmente conseguiu redigi-la. Nenhum povo, escreveu, poderia "sentar-se indefinida ou permanentemente em um barril de dinamite", e como nenhuma outra nação estava interessada em invadir a Indochina ele não via razão para os japoneses manterem soldados lá. "Dirijo-me a Vossa Majestade neste momento", continuou, "com esperança fervorosa de que Vossa Majestade possa, como faço eu, ponderar sobre essa emergência definida para dissipar as nuvens escuras". Ambos, concluiu, tinham "o dever sagrado de restaurar a amizade tradicional e impedir mais mortes e destruição no mundo". Ele mandou a mensagem a Hull com instruções de "mandar isso a Grew".[10]

8 Citado em Toland, John, *Rising Sun* (Penguin, 2001).

9 Citado em Prange, Gordon, *At Dawn We Slept* (Penguin, 2001).

10 *Ibid.*

Enquanto Roosevelt escrevia esse apelo, os decodificadores japoneses e americanos trabalhavam com afinco em uma nova série de mensagens de Tóquio para a embaixada japonesa. A primeira delas, chamada "mensagem do piloto", chegou bem cedo. Era um aviso prévio da segunda mensagem em 14 partes que detalhava a resposta do governo aos Dez Pontos de Hull, que, com exceção de uma, chegaram em estágios durante a manhã. A embaixada era instruída a "arrumar isso de forma bem redigida" e mantê-la em segredo até que chegasse uma terceira mensagem com a hora proposta para a entrega. Uma mensagem extra, que proibia a equipe diplomática de usar datilógrafos contratados para criar a "forma bem redigida", provocou certa dificuldade, porque só um dos funcionários sabia datilografar e, mesmo assim, não muito bem.[11]

As primeiras 13 partes da mensagem — que os americanos decifraram mais depressa que a embaixada japonesa — continham uma recontagem longa e ressentida de fatos recentes, com o Japão e os Estados Unidos nos papéis respectivos de pacifista mal-entendido e imperialista arrogante. Presumivelmente, o desenlace preferido dos pacifistas seria revelado na 14ª parte.

Essa ainda não chegara quando Roosevelt e Harry Hopkins receberam o restante para ler naquela noite. "Isso significa guerra", foi a primeira reação do presidente, e a segunda, avisar Stark; mas o chefe de operações da Marinha estava no teatro e tirá-lo de lá poderia provocar "alarme indevido".[12] Quando finalmente chegou, por volta das 23h30, Stark não viu razão para novas ações. Já esperavam um ataque japonês, portanto nada realmente mudara.

Mais cedo, naquele sábado, Stimson e Marshall tinham decidido prosseguir com a mais recente entrega de B-17 às Filipinas via Havaí. Para maximizar milhagem e combustível, os bombardeiros voariam desarmados, mas a possibilidade de serem atacados sobre o Pacífico parecia suficientemente remota e a necessidade de MacArthur suficientemente urgente para sancionar a sua partida naquela noite. Ao chegar a Pearl Harbor na manhã seguinte, seriam um exemplo perfeito de como estar no lugar errado na hora errada.

---

11 *Ibid.*

12 Citado em Toland, John, *Rising Sun* (Penguin, 2001).

*

Outros possíveis avisos se perderam. Em Washington, Dorothy Edgers, acréscimo recente ao setor de criptografia da Marinha, fazia hora extra na tarde de sábado para traduzir duas mensagens recentes de Tóquio e do consulado em Honolulu. Nenhuma delas trazia informações conclusivas sobre um ataque iminente a Pearl Harbor, mas ambas davam razões para suspeitas concretas, e o fato de seus superiores não as terem acompanhado foi negligência. No Havaí, Yoshikawa enviou um relatório final que destacava a falta de barragem de balões e redes contra torpedos e a oportunidade que essa falta de proteção representava para um "ataque de surpresa".[13] Agora o consulado estava reduzido a usar os códigos mais simples, mas essa mensagem específica só foi traduzida em 8 de dezembro.

No Cosmos Club de Washington, Vannevar Bush, presidente do Carnegie Institute, o cientista Arthur Compton e James Conant, reitor de Harvard, apreciavam a conversa durante o almoço. Roosevelt aprovara e conseguira recursos para o seu programa de desenvolvimento nuclear, e antes da chegada do cheque os três homens combinaram quatro maneiras de avançar. Três diziam respeito a métodos diferentes — difusão gasosa, centrifugação e eletromagnetismo — de extrair U-235 do minério de urânio. A quarta envolvia um elemento recém-descoberto que, finalmente, seria chamado de plutônio.

Na noite de sábado, ao voltar para casa depois de um jantar dançante de caridade no Clube dos Oficiais do Quartel Schofield, o general Short apreciou a dispersão panorâmica de navios iluminados em Pearl Harbor. "Que alvo seriam!", exclamou para o seu companheiro, o general Fielder.[14]

Enquanto a Kido Butai navegava para o sul durante as horas de escuridão, os últimos relatórios de informações de Yoshikawa e do cordão

---

13 Citado em Prange, Gordon, *At Dawn We Slept* (Penguin, 2001).

14 *Ibid.*

de isolamento de submarinos japoneses foram recebidos e absorvidos. As notícias eram confusas. Por um lado, não havia barragem de balões sobre Pearl Harbor para impedir voos rasantes nem redes contra torpedos para proteger os navios de guerra americanos, nenhuma patrulha aérea ao norte, nenhum sinal de que os americanos esperassem ou se preparassem para um ataque. Oito encouraçados estavam fundeados. Por outro lado, não havia navios de guerra no ancoradouro de Lahaina, em Mauí, onde a água era suficientemente profunda para impedir o resgate de navios naufragados. O mais importante de tudo é que não havia porta-aviões em Pearl Harbor. Esse era um golpe grave que levou alguns a questionar abertamente se o ataque valeria a pena. Nagumo não foi um deles. Depois de chegar até ali, não tinha intenção de voltar para oeste. Genda, que entendia a importância dos porta-aviões melhor do que todos eles, conseguiu deixar para trás o desapontamento. No convés, na hora anterior à meia-noite, sentiu-se de repente "muito recomposto, como se todas as incertezas se dissipassem".[15]

A frota estava a sete horas do ponto de lançamento e agora viajava à velocidade máxima de 24 nós. O cruzador leve *Abukuma* encabeçava a carga, aproximadamente 5 quilômetros à frente dos encouraçados e dez dos principais porta-aviões. Enquanto os oficiais de navegação equilibravam direção, velocidade e distância para chegar na hora marcada ao ponto designado no oceano, os pilotos faziam o possível para dormir, os mecânicos revisavam os aviões e os operadores de rádio ouviam a calmante música havaiana na estação KMGB, atentos a qualquer súbita declaração de emergência.

15 *Ibid.*

DOMINGO, 7,
E SEGUNDA-FEIRA, 8 DE DEZEMBRO

À espera de mais voos britânicos de reconhecimento naquela manhã, Ozawa enviou uma cortina de aviões para interceptá-los. Quando avistou um Catalina às 9h50, um piloto japonês atacou o avião britânico mais bem armado, afastou-o para que não avistasse o comboio e manteve os seus ocupantes entretidos até os caças japoneses chegarem para dar o golpe de misericórdia. Nenhum relatório foi recebido em Cingapura.

Cerca de uma hora depois, a frota de Ozawa chegou ao ponto de dispersão designado e dividiu-se em cinco; flotilhas menores seguiram para Prachuab, Chumphorn/Badorn e Nakhorn, na Tailândia, outras maiores para Singora/Patani, na Tailândia, e Khota Baru, na Malásia. Um navio mercante norueguês que encontrou a força de Khota Baru não enviou mensagens antes de ser abordado e afundado, e os três Lockheed Hudson enviados para o norte não encontraram vestígios dos japoneses. Somente no início da noite um Blenheim finalmente avistou as flotilhas japonesas se dirigindo para Khota Baru e Patani e passou a notícia pelo rádio para Cingapura.

Agora não havia dúvida de para onde iam os japoneses, e um dos seus contratorpedeiros chegara mesmo a abrir fogo contra o Blenheim. Sem dúvida as condições para autorizar a Operação Matador tinham sido atendidas, como até Brooke-Popham se dispôs a admitir. É claro que era tarde demais. Em Singora e Patani, os japoneses desembarcariam à meia-noite e, como ressaltou Percival, não havia como a 11ª Divisão Indiana chegar lá antes das duas da madrugada. A Operação Matador era supérflua, mas, por precaução, os homens de Heath foram deixados onde estavam até a manhã.

O Grupo de Exércitos Centro parecia em risco de se decompor. Unidades avançadas do 30º Exército soviético chegaram a 8 quilômetros de Klin e, além de ameaçar a linha de suprimentos do 3º Grupo Panzer, desfizeram a costura que o ligava ao 9º Exército. O Grupo Panzer estava em plena retirada, espalhado por dezenas de quilômetros ao longo de estradas e trilhas que corriam para noroeste rumo a Klin. Quinze tanques, além de incontáveis carros e caminhões, foram deixados para trás porque o motor não ligava, por falta de combustível ou efeito do frio. Três obuseiros pesados e meia dúzia de canhões antiaéreos foram abandonados onde estavam, por terem congelado ou por falta de reboque. Os soviéticos seguiam atrás com cautela, mal acreditando na sorte de, finalmente, depois de seis meses de inferno, verem os alemães fugir.

Mais perto de Moscou, a ala direita do 16º Exército de Rokossovski se unira ao 20º de Vlassov para atacar as unidades alemãs que pretendiam uma retirada disciplinada da linha de avanço máximo que passava por Krasnaia Poliana, Lunevo e Klushino e chegava a Kriukovo. Ali, a costura entre o 3º e o 4º Grupos Panzer corria o risco de se romper. Mais ao sul e a oeste, a ala esquerda do 16º Exército começou a inversão da longa retirada pela autoestrada de Volokolamsk, e o 5º Exército iniciou um ataque convergente partindo de sudeste. Cinco dias depois, os dois dariam as mãos a oeste da retomada Istra.

Muito mais ao sul, o 50º Exército do general Ivan Boldin, baseado em Tula e até então sob sítio do 2º Exército Panzer, tentou um rompimento a leste, com a meta ambiciosa de encontrar o 10º Exército que avançava para oeste e sitiar o candidato a sitiador. O avanço era lento, mas as cabeças de lança blindadas de Guderian, que apenas uma quinzena antes avançavam com tanto otimismo para o norte e o noroeste, agora pareciam ter as pernas bambas, vulneráveis a ataques de todos os lados e em risco de amputação. Nos mapas da situação, os dedos estendidos dessas conquistas assumiram o formato de uma mão aberta e desesperada se esticando em vão para Moscou.

*

Von Bock escreveu que fora um "dia difícil". Os reveses proliferavam enquanto os meios de revertê-los encolhiam. Quais eram as "causas dessa grave crise"? Von Bock listou três: a combinação de clima e circunstâncias que impedira o aproveitamento rápido das vitórias em Viazma-Briansk no início de outubro, o quase colapso do sistema ferroviário de suprimentos e a subestimação dos recursos e da resolução dos soviéticos. Nas três semanas anteriores, 24 novas divisões do Exército Vermelho tinham surgido no setor do Grupo de Exércitos Centro; as suas divisões, ao contrário, viram o seu efetivo cair à metade com o combate e o inverno.

Uma quarta causa foi citada. Continuar a ofensiva se justificaria, pensava Von Bock, "desde que o supremo comando acreditasse que ele lutava pela vida com as suas últimas forças; o esforço de derrotá-lo em um avanço curto valeria 'o supremo sacrifício' — como exigia o alto-comando do Exército". Mas agora era evidente que o supremo comando subestimara a força do inimigo, e o Grupo de Exércitos Centro foi então "forçado a passar à defensiva nas mais difíceis condições". Claramente, o Führer não tinha nenhuma concepção da situação real, porque "somente hoje" Von Bock recebera ordens de proteger a ferrovia que passava pela quase cercada Ielets.[1]

Mais tarde, Guderian criticou essas "exigências repetidamente exorbitantes feitas aos nossos soldados combatentes". Naquele momento, o curso de ação correto parecia óbvio: "Uma retirada extensa e imediata para uma linha onde o terreno fosse adequado à defesa e onde já houvesse posições preparadas." No que dizia respeito ao 2º Exército Panzer, isso significava recuar para o curso norte-sul do rio Oka, onde já tinham sido construídas algumas defesas. "Mas isso", observou ele mais tarde, "era exatamente o que Hitler se recusava a permitir".[2]

O Führer se tornava parte do problema, como Halder sabia muito bem. Fora um dia "humilhante, de cortar o coração" no Wolfsschanze, com Von Brauchitsch "no máximo um menino de recados, se tanto". Com frequência Hitler passava totalmente por cima do seu comandante do Exército e falava diretamente com os generais na frente de batalha.

---

1 Bock, Fedor von, *The War Diary* (Schiffer, 1996).

2 Guderian, Heinz, *Panzer Leader* (Futura, 1974).

"O pior de tudo", observou Halder, era que o Führer "não percebe o estado dos nossos soldados e se entrega a remendos insignificantes quando só grandes decisões adiantariam".[3]

Tikhvin era um desses casos. Conforme o controle alemão se afrouxava, Von Leeb bombardeava Halder com telefonemas. Precisava abandonar a cidade, precisava levar as suas forças de volta até o rio Volkhov, a primeira linha defensável a oeste. Naquele dia, mais tarde, Hitler finalmente concordou com a evacuação da cidade, mas se recusou terminantemente a cogitar os 65 quilômetros de retirada. Tikhvin e a ferrovia de Leningrado tinham de permanecer ao alcance da artilharia alemã.

Na frente de batalha, o tenente Gruman reconhecia a "impossibilidade de manter a linha de defesa". E ele conhecia muito bem a situação dos seus camaradas soldados: "Oitenta homens foram trazidos para cá, quarenta dos quais com geladuras de segundo e terceiro graus. As pernas inchadas estão cobertas de pústulas, e não são mais pernas, e sim um tipo de massa disforme. Em alguns casos, a gangrena já se instalou. Os que conseguiram sobreviver ao dilúvio de estilhaços se tornaram inválidos aqui. O que será de nós? Para que tudo isso?"[4]

Um indicativo seguro da resistência que borbulhava sob a superfície da Nova Europa foi a necessidade nazista de acentuar o fator medo. A punição imposta na época aos culpados de crimes contra o Reich — prisão com trabalhos forçados — não era mais considerada impedimento suficiente pelos líderes políticos, militares e da SS. De acordo com Keitel, chefe do OKH, "era necessário uma intimidação mais eficiente e duradoura".[5]

Essa necessidade foi suprida pelo decreto *Nacht und Nebel* (Noite e Neblina), baixado por Hitler naquela tarde de domingo. Os inimigos

---

3 Citado em Burdick, C., e Jacobsen, H.-A., *The Halder War Diary* (Greenhill, 1988).

4 Citado em Rzhevskaya, Elena, "Roads and Days: The Memoirs of a Red Army Translator", *Journal of Slavonic Military Studies*, vol. 14, março de 2001.

5 http://en.wikipedia.org/wiki/Nacht_und_Nebel

do Reich que não fossem imediatamente executados sumiriam no éter. Parentes e amigos não receberiam informações sobre o seu paradeiro sob custódia nem sobre o seu destino ou lugar de descanso final.

Em Riga, uma semana se passara desde a "Ação" do domingo anterior. Às quatro horas da tarde, a polícia local começou a golpear as portas do gueto judeu, aconselhando os habitantes que restavam a juntar as malas e fazer fila na rua. Rajadas ocasionais estimularam a obediência e, às seis horas, toda a população estava formada em filas de cinco. Ficaram de pé uma hora e depois foram levados à noite pelas ruas para um edifício de três andares já lotado. Só havia espaço para ficar em pé e ninguém dormiu com medo de ser pisoteado.

"Se o inimigo não for vencido hoje", disse Rommel a Crüwell no quartel-general deste último naquela manhã, eles teriam "de abandonar a frente de Tobruk e voltar à posição de Gazala". Na realidade, ele já perdera essa esperança. A infantaria alemã e italiana já recuava, e a verdadeira tarefa de Crüwell era "manter o inimigo afastado e contra-atacar caso pressionasse demais".[6] As divisões panzer não buscavam mais a vitória, apenas pretendiam proteger a retirada inevitável.

Fizeram isso com a eficiência de sempre, os tanques abrigados atrás da cortina da sua formidável artilharia. Uma ação de flanqueamento da 4ª Brigada Blindada foi rechaçada no final da tarde, e logo depois de escurecer veio a ordem de desengajar. Os homens de Crüwell tinham conseguido o dia da graça que a Pavia, a Brescia, a Trento e a 90ª Divisão de Infantaria Leve precisavam para ficar um passo à frente da perseguição do inimigo. Mas não havia como salvar as guarnições do Eixo na fronteira, que se renderiam uma a uma no mês de janeiro e gerariam quase 14 mil prisioneiros.

Naquele mesmo dia, Auchinleck observou ao seu chefe do estado-maior que "a virada pode estar próxima. Digo 'pode' porque o inimigo mostrou mais de uma vez o seu maravilhoso poder de recuperação e pode conseguir de novo antes que acabemos com ele".[7]

---

6 Citado em Lewin, Ronald, *Rommel as a Military Commander* (Batsford, 1968).

7 Citado em Connell, John, *Auchinleck* (Cassell, 1959).

*

Ciano observou as "notícias sombrias da Líbia" e a reação calma de Mussolini. Parecia que o Duce tinha em mente questões mais importantes. Estava "muito irritado" com o número reduzido de baixas italianas na Abissínia. Só 67 homens tinham caído durante a defesa de Gondar, mas 10 mil tinham sido aprisionados. "Não é preciso pensar muito", meditou Ciano, "para ver o que esses números significam".[8]

A noite caíra na Ásia oriental. Nas bases aéreas de Formosa e a bordo do porta-aviões *Ryujo*, no mar das Filipinas, os pilotos japoneses souberam que o dia seria amanhã. Decolariam no meio da noite com o objetivo de alcançar os alvos filipinos na meia hora que antecedia o amanhecer.

Em Manila, naquela noite de domingo, o 27º Grupamento Aéreo dava uma festa em homenagem de Brereton e as bebidas corriam livremente. Às 23h30, Brereton foi chamado: o radar de Iba captara uma esquadrilha não identificada. Os interceptadores decolaram, mas não conseguiram fazer contato com os intrusos. Foi outro falso alarme.

Em Washington, a final do jogo diplomático estava em andamento. A última parte da resposta de Tóquio em 14 prestações chegou nas primeiras horas e as versões decifradas pousaram na mesa do coronel Bratton, do G-2, e do comandante Kramer, do ONI, por volta das oito da manhã. Kramer partiu na sua rodada de entregas que incluía Roosevelt, Hull e Knox. A reação geral foi um anticlímax. A 14ª parte não continha uma declaração de guerra, apenas o anúncio de que as negociações tinham fracassado e não seriam continuadas. Não havia sequer a suspensão das relações diplomáticas. Os japoneses teriam se acovardado no último instante?

De volta à sua sala, Kramer encontrou à sua espera outra mensagem decifrada: o embaixador faria o favor de apresentar ao governo dos Estados Unidos (se possível ao secretário de Estado) a nossa resposta à uma hora da tarde do dia 7, no seu horário?[9]

---

8 Ciano, conde Galeazzo, *Diaries*, org. Muggeridge, Malcolm (Heinemann, 1947).

9 Citado em Wohlstetter, Roberta, *Pearl Harbor: Warning and Decision* (Stanford University Press, 1962).

Isso mudava tudo. Só havia uma única razão para especificar um horário exato de entrega de uma mensagem diplomática: coordená-la com alguma outra ação. E esta, nas atuais circunstâncias, tinha de ser militar. Uma hora da tarde em Washington, observou Kramer, seria duas ou três horas antes do amanhecer no mar da China Meridional, uma boa hora para começar um desembarque anfíbio. E percebeu também que seriam 7h30 no Havaí.

Ele levou a informação ao almirante Stark e depois ao Departamento de Estado e à Casa Branca, mas, apesar do horário suspeito, nem Kramer nem os que receberam a notícia conseguiram se forçar a acreditar em um ataque japonês ao Havaí. A Malásia e talvez as Filipinas pareciam muito mais prováveis.

No G-2, o coronel Bratton tirara as mesmas conclusões e sentira o mesmo alarme. Foi atrás de Marshall, mas o general estava cavalgando, e eram quase 11h30 quando Bratton finalmente lhe deu a notícia do horário marcado. Marshall concordou em mandar novos alertas de guerra, e Stark, depois de decidir que já tinha enviado o suficiente, se ofereceu para permitir que o Exército usasse os canais da Marinha. Marshall recusou, quando então Stark lhe pediu que incluísse nos alertas do Exército os destinatários navais correspondentes. Agora era quase meio-dia, mas tomaram a decisão de enviar os avisos pelo rádio, apesar da disponibilidade e da maior velocidade dos telefones com misturador. Deram prioridade às Filipinas.

Os avisos foram dados ao Panamá e a Manila, mas as condições atmosféricas impediram a transmissão para o Havaí e São Francisco. O oficial encarregado do centro de mensagens do Exército pensou em cobrar o oferecimento da Marinha, mas decidiu usar a Western Union, que não tinha linha direta com Honolulu. Eram 12h17 em Washington, 6h47 no Havaí, e a mensagem não foi marcada como urgente.

Na embaixada japonesa, em cenas que não fariam má figura em filmes dos Irmãos Marx, a equipe lutava mas perdia a batalha de datilografar e entregar a tempo a mensagem em 14 partes.

Depois de chegar a Tóquio ao meio-dia de 7 de dezembro, o apelo pessoal de Roosevelt ao imperador Hiroíto foi vítima de um regulamento recente sobre a entrega de telegramas estrangeiros e passou as dez horas seguintes em uma bandeja de entrada japonesa. O embaixador Grew finalmente o recebeu às 22h30 (8h30 em Washington) e chegou à residência oficial do ministro do Exterior Togo com a versão decifrada por volta das 0h15 de 8 de dezembro.

Togo se recusou a obter uma audiência imperial imediata para Grew, mas prometeu entregar em mãos a mensagem de Roosevelt. Depois que o embaixador partiu, ele telefonou para Kido, o líder do Parlamento, que concordou em encontrá-lo no palácio. No caminho, parou para ver Tojo, que perguntou imediatamente se a mensagem continha alguma concessão americana. Ao descobrir que não havia nenhuma, simplesmente deu de ombros e exprimiu alívio por não ter chegado vários dias antes, quando poderia ter produzido algum efeito nos menos decididos. Na situação presente, era simplesmente um pouco tarde demais.

Como Togo logo descobriu, essa também era a opinião do líder do Parlamento. Não havia razão para acordar o imperador.

Quando a primeira fímbria de luz surgiu no céu a leste, os guinchos dos seis porta-aviões trabalhavam com afinco para levar os aviões dos hangares para o convés de voo. O dia estava nublado, o mar revolto demais para decolagens, mas quaisquer que fossem as condições climáticas eles tinham de ser movidos. A tarefa de chegar lá sem serem vistos, que Nagumo chegara a considerar quase impossível, fora cumprida. "Consegui trazer a força-tarefa até o ponto de ataque", disse a Genda. "A partir de agora o fardo está sobre os seus ombros e os do resto do grupo de aviadores."[10]

No desjejum, os pilotos comeram *sekihan* — a mistura de arroz e feijão vermelho reservada para ocasiões importantes. A maioria vestia fardas recém-passadas e, na cabeça, as tradicionais faixas *hashamaki*; alguns pararam para contemplar por um momento os oratórios Shinto portáteis e engoliram copinhos de saquê. Estudaram os quadros-negros da sala de informações, atualizados desde a noite da véspera com o resultado das últimas observações de Yoshikawa, e seguiram para o convés de voo onde o motor dos aviões já funcionava.

---

10 Citado em Prange, Gordon, *At Dawn We Slept* (Penguin, 2001).

Dois hidroaviões — um do cruzador *Chikuma*, outro do *Tone* — já tinham desaparecido nas nuvens ao sul, um em direção a Pearl Harbor, outro a Lahaina, onde Nagumo ainda esperava encontrar alvos. Despachá-los foi um risco — caso avistados, seria dado o alarme —, mas o primeiro golpe de Fuchida viria apenas meia hora depois.

No caso, foram mais de cinquenta minutos. Por volta de 5h50, os seis porta-aviões se voltaram para leste, contra o vento, e aumentaram a velocidade, mas só às 6h05 o mar se acalmou o suficiente para arriscar a primeira decolagem. O primeiro Zero mergulhou assustadoramente perto das ondas antes de subir, mas subiu. Então, as decolagens aconteceram uma atrás da outra nos seis porta-aviões, 183 delas em quinze minutos, e um único avião caiu na água. Às 6h20, vinte minutos depois do planejado, Fuchida deu o sinal para a partida para o sul.

Os caças decolaram para montar guarda sobre a frota, e a segunda onda de 167 aviões foi içada dos hangares. Ela decolou às 7h15, segundo o cronograma. Nagumo, Kusaka e Genda observaram-na sumir nos céus ao sul e se instalaram para esperar. Em menos de meia hora, se nada desse muito errado, Fuchida surpreenderia Pearl Harbor.

Os desembarques japoneses na Malásia e na Tailândia tinham sido marcados para coincidir com o ataque ao Havaí, mas quando, nos últimos estágios do planejamento, este último foi adiado noventa minutos para evitar a decolagem no escuro, alguém se esqueceu de avisar aos encarregados daqueles, e as primeiras unidades do 25º Exército se lançaram ao mar por volta das 23h10 de 7 de dezembro, quase duas horas antes do ataque a Pearl Harbor.

Em desvantagem, os defensores tailandeses de Singora resistiriam aos japoneses durante meio dia e, no processo, dariam uma ideia do que teria conseguido a Operação Matador, mas todos os outros alvos tailandeses de Yamashita caíram quase sem luta. A Força Takumi enfrentaria problemas em Khota Baru, tanto com o mar encapelado quanto com o esforço britânico, mas depois que os soldados japoneses chegaram a terra o seu número e eficiência maiores dariam frutos rapidamente.

Pouco depois da meia-noite, a neblina caiu sobre as bases aéreas navais japonesas no sul de Formosa e ficou óbvio que a ofensiva aérea contra as Filipinas se atrasaria. Conforme os minutos e as horas se passavam, a preocupação aumentava sem parar, principalmente entre os que sabiam o que ocorria 8 mil quilômetros a leste. A necessidade de luz sempre condenara os japoneses a atacar as Filipinas muitas horas depois de Pearl Harbor, mas houvera esperanças de que os aviões pudessem pelo menos estar no ar quando o inimigo descobrisse que a guerra começara. Se a neblina persistisse durante muitas horas, era grande a probabilidade de que os americanos decolassem primeiro e seguissem diretamente sobre eles e os vulneráveis navios de transporte de tropas.

Os cinco submarinos-anões japoneses deveriam estar ocultos no fundo de Pearl Harbor ao amanhecer, prontos para afundar tudo o que os aviões de Fuchida deixassem na superfície, e às 3h30 quatro das tripulações de dois homens se despediram dos submarinos que os hospedavam, olharam as luzes de Honolulu que cintilavam no horizonte ao norte e começaram a viagem submersa rumo à entrada do porto. Nenhum retornaria. O quinto submarino, atrapalhado por uma bússola giroscópica quebrada, só partiu às 5h30 e passaria a maior parte do dia navegando em círculos.

Dois caça-minas faziam o seu serviço fora do porto e, às quatro horas, um oficial a bordo de um deles avistou o que parecia um periscópio. Avisou o que vira ao contratorpedeiro *Ward*, que passou uma hora infrutífera vasculhando o trecho do oceano que parecia pertinente. Duas horas depois, a torre de comando de uma embarcação esquisita foi avistada pelo comandante de um navio de suprimentos, e o *Ward* voltou a ser chamado. Dessa vez, o submarino foi logo avistado. Atingido por tiros, titubeou, desacelerou e deu de cara com uma série de cargas de profundidade. Como temia Fuchida, os submarinos-anões foram um aviso.

Ou não. O relatório do comandante do contratorpedeiro estava datado de 6h53, quase uma hora antes que os primeiros aviões japoneses chegassem a Pearl Harbor. Então, a batata quente foi passada por telefone a uma longa série de destinatários. Cada um deles levou minutos preciosos para ponderar se a questão era grave ou não. No final, a decisão coube a Kimmel, e então já era tarde demais. Ninguém pensou em informar o Exército.

*

O Exército estava ocupado deixando a sua própria peteca cair. Às sete horas, os dois soldados de serviço na Estação de Radar de Opana, no norte de Oahu, terminavam o seu turno quando um deles avistou um bipe enorme no osciloscópio. Decidiram que era uma esquadrilha com pelo menos cinquenta aviões e, durante o tempo que o soldado Elliott levou para relatar o fato ao centro de informações, os aviões chegaram 30 quilômetros mais perto.

O turno do centro de informações também terminava às sete, e só havia dois homens inexperientes para receber o chamado. Enquanto escutava o relatório, o tenente Kermit Tyler, o novo oficial de guarda, se lembrou de que uma esquadrilha de B-17 deveria chegar da Califórnia naquela manhã e viria mais ou menos daquela direção. "Não se preocupem", disse aos rapazes na estação de radar.[11]

O *Chikuma* e o *Tone* mandaram os seus relatórios: não havia navios em Lahaina e nove encouraçados estavam fundeados em Pearl Harbor. As nuvens mais baixas estavam a 1.500 metros. Seria uma linda manhã.

A notícia do ataque japonês a Khota Baru alcançou Cingapura à 0h30, mais de meia hora antes que Fuchida chegasse a Oahu, mas ninguém se apressou a informar aos americanos que outra guerra começara. O governador Shenton Thomas ordenou a prisão de todos os moradores japoneses do sexo masculino e tomou café com Lady Thomas na varanda da Casa do Governo. Disse que confiava que os soldados de Percival "poriam os homenzinhos para fora".[12]

Ao atingir a extremidade norte de Oahu às 7h49, Fuchida mandou a mensagem de atacar, *tosugekiseyo — to, to, to —*, e rumou para sudoeste, sobrevoando o litoral mais à sua esquerda, o céu sobre a ilha estava maravilhosamente vazio de aviões inimigos — eles tinham conseguido a surpresa e não havia necessidade de mandar os caças à frente dos

---

11 Citado em Toland, John, *Rising Sun* (Penguin, 2001).

12 Citado em Thompson, Peter, *The Battle for Singapore* (Portrait, 2006).

lançadores de torpedos. Seguiu-se uma confusão de mensagens, sem consequências adversas. Em minutos, os bombardeiros de mergulho estavam sobre Wheeler Field, onde os aviões americanos, bem agrupados para frustrar sabotadores, formavam um alvo perfeito e indefeso. As várias unidades seguiram as rotas preestabelecidas e seguiram para sudeste sobre a ilha, como tinham feito mentalmente tantas vezes sobre a maquete. Cerca de cinco minutos depois da primeira mensagem de Fuchida, Pearl Harbor estava sob ataque vindo de meia dúzia de direções, os lançadores de torpedo visando, do outro lado da baía, às linhas de navios de guerra. Assim que cumpriram a sua parte, provocando o caos na linha externa de encouraçados, os bombardeiros de altitude fizeram a parte deles, provocando o caos na linha interna.

Enquanto isso, Hickam Field, Ewa Field e a base naval de Kaneohe sofreram o destino de Wheeler, com os aviões atingidos em terra e quase todos destruídos. O Bellows Field foi o último a ser atacado e poderia estar pronto para o combate se a mensagem de aviso de Kaneohe não fosse considerada uma brincadeira de mau gosto. E, em meio a toda essa carnificina, os B-17 da Califórnia por fim chegaram e tiveram uma recepção totalmente inesperada.

A primeira onda japonesa mal partira quando a segunda chegou, atingindo os alvos que a antecessora errara. Os mesmos navios e campos de pouso foram massacrados, até que todos, menos Fuchida, estivessem no caminho de volta para os porta-aviões. Ele sobrevoou o porto durante mais alguns momentos para avaliar a extensão da destruição lá embaixo.

A notícia do ataque chegou à Casa Branca às 13h47 e foi transmitida a Hull, no Departamento de Estado, aproximadamente quinze minutos depois. Nomura e Kurusu já aguardavam na sala de Recepção Diplomática, ofegantes depois de vir correndo da embaixada japonesa. Hull tendia a não recebê-los, mas decidiu deixá-los esperando até 14h20. Quando os dois diplomatas foram levados à sua sala, ele se recusou a lhes apertar a mão ou a convidá-los a sentar.

Nomura lhe passou a mensagem das 14 partes. Disse que fora instruído a entregá-la à uma hora da tarde.

— Por que uma hora? — perguntou Hull friamente.

Nomura admitiu que não sabia.

Hull fingiu olhar o documento rapidamente e depois se lançou em uma arenga virtuosa. Em todo o seu relacionamento ele nunca pronunciara "uma única palavra de inverdade" e ali os japoneses só lhe apresentavam mentiras. Nunca, nos seus "cinquenta anos de serviço público", vira tantas "falsidades e distorções infames, em escala tão imensa que até hoje nunca imaginei que algum governo deste planeta fosse capaz de pronunciar". Hull deixou de mencionar que vinha interceptando e lendo o correio diplomático dos visitantes havia mais de um ano e aceitando alegremente a vantagem que esse conhecimento ilícito lhe dava nas negociações. Também se esqueceu de contar aos hóspedes que as forças japonesas tinham atacado Pearl Harbor, supondo, sem nenhuma boa razão, que já soubessem.[13]

Nomura e Kurusu, um tanto chocados, voltaram à embaixada, onde a notícia do ataque acabara de chegar.

Os Estados Unidos, pelo menos, foram favorecidos com algum tipo de declaração japonesa, por mais tardia e vaga que fosse. Os britânicos, como cabia à sua nova condição subsidiária, só receberam balas e bombas.

Por volta das 2h30 de 8 de dezembro, Brooke-Popham, dois integrantes do estado-maior de Percival e o almirante Phillips se reuniram na base naval. Phillips anunciou que pretendia mandar o *Prince of Wales* e o *Repulse* contra as cabeças de praia e linhas de suprimentos japonesas, desde que houvesse proteção aérea suficiente. Também admitiu que levar os navios para oeste e aguardar reforços seria a opção mais segura.

Na discussão que se seguiu, duas coisas contraditórias ficaram claras: o plano de Phillips de engajar o inimigo estava em geral aprovado e provavelmente não haveria proteção aérea suficiente. A decisão final ainda não fora tomada quando a reunião foi interrompida pelo gemido crescente das sirenes antiaéreas.

A notícia de Pearl Harbor chegou a Manila vinda de várias fontes durante a hora decorrida entre as três e as quatro da madrugada. MacArthur, despertado por Sutherland, ainda se vestia quando Washington telefonou para confirmar o ataque. Brereton, também acordado por Sutherland,

---

13 Citado em Toland, John, *Rising Sun* (Penguin, 2001).

avisou os seus aviadores e foi pedir permissão a MacArthur para atacar Formosa. Nessa hora, pouco depois das cinco, MacArthur se trancara na sua sala com o almirante Hart, e Sutherland se recusou a deixar Brereton entrar. E só MacArthur, insistia, poderia sancionar uma ação ofensiva dessas; Brereton teria de esperar.

Brereton voltou às 7h15, mas Sutherland novamente negou o acesso a MacArthur, agora sozinho na sala. Sutherland deixou Brereton tomando chá de cadeira, entrou sozinho e saiu alguns minutos depois com a segunda recusa do comandante em chefe a sancionar o ataque a Formosa. Isso era um tanto surpreendente, já que a essa hora MacArthur recebera ordem direta de pôr em prática o plano de guerra de emergência Rainbow 5, que exigia exatamente o tipo de ataque que Brereton queria iniciar. O comandante em chefe ainda pretendia não cometer o "primeiro ato notório", disse Sutherland a Brereton, como se Pearl Harbor já não fosse bastante notório. Nessas horas cruciais, MacArthur parecia decidido a dar a melhor impressão possível de ser um coelho paralisado pela aproximação dos faróis.

A notícia do ataque japonês chegou a Berlim por volta das 22h30 de 7 de dezembro, e a Hitler cerca de uma hora depois, quando um assessor de imprensa empolgado interrompeu um dos seus saraus tarde da noite. O Führer pulou de pé, deu um tapa exultante nas coxas e gritou que esse era o "ponto de virada!". Ansioso para espalhar a notícia, saiu correndo na noite gelada em busca de Keitel e Jodl. "Agora não podemos perder a guerra", disse a Walther Hewel, que corria para tentar acompanhá-lo; "agora temos um aliado que em 3 mil anos nunca foi vencido".[14]

Perspicaz como sempre, Ribbentrop se recusou a acreditar na notícia. Era "um truque de propaganda do inimigo", disse ao portador, e pediu que não voltassem a acordá-lo.[15] Não demorou para que pensasse melhor, ou talvez tenha conversado com o Führer, porque logo acordava Ciano com a notícia maravilhosa.

14 Citado em Irving, David, *Hitler's War* (Hodder & Stoughton, 1977).

15 Citado em Weintraub, Stanley, *Long Day's Journey into War* (Lyons, 2001).

*

Churchill, que jantava com o embaixador americano em Chequers, a residência campestre oficial, só entreouvia o rádio quando a notícia foi anunciada, mas logo recebeu a confirmação do mordomo. O impulso imediato foi declarar guerra ao Japão, mas foi dissuadido de assim agir com base apenas na declaração de um locutor de rádio. Em busca de confirmação, o embaixador telefonou para a Casa Branca; ao recebê-la, pôs Churchill em contato com Roosevelt. "É bem verdade", disse o presidente ao primeiro-ministro, "eles nos atacaram em Pearl Harbor. Estamos no mesmo barco agora".[16]

Foi um choque, mas o mais bem recebido dos choques. Como Churchill sabia, isso tornava a vitória inevitável. Depois de todos os terríveis sofrimentos e tribulações dos últimos 28 meses — expulsão do continente, uma invasão evitada por pouco, o bombardeiro da Blitz e a ameaça dos submarinos, o longo recuo russo —, a Grã-Bretanha vencera a guerra. "Mais uma vez, na nossa longa história insular, emergiríamos, ainda que espancados ou mutilados, a salvo e vitoriosos. Não seríamos varridos do mapa. A nossa história não acabaria. Talvez até nem tivéssemos de morrer como indivíduos. O destino de Hitler estava selado. O destino de Mussolini estava selado. Quanto aos japoneses, seriam transformados em pó." Com os Estados Unidos a bordo, só era necessária "a aplicação apropriada de força avassaladora".[17]

Por volta da meia-noite, depois de horas de *xogui* e muito pouco sono, Yamamoto sentou-se na sala de operações de *Nagato* e se preparou para uma espera que pareceu interminável. Ela foi finalmente compensada às 3h19, quando o operador de rádio parou na mensagem "*to, to, to*" de Fuchida — tinham conseguido a surpresa. Nas duas horas seguintes, os relatórios se sucederam, e quando a aurora rompeu lá fora estava claro que o ataque fora um sucesso triunfante. A aposta de Yamamoto dera certo, e todos os rostos à sua volta estavam cheios de júbilo.

---

16 Churchill, Winston, *The Second World War, vol. 3, The Grand Alliance* (Penguin, 1985).

17 *Ibid.*

O dele, contudo, não. Na verdade, ele parecia estranhamente deprimido. Sabia o que Churchill e Roosevelt sabiam: no que dizia respeito ao Japão, a situação agora só poderia piorar.

O avião de Fuchida pousou no convés de voo do *Akagi* por volta do meio-dia. Convocado à ponte, ele fez a sua avaliação: pelo menos quatro encouraçados afundados e outros quatro muito avariados, mas as instalações do estaleiro e os tanques de combustível mal tinham sido tocados. Um terceiro golpe era necessário e factível; os danos já infligidos às defesas americanas mais do que compensariam a falta de surpresa.

Fuchida não era o único; outros líderes de esquadrilhas e comandantes de porta-aviões já tinham insistido nesse golpe. Genda também era favorável a novos ataques, mas não naquele momento; o mar estava mais revolto e os aviões retornados tinham sido remuniciados para enfrentar um possível ataque dos aeroplanos dos porta-aviões americanos. Ele preferia ficar na área e ver o que aconteceria. Se conseguisse encontrar os porta-aviões americanos e afundá-los, seria ideal. Se não estivessem na área, novos ataques a Oahu poderiam ser realizados sem demasiado risco.

Nagumo e Kusaka acreditavam e disseram que já tinham arriscado o suficiente. O ataque tivera sucesso além de qualquer expectativa; por que manter a Primeira Frota Aérea na linha de fogo em troca de ganhos que pareciam marginais? Voltariam para casa.

Esse foi um grande erro. A Operação Z sempre fora uma jogada dupla. A primeira — conseguiriam ter sucesso em um ataque a Pearl Harbor? — tivera resultado positivo. A segunda — esse sucesso criaria condições para uma vitória maior? — ainda não se definira. Fuchida e Genda estavam certos ao acreditar que a destruição do combustível e do estaleiro de Oahu e/ou os dois porta-aviões inimigos afundados na área tornariam a vida dos americanos muito mais difícil. A probabilidade de sucesso da segunda jogada sempre fora pequena, e era preciso buscar qualquer meio de melhorá-la.

Mas Nagumo e Kusaka não estavam sozinhos na sua culpa. A classificação dos alvos fora rigidamente decidida no estágio de planejamento, e a prioridade absurdamente baixa dada a reservatórios de combustível, instalações de reparos e geradores de energia de Pearl Harbor refletia a mesma obsessão com o armamento e o mesmo desdém pela logística que estava condenando ao fracasso as guerras alemãs na União Soviética e no norte da África. Se as instalações que permitiam a Pearl Harbor funcionar como base aérea e naval fossem alvejadas e destruídas nos primeiros ataques — se necessário, à custa de deixar incólumes alguns encouraçados obsoletos —, a cautela excessiva de Nagumo e Kusaka não teria importância.

A partir das seis horas de 8 de dezembro, o rádio japonês transmitiu anúncios da deflagração da guerra e, às 11h45, a autorização imperial foi lida no ar. A Marinha deu o seu recado à uma hora da tarde e declarou um "ataque debilitante às forças aéreas e navais dos EUA na área do Havaí"; e Tojo fez um breve discurso enfatizando a ficha invicta de mais de 2 mil anos do Japão.[18] Bastava essa ficha "para produzir a convicção na nossa capacidade de esmagar qualquer inimigo, por mais forte que seja". Era um jogo de apostas elevadas: de acordo com Tojo, "a prosperidade ou a ruína da Ásia oriental dependem literalmente do resultado dessa guerra".[19]

Alguns se convenceram; os anos de "educação patriótica" tinham cobrado o seu preço. Muitos, como o estudante Nogi Harumichi, tiveram "mais do que tudo uma sensação de alívio [...] as restrições do impasse se romperam e o caminho diante do Japão estava claro".[20] Houve também euforia e orgulho, principalmente quando chegou a notícia do triunfo em Pearl Harbor. De acordo com Yoshida Toshio, que trabalhava no Ministério da Marinha, os integrantes da seção de operações "andavam com arrogância pelos corredores, balançando os ombros".[21] Outros imaginavam as oportunidades exóticas que o futuro poderia reservar. Nodi Mitsuharu, que servia a bordo do *Nagato*, viu-se encarregado da contabilidade de uma guarnição japonesa em São Francisco.[22]

---

18 Agawa, Hiroyuki, *Yamamoto, Reluctant Admiral* (Harper & Row, 1979).

19 http://www.bookmice.net/darkchilde/japan/tojo3.html

20 Citado em Cook, H. T., e Cook, T. F., *Japan at War: An Oral History* (New Press, 1992).

21 *Ibid.*

22 *Ibid.*

Alguns foram mais realistas. O mecânico Kumagaya Tokuichi tinha uma ideia bastante boa do que aconteceria: "Os que lidavam com máquinas percebiam o abismo que havia entre nós e os americanos."[23] Tanisuga Shizuo, que lutara na China, mal conseguiu acreditar no que ouvia quando recebeu a notícia. "Como um país desses conseguiria vencer os Estados Unidos e a Grã-Bretanha como adversários? [...] A guerra significava um suicídio nacional."[24] Ao saber dos afundamentos em Pearl Harbor, Onozuka Kiheiji, ex-reitor da Universidade Imperial de Tóquio, sussurrou a um colega: "Isso significa que o Japão também afundou."[25]

A notícia do envolvimento militar dos Estados Unidos foi recebida com alívio em Chungking, capital nacionalista chinesa. De acordo com a romancista Han Suyin, cujo marido estava prestes a assumir o cargo de adido militar em Londres, o generalíssimo Chiang Kai-shek cantou árias de ópera e tocou *Ave-Maria* o dia inteiro, enquanto os generais se congratulavam e começavam a fazer listas dos novos brinquedos que poderiam esperar de Washington. Houve também mais do que uma pitada de júbilo: os americanos "gorduchos", tão acostumados a criticar os chineses pela rematada ineficiência, foram pegos pelos japoneses com as calças na mão.

Em Washington, ainda era 7 de dezembro. Naquela noite, o gabinete se reuniu em torno da mesa do presidente na Sala Oval. Roosevelt delineou o alcance do desastre de Pearl Harbor com solenidade adequada, mas quem o conhecia bem percebeu um alívio subjacente. Os dados tinham sido lançados e ele sabia tão bem quanto Churchill como agora pesavam contra o Eixo.

Os Estados Unidos deveriam declarar guerra à Alemanha e à Itália? Pearl Harbor acabaria com a oposição pública ao envolvimento americano na guerra europeia? Felizmente para eles, Roosevelt e colegas sabiam, pelas mensagens interceptadas entre Oshima e Tóquio, que Hitler prometera se unir aos japoneses e, quase com certeza, declararia guerra

---

23 *Ibid.*

24 *Ibid.*

25 Citado em Ienaga, Saburo, *The Pacific War* (Pantheon, *c.* 1978).

aos Estados Unidos nos próximos dias. Enquanto isso, e principalmente no Atlântico, agiriam como se já a tivesse declarado.

Em Formosa, a neblina se dissipava lentamente. Entre 8h30 e 9h45, 192 aviões — 108 bombardeiros Mitsubishi e 84 Zeros — decolaram dos campos de pouso de Takao e Tainan e seguiram para os campos de Clark e Iba.

De volta ao quartel-general, Brereton foi avisado, por volta das oito horas da manhã, que o radar captara uma grande formação que se aproximava. Caças e B-17 decolaram, os primeiros para interceptar os intrusos, os bombardeiros porque estariam mais seguros sobrevoando o monte Arayat do que presos ao solo. Não tinham subido há muito tempo quando começou a chegar a Manila a notícia de pequenos ataques japoneses a Luzon, ao norte (realizados por aviões do Exército baseados em Formosa cujas pistas não tinham ficado cobertas pela neblina) e no extremo sul (lançados do porta-aviões *Ryujo*). Sem dúvida isso já era bastante notório, argumentou Brereton, mas mesmo assim Sutherland só sancionaria uma missão de reconhecimento fotográfico de Formosa. O fato de esse reconhecimento ser necessário — enquanto os japoneses tinham uma imagem clara das bases americanas nas Filipinas, os americanos só tinham uma noção extremamente difusa das bases japonesas em Formosa — revela muitíssimo sobre os preparativos de MacArthur para esse momento há muito previsto.

Então, quase do nada, às 10h15, MacArthur ligou para Brereton e lhe deu carta branca para agir como achasse melhor. Na meia hora seguinte, a equipe de Brereton terminou o plano de um ataque crepuscular da força de B-17 aos campos de pouso conhecidos em Formosa. O alarme anterior se mostrara falso, e os bombardeiros receberam ordens de pousar para reabastecimento e municiamento em preparação para a partida às duas horas da tarde. Por volta do meio-dia, Brereton também chamou os caças para reabastecimento. Foi o seu primeiro erro do dia e se mostraria fatal.

Às oito horas, Brooke-Popham recebeu a resposta de Londres: tinha permissão de autorizar a Operação Matador mesmo que os japoneses só atacassem a Malásia. Duas horas depois, o plano foi oficialmente abandonado, mas a 11ª Divisão Indiana só foi avisada desse fato às 13h30, reduzindo ainda mais o tempo que teria para melhorar as fracas posições defensivas em torno de Jitra.

No início da primeira guerra sino-japonesa, da russo-japonesa e da Primeira Guerra Mundial, o imperador japonês apelara aos súditos para que respeitassem as convenções internacionais sobre conduta na guerra e na ocupação. Esse pedido não foi feito nessa ocasião.

Dez semanas tinham se passado desde o desmonte e o transporte da Fábrica de Tanques de Kharkov para o leste dos Urais, e agora o primeiro lote de novos T-34 saía da linha de montagem reconstruída. Na Sibéria e na Ásia central, muitas outras indústrias removidas voltavam ao trabalho, expandindo de forma drástica a economia de guerra soviética. Aquelas dez semanas sem produção tinham constituído uma substancial janela de oportunidade para os alemães — a última que teriam.

A tão retardada retirada alemã de Tikhvin foi um evento confuso que coincidiu com a entrada em combate do 4º Exército soviético. O OKH e Hitler quase a deixaram para tarde demais, e uma retirada organizada era o máximo que Von Leeb poderia esperar. Era claro que não havia a mínima possibilidade de manter uma nova linha de defesa antes do Volkhov nem de cumprir a exigência de Hitler de que a cidade ficasse ao alcance da artilharia. O anel mais amplo em torno de Leningrado, que o Führer ordenara que se apertasse, fora agora substancialmente afrouxado. A segunda cidade da União Soviética não seria arrasada, e dois terços dos 3 milhões de habitantes sobreviveriam ao assassinato do outro terço.

Em torno da capital, o alívio foi mais imediato. Apenas uma semana antes, a notícia dos combates em Kriukovo e Krasnaia Poliana fora uma prova aterrorizante e capaz de provocar pânico de como os alemães estavam próximos. No decorrer daquela semana, as cidades conseguiram aguentar o desafio e agora, quando o inimigo era finalmente rechaçado, tornaram-se nomes de vitórias. Solnetchnogorsk viria em seguida, e Istra, e Klin.

Alguns quilômetros a nordeste desta última, o general Ferdinand Schaal foi reduzido a se deitar atrás de um caminhão e disparar tiros únicos de uma carabina quando o quartel-general do seu 56º Corpo Panzer foi atacado. Eram dias desesperadores, e a disciplina, como Schaal se recordou depois, "começou a rachar. Cada vez mais soldados voltavam para oeste por conta própria, sem armas, levando um bezerro em uma corda ou arrastando atrás de si um trenó com batatas — apenas caminhando para oeste, sem ninguém no comando. Os mortos por bombardeios aéreos não eram mais sepultados. [...] As unidades de suprimento estavam à beira da psicose, quase do pânico, provavelmente porque, no passado, só tinham sido usadas em avanços precipitados. Sem comida, tiritando de frio, em total confusão, os homens se deslocaram para oeste".[26]

A unidade de Von Luck também recuava. "Era uma visão pavorosa. Ao lado de cavalos mortos havia infantes mortos e feridos. 'Levem-nos com vocês ou nos matem', imploravam. Na medida em que o espaço permitia, os levávamos nos veículos de suprimentos para postos de primeiros socorros organizados às pressas. Pobres-diabos. Protegidos do frio com trapos improvisados, eram agora apenas uma sombra daqueles que tinham investido pela Polônia e pela França."[27]

Enquanto sacolejava para leste na estrada esburacada, Henry Metelmann e os seus camaradas se aperceberam de um barulho distante — os canhões na frente de batalha. Naquele dia só se alojariam em uma aldeia com uma única rua de casinhas de barro. As ordens eram cada grupo ocupar uma pequena casa e expulsar a família. "Quando entramos na 'nossa'", recordou Metelmann, "uma mulher e três filhos pequenos estavam sentados à mesa junto à janela, tendo obviamente terminado uma refeição. Ela ficou visivelmente com medo de nós, e pude ver que as mãos dela tremiam, enquanto as crianças ficaram sentadas e nos fitavam com olhos arregalados, sem entender. O sargento foi direto ao ponto: '*Raus!*', e indicou a porta."

A mulher fez objeção, mas não adiantou. O sargento lhe deu cinco minutos para reunir os seus pertences erguendo aquele número de

---

26 Citado em Newton, Steven H., *Hitler's Commander* (Da Capo, *c.* 2004).

27 Luck, Hans von, *Panzer Commander* (Cassell, 2002).

dedos como explicação. Ela fez o que lhe mandavam, vestiu os filhos e os levou para o frio intenso. Ao observá-los "em pé junto das trouxas na neve, olhando desesperançados em todas as direções, sem saber o que fazer", Metelmann se sentiu "estranho. Em toda a minha vida nunca passara por uma situação daquelas. Quando olhei de novo um pouco depois, tinham sumido; não quis mais pensar naquilo".[28]

O PQ6 partiu de Hvalfjordur, na Islândia. Seria o sexto de 82 comboios a chegar a Murmansk ou Arcangel com um carregamento de armamento, veículos e alimentos, quase tudo americano, para a União Soviética.

A maior parte do Exército de Rommel agora seguia para a segurança temporária da linha de Gazala, mas uma divisão, a Pavia, sofrera uma surra grave e absolutamente desnecessária no processo. O supremo comando em Roma ficara chocado com a ameaça de Rommel de abandonar a Cirenaica, e Gambara, agindo em nome do seu chefe, general Bastico, buscou vergonhosamente justificar a sua opinião à custa dos próprios soldados. Ele revogara a ordem alemã de recuar e expusera a Pavia a um pesado ataque britânico.

Isso ocorreu nas primeiras horas, e para Rommel, que ainda se ressentia do não aparecimento da Aríete e a morte subsequente de Neumann-Silkow, foi a última gota. Quando o general Bastico chegou para vê-lo naquela manhã, fez o superior italiano esperar quinze minutos do lado de fora da porta do Mamute, o seu carro blindado, e depois o recebeu com uma diatribe que o Führer teria apreciado. A derrota na Operação Crusader era toda culpa dos italianos, disse Rommel ao espantado comandante. Pretendia levar as suas divisões de volta à Tunísia e se entregar aos franceses.

Bastico, alarmado, fez o que pôde para acalmar o alemão e aceitou, como Rommel provavelmente pretendia que aceitasse, a ideia humilhante de uma retirada total da Cirenaica italiana. Esse surto de mau humor entre aliados fervilharia durante vários dias, os italianos se queixando amargamente da grosseria de Rommel, mas sem alternativa estratégica coerente para a retirada proposta. Eles sabiam tanto quanto

---

28 Metelmann, Henry, *Through Hell for Hitler* (Stephens, 1990).

Rommel que alemães e italianos tinham lutado bem nas batalhas da Operação Crusader e que lutar bem não bastara.

Ainda estava escuro em Riga quando os judeus receberam ordens de deixar o lar temporário. A polícia letã à porta tentou passar a perna nos superiores alemães exigindo joias e dinheiro, mas foi praticamente ignorada. Um homem da SS, balançando um cassetete, disse-lhes que deixassem na calçada as bolsas de pertences cuidadosamente embalados e foi obedecido por todos.

Todos foram levados pela cidade em marcha acelerada, estimulados por tiros ocasionais e o estalar de chicotes. Quando chegaram à estrada de Moscou, o passo pareceu se apertar — agora estavam quase correndo, tentando em desespero não escorregar no chão gelado para não serem fuzilados onde caíssem.

Quando se aproximaram da floresta de Rumbula, o som de tiros ficou mais alto. Todas as dúvidas se dissiparam, mas o que poderiam fazer, ladeados por filas de policiais e soldados da SS? "A situação era desesperançada", como Frida Michelson escreveria mais tarde. "Estávamos todos dormentes de terror e obedecíamos às ordens mecanicamente. Estávamos incapazes de pensar e nos submetíamos a tudo como um rebanho de gado dócil."[29]

Na entrada da floresta, havia uma caixa para dinheiro e itens de valor, e a maioria obedeceu, apesar da falta de revista. Um pouco mais adiante, receberam ordens de acrescentar os sobretudos a uma pilha que não parava de crescer.

Michelson foi até um dos policiais e tentou defender a sua sobrevivência. "Vá mostrar os seus diplomas a Stalin!", berrou-lhe o homem, jogando no chão os preciosos documentos.

Os tiros agora eram mais altos. "Estávamos nos aproximando do fim. Um medo indescritível tomou conta de mim, um medo que chegava perto da loucura. Comecei a gritar histericamente, a arrancar os cabelos, para afogar o som dos tiros."[30]

---

29 Michelson, Frida, *I Survived Rumbuli* (Holocaust Library, *c.* 1979).

30 *Ibid.*

Eles receberam ordens de despir tudo, menos as roupas de baixo, e Michelson tentou se enfiar na pilha. Içada de volta, foi salva por uma mulher letã que distraiu o guarda mais próximo com o seu apelo por tratamento especial. Michelson se jogou no chão, o rosto enfiado fundo na neve, e tentou se fazer de morta.

Durante vários minutos ali ficou, convencida de que era apenas questão de tempo até o fingimento ser descoberto. Mas então alguma coisa caiu nas suas costas, e outra, e outra. Eram sapatos, percebeu ela, sapatos, botas e galochas; ela sumia debaixo de um monte de calçados do gueto.

As horas se passaram, horas de lamentos, gemidos e tiros, até que só restava o choro de uma criança pela mãe, uma última rajada de tiros e, finalmente, o silêncio. Assim que a escuridão caiu, Michelson saiu debaixo da pilha e retomou a tarefa de sobreviver à guerra.

Na pequena aldeia de Chelmno, cerca de 50 quilômetros a noroeste de Lodz, no centro da Polônia, oitenta homens receberam ordens de sair da mansão onde tinham passado a noite e entrar na traseira de uma camionete grande. Eles e os seus 620 companheiros tinham sido informados de que os mandariam trabalhar no "leste", mas essa seria a sua última viagem. Enquanto a camionete partia para a floresta próxima, o escapamento redirecionado começou a bombear monóxido de carbono no compartimento traseiro. Quando chegou ao destino em uma clareira remota, os gritos e pancadas tinham silenciado há muito tempo e os corpos puderam ser removidos para sepultamento em massa.

A camionete voltou para buscar mais, nesse e nos quatro dias seguintes. Em 11 de dezembro, quase todos os 4 mil judeus que tinham morado na vizinha Kolo estavam enterrados na clareira da floresta. O genocídio nazista entrara na fase industrial, mas a prometida regularização do processo teria de esperar algumas semanas. Temeroso de que os fatos recentes exigissem que ele e outros comparecessem a uma sessão do Reichstag nos próximos dias, Heydrich, relutante, adiou a reunião em Wannsee marcada para a terça-feira. Seria realizada em janeiro.

Despertado no meio da noite por Ribbentrop — ele "pulava de alegria com o ataque japonês aos Estados Unidos" —, Ciano resistiu à tentação de amortecer o entusiasmo do outro com expressões de dúvida. Mas quando, já pela manhã, o rei Vítor Emanuel também "exprimiu a sua satisfação com o rumo dos acontecimentos", o ministro do Exterior se permitiu sugerir que uma guerra prolongada talvez permitisse aos Estados Unidos mobilizarem todo o seu potencial de força. O rei entendeu e observou de forma brilhante que, a longo prazo, o seu ministro do Exterior poderia estar certo.

Como em Tóquio, a irrelevância essencial do sucesso a curto prazo não foi bem compreendida. Mussolini também ficou muito contente com a notícia do Havaí e a luz "esclarecedora" que lançava no relacionamento entre os Estados Unidos e o Eixo.[31]

A esquadrilha de 192 caças e bombardeiros japoneses que se aproximava foi captada pelo radar. Foram enviados avisos a Clark Field por teletipo, rádio e telefone. O primeiro se perdeu porque o operador estava almoçando, o segundo devido à estática, o terceiro porque não foi passado adiante pelo destinatário.

Às 12h35, as bombas começaram a cair. Menos de uma hora depois, quando o último caça japonês se virou para voltar, todos os louvados B-17 e quase todos os caças P-40 americanos eram destroços fumegantes. Prédios, instalações e tanques de combustível foram destruídos e a fumaça negra subiu no céu filipino, anunciando o desastre.

Havaí, Malásia, Filipinas: em metade de um dia, três diferentes estruturas de comando tinham sido pegas no cochilo pelos japoneses, uma demonstração quase inacreditável de incompetência em série.

Naquela tarde, Phillips levou o *Prince of Wales* e o *Repulse* para o norte com a intenção de atacar as cabeças de praia e as linhas de suprimento japonesas. Avistado do ar no dia seguinte, abandonou a ideia, mas a renovou quando recebeu a notícia de novos desembarques. Não houve apoio da RAF e, quando os bombardeiros japoneses por fim o encontraram em 10 de dezembro, o resultado foi totalmente previsível. Era um desastre britânico, mas, em retrospecto, dificilmente um triunfo japonês. Ao mandar a Força Z para o fundo do mar, os pilotos da Indochina

---

31 Ciano, conde Galeazzo, *Diaries*, org. Muggeridge, Malcolm (Heinemann, 1947).

pouco fizeram além de demonstrar a nova irrelevância dos encouraçados e, em consequência, a vacuidade da vitória dos seus camaradas em Pearl Harbor.

De acordo com o relatório diário da Wehrmacht sobre a frente oriental, houve "apenas operações de combate local em andamento".[32] Os soldados alemães sabiam que não era assim; o Exército Vermelho os empurrava sem parar para trás e, em algumas áreas, parecia ameaçar muito mais. Mas os cercos e a destruição por atacado de grandes formações alemãs ainda estavam além da capacidade do Exército Vermelho. Como Jukov admitiu mais tarde, se os seus comandantes do Exército Vermelho recorressem menos a ataques frontais e mais a contornar concentrações inimigas e atacar as linhas de suprimentos e comunicações, o sucesso obtido teria sido maior. Mas, como os britânicos no deserto, eles ainda estavam aprendendo a travar a guerra moderna. Só quando os exércitos aliados absorveram tudo o que os alemães poderiam lhes ensinar, a sua superioridade econômica se mostraria decisiva.

Von Bock não sabia, mas saíra na capa da revista *Time* daquela semana. Para o autor da reportagem, era claro que a maré da campanha oriental virara; e o seu personagem parecia ter finalmente chegado a uma revelação semelhante. Na situação atual, disse ele a Guderian, "ou resistimos ou nos deixamos matar. Não há mais opções".[33]

Hitler chegara à mesma conclusão. De acordo com a Diretiva do Führer nº 39, emitida antes da sua partida de Berlim naquele dia, "o clima severo do inverno que chegou surpreendentemente cedo no leste e as consequentes dificuldades de transporte de suprimentos nos obrigam a abandonar imediatamente todas as principais operações ofensivas e passar à defensiva".[34] A Operação Barbarossa fracassara, e qualquer escassa probabilidade de criar uma superpotência europeia capaz de enfrentar os Estados Unidos e a Grã-Bretanha morrera com ela. A Alemanha nazista, como Todt e Rohland praticamente disseram ao Führer em 29 de novembro, era um morto que ainda andava.

---

32 Citado em Haupt, Werner, *Assault on Moscow 1941* (Schiffer, 1996).

33 Bock, Fedor von, *The War Diary* (Schiffer, 1996).

34 http://www.geocities.com/Pentagon/1084/hitler_directives/dir39.htm

Se Yamamoto duvidava de que o seu ataque a Pearl Harbor estimularia a resistência dos EUA, só precisaria escutar a entrevista coletiva do senador americano Arthur Vandenberg naquela tarde. Integrante havia doze anos da Comissão de Relações Exteriores do Senado, Vandenberg defendera o isolacionismo com extrema persistência. Fizera todo o possível para impedir que os Estados Unidos fossem arrastados a outra guerra, a ponto de recomendar o reconhecimento americano do domínio japonês sobre partes da China. Mas o ataque a Pearl Harbor mudara tudo. A partir desse momento, disse ele aos repórteres reunidos, só uma coisa importava: "A guerra vitoriosa com todos os recursos à nossa disposição."[35]

35 Citado em Ketchum, Richard, *The Borrowed Years* (Anchor, 1991).

EPÍLOGO

É demasiada a deferência concedida por historiadores a líderes políticos e militares, a maioria dos quais alia inteligência mediana a doses acima da média de atributos humanos menos desejáveis. A história desses 22 dias é repleta de estupidez, incompetência, falta de visão e maldade em cargos elevados e extraordinariamente deficiente de sabedoria, competência simples, visão de futuro e empatia humana. Horas melhores eram escassas por ali.

Em uma sessão do Stavka em novembro de 1941, o marechal Timoshenko disse aos colegas que o petróleo era o fator fundamental e que os soviéticos só precisavam forçar os alemães a aumentar o seu consumo e lhes negar acesso a novos suprimentos. Com o inimigo nos portões da capital soviética, ele teve a temeridade de dizer que "a primeira fase da guerra foi realmente vencida pelo Exército Vermelho, embora uma olhadela no mapa dê ao público uma impressão diferente".[1] A capacidade de Timoshenko de ver além do mapa também existia em Auchinleck, mas não em muitos outros. Durante a Operação Barbarossa, os colegas de Timoshenko no Exército Vermelho confiavam principalmente no sacrifício humano para retardar os alemães, enquanto os subordinados de Auchinleck só foram salvos pela abundância relativa de armas e combustível. Os comandos militares britânicos no Extremo Oriente criaram

1 Citado em Irving, David, *Hitler's War* (Hodder & Stoughton, 1977).

muita confusão para defender Cingapura, os comandos militares americanos no Havaí conseguiram interpretar erradamente quase todas as mensagens que receberam e a culpa de MacArthur pela catástrofe nas Filipinas foi praticamente completa.

Felizmente para os comandantes aliados, os adversários não eram muito melhores. Os comandantes de exércitos e grupos de exércitos alemães na Rússia viraram-se bastante bem com o que tinham, mas escolheram — ou permitiram que o regime lhes impusesse — políticas de guerra e ocupação que, inevitavelmente, fortaleceriam o inimigo. Os seus superiores deixaram de ver a questão básica: na ausência de uma economia de guerra bem administrada e sem ter o que oferecer aos povos conquistados, quaisquer sucessos militares estavam fadados a ser temporários.

Os japoneses tinham o mesmo problema. O ataque de Yamamoto a Pearl Harbor foi ousado, inspirado e absolutamente irresponsável. Vencer essa batalha específica não significava praticamente nada no contexto da fraqueza econômica e da violenta política de ocupação do Japão. E assim que se levasse em conta a reação previsível do perdedor, significaria menos ainda. Yamamoto sabia disso muito bem. O adversário tinha todas as cartas de valor alto, mas mesmo assim ele optou por jogar e perder.

Os líderes políticos não exerceram influência moderadora sobre os comandantes militares. Os líderes do Eixo e do Japão puseram em andamento as suas guerras perdidas, estabeleceram o seu tom violento e sacrificaram milhões de pessoas de outras nações e, por fim, milhões das suas. Cometeram o erro essencialmente cruel de acreditar que povos inteiros poderiam ser subjugados indefinidamente pela intimidação e pela violência, quando, na verdade, todos os indícios disponíveis mostravam o contrário. Stalin foi tão impiedoso com as vidas na guerra quanto fora na paz; Roosevelt se assegurou de que a ciência nuclear fosse aplicada, em primeiríssimo lugar, em armas de destruição em massa; e Churchill deu todo o seu apoio à política de bombardeio estratégico que serviu de precedente para tantas atrocidades posteriores. Não admira que o legado sinistro da Segunda Guerra Mundial ainda perdure.

A única esperança de vitória do Japão — e bem tênue, aliás — seria atacar a União Soviética em julho de 1941. Uma Operação Barbarossa reforçada poderia ter tirado esta última da guerra sem provocar a entrada americana e estabelecer uma competição global mais igualitária entre as potências anglo-americanas e as do Pacto Tripartite. Mas os militares japoneses, não sem razão, evitaram dar esse passo, e toda oportunidade de vencer a guerra já passara havia muito tempo quando Nagumo partiu da baía de Hitokappu. O sucesso japonês em Pearl Harbor teve apenas um impacto temporário, como Yamamoto sabia que teria. Ele oferecera ao príncipe Konoie um possível ano de vitórias, mas mal se passavam seis meses quando a derrota da Kido Butai no atol de Midway o lançou na luta longa e baldada para afastar a derrota.

O furioso ataque inicial japonês teve impactos distantes; Hitler não estava inteiramente enganado ao pensar que um novo inimigo tornaria a vida mais difícil para os adversários. As baixas em Pearl Harbor e nas Filipinas e as retiradas estratégicas que as acompanharam afastaram da Europa, por algum tempo, a atenção e a capacidade produtiva americanas. A perda da Malásia e as ameaças à Birmânia e à Índia exigiram o enfraquecimento das forças britânicas no Oriente Médio, que Rommel, com novos suprimentos, aproveitaria ao máximo. Mas os alemães acabariam travando a primeira batalha decisiva de El Alamein com menos de quarenta tanques, e os aviões e submarinos usados para proteger as linhas de suprimento de Rommel fizeram muita falta na Rússia e no Atlântico.

Não havia o suficiente para todos, e nunca houvera. É comum supor que a guerra alemã no leste fracassou em Stalingrado; embora literalmente seja verdade, assim se esconde a verdade mais profunda de que a crise da economia de guerra da Alemanha não só impediria em 1942 a repetição de uma ofensiva na escala da Operação Barbarossa como até tornaria impraticável o sucesso em escala limitada previsto para aquele verão. Stalingrado, como El Alamein, era uma derrota à espera de acontecer. Com o sucesso da remoção da indústria soviética para o leste e a entrada americana na guerra, cada mês que passava via aumentar a disparidade relativa do poderio econômico-militar. Os únicos adversários que os nazistas ainda conseguiriam vencer seriam aqueles presos sem esperanças atrás das linhas alemãs — os judeus e romanis, os comunistas e socialistas, os deficientes mentais e os homossexuais.

Em dezembro de 1941, não havia esperança de inverter a maré; a guerra já estava ganha e perdida. Infelizmente, os seres humanos ainda teriam de ganhá-la e perdê-la. Dois terços dos aproximadamente 50 milhões de mortos da Segunda Guerra Mundial perderam a vida depois do ataque do Japão a Pearl Harbor. Muitos outros milhões perderiam quem dava felicidade à sua vida — maridos e esposas, mães e pais, filhos e filhas, irmãos, irmãs e amigos. Uma geração aleijada em corpo e alma, tudo para demonstrar, pela enésima vez, a inutilidade de usar a violência na busca do engrandecimento racial e nacional.

BIBLIOGRAFIA SELECIONADA

PACÍFICO E ÁSIA ORIENTAL

Agawa, Hiroyuki, *Yamamoto, Reluctant Admiral* (Harper & Row, 1979).

Allen, Louis, *Singapore* (Davis-Poynter, 1977).

Bartsch, William, *December 8, 1941* (Texas A&M University Press, 2003).

Brereton, Lewis H., *The Brereton Diaries* (William Morrow, 1946).

Chapman, John, "The Imperial Japanese Navy and the North-South Dilemma", em Erickson, J., e Dilks, D., *Barbarossa, the Axis and the Allies* (Edinburgh University Press, 1994).

Cook, H. T., e Cook, T. F., *Japan at War: An Oral History* (New Press, 1992).

Costello, John, *Days of Infamy* (Pocket, 1994).

Deane, John Potter, *Admiral of the Pacific* (Heinemann, 1965).

Farrell, Brian P., *The Defence and Fall of Singapore* (Tempus, 2006).

Feis, Herbert, *The Road to Pearl Harbor* (Princeton, 1950).

Hoyt, Edwin, *Yamamoto* (McGraw-Hill, 1990).

Ike, Nobutaka (org.), *Japan's Decision for War* (Stanford University Press, 1967).

Layton, Edwin, *'And I was there'* (Greenhill, 2006).

Lord, Walter, *Day of Infamy* (Bantam, 1958).

Manchester, William, *American Caesar* (Arrow, 1979).

Prange, Gordon, *At Dawn We Slept* (Penguin, 2001).

Smith, Carl, *Pearl Harbor* (Osprey, 2001).
Thompson, Peter, *The Battle for Singapore* (Portrait, 2006).
Toland, John, *Rising Sun* (Penguin, 2001).
Tsuji, Masanobu, *Singapore: The Japanese Version* (Mayflower-Dell, 1966).
Ugaki, Matome, *Fading Victory* (University of Pittsburgh Press, 1991).
Willmott, H. P., *Pearl Harbor* (Bison, 1981).
Wilson, Dick, *When Tigers Fight* (Hutchinson, 1982).
Wohlstetter, Roberta, *Pearl Harbor: Warning and Decision* (Stanford University Press, 1962).

RÚSSIA

Anders, W., *Hitler's Defeat in Russia* (Henry Regnery, 1953).
Armstrong, John (org.), *Soviet Partisans in World War II* (University of Wisconsin Press, 1964).
Bek, Alexander, *The Volokolamsk Highway* (Moscow Foreign Languages, *c.* 1964).
Blumentritt, Gunther von, *Von Rundstedt* (Odhams, 1952).
Bock, Fedor von, *The War Diary* (Schiffer, 1996).
Braithwaite, Rodric, *Moscow 1941* (Profile, 2006).
Burdick, C., and Jacobsen, H.-A., *The Halder War Diary* (Greenhill, 1988).
Carell, Paul, *Hitler's War on Russia* (Harrap, 1964).
Clark, Alan, *Barbarossa* (Hutchinson, 1965).
Colvin, John, *Zhukov* (Weidenfeld & Nicolson, 2004).
Creveld, Martin van, *Supplying War* (Cambridge University Press, 1977).
Dallin, Alexander, *German Rule in Russia* (Macmillan, 1957).
Erickson, John, *The Road to Stalingrad* (Weidenfeld & Nicolson, 1975).
Forczyk, Robert, *Moscow 1941* (Osprey, 2006).
Freidin, S., e Richardson, W. (org.), *The Fatal Decisions* (Michael Joseph, 1956).
Glantz, David, *Barbarossa 1941* (Tempus, 2001).
Grenkevich, L., *The Soviet Partisan Movement 1941-44* (Frank Cass, 1999).
Guderian, Heinz, *Panzer Leader* (Futura, 1974).
Haape, Heinrich, *Moscow Tram Stop* (Collins, 1957).
Haupt, Werner, *Army Group South* (Schiffer, 1998).

Haupt, Werner, *Assault on Moscow 1941* (Schiffer, 1996).
Keitel, William, *Memoirs* (William Kimber, 1965).
Kirchubel, Robert, *Operation Barbarossa: Army Group South* (Osprey, 2003).
Kirchubel, Robert, *Operation Barbarossa: Army Group North* (Osprey, 2005).
Luck, Hans von, *Panzer Commander* (Cassell, 2002).
Merridale, Catherine, *Ivan's War: The Red Army 1939-45* (Faber and Faber, 2005).
Metelmann, Henry, *Through Hell for Hitler* (Stephens, 1990).
Nagorski, Andrew, *The Greatest Battle* (Aurum, 2007).
Newton, Steven H., *Hitler's Commander* (Da Capo, *c.* 2004).
Overy, Richard, *Russia's War* (Penguin, 1998).
Piekalkiewicz, Janusz, *Moscow 1941* (Arms & Armour, 1981).
Porter, Cathy, e Jones, Mark, *Moscow in World War II* (Chatto & Windus, 1987).
Reese, Willy Peter, *A Stranger to Myself* (Farrar Straus Giroux, 2006).
Reinhardt, Klaus, *Moscow: The Turning Point* (Berg, 1992).
Reinhardt, Klaus, "Moscow 1941", in Erickson, J., e Dilks, D., *Barbarossa, the Axis and the Allies* (Edinburgh University Press, 1994).
Rokossovsky, Konstantin, *A Soldier's Duty* (Progress, 1970).
Rzhevskaya, Elena, "Roads and Days: The Memoirs of a Red Army Translator", *Journal of Slavonic Military Studies*, vol. 14, março de 2001.
Sajer, Guy, *The Forgotten Soldier* (Weidenfeld & Nicolson, 1971).
Salisbury, Harrison, *The 900 Days: The Siege of Leningrad* (Pan, 2000).
Seaton, Albert, *The Battle for Moscow* (Stein and Day, 1971).
Seaton, Albert, *The Russo-German War* (Barker, 1971).
Sevryuk, Vladimir (org.), *Moscow-Stalingrad: Recollections* (Progress, 1970).
Simonov, Konstantin, *The Living and the Dead* (Greenwood, 1968).
Werth, Alexander, *Russia at War* (Barrie & Rockcliff, 1964).
Zhukov, Georgi, *Reminiscences and Reflections* (Progress, 1985).

NORTE DA ÁFRICA

Agar-Hamilton, J., e Turner, L., *The Sidi Rezeg Battles 1941* (Oxford University Press, 1957).

Barnett, Corelli, *The Desert Generals* (William Kimber, 1960).
Carell, Paul, *The Foxes of the Desert* (Bantam, 1962).
Connell, John, *Auchinleck* (Cassell, 1959).
Crisp, Robert, *Brazen Chariots* (Corgi, 1960).
Curie, Eve, *Journey Among Warriors* (William Heinemann, 1943).
Humble, Richard, *Crusader* (Leo Cooper, 1987).
Kriebel, Rainer, *Inside the Afrika Korps* (Greenhill, 1999).
Lewin, Ronald, *Rommel as a Military Commander* (Batsford, 1968).
Mellenthin, F. W. von, *Panzer Battles* (University of Oklahoma, 1956).
Moorehead, Alan, *The Desert War* (Hamish Hamilton, 1965).
Murphy, W. E., *The Relief of Tobruk* (publicação do governo da Nova Zelândia, 1961).
Pitt, Barry, *The Crucible of War: Auchinleck's Command* (Cassell, 2001).
Rommel, Erwin, *The Rommel Papers* (Coffins, 1953).
Schmidt, Heinz W., *With Rommel in the Desert* (Harrap, 1953).
Strawson, John, *Battle for North Africa* (Batsford, 1969).
Walker, Ian W, *Iron Hulls, Iron Hearts* (Crowood, 2003).
Young, Desmond, *Rommel* (Collins, 1950).

GERAIS

Bryant, Arthur, *The Turn of the Tide* (Fontana, 1965).
Burns, J. M., *The Lion and the Fox* (Secker & Warburg, 1956).
Ciano, conde Galeazzo, *Diaries*, org. Muggeridge, Malcolm (Heinemann, 1947).
Deighton, Len, *Blood, Tears and Folly* (Pimlico, 1995).
Gilbert, Martin, *Finest Hour: Winston Churchill 1939-41* (Heinemann, 1983).
Gilbert, Martin, *The Holocaust* (Fontana, 1987).
Gilbert, Martin, *Never Again* (HarperCollins, 2000).
Hastings, Max, *Bomber Command* (Pan, 1999).
Hauner, Milan, *Hitler: A Chronology of His Life and Time* (Palgrave Macmillan, 2005).
Heinrichs, Waldo, *Threshold of* War (Oxford University Press, 1988).
Hull, Cordell, *Memoirs* (Hodder & Stoughton, 1948).
Irving, David, *Hitler's War* (Hodder & Stoughton, 1977).

Jungk, Robert, *Brighter Than a 1000 Suns* (Penguin, 1960).
Kershaw, Ian, *Hitler 1936-45: Nemesis* (Allen Lane, 2000).
Ketchum, Richard, *The Borrowed Years* (Anchor, 1991).
Liddell Hart, B. H., *History of the Second World War* (Pan, 1973).
Macintyre, Donald, *Battle of the Atlantic* (Batsford, 1961).
Macintyre, Donald, *Battle for the Mediterranean* (Batsford, 1964).
Michelson, Frida, *I Survived Rumbuli* (Holocaust Library, *c.* 1979).
Muggenthaler, Karl, *German Raiders of World War II* (Pan, 1980).
Parkinson, R., *Blood, Toil, Tears and Sweat* (Hart-Davis MacGibbon, 1973).
Rhodes, Richard, *The Making of the Atomic Bomb* (Touchstone, 1988).
Roskill, Stephen, *The War at Sea* (HMSO, 1957).
Shirer, William, *The Rise and Fall of the Third Reich* (Pan, 1964).
Tooze, Adam, *The Wages of Destruction* (Penguin, 2007).
Trevor-Roper, Hugh, *Hitler's Table Talk* (Weidenfeld & Nicolson, 1953).
Weintraub, Stanley, *Long Day's Journey into War* (Lyons, 2001).
Woodman, Dorothy, *Europe Rises* (Victor Gollancz, 1943).

ÍNDICE REMISSIVO

C

H

S

Conheça mais sobre nossos livros e autores no site
www.objetiva.com.br

Disque-Objetiva: (21) 2233-1388

Este livro foi impresso na
LIS GRÁFICA E EDITORA LTDA.
Rua Felício Antônio Alves, 370 – Bonsucesso
CEP 07175-450 – Guarulhos – SP
Fone: (11) 3382-0777 – Fax: (11) 3382-0778
lisgrafica@lisgrafica.com.br – www.lisgrafica.com.br